■ 王正志　主编

中国知识产权指数报告2015

——全面分析知识产权各类指标、数据，揭示知识产权发展状况与经济增长模式及竞争力水平的关系

中国财政经济出版社

图书在版编目（CIP）数据

中国知识产权指数报告. 2015/ 王正志主编. —北京：中国财政经济出版社，2015.10

ISBN 978-7-5095-6409-7

Ⅰ. ①中… Ⅱ. ①王… Ⅲ. ①知识产权—指数—研究报告—中国—2015 Ⅳ. ① D923.404

中国版本图书馆 CIP 数据核字（2015）第 237305 号

责任编辑：卢关平　　　　责任印制：张　健

封面设计：逸品文化　　　　版式设计：逸品文化

中国财政经济出版社出版

URL：http：// www.cfeph.cn.

E-mail：cfeph@cfeph.cn

社址：北京市海淀区阜成路甲 28 号　邮政编码：100142

营销中心电话：88190406　北京财经书店电话：64033436　84041336

北京京华虎彩印刷有限公司　各地新华书店经销

787 × 1092 毫米　16 开　21.25 印张　506 000 字

2015 年 11 月第 1 版　2015 年 11 月北京第 1 次印刷

定价：48.00 元

ISBN 978-7-5095-6409-7/D·0394

（图书出现印装问题，本社负责调换）

本社质量投诉电话：010-88190744

中国知识产权指数报告课题组

主　　编： 王正志

副 主 编： 张亚梅　程义贵　高　悦　黄　涛　刘　蓉
苆　宇　张　洋　杨希光　朱　磊

主编助理： 张　超　姜金姬

核心成员： 安远华　曹小勤　程小玲　戴至上　董付雁
樊君华　高　梅　郭　晶　郭　军　关升田
贺伟勤　何　伟　刘典武　刘　娟　李笑丹
李　元　柳全新　马志刚　牟　楠　商家泉
史宝隆　苏　葶　孙　晨　孙红新　孙建纬
孙茂成　孙如岐　苏军梅　唐　军　田美玉
王　珊　王思文　王　伟　王希文　王　瑜
王云芳　吴　帆　温宇洋　许国明　徐建国
徐江华　叶来生　姚之年　于之琴　袁祥飞
张宝光　张　玲　赵　锐　赵艳杰　张子江
周亚楠　Andrew Naylor　Patrick Allen Dittmer

前　言

中国知识产权的发展始终与中国经济的发展息息相关，发挥着极为重要的作用。古时中国曾经创造了辉煌灿烂的知识产权成果，科技发明震撼寰宇，文化巨作俯拾皆是，成就了伟大的中华文明。新世纪以降，中国经济呈现新常态，经济转型方兴未艾，创新创业大潮风起云涌。在新背景下，知识产权的发展必须也必将扮演更为重要的角色。创新需要形成知识产权，从而实现更便利的融资与产业化。创新所形成的知识产权成果需要更好地保护，否则会挫伤创新者的动力，从而对创新起到反作用。

在此大背景下，中国区域的知识产权发展情况将成为地区之间经济发展的竞争力来源。中国知识产权指数（以下简称知识产权指数）也成为观察评估各地区未来经济发展的重要指示。《中国知识产权指数报告2015》正文共有九章，分别评价和研究了中国区域知识产权指数、知识产权分项指数（知识产权产出水平指数、知识产权流动水平指数、知识产权综合绩效指数以及知识产权创造潜力指数）、知识产权综合实力进步指数、专利指数以及商标指数。

一、总体排名

中国区域知识产权指数2015排名前10位的省份依次是：北京、江苏、上海、广东、浙江、天津、山东、福建、重庆、安徽。排名中间11位的省份依次是：辽宁、湖南、陕西、湖北、四川、河南、广西、山西、黑龙江、海南、河北。排名末尾10位的省份依次是：江西、吉林、贵州、宁夏、云南、内蒙古、西藏、甘肃、新疆、青海。

二、主要发现

通过研究本报告以及历史报告，我们发现了以下重要结论：

1. 排名前10强的省份十分稳定，北京连续6年稳居第一

2. 中国各地区知识产权发展状况持续分化，大部分省份与北京等领先省份之间差距很大

3. 知识产权发展水平与地区经济水平密切相关，与经济发展水平较低的地区相比，经济发展水平高的地区与知识产权的关系更加紧密

4. 安徽、湖南、四川、河南、广西等省份知识产权发展明显领先于经济发展水平

5. 广西、安徽、陕西等省份是知识产权崛起最快的省份

6. 知识产权与工业化的关系：“中国制造”迈向“中国创造”路途虽漫，但提供了经济后续发展的巨大潜力和“低垂果实”

7. 区域分布：东部沿海至西部边远逐渐降低

三、分项指数排名

在四个分项指数中，知识产权产出水平指数排名前10位的省份是：北京、江苏、上海、浙江、广东、陕西、安徽、天津、广西和山东。其中，广西和山东取代了2014年重庆和四川的座次。

知识产权流动水平排名前10位的省份是：北京、上海、江苏、广东、山东、浙江、重庆、福建、湖北和湖南。其中，重庆、湖北和湖南是新晋身份，取代了四川、河南、辽宁的位置。

知识产权综合绩效排名前10位的省份是：上海、北京、广东、天津、浙江、江苏、福建、重庆、湖南和辽宁。与2014年一致。

知识产权创造潜力排名前10位的省份是：江苏、北京、广东、浙江、山东、上海、天津、福建、湖南和湖北。与2014年相比，辽宁跌出前10位，湖南进入前10位。

四、专利指数排名

专利指数2015排名前10位的省份是：北京、江苏、广东、浙江、上海、天津、陕西、广西、安徽、贵州。排名后10位的省份是：新疆、黑龙江、海南、云南、内蒙古、山西、河北、吉林、西藏和青海。

五、商标指数排名

商标指数2015排名前10位的省份是：广东、北京、浙江、上海、江苏、福建、安徽、河南、山东、湖北。与2014年相比，安徽、河南和湖北是新晋省份，2014年的云南、四川和天津跌出前10位。

更多详细内容敬请阅读报告正文。

目　录

第一章　中国区域知识产权指数报告2015总体排名、研究发现与深度解析

中国知识产权的发展始终与中国经济的发展息息相关，发挥着极为重要的作用。古时中国曾经创造了辉煌灿烂的知识产权成果，科技发明震撼寰宇，文化巨作俯拾皆是，成就了伟大的中华文明。新世纪以降，中国经济呈现新常态，经济转型方兴未艾，创新创业大潮风起云涌。在新背景下，知识产权的发展必须也必将扮演更为重要的角色。创新需要形成知识产权，从而实现更便利的融资与产业化。创新所形成的知识产权成果需要更好地保护，否则会挫伤创新者的动力，从而对创新起到反作用。

在此大背景下，中国区域知识产权发展情况将成为地区之间经济发展的竞争力来源。中国区域知识产权发展指数报告（以下简称知识产权指数报告）也成为观察评估各地区未来经济发展的重要指示。

目前可以看到一个现象，经济发展水平较低的省份都不是创新或者知识产权驱动型经济，而经济发展水平较高的省份已经和知识产权密不可分了。未来要进一步发展，“中国制造”要升级为“中国创造”，重视和发展知识产权是必由之路，必需之策。知识产权发展环境、制度以及执法情况将成为中国经济下一个五年或者十年发展“低垂的果实”。

一、中国区域知识产权指数报告2015总体排名

中国区域知识产权指数报告2015[1]总体排名前10位的省（自治区、直辖市，以下简称省份）依次是：北京、江苏、上海、广东、浙江、天津、山东、福建、重庆、安徽。

排名中间11位的省份依次是：辽宁、湖南、陕西、湖北、四川、河南、广西、山西、黑龙江、海南、河北。

排名末尾10位的省份依次是：江西、吉林、贵州、宁夏、云南、内蒙古、西藏、甘肃、新疆、青海（见表1－1）。

表1－1　　中国区域知识产权指数2015总体排名

省　份	综合实力		产出水平		流动水平		综合绩效		创造潜力	
	指数	排名	指数	排名	指数	排名	指数	排名	指数	排名
北　京	0.658	1	0.753	1	0.653	1	0.702	2	0.525	2
江　苏	0.571	2	0.619	2	0.518	3	0.527	6	0.621	1

[1] 本报告正文阐述使用之年份均为报告发布年份，数据年份具体见指标下方说明。

续表 1－1

省 份	综合实力		产出水平		流动水平		综合绩效		创造潜力	
	指数	排名	指数	排名	指数	排名	指数	排名	指数	排名
上 海	0.548	3	0.516	3	0.573	2	0.704	1	0.397	6
广 东	0.494	4	0.377	5	0.486	4	0.599	3	0.514	3
浙 江	0.434	5	0.426	4	0.278	6	0.540	5	0.494	4
天 津	0.338	6	0.273	8	0.177	12	0.593	4	0.308	7
山 东	0.332	7	0.239	10	0.321	5	0.340	14	0.429	5
福 建	0.276	8	0.185	17	0.199	8	0.437	7	0.283	8
重 庆	0.267	9	0.226	12	0.217	7	0.428	8	0.197	16
安 徽	0.252	10	0.313	7	0.151	14	0.313	18	0.229	14
辽 宁	0.251	11	0.211	13	0.179	11	0.359	10	0.253	12
湖 南	0.248	12	0.164	19	0.181	10	0.369	9	0.280	9
陕 西	0.246	13	0.331	6	0.121	16	0.312	19	0.219	15
湖 北	0.242	14	0.177	18	0.181	9	0.342	13	0.269	10
四 川	0.235	15	0.234	11	0.157	13	0.309	21	0.237	13
河 南	0.207	16	0.121	22	0.134	15	0.316	17	0.259	11
广 西	0.204	17	0.248	9	0.065	24	0.357	11	0.147	23
山 西	0.173	18	0.100	24	0.086	20	0.354	12	0.152	22
黑龙江	0.172	19	0.196	15	0.102	18	0.214	28	0.175	18
海 南	0.168	20	0.150	21	0.030	30	0.332	15	0.160	20
河 北	0.159	21	0.084	26	0.106	17	0.251	25	0.196	17
江 西	0.156	22	0.081	28	0.078	22	0.312	20	0.153	21
吉 林	0.153	23	0.096	25	0.085	21	0.264	24	0.168	19
贵 州	0.145	24	0.205	14	0.038	27	0.225	27	0.110	27
宁 夏	0.144	25	0.195	16	0.034	29	0.270	23	0.077	30
云 南	0.138	26	0.156	20	0.063	25	0.191	30	0.142	24
内蒙古	0.134	27	0.038	31	0.077	23	0.287	22	0.135	25
西 藏	0.122	28	0.057	29	0.026	31	0.321	16	0.083	29
甘 肃	0.120	29	0.084	27	0.098	19	0.201	29	0.099	28
新 疆	0.107	30	0.104	23	0.042	26	0.172	31	0.110	26
青 海	0.094	31	0.055	30	0.036	28	0.227	26	0.059	31

二、中国区域知识产权指数报告：主要发现

中国区域知识产权指数报告肇始于2009年，覆盖除港澳台之外的全国31个省份。长远的时间跨度和宽广的地区范围，使我们具备了一个分析中国各地区知识产权状况的翔实的数据库。不过同时需要注意的是，中国区域知识产权指数的指标体系每年都在进行适当修订，以满足不断变化的经济社会和知识产权发展形势，因此在做不同年份之间的历史数据比较分析时，需要十分注意。

1. 排名前10强的省份十分稳定，北京连续6年稳居第一

自2009年以来，知识产权指数排名前10强的省份均十分稳定。北京、江苏、上海、广东、浙江、天津、山东、福建等8个省份每年在前10强中，其中，北京更是连续6年稳居全国第一。重庆、辽宁分别有一年跌出前10强（重庆在指数报告2011中位列第12位，辽宁在指数报告2015中位列第11位）。湖南和安徽分别有一年进入前10强。具体变化见图1-1。

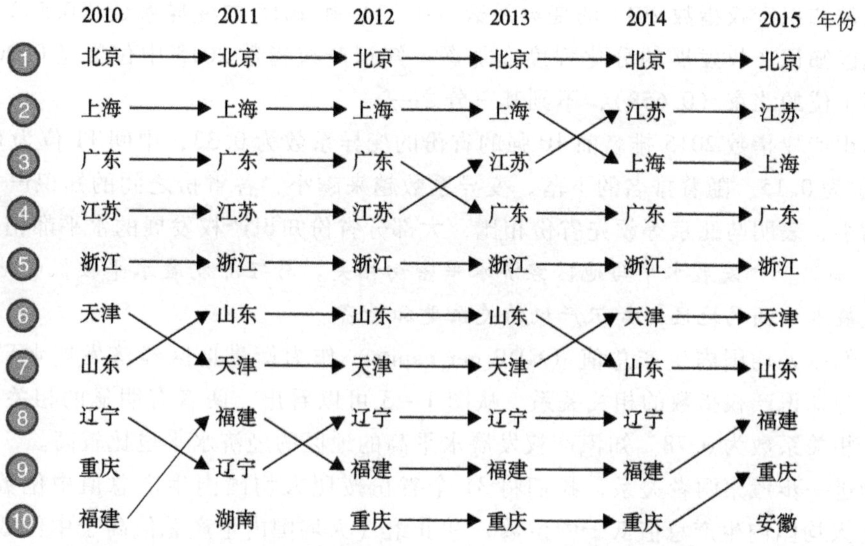

图1-1　历年中国区域知识产权指数前10强排名

仔细分析知识产权指数2015前10强，可以发现绝大多数都是经济发达省份（按人均国民生产总值算，除安徽外，均处于全国前12位）。从地域上看，除重庆之外，这些省份都处在东部沿海地区。从区域上看，渤海湾经济圈有北京、天津、山东等3个省份，长江三角洲经济圈有江苏、上海、浙江、安徽等4个省份，珠江三角洲经济圈有广东和福建等2个省份。

2. 中国各地区知识产权发展状况持续分化，大部分省份与北京等领先省份之间差距很大

全国31个省份的知识产权指数得分差异较大，趋势线在前面非常陡峭，后面开始

平缓。我们使用变异系数❶来衡量知识产权指数的离散程度（见图 1-2）。

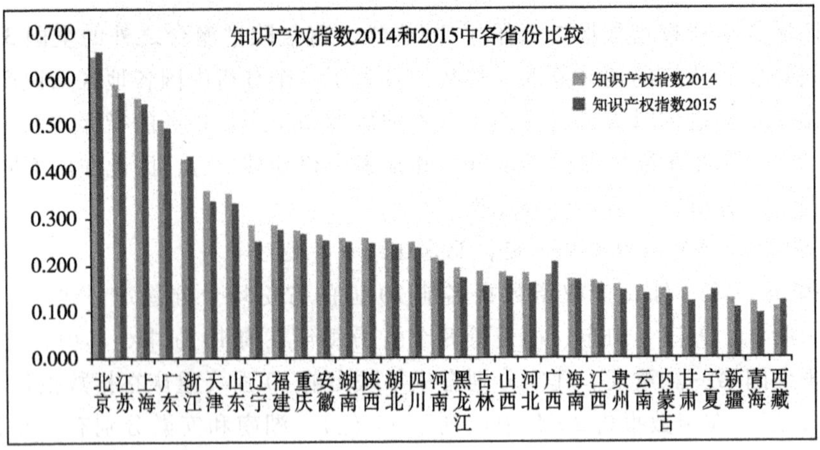

图 1-2 中国区域知识产权指数 2014 和 2015 各省份比较

比较知识产权指数 2014 的变异系数（0.52）和 2015 的变异系数（0.55），我们发现各地区知识产权发展的分化程度在加深。知识产权指数 2015 中位数是 0.207，远低于排第 1 位的北京（0.658），不到其三分之一。

知识产权指数 2015 排名前 10 强的省份的变异系数为 0.33，中间 11 位为 0.17，最后 10 位为 0.15。随着排名的下落，变异系数越来越小，各省份之间的知识产权指数差距在缩小，表明与北京等领先省份相比，大部分省份知识产权发展的水平都相对不高。

3. 知识产权发展水平与地区经济水平密切相关。与经济发展水平较低的地区相比，经济发展水平高的地区与知识产权的关系更加紧密

我们以人均国内生产总值（GDP per capita）作为衡量地区经济发展水平的指标，考察它与知识产权指数的相关关系。从图 1-3 可以看出，两者有明显的相关关系，经计算，相关系数为 0.78。知识产权发展水平高的地区的经济水平也比较高。

为进一步考察两者关系，我们将 31 个省份按照人均国内生产总值中位数划分为：Ⅰ组（人均国内生产总值低于中位数）和Ⅱ组（人均国内生产总值高于中位数），具体分组见表 1-2。Ⅰ组的平均知识产权指数为 0.17，Ⅱ组的平均知识产权指数为 0.34。

进而分别考察他们与知识产权指数的相关关系，发现：Ⅰ组中省份的人均国内生产总值和知识产权指数没有明显相关关系（相关系数为 0.21，从散点图 1-3 左部也可以看到这种现象）；Ⅱ组中省份的两个变量的相关关系十分显著（相关系数为 0.68，从图 1-3 右部可以看到这种趋势）。

我们因此可以得出结论：目前经济发展水平较低的省份都不是创新或者知识产权驱动型经济，因此和知识产权关系并不紧密，可能仍然需要很多的要素投入，比如资本和人力。而经济发展水平较高的省份已经和知识产权密不可分了，未来要进一步取得发

❶ 变异系数的计算公式为：变异系数 C·V =（标准偏差 SD/平均值 MEAN）×100%。

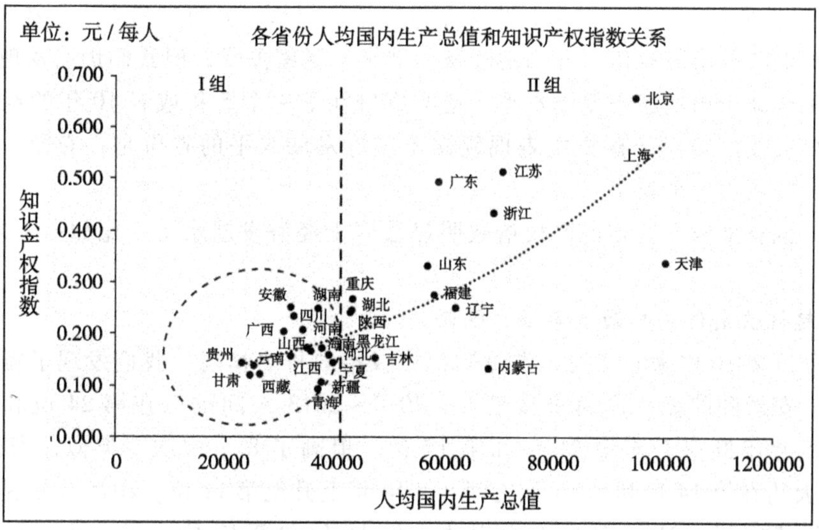

图1－3　全国各省份知识产权指数与人均GDP关系图

展，重视和发展知识产权是必由之路，必需之策。再大胆一点预测的话，知识产权发展水平在一定程度上将成为经济发展的先行指标。

表1－2　按经济水平分组：Ⅰ组和Ⅱ组

组别	省份	人均地区生产总值(元/人)	知识产权指数	组别	省份	人均地区生产总值(元/人)	知识产权指数
Ⅰ组	贵州	23151	0.145	Ⅱ组	宁夏	39613	0.144
	甘肃	24539	0.12		湖北	42826	0.242
	云南	25322	0.138		陕西	43117	0.246
	西藏	26326	0.122		重庆	43223	0.267
	广西	30741	0.204		吉林	47428	0.153
	江西	31930	0.156		山东	56885	0.332
	安徽	32001	0.252		福建	58145	0.276
	四川	32617	0.235		广东	58833	0.494
	河南	34211	0.207		辽宁	61996	0.251
	山西	34984	0.173		内蒙古	67836	0.134
	海南	35663	0.168		浙江	68805	0.434
	青海	36875	0.094		江苏	75354	0.571
	湖南	36943	0.248		上海	90993	0.548
	新疆	37553	0.107		北京	94648	0.658
	黑龙江	37697	0.172		天津	100105	0.338
	河北	38909	0.159				

4. 安徽、湖南、四川、河南、广西等省份知识产权发展明显领先于经济发展水平

虽然知识产权指数整体上和当地经济发展水平紧密关联，但我们仍然发现有一些省份的发展明显高于当地经济发展水平。这些省份在下一个 5 年或者 10 年的经济发展阶段应该值得关注。知识产权指数表现领先于经济发展水平的省份是：安徽、湖南、四川、河南、广西等5个省份。

同时，也有部分省份知识产权指数明显落后于经济发展水平，比如：宁夏、吉林、内蒙古。

5. 崛起最快省份：广西、安徽、陕西

通过分析 2010 以来 6 年间各省份知识产权指数排名情况，我们发现了崛起最快省份：广西、安徽和陕西。广西进步最大，2010～2013 年间徘徊在第 24 位和第 25 位，2014～2015 年不断攀升至第 21 位和第 17 位，提高了 8 个位次。类似，安徽 2010～2013 年间大约在第 14 位和第 15 位之间，2014 年上升至第 11 位，2015 年更是进入了全国前 10 强。陕西在 2010～2011 年间基本在第 16 位和第 17 位，而后迅速上升至第 12 位，近年来始终保持在第 12 位和第 13 位的位置上。详见图 1－4。

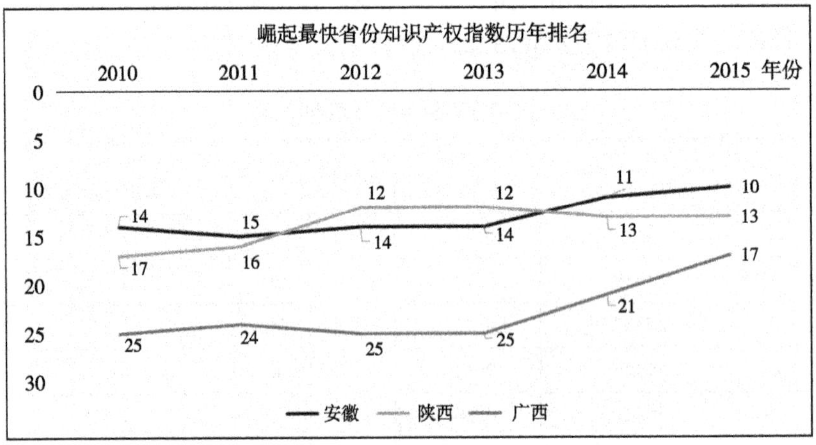

图 1－4 知识产权指数崛起最快省份历年排名情况

6. 知识产权与工业化的关系："中国制造"迈向"中国创造"路途虽漫长，但提供了经济后续发展的巨大潜力和"低垂果实"

我们分别测算了 2013 年[1] 31 个省份的工业和第三产业在国民经济（国民生产总值）中的比重（详细数据见表 1－3）并且与知识产权指数进行了比照分析，发现两个现象：一是中国各省份工业化程度与知识产权指数关联度很低，相关系数为－0.04，几乎可以忽略。二是中国各省份第三产业比重与知识产权指数关联度很高，相关系数为 0.66，呈现明显的相关关系。详见图 1－5、图 1－6。

[1] 由于指标体系非常完善，指标很多，多数指标的数据年限均为 2013 年。因此使用 2013 年的国民经济核算数据更为妥当。

表1－3　　2013年31个省份工业和第三产业在国民经济中的比重

省　份	工业化程度	第三产业占比	知识产权指数
北　京	18.00%	77.50%	0.658
江　苏	42.70%	45.50%	0.571
上　海	32.70%	63.20%	0.548
广　东	43.00%	48.80%	0.494
浙　江	41.90%	47.50%	0.434
天　津	46.30%	48.30%	0.338
山　东	43.90%	42.00%	0.332
福　建	43.20%	39.60%	0.276
重　庆	36.20%	46.70%	0.267
安　徽	46.20%	34.20%	0.252
辽　宁	45.20%	40.50%	0.251
湖　南	40.60%	40.90%	0.248
陕　西	46.30%	36.00%	0.246
湖　北	40.90%	40.20%	0.242
四　川	43.70%	36.20%	0.235
河　南	46.40%	35.60%	0.207
广　西	38.80%	37.60%	0.204
山　西	46.10%	41.90%	0.173
黑龙江	35.20%	42.40%	0.172
海　南	14.90%	51.70%	0.168
河　北	46.40%	36.10%	0.159
江　西	44.80%	35.50%	0.156
吉　林	46.40%	36.10%	0.153
贵　州	33.20%	47.10%	0.145
宁　夏	36.20%	43.00%	0.144
云　南	31.80%	42.50%	0.138
内蒙古	47.00%	36.90%	0.134
西　藏	7.50%	53.70%	0.122
甘　肃	34.00%	43.30%	0.12
新　疆	34.60%	40.70%	0.107
青　海	43.00%	36.10%	0.094

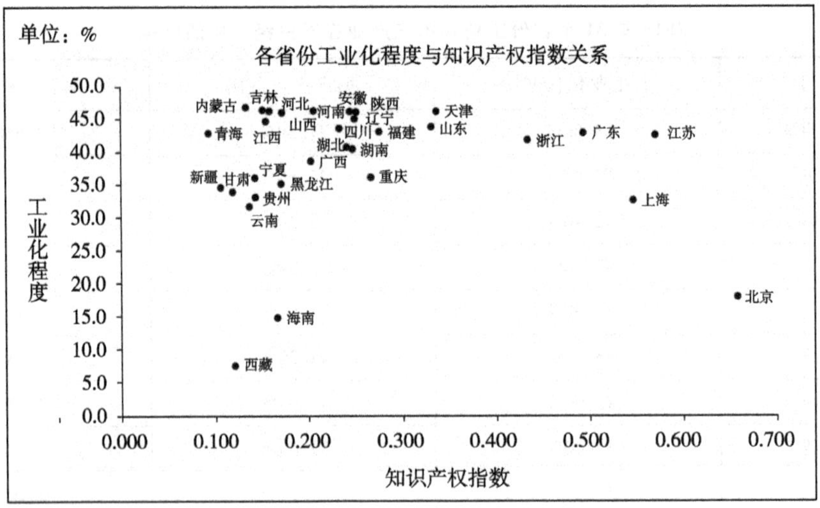

图 1－5　各省份工业化程度与知识产权指数关系图

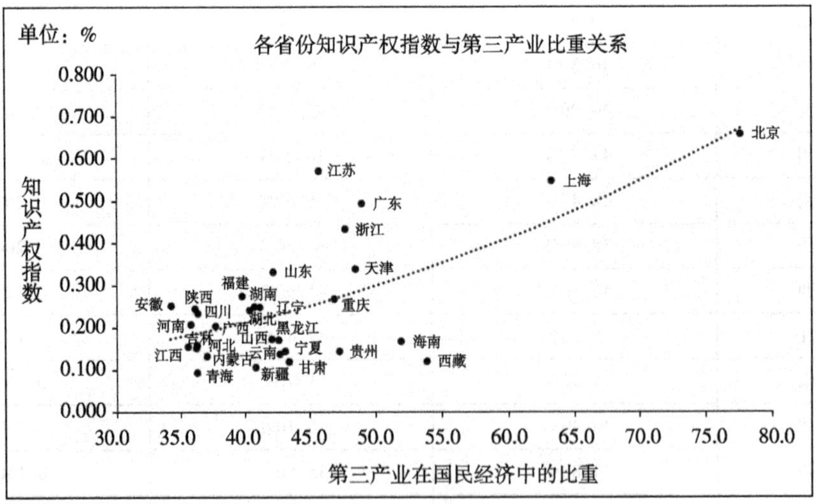

图 1－6　各省份第三产业比重与知识产权指数关系图

这突出反映了中国目前工业企业、制造类企业在知识产权方面着力不够，发展不够好，深层次原因是改革开放以来工业企业粗放增长的惯性还在，有些企业甚至已经形成“模式依赖”，创新的动力和能力不足，从而只能重复制造技术含量较低的产品，造成工业产品结构性过剩。结合第三产业与知识产权指数关联度高的现象分析，从一个角度反映了目前知识产权发展偏“软”偏“轻”，产学研有明显脱节，技术等专利实现产业化的难度较大，没有形成规模。只有解决这一问题，“中国制造”才能真正成为“中国创造”。

中国制造成为中国创造的路途虽然漫长，但是却是我们未来经济发展的潜力所在，预示未来我们将有巨大的成长空间。通过进一步完善知识产权法律和制度，促进知识产权转化和发展，我们必将能够摘取泰勒·考恩所谓的“低垂的果实”，突破中等收入陷阱，迎来新一轮的经济和社会发展。

7. 区域分布：东部沿海至西部边远逐渐降低

知识产权指数整体趋势的区域特征非常显著，基本为“东高西低”，由“东部沿海地区”到“中部腹地”再到“西部边远地区”，逐渐降低。三者形成了“阶梯”。从具体省份排名来看，前10强中仅重庆一个西部省份，后10位中则全部为中西部地区。

这种区域分布的特点其实是与经济发展水平总体吻合的。知识产权发展与经济是密不可分的。知识产权的发展也呈现明显的“逐步扩散”态势，从图1－7可以明显看出。

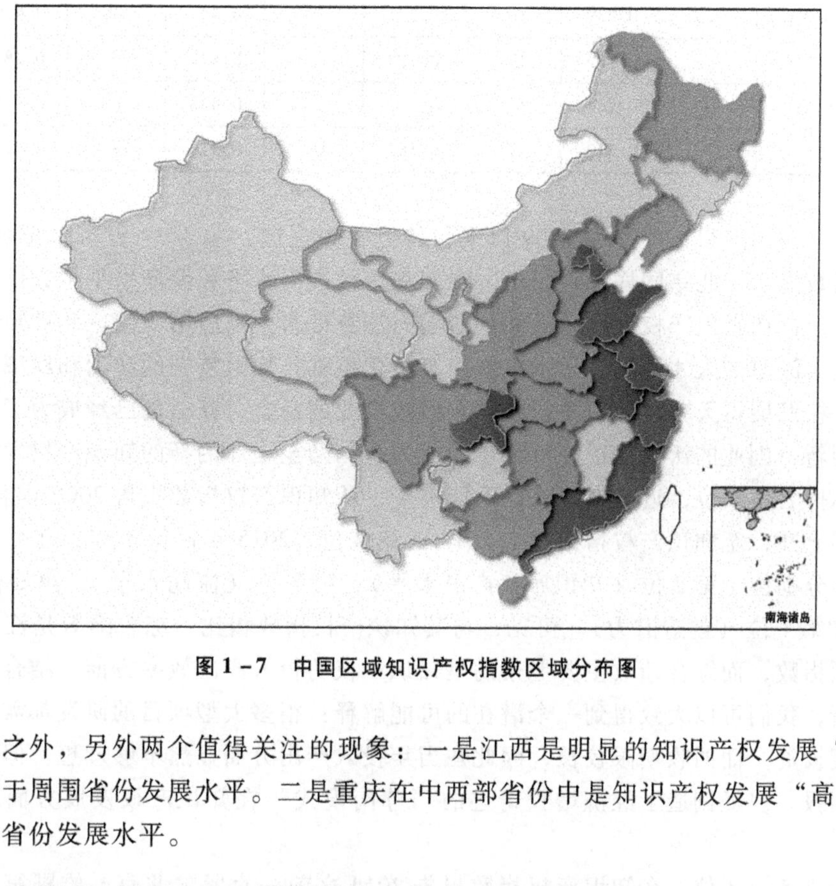

图1－7　中国区域知识产权指数区域分布图

除此之外，另外两个值得关注的现象：一是江西是明显的知识产权发展“洼地”，明显落后于周围省份发展水平。二是重庆在中西部省份中是知识产权发展“高地”，领先于周边省份发展水平。

三、中国区域知识产权指数报告2015：结果解读

1. 中国区域知识产权指数报告2015前10强

中国区域知识产权指数报告2015排名前10位的省份依次是：北京、江苏、上海、广东、浙江、天津、山东、福建、重庆、安徽。其中，9个省份同样在中国区域知识产权指数报告2014年前10强中。安徽从区域知识产权指数报告2014的第11位进入前10强，而辽宁则跌出前10强（见表1－4）。

表1-4 中国区域知识产权指数报告2015前10强

省份	综合实力		产出水平		流动水平		综合绩效		创造潜力	
	指数	排名	指数	排名	指数	排名	指数	排名	指数	排名
北京	0.658	1	0.753	1	0.653	1	0.702	2	0.525	2
江苏	0.571	2	0.619	2	0.518	3	0.527	6	0.621	1
上海	0.548	3	0.516	3	0.573	2	0.704	1	0.397	6
广东	0.494	4	0.377	5	0.486	4	0.599	3	0.514	3
浙江	0.434	5	0.426	4	0.278	6	0.54	5	0.494	4
天津	0.338	6	0.273	8	0.177	12	0.593	4	0.308	7
山东	0.332	7	0.239	10	0.321	5	0.34	14	0.429	5
福建	0.276	8	0.185	17	0.199	8	0.437	7	0.283	8
重庆	0.267	9	0.226	12	0.217	7	0.428	8	0.197	16
安徽	0.252	10	0.313	7	0.151	14	0.313	18	0.229	14

北京自知识产权指数报告2009以来，始终领先全国，在31个省份中排名第1位。在分项指数方面，北京同样表现出色。在知识产权产出水平和流动水平指数排名中，同样居第1位；在知识产权综合绩效和创造潜力指数排名中都居第2位。北京知识产权的发展受益于深厚的人才积淀、学术气氛以及文化根基，加上特别的政治和经济地位，使得知识产权发展得天独厚。中关村是北京科技产业的标志，新时期已经成为了全国乃至全球的创新、创业的沃土，很有可能也会成为全国乃至全球的新的知识产权发展中心。

江苏排名第2位，近年来一直在不停进步，从知识产权指数报告2009排名第4位，后来逐年上升，至知识产权指数报告2014的第2位，2015年保持不变。在分项指数方面，江苏分别位于第2位（知识产权产出水平）、第3位（流动水平）、第6位（综合绩效）和第1位（创造潜力）。可见，与其知识产权指数相比，综合绩效是江苏表现略差的分项指数，而综合绩效主要考察的是知识产权的投入产出效率方面。结合创造潜力指数分析，我们可以大致得到一个潜在的可能解释：很多大型项目的研发都需要较大规模的前期投资，而回收期限较长，因此在当年投入产出方面显然不够理想。但长期将带来丰厚回报。曾经创造了经济增长奇迹的“苏南模式”在知识产权发展方面的表现值得期待。

上海排名第3位，在知识产权指数报告2014之前一直紧随北京，雄踞第2位，后被江苏超过。在分项指数方面，分别位于第3位（知识产权产出水平）、第2位（流动水平）、第1位（综合绩效）和第6位（创造潜力）。上海的知识产权发展综合绩效很好，但是需要警惕创造潜力不足的问题。“上海人脑筋活”（邓小平语），海派文化也较为精致，上海企业的管理精细化，注重效益，因此上海知识产权发展综合绩效好在意料之中。但是，需要警惕的是最近很多企业界人士（如潘石屹、陈宏）认为“上海创业氛围不如北京浓”，由此可能导致知识产权创造后劲不足。

广东排名第4位，与其经济总量不太相符。从分项指数来看，广东分别位于第5位（知识产权产出水平）、第4位（流动水平）、第3位（综合绩效）和第3位（创造潜力），总体表现比较平均。作为最早开放的地区，广东经济在对外贸易中腾飞，也成为带动中国经济发展的引擎。在经济转型期间，广东也面临着很大的压力。知识产权指数的情况也反映了其产业升级的暂时困难。只有不断重视知识产权的创造、运用和保护，不断鼓励创新，才能实现产业升级，继续保持经济发展的带头作用。

浙江多年以来一直排名第5位，比较稳定。从分项指数来看，浙江分别位于第4位（知识产权产出水平）、第6位（流动水平）、第5位（综合绩效）和第4位（创造潜力），总体表现比较平均。

天津居第6位，从历史排名来看，和排名第7位的山东多年来一直不分伯仲，知识产权指数相近。从分项指数来看，天津分别居于第8位（知识产权产出水平）、第12位（流动水平）、第4位（综合绩效）和第7位（创造潜力）。真正表现落后的是知识产权流动水平。知识产权流动水平指数主要反映了作为成果的知识产权的交易情况，包括知识产权市场的成交情况、知识产权中介的发展情况以及企业技术引进和改造情况。这一指标落后表明，天津在知识产权的转移和扩散方面与其知识产权指数排名不太相称。

山东居第7位，多年来一直在第6位和第7位之间波动。从分项指数来看，分别居于第10位（知识产权产出水平）、第5位（流动水平）、第14位（综合绩效）和第5位（创造潜力）。知识产权流动水平和创造潜力明显优于知识产权产出水平和综合绩效。从一个侧面说明了，目前山东企业引进和利用知识产权的规模和效果较好，同时也具备了一定的创造潜力。但是知识产权产出水平还没有上规模，企业利用知识产权的效率还有待提高。

福建居第8位，从分项指数来看，分别居于第17位（知识产权产出水平）、第8位（流动水平）、第7位（综合绩效）和第8位（创造潜力）。知识产权产出水平明显落后于其他三个分项指数。整体来看，福建的知识产权发展起步并不早，但是发展势头很好。部分原因可能是受历史原因影响，福建的工业基础并不厚实所致。

重庆列第9位，从分项指数来看，分别居于第12位（知识产权产出水平）、第7位（流动水平）、第8位（综合绩效）和第16位（创造潜力）。重庆知识产权的流动水平和综合绩效表现较好，明显优于产出水平和创造潜力，尤其是创造潜力，远落后于前10强的其他省份。

安徽占据了前10强的最后一席。从分项指数来看，分别居于第7位（知识产权产出水平）、第14位（流动水平）、第18位（综合绩效）和第14位（创造潜力）。知识产权产出水平表现较好，但是综合绩效表现较差。

2. 地区排名：华东、华北和华南占据前三位

整体来看，华东、华北和华南均领先于全国平均水平，华中地区与全国平均水平相近，东北、西南、西北地区落后于全国平均水平。七个区域的具体排名依次是：华东、华北、华南、华中、东北、西南以及西北。详见图1－8、表1－5。

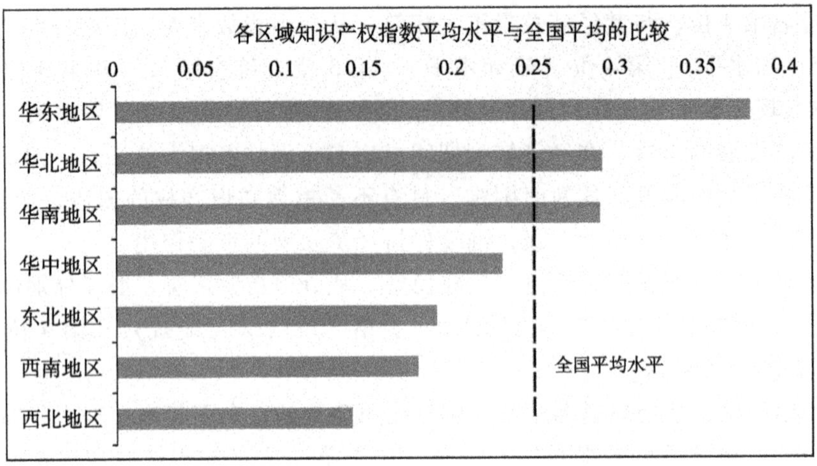

图1-8 各区域知识产权指数平均水平与全国平均水平比较

表1-5 分区域知识产权指数情况

地　区	知识产权指数	区域排名	区域内最强省市
华东地区	0.380	1	江苏
华北地区	0.292	2	北京
华南地区	0.290	3	广东
华中地区	0.232	4	湖南
东北地区	0.192	5	辽宁
西南地区	0.181	6	重庆
西北地区	0.142	7	陕西
全国平均	0.251		

(1) 华东地区：知识产权总体实力最强，江苏和上海是区域龙头

华东地区包括上海、江苏、浙江、安徽、福建、江西、山东等六省一市，是中国城市群最为密集的地区，其知识产权指数得分平均为0.380，大幅高于全国平均水平。

全国前10强中，华东地区就占有6席，分别是江苏、上海、浙江、山东、福建和安徽，只有江西排名靠后。其中江苏和上海知识产权指数得分分别是0.571和0.548，是区域龙头。

华东地区是中国经济最为发达的地区之一，区位条件优越，工业基础雄厚，商业环境优良，历史上一直是物产富饶、人文荟萃之地，具备发展知识产权的先天优势（见表1-6）。

表1－6　　华东地区知识产权指数及排名表

省　份	知识产权指数	区域内排名	全国排名
江　苏	0.571	1	2
上　海	0.548	2	3
浙　江	0.434	3	5
山　东	0.332	4	7
福　建	0.276	5	8
安　徽	0.252	6	10
江　西	0.166	7	22
华东地区	0.380		
全国平均	0.251		

（2）华北地区：知识产权总体实力仅次于华东，但是区域内各省份很不均衡

华北地区包括河北、山西、内蒙古三省区与京津两市，是中国城市群较为密集的地区，其指数平均得分为0.292，略高于全国平均0.251，落后于华东地区，与华南地区接近。

北京是华北地区知识产权发展的核心，知识产权指数排名全国第1位。天津位于北京之后，在区域内列第2位。京津具备特殊的政治和地位区位，高校和科研机构众多，文化和学术气氛浓厚，人力资本储备厚实，在发展知识产权方面仍然有很大的潜力。

但是，地区内其他省份表现差强人意，与京津的差距较大。河北、山西和内蒙古在全国分别排在第18位、21位和27位。如果能够充分利用京津优势，统筹协同发展，华北地区知识产权发展前景实为可期（见表1－7）。

表1－7　　华北地区知识产权指数及排名表

省　份	知识产权指数	区域内排名	全国排名
北　京	0.658	1	1
天　津	0.338	2	6
山　西	0.173	3	18
河　北	0.159	4	21
内蒙古	0.134	5	27
华北地区	0.292		
全国平均	0.251		

（3）华南地区：广东一枝独秀，广西和海南进步明显

华南地区包括广东、广西和海南三省区，区域内广东以较大幅度领先。广东是中国

改革开放的排头兵，是中国经济最为活跃的地区之一，具备改革创新的土壤，同时产业基础较好，有望在未来进一步提高知识产权实力。广西和海南则相对基础薄弱，排名靠后。但与知识产权指数报告 2014 相比，广西上升了 4 个位次，从第 21 位上升至第 17 位。海南从第 22 位上升了 2 个位次，上升至第 20 位，进步明显（见表 1－8）。

表 1－8　华南地区知识产权指数及排名表

省　份	知识产权指数	区域内排名	全国排名
广　东	0.494	1	4
广　西	0.207	2	17
海　南	0.168	3	20
华南地区	0.290		
全国平均	0.251		

（4）华中地区：知识产权实力较为平均，略低于全国平均水平

华中地区包括河南、湖北和湖南三省，区域内较为均衡，中规中矩，略低于全国平均水平。其中，区域内湖南排名第 1 位，知识产权指数为 0.248，在全国排名第 12 位；区域内湖北排名第 2 位，知识产权指数为 0.242，在全国排名第 14 位；区域内河南排名居末，知识产权指数得分为 0.207，在全国排名第 16 位（见表 1－9）。

表 1－9　华中地区知识产权指数及排名表

省　份	知识产权指数	区域内排名	全国排名
湖　南	0.248	1	12
湖　北	0.242	2	14
河　南	0.207	3	16
华中地区	0.232		
全国平均	0.251		

（5）东北地区：辽宁是区域领头羊，整体低于全国平均水平

东北地区包括辽宁、吉林和黑龙江三省，总体低于全国平均水平，其中，辽宁知识产权指数为 0.251，是区域内的领头羊，排在全国的第 11 位，首次从全国前 10 强中跌出（见表 1－10）。

表1－10　　东北地区知识产权指数及排名表

省　份	知识产权指数	区域内排名	全国排名
辽　宁	0.251	1	11
黑龙江	0.172	2	19
吉　林	0.153	3	23
东北地区	0.192		
全国平均	0.251		

（6）西南地区、西北地区：个别省份呈现欣喜发展势头，但整体水平较为落后

西南、西北地区包括九省区一市，经济基础十分薄弱，知识产权发展也大幅落后于全国平均水平。但是个别省市已经呈现跨越发展的趋势，比如重庆、陕西、四川，知识产权指数在全国分别排在第9位、第13位和第15位，与其他地区省份相比，毫不逊色（见表1－11）。

表1－11　　西南和西北地区知识产权指数及排名表

省　份	知识产权指数	区域内排名	全国排名
重　庆	0.267	1	9
四　川	0.235	2	15
贵　州	0.145	3	24
云　南	0.138	4	26
西　藏	0.122	5	28
西南地区	0.181		
省　份	知识产权指数	区域内排名	全国排名
陕　西	0.246	1	13
宁　夏	0.144	2	25
甘　肃	0.12	3	29
新　疆	0.107	4	30
青　海	0.094	5	31
西北地区	0.142		
全国平均	0.251		

第二章　中国区域知识产权分项指数 2015 排名与分析

一、中国区域知识产权分项指数框架 2015

知识产权指数评价体系下设四个分项指数：知识产权产出水平、知识产权流动水平、知识产权综合绩效、知识产权创造潜力（见图 2－1、表 2－1）。

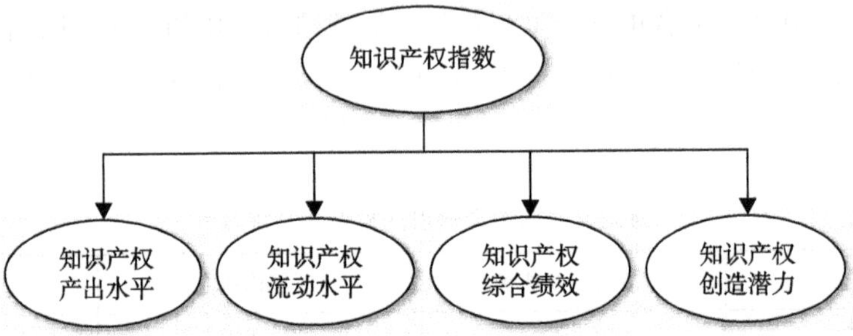

图 2－1　知识产权分项指数框架图

表 2－1　中国区域知识产权分项指数及排名表

省份	综合实力		产出水平		流动水平		综合绩效		创造潜力	
	指数	排名	指数	排名	指数	排名	指数	排名	指数	排名
北京	0.658	1	0.753	1	0.653	1	0.702	2	0.525	2
江苏	0.571	2	0.619	2	0.518	3	0.527	6	0.621	1
上海	0.548	3	0.516	3	0.573	2	0.704	1	0.397	6
广东	0.494	4	0.377	5	0.486	4	0.599	3	0.514	3
浙江	0.434	5	0.426	4	0.278	6	0.540	5	0.494	4
天津	0.338	6	0.273	8	0.177	12	0.593	4	0.308	7
山东	0.332	7	0.239	10	0.321	5	0.340	14	0.429	5
福建	0.276	8	0.185	17	0.199	8	0.437	7	0.283	8
重庆	0.267	9	0.226	12	0.217	7	0.428	8	0.197	16
安徽	0.252	10	0.313	7	0.151	14	0.313	18	0.229	14
辽宁	0.251	11	0.211	13	0.179	11	0.359	10	0.253	12
湖南	0.248	12	0.164	19	0.181	10	0.369	9	0.280	9
陕西	0.246	13	0.331	6	0.121	16	0.312	19	0.219	15

续表 2－1

省　份	综合实力		产出水平		流动水平		综合绩效		创造潜力	
	指数	排名	指数	排名	指数	排名	指数	排名	指数	排名
湖　北	0.242	14	0.177	18	0.181	9	0.342	13	0.269	10
四　川	0.235	15	0.234	11	0.157	13	0.309	21	0.237	13
河　南	0.207	16	0.121	22	0.134	15	0.316	17	0.259	11
广　西	0.204	17	0.248	9	0.065	24	0.357	11	0.147	23
山　西	0.173	18	0.100	24	0.086	20	0.354	12	0.152	22
黑龙江	0.172	19	0.196	15	0.102	18	0.214	28	0.175	18
海　南	0.168	20	0.150	21	0.030	30	0.332	15	0.160	20
河　北	0.159	21	0.084	26	0.106	17	0.251	25	0.196	17
江　西	0.156	22	0.081	28	0.078	22	0.312	20	0.153	21
吉　林	0.153	23	0.096	25	0.085	21	0.264	24	0.168	19
贵　州	0.145	24	0.205	14	0.038	27	0.225	27	0.110	27
宁　夏	0.144	25	0.195	16	0.034	29	0.270	23	0.077	30
云　南	0.138	26	0.156	20	0.063	25	0.191	30	0.142	24
内蒙古	0.134	27	0.038	31	0.077	23	0.287	22	0.135	25
西　藏	0.122	28	0.057	29	0.026	31	0.321	16	0.083	29
甘　肃	0.120	29	0.084	27	0.098	19	0.201	29	0.099	28
新　疆	0.107	30	0.104	23	0.042	26	0.172	31	0.110	26
青　海	0.094	31	0.055	30	0.036	28	0.227	26	0.059	31

二、中国区域知识产权分项指数排名与分析

在四个分项指数中，知识产权产出水平指数排名前 10 位的省份是：北京、江苏、上海、浙江、广东、陕西、安徽、天津、广西和山东。其中，广西和山东取代了 2014 年重庆和四川的座次。

知识产权流动水平排名前 10 位的省份是：北京、上海、江苏、广东、山东、浙江、重庆、福建、湖北和湖南。其中，重庆、湖北和湖南是新晋身份，取代了四川、河南、辽宁的位置。

知识产权综合绩效排名前 10 位的省份是：上海、北京、广东、天津、浙江、江苏、福建、重庆、湖南和辽宁。与 2014 年一致。

知识产权创造潜力排名前 10 位的省份是：江苏、北京、广东、浙江、山东、上海、天津、福建、湖南和湖北。与 2014 年相比，辽宁跌出前 10 位，湖南进入前 10 位。

1. 各省份在知识产权流动水平和产出水平方面差异最大

我们对四个分项指数进行了标准化后，放到同一张图里（见图 2－2），经过对比研

究发现：各省份在流动水平和产出水平指数方面差异最大，这也是排名靠前省份拉开差距的主要两个分项指数。而创造潜力和综合绩效的差异较低。

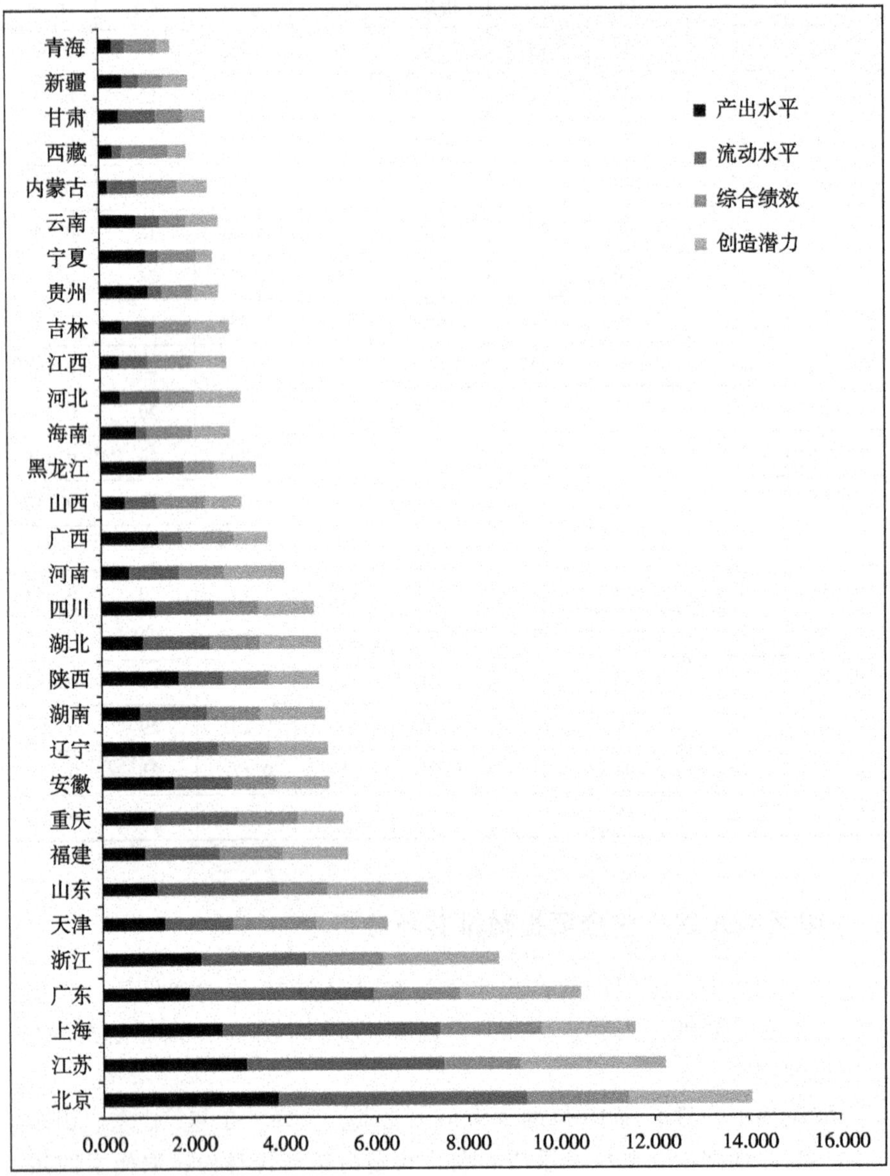

图 2-2 各省份在四个分项指数方面的表现

知识产权产出水平指数下设 5 个二级指标：知识产权人均产出指数、知识产权产出质量指数、知识产权产出效率指数、企业产出指数以及高校和研发机构产出指数，考察和评价的是地区知识产权在存量规模方面的表现。

知识产权流动水平指数下设 3 个二级指标：知识产权技术市场交易指数、知识产权服务机构指数、与企业技改引进指数，主要考察和评价地区知识产权市场交易方面的表现。差异巨大表明目前技术交易主要集中在几个重要的省份进行，有明显的市场集聚效应。

知识产权综合绩效指数下设 3 个二级指标：宏观经济绩效指数、社会进步绩效指数、企业发展绩效指数，考察的是地区知识产权给当地经济带来的效益。

知识产权创造潜力指数下设 6 个二级指标：创造投入指数、创造成果指数、创造环境指数、知识产权试点示范指数、企业创造潜力指数、知识产权行政保护指数，主要考察地区知识产权创造的潜力如何。该项指数差距相对没有那么大，预计在未来会影响到知识产权指数的发展，可能会向更为均衡方向发展。

通过进一步分析各地区知识产权分项指数的变异系数，进一步验证了我们的结论（见表 2－2）。

表 2－2　　中国区域知识产权分项指数变异系数

	产出水平	流动水平	综合绩效	创造潜力
变异系数	0.725	0.927	0.39	0.594

2. 排名靠前的省份各个指标表现均衡，没有明显的短板

排名靠前的省份在知识产权产出水平、知识产权流动水平、知识产权综合绩效、知识产权创造潜力四个分项指数方面的表现比较均衡，排名都在前几位，没有明显的短板。其中，北京在四个一级指标排名中有 2 项列第 1 位，2 项列第 2 位。江苏有 1 项排在第 1 位，1 项列第 2 位。上海有 1 项排名第 1 位，1 项排名第 2 位。广东和浙江在四个分项指数方面也基本都在前 5 名之列（见图 2－3）。

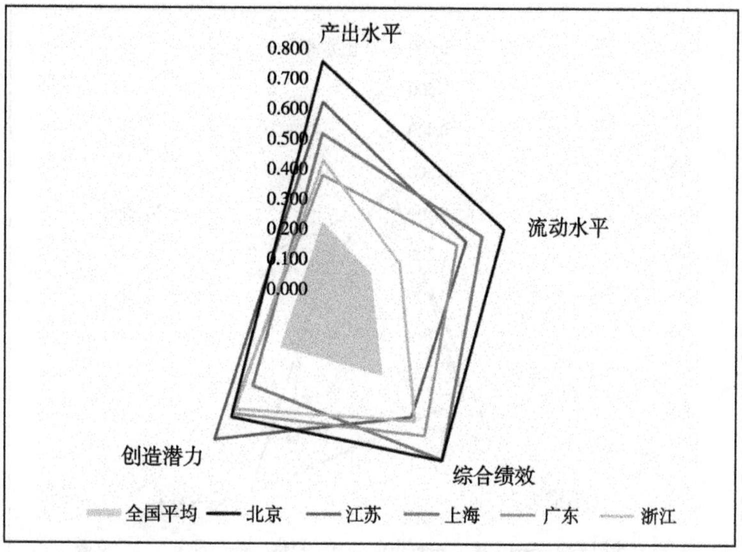

图 2－3　北京、江苏、上海、广东和浙江知识产权分项指数图

3. 排名中间的部分省份各个指标表现差异较大

与之对应的，排名靠后的省份四个指标都表现不太理想，没有明显的长处，几乎所有指数都排名后几位。详见图 2-4。

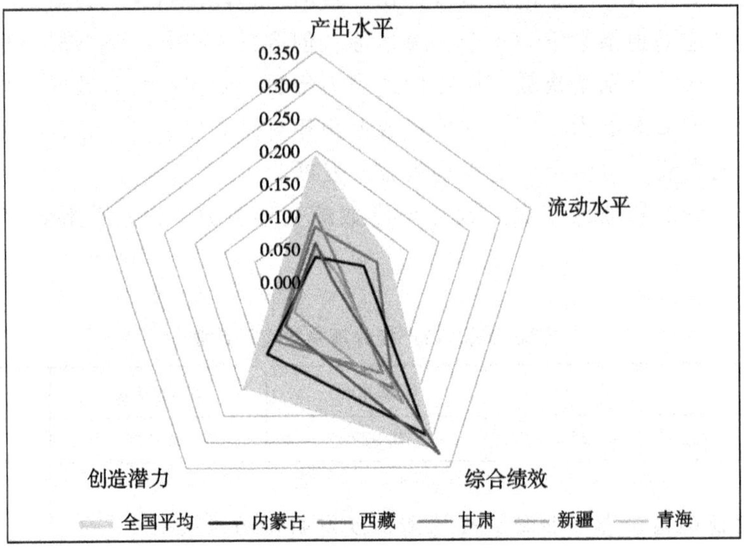

图 2-4 内蒙古、西藏、甘肃、新疆和青海知识产权分项指数图

真正的不均衡主要集中在中端的省份，往往出现指标波动较大，在某项指标上有明显的优势，或者在某项指标上有明显的劣势。这也符合正常的经济和社会规律。实际上知识产权指数排名第 6 位到第 10 位的省份已经开始呈现出这种现象（见图 2-5）。优势突出的同时，短板也非常明显，有些已经与全国平均水平接近。

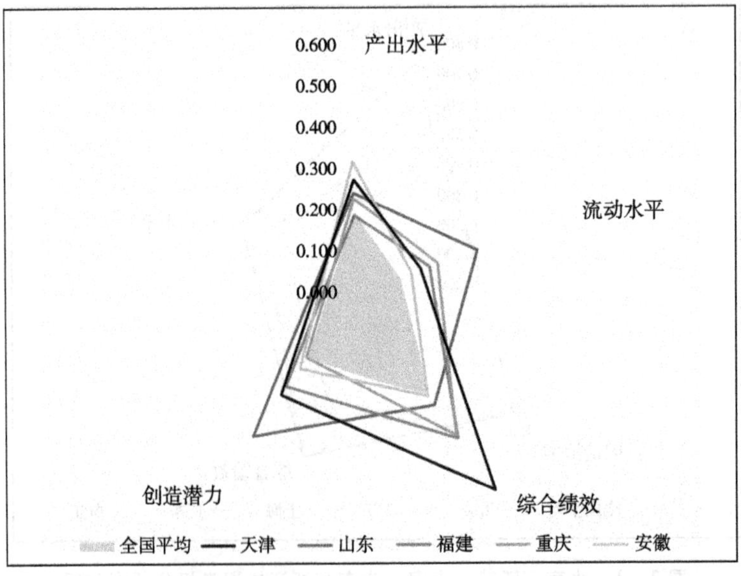

图 2-5 天津、山东、福建、重庆和安徽知识产权分项指数图

第三章　知识产权产出水平各项指标排名与分析

一、知识产权产出水平指标框架及排名与分析

1. 指标框架

知识产权产出水平下设五个二级指标：人均产出、产出质量、产出效率、企业产出以及高校和研发机构产出（见图 3－1、表 3－1）。

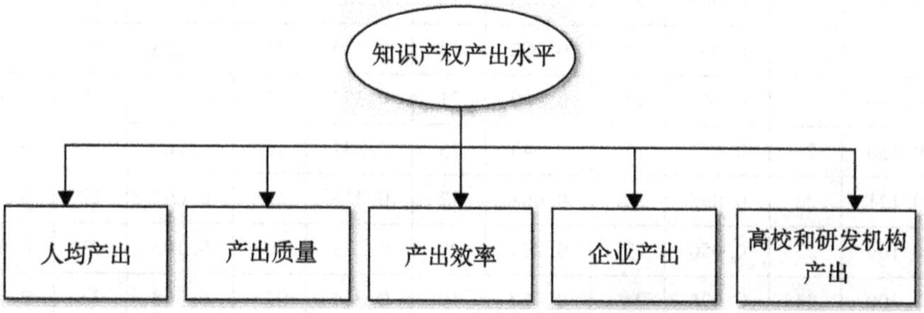

图 3－1　知识产权产出水平指标框架图

2. 排名与分析

表 3－1　知识产权产出水平及其二级指标指数及排名表

省份	产出水平		人均产出		产出质量		产出效率		企业产出		高校和研发机构产出	
	指数	排名	指数	排名	指数	排名	指数	排名	指数	排名	指数	排名
北　京	0.753	1	0.891	1	0.842	1	0.598	7	0.504	4	0.930	1
江　苏	0.619	2	0.252	4	0.311	5	0.825	2	0.821	1	0.884	2
上　海	0.516	3	0.499	2	0.602	2	0.527	8	0.386	6	0.568	4
浙　江	0.426	4	0.282	3	0.373	3	0.348	15	0.529	3	0.597	3
广　东	0.377	5	0.223	5	0.366	4	0.325	18	0.641	2	0.332	6
陕　西	0.331	6	0.088	10	0.135	9	0.776	4	0.165	15	0.492	5
安　徽	0.313	7	0.134	8	0.101	12	0.783	3	0.408	5	0.141	19
天　津	0.273	8	0.189	6	0.205	6	0.509	10	0.223	11	0.239	14
广　西	0.248	9	0.021	28	0.023	29	0.875	1	0.194	14	0.128	22
山　东	0.239	10	0.087	11	0.159	8	0.466	13	0.229	10	0.256	12
四　川	0.234	11	0.071	13	0.118	10	0.491	11	0.290	7	0.202	15

续表 3－1

省份	产出水平		人均产出		产出质量		产出效率		企业产出		高校和研发机构产出	
	指数	排名	指数	排名	指数	排名	指数	排名	指数	排名	指数	排名
重庆	0.226	12	0.103	9	0.089	15	0.524	9	0.138	19	0.279	11
辽宁	0.211	13	0.061	15	0.103	11	0.475	12	0.135	20	0.280	10
贵州	0.205	14	0.023	27	0.032	26	0.611	6	0.282	8	0.077	25
黑龙江	0.196	15	0.081	12	0.072	16	0.430	14	0.075	23	0.323	7
宁夏	0.195	16	0.038	23	0.046	22	0.628	5	0.215	12	0.050	28
福建	0.185	17	0.147	7	0.159	7	0.160	29	0.160	16	0.301	9
湖北	0.177	18	0.047	21	0.096	13	0.285	19	0.152	17	0.303	8
湖南	0.164	19	0.048	20	0.092	14	0.225	21	0.214	13	0.240	13
云南	0.156	20	0.068	14	0.050	21	0.335	17	0.150	18	0.174	16
海南	0.150	21	0.057	17	0.045	23	0.341	16	0.262	9	0.044	29
河南	0.121	22	0.045	22	0.068	17	0.225	22	0.094	22	0.170	17
新疆	0.104	23	0.050	19	0.024	28	0.273	20	0.105	21	0.067	26
山西	0.100	24	0.026	26	0.059	19	0.211	23	0.068	24	0.138	20
吉林	0.096	25	0.059	16	0.059	20	0.191	24	0.039	30	0.131	21
河北	0.084	26	0.032	24	0.067	18	0.132	30	0.068	25	0.123	23
甘肃	0.084	27	0.014	31	0.032	25	0.171	28	0.059	28	0.145	18
江西	0.081	28	0.021	29	0.041	24	0.171	27	0.062	26	0.111	24
西藏	0.057	29	0.055	18	0.002	31	0.174	26	0.055	29	0.000	31
青海	0.055	30	0.015	30	0.016	30	0.175	25	0.061	27	0.008	30
内蒙古	0.038	31	0.031	25	0.026	27	0.054	31	0.016	31	0.061	27

在知识产权产出水平指数方面，表现较好的前10位省份依次是北京、江苏、上海、浙江、广东、陕西、安徽、天津、广西和山东，排名靠后的后10位分别是河南、新疆、山西、吉林、河北、甘肃、江西、西藏、青海和内蒙古。

从知识产权产出指数的五个二级指标，即知识产权人均产出指数、产出质量指数、产出效率指数、企业产出指数、高校和研发机构产出指数来看，大部分省份的表现较为均衡，少数则不平衡性比较突出，譬如，前10位中的浙江和广东的产出效率相对于其他指标较低，仅分别列第15位和第18位，与知识产权指数排名不符。同样，像贵州、福建等省份虽然整体排名较低，但也分别有两项和三项指标列全国前10位，也验证了我们在第二章的结论。

二、知识产权人均产出指数指标框架及排名与分析

1. 知识产权人均产出指数指标框架及指数排名

（1）指标框架

知识产权人均产出指数下设五个三级指标：专利总量、商标总量、版权总量、集成电路布图设计总量、农业植物新品种总量（见图 3－2、表 3－2）。

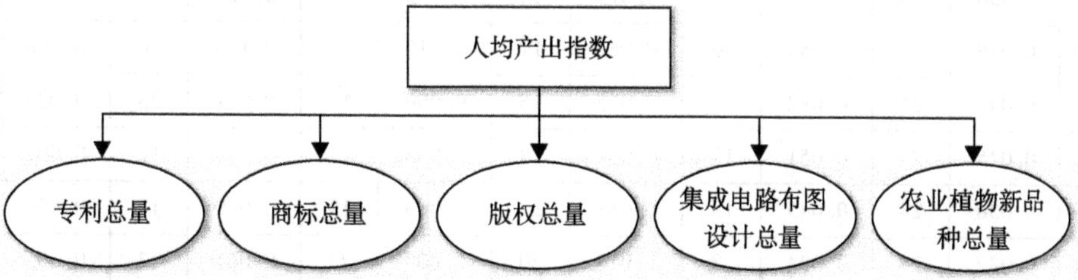

图 3－2　知识产权人均产出指数指标框架图

（2）排名与分析（见表 3－2）

表 3－2　知识产权人均产出指数及排名表

省份	人均产出		专利总量		商标总量		版权总量		农业植物新品种总量		集成电路布图设计总量	
	指数	排名	指数	排名	指数	排名	指数	排名	指数	排名	指数	排名
北　京	0.891	1	0.770	1	1.000	1	1.000	1	1.000	1	0.686	2
上　海	0.499	2	0.389	6	0.686	2	0.157	2	0.265	4	1.000	1
浙　江	0.282	3	0.525	3	0.496	3	0.019	8	0.175	9	0.197	4
江　苏	0.252	4	0.580	2	0.188	8	0.038	4	0.177	8	0.276	3
广　东	0.223	5	0.419	4	0.453	4	0.006	16	0.046	25	0.189	5
天　津	0.189	6	0.410	5	0.208	7	0.026	5	0.163	11	0.139	6
福　建	0.147	7	0.148	9	0.380	5	0.016	9	0.147	12	0.045	10
安　徽	0.134	8	0.144	10	0.077	14	0.003	20	0.354	2	0.089	8
重　庆	0.103	9	0.154	7	0.214	6	0.043	3	0.072	21	0.032	11
陕　西	0.088	10	0.142	11	0.136	9	0.023	6	0.039	27	0.100	7
山　东	0.087	11	0.150	8	0.117	10	0.012	11	0.127	14	0.030	12
黑龙江	0.081	12	0.074	15	0.042	27	0.005	17	0.287	3	0.000	20
四　川	0.071	13	0.090	13	0.089	12	0.003	22	0.122	15	0.047	9
云　南	0.068	14	0.019	29	0.058	19	0.004	18	0.257	5	0.000	20
辽　宁	0.061	15	0.092	12	0.074	15	0.020	7	0.104	18	0.016	14
吉　林	0.059	16	0.032	24	0.050	24	0.011	12	0.204	7	0.000	20

续表 3-2

省份	人均产出		专利总量		商标总量		版权总量		农业植物新品种总量		集成电路布图设计总量	
	指数	排名	指数	排名	指数	排名	指数	排名	指数	排名	指数	排名
海南	0.057	17	0.022	27	0.097	11	0.000	30	0.168	10	0.000	20
西藏	0.055	18	0.000	31	0.029	29	0.000	30	0.244	6	0.000	20
新疆	0.050	19	0.031	26	0.079	13	0.002	25	0.138	13	0.000	20
湖南	0.048	20	0.054	16	0.062	17	0.010	13	0.110	16	0.006	15
湖北	0.047	21	0.082	14	0.065	16	0.006	15	0.061	23	0.024	13
河南	0.045	22	0.051	17	0.061	18	0.003	21	0.110	17	0.002	19
宁夏	0.038	23	0.045	18	0.053	23	0.003	19	0.089	19	0.000	20
河北	0.032	24	0.034	23	0.058	20	0.003	23	0.061	22	0.005	17
内蒙古	0.031	25	0.019	28	0.047	25	0.000	27	0.087	20	0.000	20
山西	0.026	26	0.045	19	0.036	28	0.002	24	0.049	24	0.000	20
贵州	0.023	27	0.042	20	0.053	22	0.001	26	0.011	30	0.005	16
广西	0.021	28	0.039	21	0.018	30	0.007	14	0.040	26	0.004	18
江西	0.021	29	0.032	25	0.058	21	0.015	10	0.000	31	0.000	20
青海	0.015	30	0.012	30	0.044	26	0.000	28	0.020	29	0.000	20
甘肃	0.014	31	0.035	22	0.000	31	0.000	29	0.036	28	0.000	20

在知识产权人均产出指数方面，排名前 10 位的省份是北京、上海、浙江、江苏、广东、天津、福建、安徽、重庆和陕西；排名后 10 位的省份是河南、宁夏、河北、内蒙古、山西、贵州、广西、江西、青海和甘肃。

在专利总量指数方面，排名前 10 位的省份是北京、江苏、浙江、广东、天津、上海、重庆、山东、福建和安徽。

在商标总量指数方面，排名前 10 位的省份是北京、上海、浙江、广东、福建、重庆、天津、江苏、陕西和山东。

在版权总量指数方面，排名前 10 位的省份是北京、上海、重庆、江苏、天津、陕西、辽宁、浙江、福建和江西。

在农业植物新物种指数方面，排名前 10 位的省份是北京、安徽、黑龙江、上海、云南、西藏、吉林、江苏、浙江和海南。

在集成电路布局设计指数方面，排名前 10 位的省份是：上海、北京、江苏、浙江、广东、天津、陕西、安徽、四川和福建。

由于专利、商标、版权、农业植物新品种、集成电路布图设计指数五个三级指标涵盖不同领域，因此，各自指数和排名也有较大差别，反映全国各个省市各自发展的不同定位和不同特点。在专利、商标、版权、集成电路等方面，北京、上海、江苏等传统经济较为发达的省市排名靠前，而在农业新物种方面，黑龙江、吉林、云南、安徽等农业研究及种植大省（市）排名靠前，整体情况与2014年类似。

2. 专利总量指数四级指标框架及排名与分析

（1）指标框架

专利总量指数选取了百万人口年度国内发明专利申请量、百万人口年度国内实用新型专利申请量、百万人口年度国内外观设计专利申请量、百万人口年度PCT专利申请量四个指标进行评价（见图3－3）。

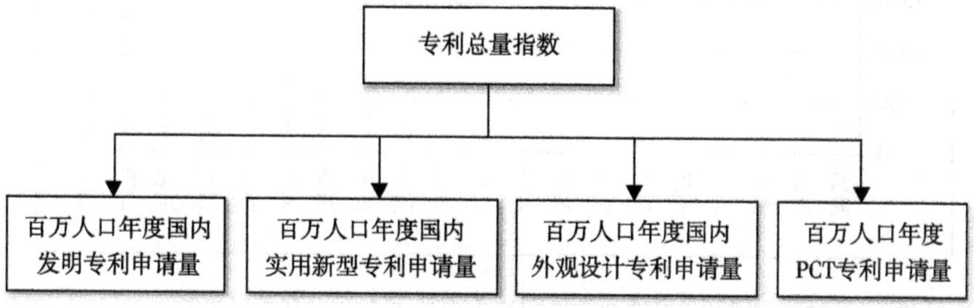

图3－3　专利总量指数指标框架图

（2）专利总量指数具体指标分析

图3－4表明，西藏—甘肃是百万人口年度国内发明专利申请量最少的10个省份，而北京—辽宁是百万人口年度国内发明专利申请量最多的10个省份，两部分的差距依然比较明显。北京在近三年的百万人口年度国内发明专利申请量稳居第1位，2013年约为3008项/百万人，较2012年有一定幅度的增长。

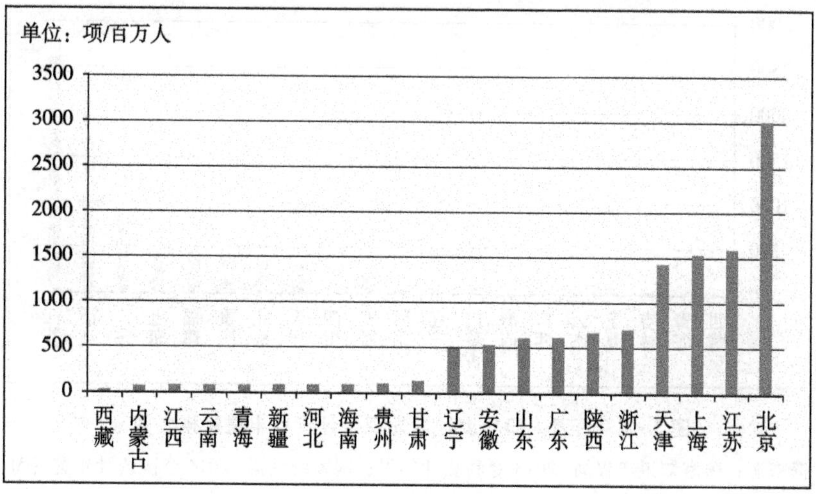

图3－4　百万人口年度国内发明专利申请量排名图

数据来源：国家知识产权局.2013专利统计年报；国家统计局.2014中国统计年鉴［M］.北京：中国统计出版社，2014.

图 3－5 表明，西藏—贵州是百万人口年度实用新型专利申请量最少的 10 个省份，天津—陕西是百万人口年度实用新型专利申请量最多的 10 个省份，其中，天津以 2134 项/百万人领跑全国，较 2012 年有较大增长。

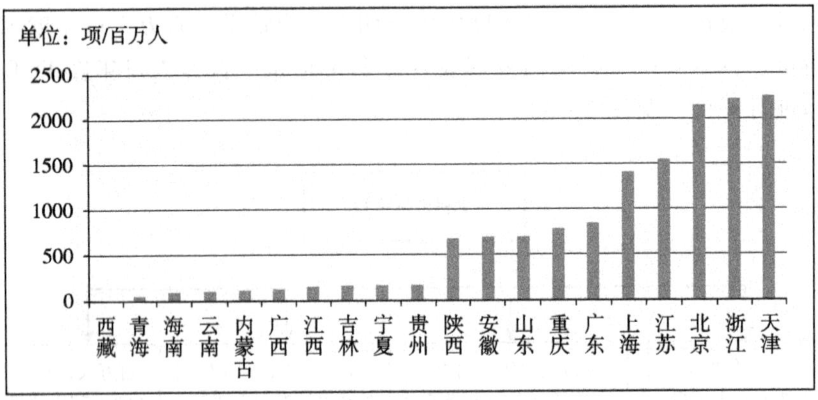

图 3－5　百万人口年度国内实用新型专利申请量排名图

数据来源：国家知识产权局．2013 专利统计年报；国家统计局．2014 中国统计年鉴［M］．北京：中国统计出版社，2014.

图 3－6 表明，西藏—河北是百万人口年度国内外观设计专利申请量最少的 10 个省份，江苏—安徽是百万人口年度国内外观设计专利申请量最多的 10 个省份。其中，江苏超过 2700 项/百万人，遥遥领先于其他地区。

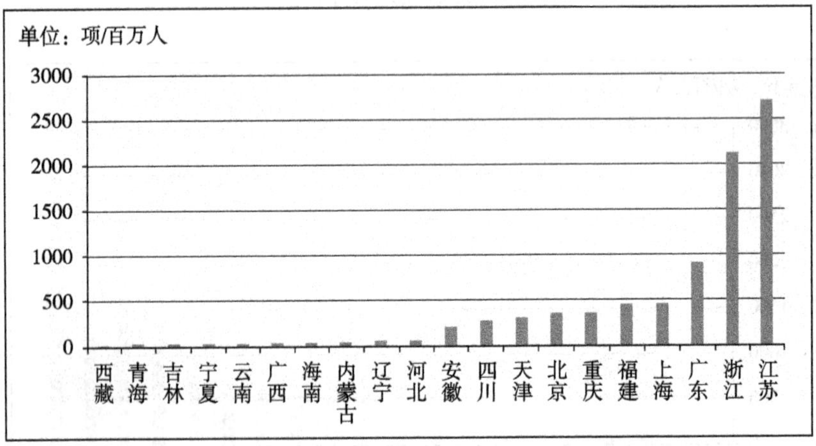

图 3－6　百万人口年度国内外观设计专利申请量排名图

数据来源：国家知识产权局．2013 专利统计年报；国家统计局．2014 中国统计年鉴［M］．北京：中国统计出版社，2014.

图 3－7 表明，百万人口年度 PCT 专利申请量最少的 10 个省份是西藏—河南，其中，西藏、青海、内蒙古、贵州、云南、广西、甘肃更是不足 1 项/百万人；而申请量

主要是集中在北京、广东和上海这三个省市，占全国 PCT 专利申请的四分之三，远远高于其他省份。北京、广东更是超过了 100 项/百万人。而出口经济较为发达的江浙一带，此项指标表现却不尽如人意，印证了中国出口产品附加值低的缺陷。

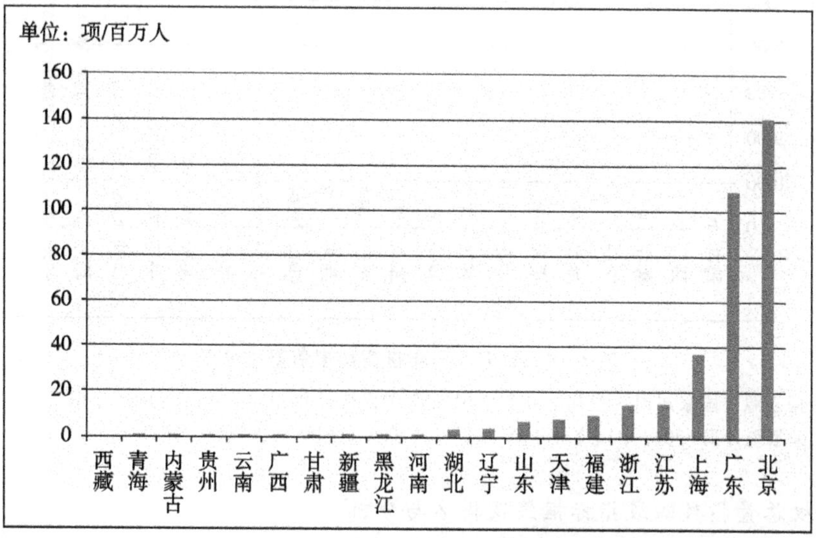

图 3－7　百万人口年度 PCT 专利申请量排名图

数据来源：国家知识产权局.2013 专利统计年报；国家统计局.2014 中国统计年鉴［M］.北京：中国统计出版社，2014.

3. 商标总量指数四级指标框架及排名与分析

（1）指标框架

商标总量指数采用百万人口年度商标申请量指标进行度量（见图 3－8）。

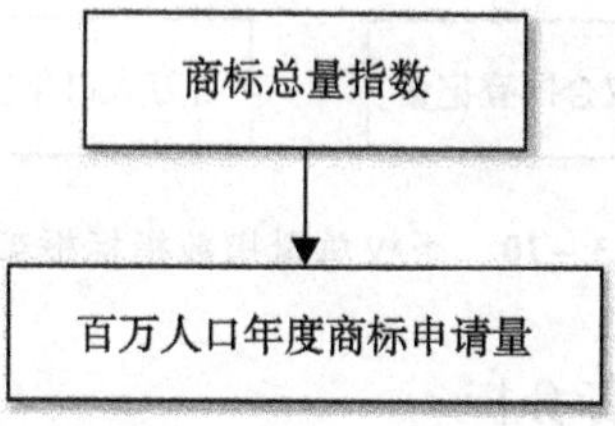

图 3－8　商标总量指数指标框架图

（2）商标总量指数具体指标分析

图 3－9 表明，甘肃—贵州是百万人口年度商标申请量最少的 10 个省份，主要分布在工商业欠发达的中西部地区；北京—山东是百万人口年度商标申请量最多的 10 个省市，主要集中于经济相对发达的东部沿海地区，西部省市仅有重庆和陕西。

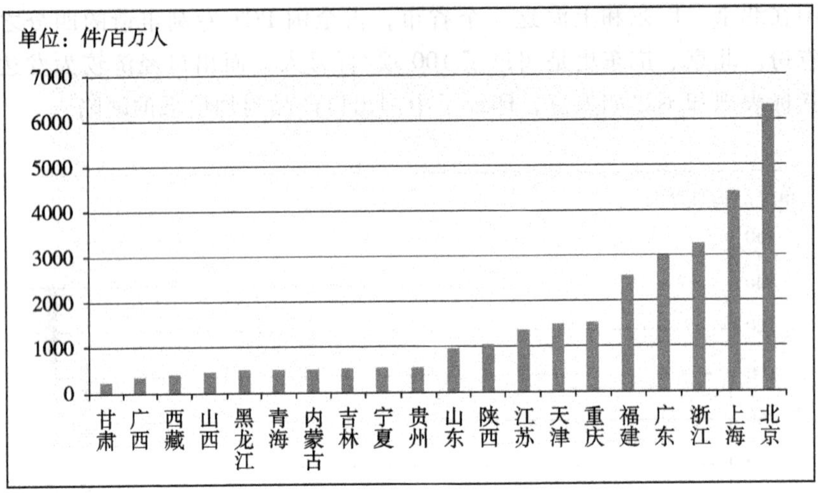

图 3－9　百万人口年度商标申请量排名图

数据来源：国家知识产权局.2013 中国知识产权统计年报［M］. 北京：知识产权出版社，2014；国家统计局.2014 中国统计年鉴［M］. 北京：中国统计出版社，2014.

4. 版权总量指数四级指标框架及排名与分析

（1）指标框架

版权总量指数采用百万人口年度版权合同登记量、百万人口年度作品自愿登记量两个指标进行度量（见图 3－10）。

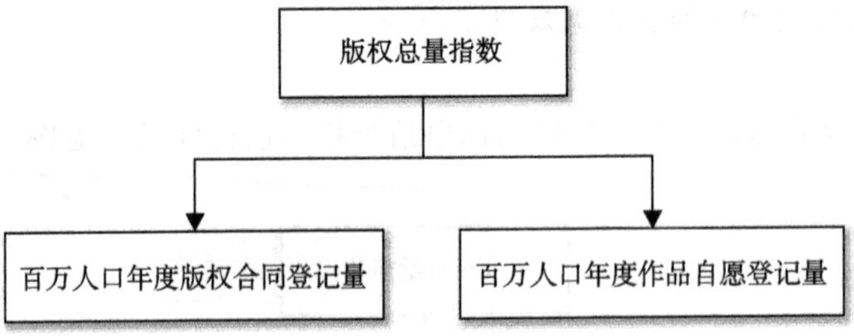

图 3－10　版权总量指数指标框架图

（2）版权总量指数具体指标分析

图 3－11 表明，在百万人口年度版权合同登记量上北京算是“一枝独秀”，遥遥领先于其他省市，是排在第 2 位的上海的近 7 倍，相对往年优势略有缩小。而排在最后几位的内蒙古、海南、西藏、甘肃、青海的版权合同登记量为 0，其余省份的数量也很少。

图 3－12 表明，在百万人口年度作品自愿登记量的数量上，北京无疑居于垄断地位，其总量比其他省份之和都大得多。北京 2013 年的数据比 2012 年又有超 10% 的增幅，约为 20270 件/百万人。

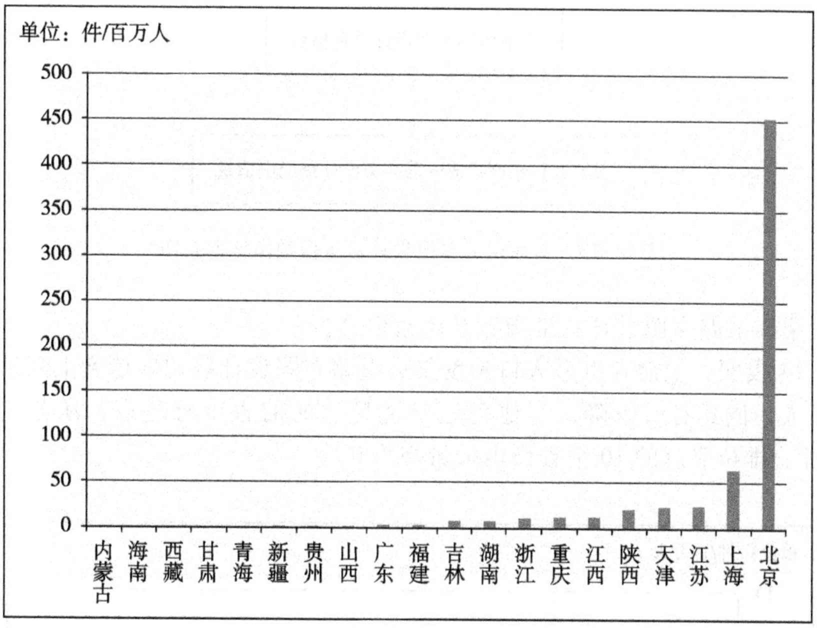

图 3-11 百万人口年度版权合同登记量排名图

数据来源：国家知识产权局 . 2013 中国知识产权统计年报［M］. 北京：知识产权出版社，2014；国家统计局 . 2014 中国统计年鉴［M］. 北京：中国统计出版社，2014.

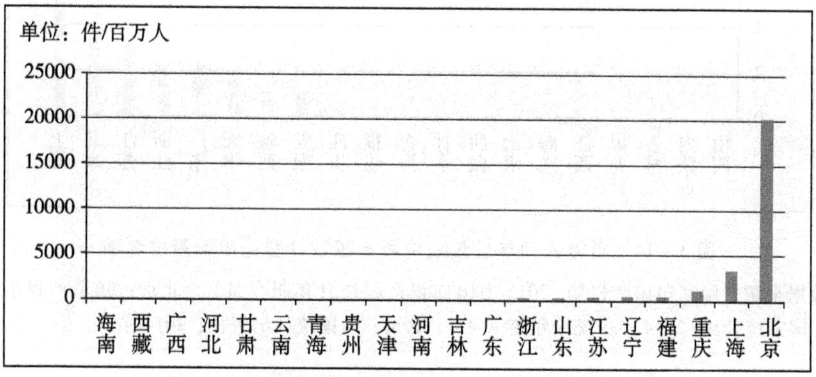

图 3-12 百万人口年度作品自愿登记量排名图

数据来源：国家知识产权局 . 2013 中国知识产权统计年报［M］. 北京：知识产权出版社，2014；国家统计局 . 2014 中国统计年鉴［M］. 北京：中国统计出版社，2014.

5. 集成电路布图设计总量指数四级指标框架及排名与分析

（1）指标框架

集成电路布图设计总量指数用百万人口年度集成电路布图设计登记申请量这一指标来衡量（见图 3-13）。

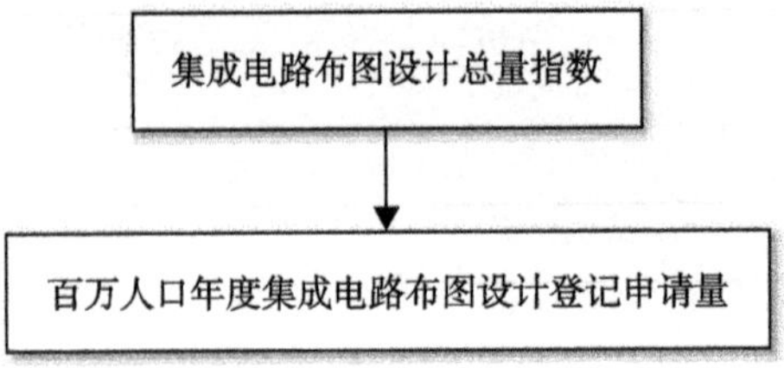

图 3－13　集成电路布图设计总量指数指标框架图

（2）集成电路布图设计总量指数具体指标分析

图 3－14 表明，上海在百万人口年度集成电路布图设计登记申请量上列第 1 位，约 12 件/百万人，同比有所下降，其他登记申请量靠前的省市有北京、江苏、浙江、广东、天津等。排位靠后的 10 个省份申请量都为 0。

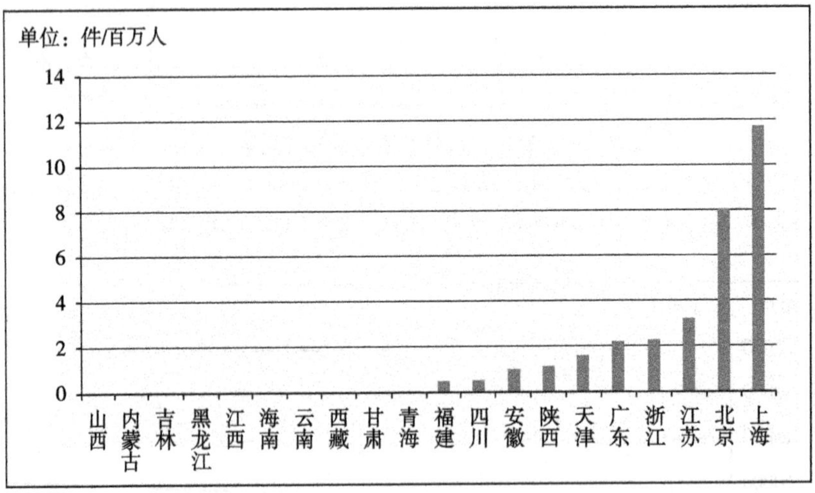

图 3－14　百万人口年度集成电路布图设计登记申请量排名图

数据来源：国家知识产权局．2013 中国知识产权统计年报［M］．北京：知识产权出版社，2014；国家统计局．2014 中国统计年鉴［M］．北京：中国统计出版社，2014.

6. 农业植物新品种总量指数四级指标框架及排名与分析

（1）指标框架

农业植物新品种总量指数用百万人口年度农业植物新品种申请量这一指标来衡量（见图 3－15）。

（2）农业植物新品种总量指数具体指标分析

图 3－16 表明，北京—海南是百万人口年度农业植物新品种申请量较多的 10 个省份，该项指标排名靠前的主要是农业发达省份，其中，北京由于研发机构聚集，因此指标表现更是大幅领先。

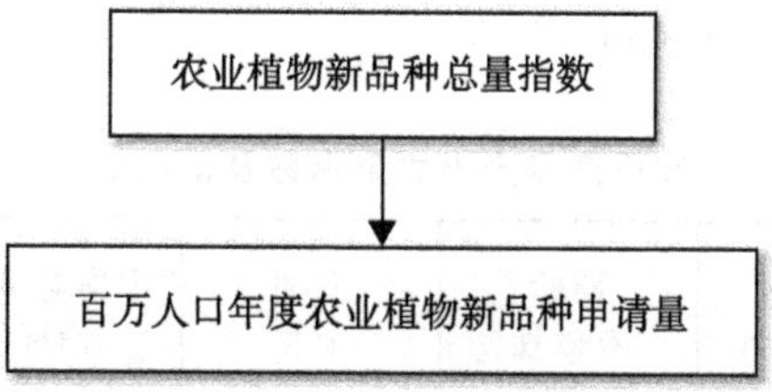

图 3－15　农业植物新品种总量指数指标框架图

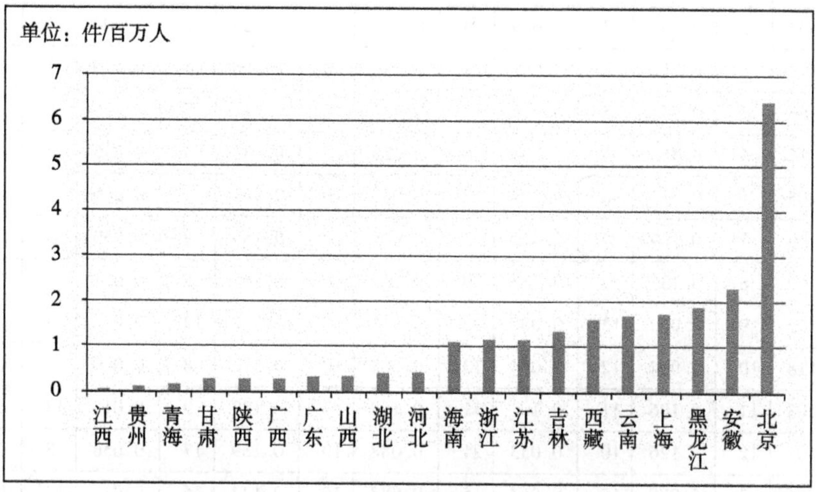

图 3－16　百万人口年度农业植物新品种申请量排名图

数据来源：国家知识产权局．2013 中国知识产权统计年报［M］．北京：知识产权出版社，2014；国家统计局．2014 中国统计年鉴［M］．北京：中国统计出版社，2014.

三、知识产权产出质量三级指标框架及排名与分析

1．知识产权产出质量三级指标框架及指数排名

（1）指标框架

产出质量下设六个三级指标：专利有效性、商标有效性、专利金奖、“中华老字号”商标、集成电路布图设计登记发证、外贸额与 PCT 专利比（见图 3－17、表 3－3）。

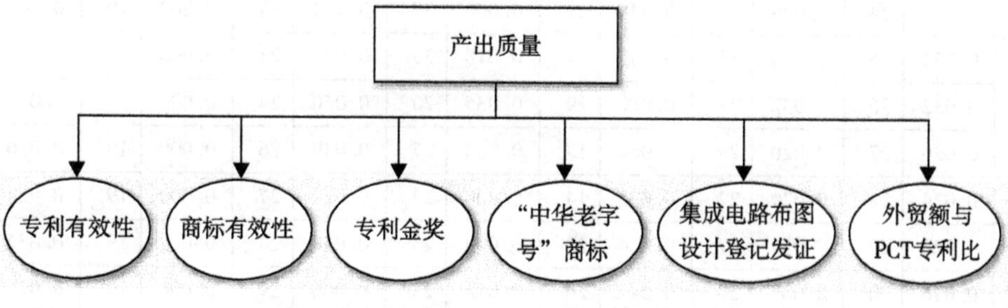

图 3－17　知识产权产出质量指标框架图

（2）指数及排名（见表3－3）

表3－3 知识产权产出质量指数及排名表

省份	产出质量		专利有效性		商标有效性		专利金奖		"中华老字号"商标		集成电路布图设计登记发证		外贸额与PCT专利比	
	指数	排名	指数	排名	指数	排名	指数	排名	指数	排名	指数	排名	指数	排名
北京	0.842	1	0.751	1	1.000	1	1.000	1	0.650	2	0.650	2	1.000	1
上海	0.602	2	0.567	3	0.669	3	0.281	3	1.000	1	1.000	1	0.092	12
浙江	0.373	3	0.712	2	0.699	2	0.088	10	0.506	4	0.170	5	0.067	18
广东	0.366	4	0.391	5	0.456	4	0.491	2	0.317	7	0.156	6	0.383	2
江苏	0.311	5	0.556	4	0.230	6	0.228	4	0.533	3	0.245	3	0.076	16
天津	0.205	6	0.313	6	0.204	7	0.088	10	0.367	5	0.206	4	0.052	22
福建	0.159	7	0.189	7	0.419	5	0.035	20	0.189	9	0.050	9	0.073	17
山东	0.159	8	0.135	9	0.123	9	0.193	6	0.367	5	0.024	12	0.111	10
陕西	0.135	9	0.092	13	0.088	12	0.211	5	0.150	12	0.085	7	0.186	4
四川	0.118	10	0.094	12	0.084	13	0.088	10	0.272	8	0.040	10	0.129	9
辽宁	0.103	11	0.106	11	0.101	11	0.158	7	0.189	9	0.013	13	0.053	20
安徽	0.101	12	0.126	10	0.053	21	0.088	10	0.139	17	0.056	8	0.147	7
湖北	0.096	13	0.087	15	0.064	15	0.088	10	0.144	15	0.012	14	0.179	5
湖南	0.092	14	0.068	16	0.055	20	0.123	8	0.111	20	0.005	16	0.189	3
重庆	0.089	15	0.145	8	0.139	8	0.088	10	0.106	22	0.027	11	0.028	28
黑龙江	0.072	16	0.091	14	0.060	19	0.053	16	0.178	11	0.000	19	0.051	23
河南	0.068	17	0.050	17	0.049	23	0.123	8	0.122	18	0.002	18	0.062	19
河北	0.067	18	0.039	19	0.063	18	0.053	16	0.150	12	0.003	17	0.091	14
山西	0.059	19	0.036	20	0.025	27	0.000	27	0.150	12	0.000	19	0.146	8
吉林	0.059	20	0.045	18	0.064	16	0.035	20	0.111	20	0.000	19	0.097	11
云南	0.050	21	0.021	26	0.045	25	0.053	16	0.144	15	0.000	19	0.036	25
宁夏	0.046	22	0.023	24	0.053	22	0.018	23	0.011	28	0.000	19	0.174	6
海南	0.045	23	0.020	28	0.107	10	0.053	16	0.000	30	0.000	19	0.091	13
江西	0.041	24	0.028	23	0.048	24	0.000	27	0.122	18	0.000	19	0.045	24
甘肃	0.032	25	0.022	25	0.000	31	0.018	23	0.078	23	0.000	19	0.077	15
贵州	0.032	26	0.032	21	0.012	29	0.035	20	0.050	24	0.008	15	0.052	21
内蒙古	0.026	27	0.020	29	0.064	17	0.000	27	0.039	26	0.000	19	0.036	26
新疆	0.024	28	0.029	22	0.075	14	0.000	27	0.017	27	0.000	19	0.022	30
广西	0.023	29	0.021	27	0.014	28	0.018	23	0.050	24	0.000	19	0.035	27
青海	0.016	30	0.007	30	0.042	26	0.018	23	0.006	29	0.000	19	0.025	29
西藏	0.002	31	0.000	31	0.012	30	0.000	27	0.000	30	0.000	19	0.000	31

在产出质量指数方面，北京、上海、浙江、广东、江苏居前5位，与2014年完全一致。内蒙古、新疆、广西、青海、西藏排在后5位，与2014年大致相同。

七个三级指标的排名各有特点，相互之间联系度不是很强，因此一致性不高，很多省市在某项指标上表现靠前，但是其他指标又可能排名较为靠后，体现了很强的差异性：例如，很多产出质量排名靠前的省份在外贸额与PCT专利比方面都沉沙折戟。譬如，产出质量列第2位的上海的外贸额与PCT专利比仅仅排名第12位，第3位的浙江的外贸额与PCT专利比更是排名第18位；而宁夏则恰好相反。

2. 专利有效性指数四级指标框架及排名与分析

（1）指标框架

专利有效性指数选取了百万人口国内发明专利有效量、百万人口国内实用新型专利有效量、百万人口国内外观设计专利有效量三个指标进行评价（见图3－18）。

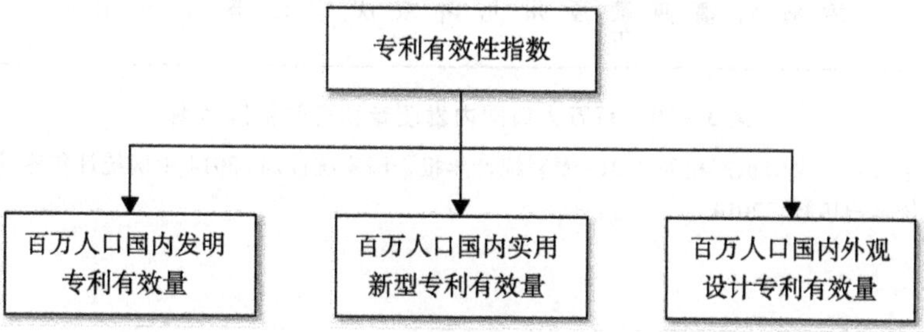

图3－18　专利有效性指数指标框架图

（2）专利有效性指数具体指标分析

图3－19表明，西藏—甘肃是百万人口国内发明专利有效量最少的10个省份，主要集中于中西部，大都少于100项/百万人；北京—山东是百万人口国内发明专利有效量最多的10个省市，其中，北京、上海与其他省份相比优势明显，北京的数量是4039项/百万人，上海的数量是2003项/百万人，较2012年均有较大幅度的增长。

图3－20表明，西藏—贵州是百万人口国内实用新型专利有效量最少的10个省份，均不足350项/百万人；北京—重庆是百万人口国内实用新型专利有效量最多的10个省市，整体呈渐增趋势。其中，北京、浙江和上海属于第一集团，均超过4500项/百万人。北京和浙江同比增长超过30%，上海同比增幅趋缓。

图3－21表明，甘肃—新疆是百万人口国内外观设计专利有效量最少的10个省份，主要集中于中西部，相互之间差距很小；浙江—安徽则是最多的10个省市，浙江和江苏领先全国，均超过3500项/百万人。其中，浙江省近三年稳居第1位，为4327项/百万人，同比增幅高达45.3%。

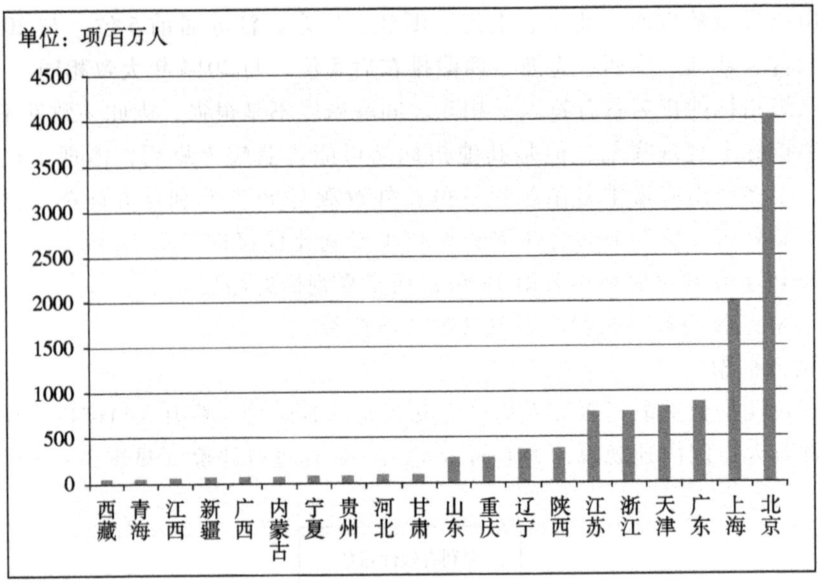

图3－19　百万人口国内发明专利有效量排名图

数据来源：国家知识产权局．2013专利统计年报；国家统计局．2014中国统计年鉴［M］．北京：中国统计出版社，2014.

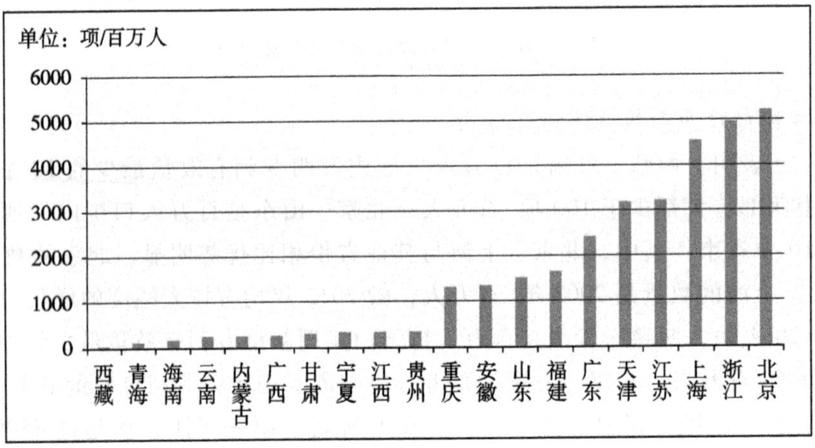

图3－20　百万人口国内实用新型专利有效量排名图

数据来源：国家知识产权局．2013专利统计年报；国家统计局．2014中国统计年鉴［M］．北京：中国统计出版社，2014.

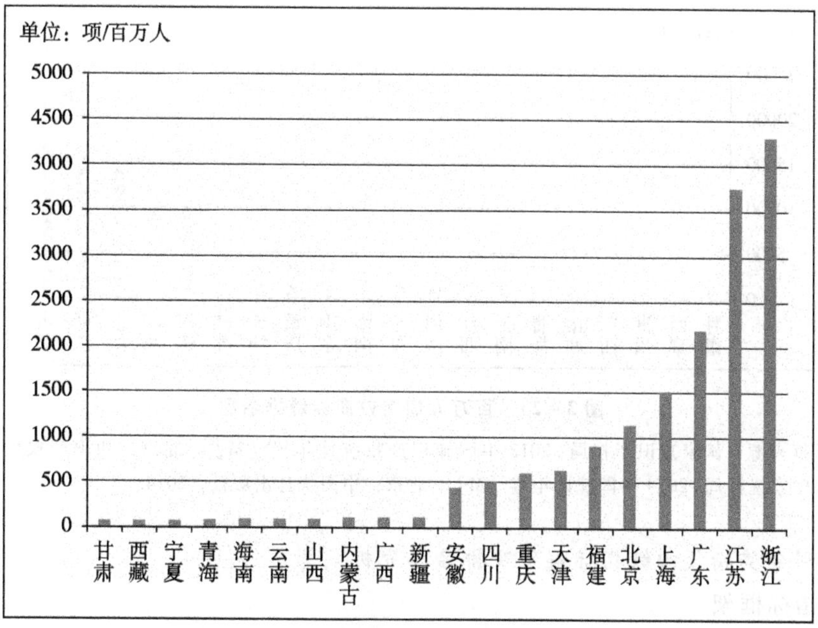

图 3－21　百万人口国内外观设计专利有效量排名图

数据来源：国家知识产权局．2013 专利统计年报；国家统计局．2014 中国统计年鉴［M］．北京：中国统计出版社，2014.

3. 商标有效性指数四级指标框架及排名与分析

（1）指标框架

商标有效性指数采用百万人口有效商标量指标进行评价（见图 3－22）。

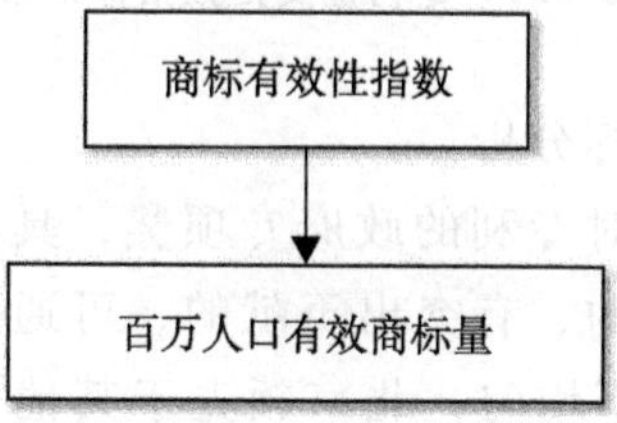

图 3－22　商标有效性指数指标框架图

（2）商标有效性指数具体指标分析

图 3－23 表明，甘肃—宁夏是百万人口有效商标量最少的 10 个省份，不足 2100 件/百万人，相互之间差距不大；北京—海南是百万人口有效商标量最多的 10 个省市，呈阶梯状递增，其中排名第 1 位的北京拥有 22093 件/百万人。浙江和上海分别以 15718 件/百万人和 15094 件/百万人排名第 2 位和第 3 位。

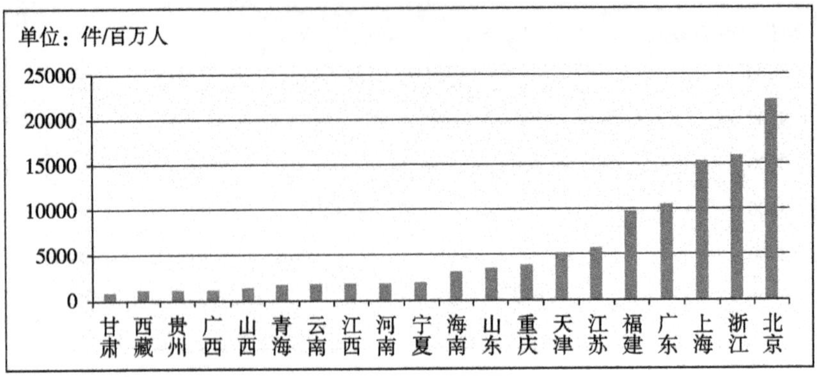

图3－23　百万人口有效商标量排名图

数据来源：国家知识产权局.2013中国知识产权统计年报［M］.北京：知识产权出版社，2014；国家统计局.2014中国统计年鉴［M］.北京：中国统计出版社，2014.

4. 专利金奖指数四级指标框架及排名与分析

（1）指标框架

专利金奖指数采用专利金奖拥有量指标进行评价（见图3－24）。

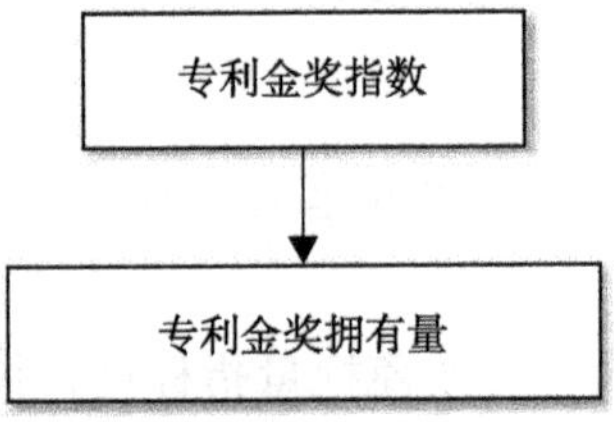

图3－24　专利金奖指数指标框架图

（2）专利金奖指数具体指标分析

中国专利奖是中国唯一针对专利的政府专项奖，具有一定的国际影响力。获奖项目，尤其是金奖专利，是优质的、有突出贡献的、可通过产业化大幅升值的项目。图3－25表明，该项指标分布并不均匀，北京领先于其他省份，共拥有专利金奖57项。广东排名第2位，共拥有28项。

图3－26显示，专利金奖拥有量指标分布相对集中，北京专利金奖拥有量占全国总数量的27%，而排名前4位的省市：北京、广东、上海和江苏所拥有的专利金奖数量之和占全国总量的一半以上。其余省份，主要是中西部省份拥有的专利金奖数量较少。

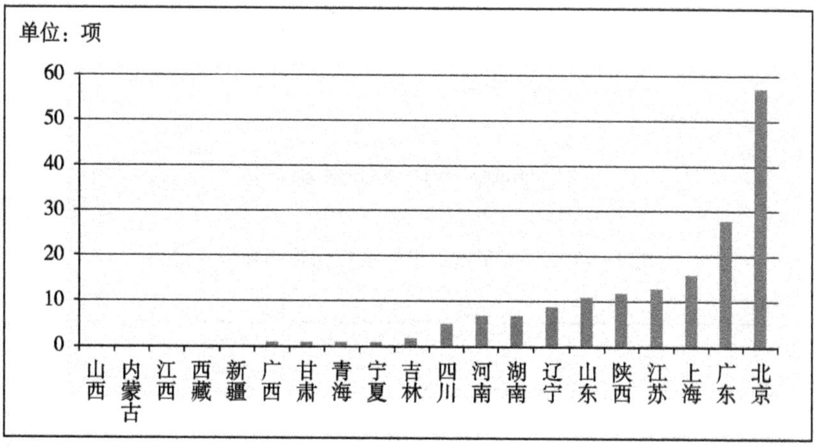

图 3-25 专利金奖拥有量排名图

数据来源：国家知识产权局.2013 中国知识产权统计年报［M］. 北京：知识产权出版社，2014.

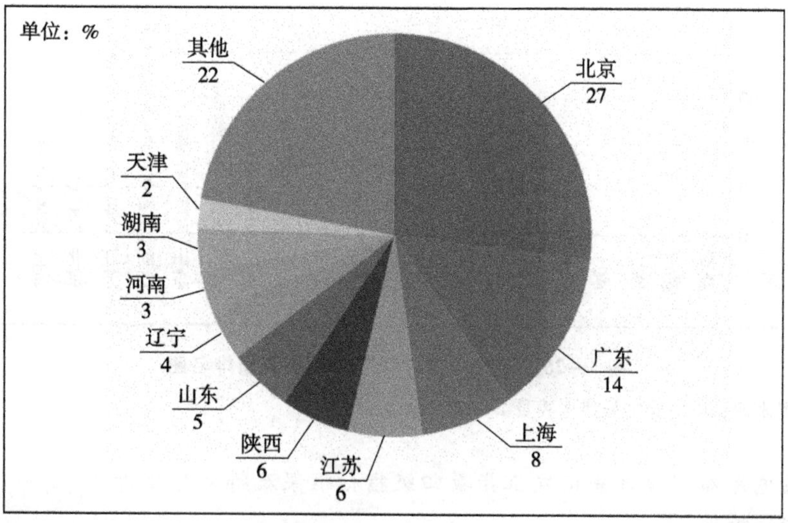

图 3-26 各省份专利金奖拥有量占全国比重图

数据来源：国家知识产权局.2013 中国知识产权统计年报［M］. 北京：知识产权出版社，2014.

5. “中华老字号”商标指数四级指标框架及排名与分析

（1）指标框架

“中华老字号”商标指数采用“中华老字号”商标拥有量指标进行评价（见图 3-27）。

（2）“中华老字号”商标指数具体指标分析

由于 2012 年并未有新一届的评选，因此，该项指标与 2012 年相比并无变化。海南—重庆仍是“中华老字号”商标拥有量最少的 10 个省份，上海—辽宁是“中华老字号”商标拥有量最多的 10 个省市，其中排名第 1 位的上海拥有 180 个“中华老字号”商标（见图 3-28）。

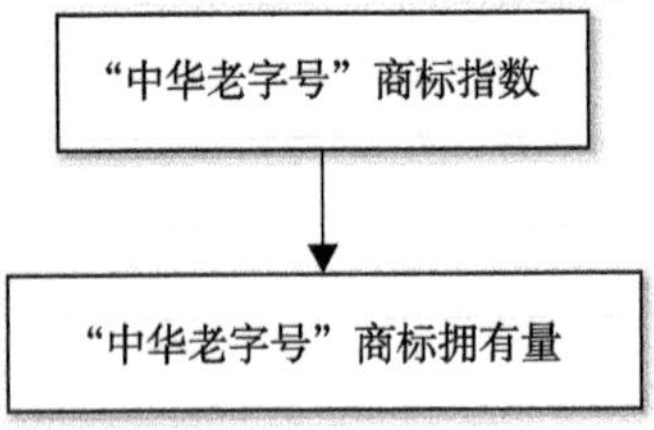

图 3－27　“中华老字号”商标指数指标框架图

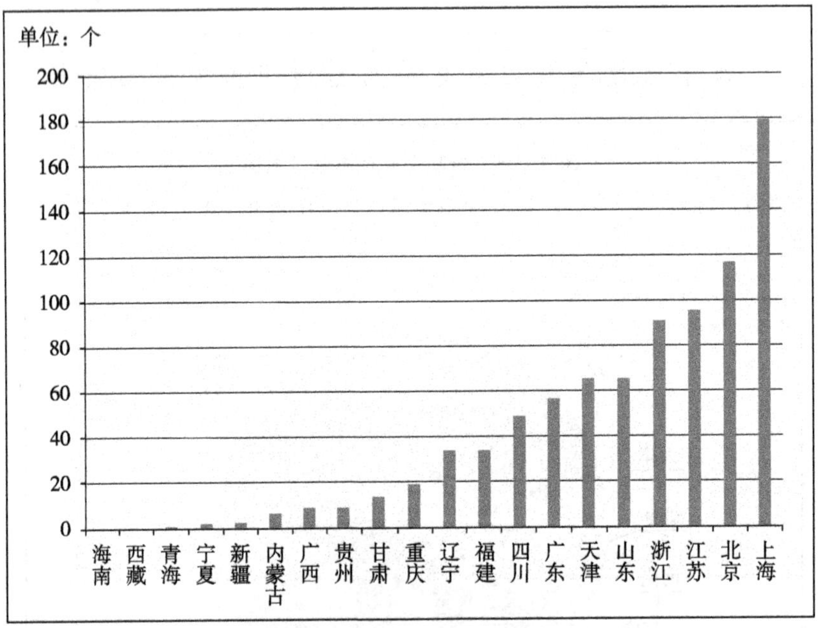

图 3－28　“中华老字号”商标拥有量排名图

数据来源：中华老字号评选委员会（第二届）.

6. 集成电路布图设计登记发证指数四级指标框架及排名与分析

（1）指标框架

集成电路布图设计登记发证指数采用百万人口年度集成电路布图设计登记发证量指标进行评价（见图 3－29）。

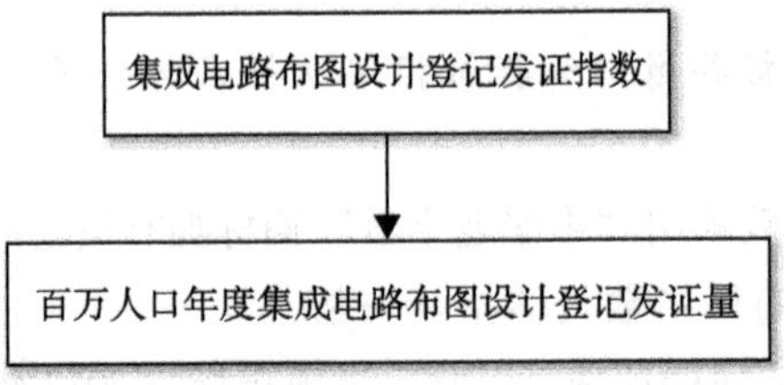

图 3－29　集成电路布图设计登记发证指数指标框架图

（2）集成电路布图设计登记发证指数具体指标分析

图 3－30 表明，在百万人口年度集成电路布图设计登记发证量指标上，各省份的差距也较大，上海有 14 件/百万人，大幅领先于其他省份；其余省份的百万人口年度集成电路布图设计登记发证量较少，除排名第 2 位的北京（9 件/百万人）外，均少于 5 件/百万人，除图中所示省份，其他省份该项指标为 0。

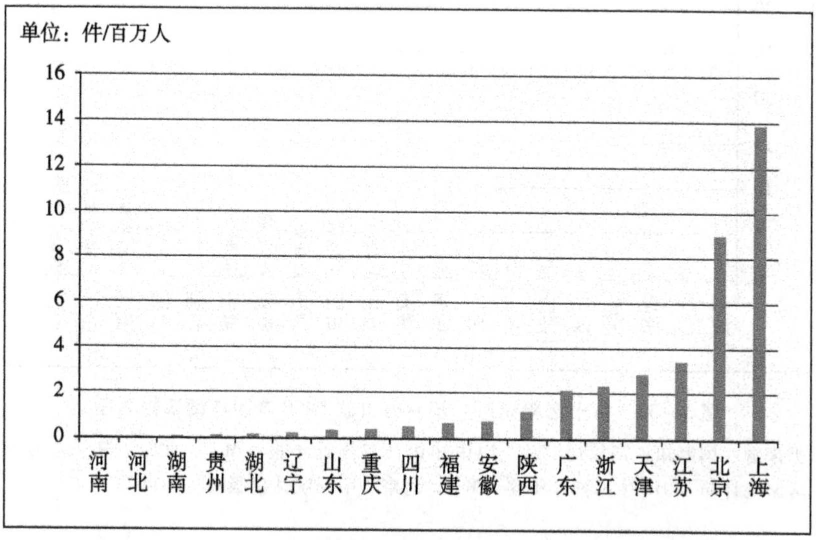

图 3－30　百万人口年度集成电路布图设计登记发证量排名图

数据来源：国家知识产权局 . 2013 中国知识产权统计年报［M］. 北京：知识产权出版社，2014；国家统计局 . 2014 中国统计年鉴［M］. 北京：中国统计出版社，2014.

7. 外贸额与 PCT 专利比四级指标框架及排名与分析

（1）指标框架（见图 3－31）

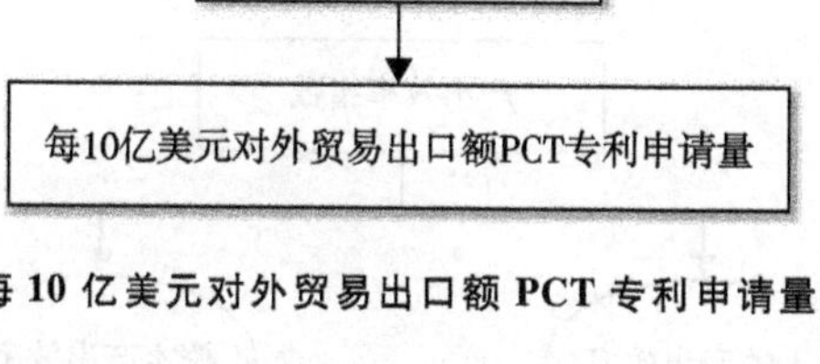

图 3－31　每 10 亿美元对外贸易出口额 PCT 专利申请量指标框架图

（2）外贸额与 PCT 专利比具体指标分析

图 3－32 表明，西藏—天津是每 10 亿美元对外贸易出口额 PCT 专利申请量排名落后的 10 个省份，大部分为中西部地区。浙江、江苏和福建等东部对外贸易出口额较大的省份，该项指标的数据表现仍不佳，也说明了目前外贸以简单劳动加工为主的局面没有转变。北京—山东是每 10 亿美元对外贸易出口额 PCT 专利申请量排名领先的 10 个省

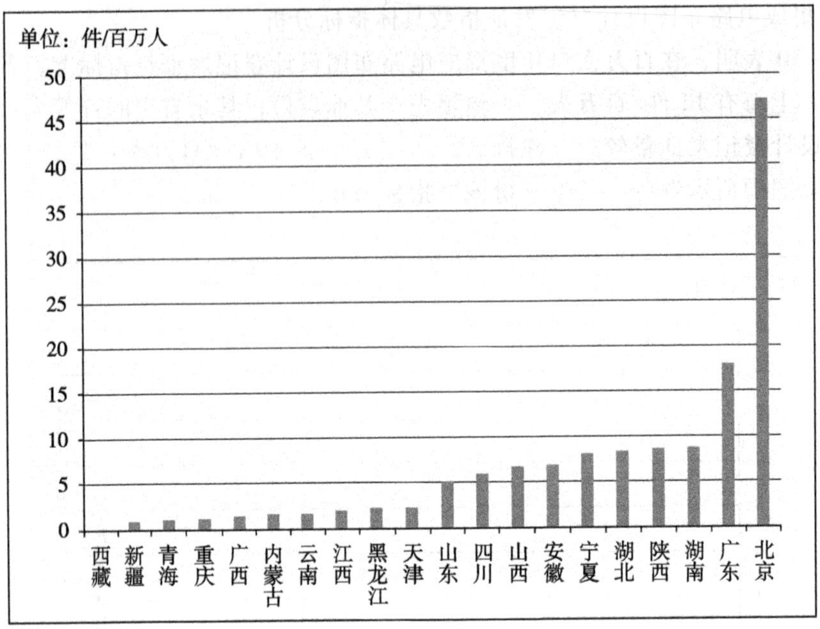

图 3－32　每十亿美元对外贸易出口额 PCT 专利申请量排名图

数据来源：国家知识产权局．2013 中国知识产权统计年报［M］．北京：知识产权出版社，2014；国家统计局．2014 中国统计年鉴［M］．北京：中国统计出版社，2014.

份，其中北京和广东遥遥领先于其他省份，值得指出的是，湖南、陕西和湖北等省在该项指标中表现突出，显示出了一定的潜力。

四、知识产权产出效率指数三级指标框架及排名与分析

1. 知识产权产出效率指数三级指标框架及指数排名

（1）指标框架

知识产权产出效率指数下设两个指标：人才产出效率、资本产出效率（见图 3－33、表 3－4）。

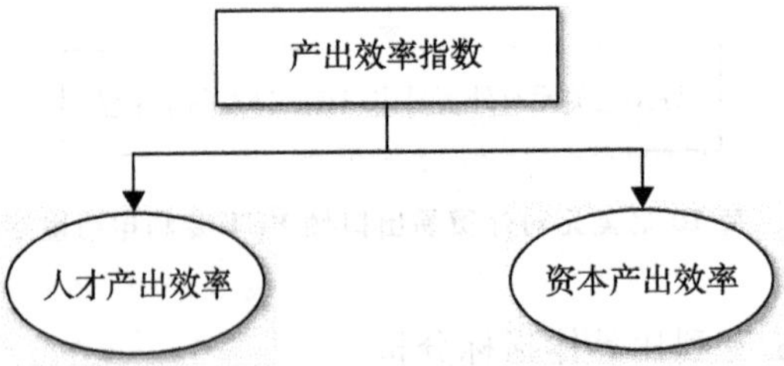

图 3－33　知识产权产出效率指数指标框架图

（2）指数及排名

表3-4　知识产权产出效率指数及排名表

省　份	产出效率指数		人才产出效率		资本产出效率	
	指数	排名	指数	排名	指数	排名
广　西	0.875	1	0.751	5	1.000	1
江　苏	0.825	2	0.993	2	0.656	3
安　徽	0.783	3	0.841	3	0.725	2
陕　西	0.776	4	1.000	1	0.552	6
宁　夏	0.628	5	0.648	8	0.608	4
贵　州	0.611	6	0.619	11	0.603	5
北　京	0.598	7	0.837	4	0.360	10
上　海	0.527	8	0.750	6	0.304	17
重　庆	0.524	9	0.571	13	0.478	7
天　津	0.509	10	0.702	7	0.316	15
四　川	0.491	11	0.645	9	0.337	12
辽　宁	0.475	12	0.633	10	0.318	14
山　东	0.466	13	0.599	12	0.334	13
黑龙江	0.430	14	0.463	14	0.398	8
浙　江	0.348	15	0.388	15	0.308	16
海　南	0.341	16	0.289	20	0.393	9
云　南	0.335	17	0.377	16	0.294	18
广　东	0.325	18	0.363	18	0.287	19
湖　北	0.285	19	0.370	17	0.201	23
新　疆	0.273	20	0.292	19	0.254	20
湖　南	0.225	21	0.285	21	0.166	27
河　南	0.225	22	0.241	23	0.209	22
山　西	0.211	23	0.230	24	0.191	24
吉　林	0.191	24	0.207	25	0.175	26
青　海	0.175	25	0.169	28	0.181	25
西　藏	0.174	26	0.138	29	0.210	21
江　西	0.171	27	0.241	22	0.101	29
甘　肃	0.171	28	0.000	31	0.342	11
福　建	0.160	29	0.187	26	0.133	28
河　北	0.132	30	0.184	27	0.079	30
内蒙古	0.054	31	0.107	30	0.000	31

分析表3-4可以看出，知识产出效率的排名前10位的是广西、江苏、安徽、陕西、宁夏、贵州、北京、上海、重庆和天津，排名后10位的是河南、山西、吉林、青海、西藏、江西、甘肃、福建、河北和内蒙古。

从知识产出效率来看，东部和中西部差距不明显。相对而言，一些知识产权指数排名靠前的东部省份则表现较弱，譬如福建、河北，仅分列第 29 位和第 30 位。透过该指标，可以反映部分省份尽管总量较高，但是效率欠缺，有待提高。

人才产出效率和资本产出效率的一致性较弱，几个省份还表现出较大的差异性，人才产出效率高的省份资本产出效率可能较低，反之亦然。比较典型的是上海和甘肃，上海的人才产出效率排名第 6 位，而资本产出效率仅排在第 17 位。甘肃的人才产出效率最低，排在第 31 位，而资本产出效率却排在第 11 位。

2. 知识产权人才产出效率指数四级指标框架及排名与分析

（1）指标框架

知识产权人才产出效率指数用万名 R&D 活动人员年度职务发明专利申请量指标进行度量（见图 3－34）。

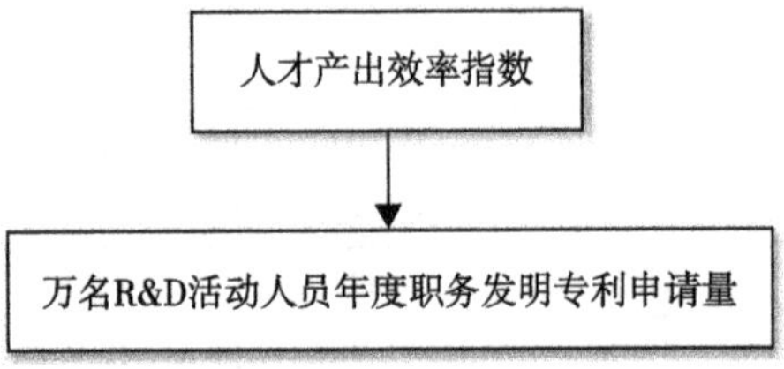

图 3－34 知识产权人才产出效率指数指标框架图

（2）知识产权人才产出效率指数具体指标分析

职务发明专利申请量的多少同各省市高新技术企业发展水平、人才储备密切相关。图 3－35 可以看出，陕西—辽宁的万名 R&D 活动人员年度职务发明专利申请量领先于

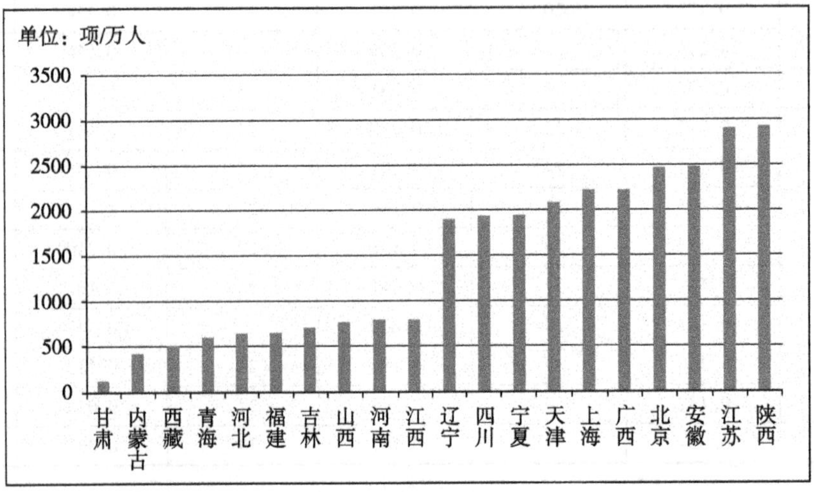

图 3－35 万名 R&D 活动人员年度职务发明专利申请量排名图

数据来源：国家知识产权局 . 2013 专利统计年报；国家统计局，科学技术部 . 2014 中国科技统计年鉴［M］. 北京：中国统计出版社，2014.

其他省份，其中，陕西、江苏、安徽和北京为第一集团，均超过2400项/万人。安徽年度职务发明专利申请量同比增幅超过80%，首次加入第一集团。而排名靠后的10个省份是江西—甘肃，均低于1000项/万人。

3. 知识产权资本产出效率指数四级指标框架及排名与分析

（1）指标框架

知识产权资本产出效率指数用亿元R&D经费内部支出年度发明专利申请量进行度量（见图3－36）。

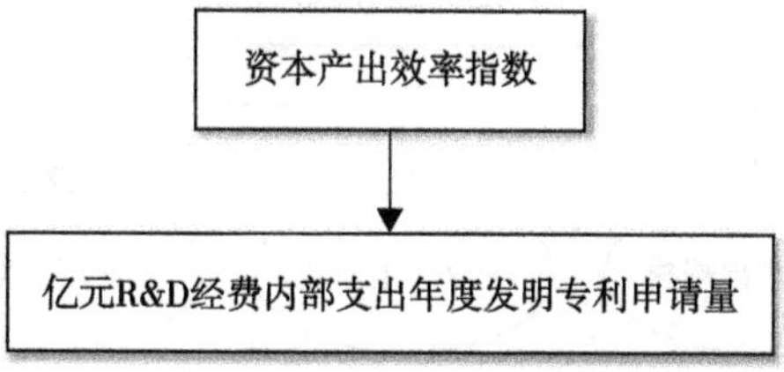

图3－36　知识产权资本产出效率指数指标框架图

（2）知识产权资本产出效率指数具体指标分析

图3－37表明，亿元R&D经费内部支出年度发明专利申请量排名后10位的省份是内蒙古—河南，其中不乏东部地区省份，如福建、河北等地。排名前10位的省份是广西—北京，其中也有广西、宁夏、贵州、海南、陕西等西部省份的身影，充分说明在R&D产出效率上，地域关系不大。

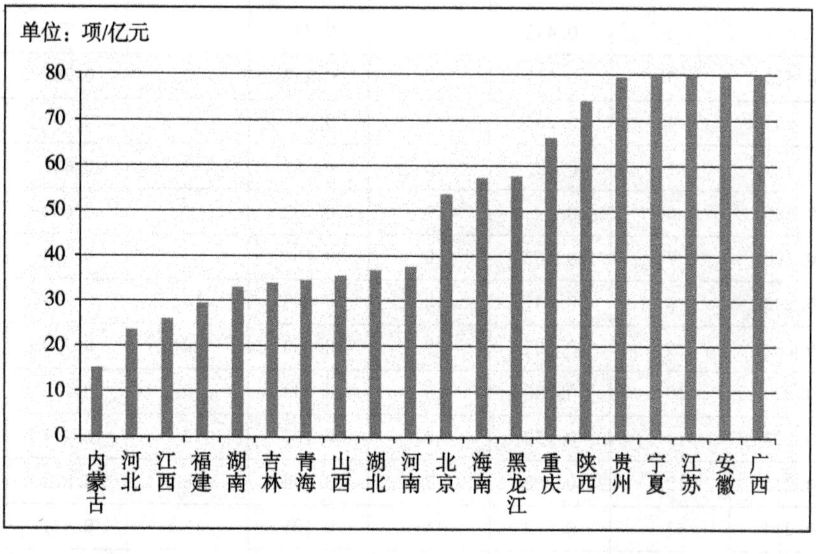

图3－37　亿元R&D经费内部支出年度发明专利申请量排名图

数据来源：国家知识产权局.2013专利统计年报；国家统计局，科学技术部.2014中国科技统计年鉴［M］.北京：中国统计出版社，2014.

五、知识产权企业产出指数三级指标框架及排名与分析

1. 知识产权企业产出指数三级指标框架及指数排名

（1）指标框架

知识产权企业产出指数下设三个指标：企业产出规模、企业产出质量、企业产出效率（见图3－38、表3－5）。

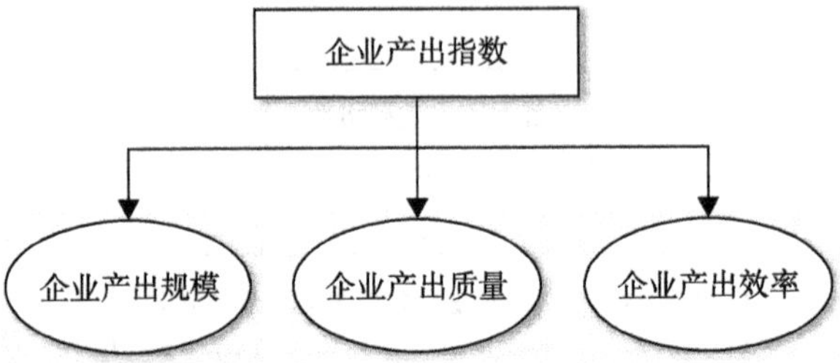

图3－38 知识产权企业产出指数指标框架图

（2）指数及排名

表3－5 知识产权企业产出指数及排名表

省份	企业产出指数		企业产出规模		企业产出质量		企业产出效率	
	指数	排名	指数	排名	指数	排名	指数	排名
江苏	0.821	1	1.000	1	1.000	1	0.463	11
广东	0.641	2	0.442	3	0.719	3	0.762	5
浙江	0.529	3	0.551	2	0.752	2	0.285	16
北京	0.504	4	0.267	4	0.257	5	0.987	1
安徽	0.408	5	0.203	6	0.198	7	0.823	2
上海	0.386	6	0.193	7	0.302	4	0.662	6
四川	0.290	7	0.162	8	0.165	8	0.544	8
贵州	0.282	8	0.037	18	0.033	18	0.778	4
海南	0.262	9	0.003	29	0.003	29	0.779	3
山东	0.229	10	0.256	5	0.243	6	0.188	21
天津	0.223	11	0.150	9	0.107	12	0.411	12
宁夏	0.215	12	0.008	27	0.004	28	0.632	7
湖南	0.214	13	0.070	15	0.101	13	0.471	10
广西	0.194	14	0.034	19	0.025	22	0.523	9
陕西	0.165	15	0.127	10	0.063	17	0.306	14
福建	0.160	16	0.093	12	0.149	9	0.237	20

续表 3-5

省份	企业产出指数		企业产出规模		企业产出质量		企业产出效率	
	指数	排名	指数	排名	指数	排名	指数	排名
湖北	0.152	17	0.079	14	0.111	11	0.266	17
云南	0.150	18	0.019	23	0.023	23	0.409	13
重庆	0.138	19	0.087	13	0.087	15	0.239	19
辽宁	0.135	20	0.070	16	0.089	14	0.248	18
新疆	0.105	21	0.013	24	0.015	25	0.288	15
河南	0.094	22	0.100	11	0.118	10	0.064	30
黑龙江	0.075	23	0.034	20	0.031	20	0.159	24
山西	0.068	24	0.025	21	0.032	19	0.146	26
河北	0.068	25	0.044	17	0.068	16	0.090	28
江西	0.062	26	0.024	22	0.026	21	0.137	27
青海	0.061	27	0.001	30	0.001	30	0.182	22
甘肃	0.059	28	0.011	25	0.012	26	0.152	25
西藏	0.055	29	0.000	31	0.000	31	0.165	23
吉林	0.039	30	0.011	26	0.021	24	0.086	29
内蒙古	0.016	31	0.008	28	0.011	27	0.031	31

分析表 3-5 可以看出，企业产出指数排在前 10 位的省份是江苏、广东、浙江、北京、安徽、上海、四川、贵州、海南和山东，省份与 2012 年大致相同，位次略有变化，其中以东部省份居多，略占优势。中西部地区中的贵州、四川和海南表现不错。排名后 10 位的是河南、黑龙江、山西、河北、江西、青海、甘肃、西藏、吉林和内蒙古。

在企业产出规模方面，排名前 10 位的省份是江苏、浙江、广东、北京、山东、安徽、上海、四川、天津和陕西。

在企业产出质量方面，排名前 10 位的省份是江苏、浙江、广东、上海、北京、山东、安徽、四川、福建和河南。

在企业产出效率方面，排名前 10 位的省份是北京、安徽、海南、贵州、广东、上海、宁夏、四川、广西和湖南。

从企业产出规模、企业产出质量和企业产出效率三个分项指标来看，企业产出规模和质量有较高的一致性，而企业产出效率则相对独立，甚至会出现差异巨大的现象，譬如，广西的企业产出规模和产出质量分别排名第 19 位和第 22 位，产出效率则高居第 9 位；浙江的企业产出规模和产出质量均排名第 2 位，产出效率却在排在第 16 位。我们发现，与前几年类似，企业产出效率与之前的知识产权产出效率指标趋势类似，部分知识产权规模或质量较高的省市，其效率却不尽如人意。

2. 企业产出规模指数四级指标框架及排名与分析

(1) 指标框架

企业产出规模指数用年度企业职务发明专利受理量、年度企业职务实用新型专利受理量、年度企业职务外观设计专利受理量三个指标进行度量(见图3-39)。

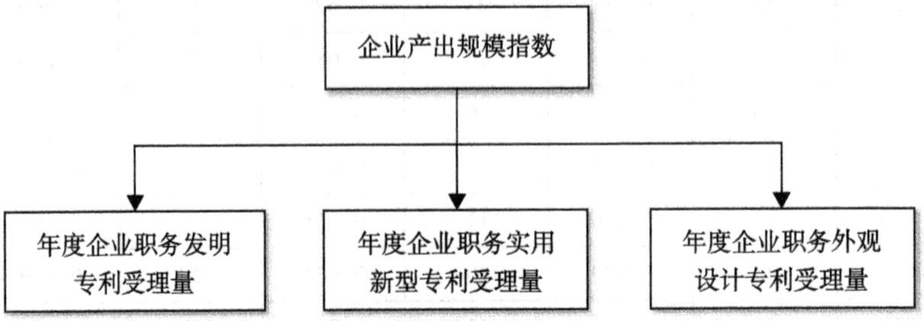

图3-39 企业产出规模指数指标框架图

(2) 企业产出规模指数具体指标分析

图3-40表明，年度企业职务发明专利受理量是知识产权分布最不均衡的指标之一，排名第1位的江苏与排名末尾的西藏差距近2000倍。其中，西藏—江西是年度企业职务发明专利受理量最少的10个省份，西藏不足50项。江苏—四川是排名前10位的省份，其中江苏以97822项领先全国，比2012年增长约33%。

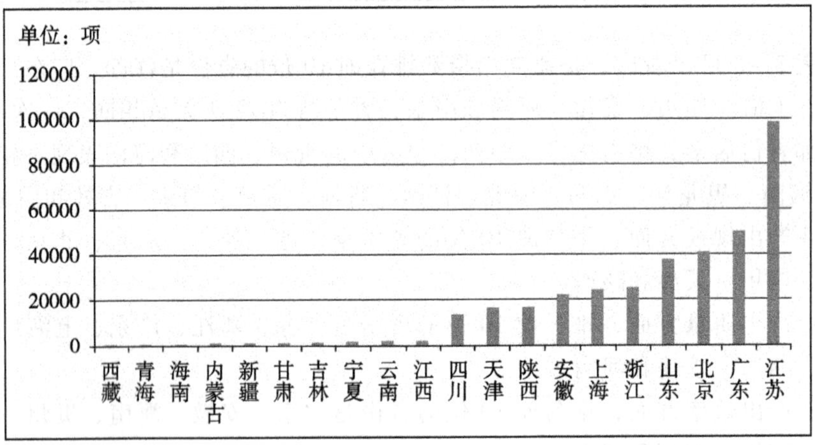

图3-40 年度企业职务发明专利受理量排名图

数据来源：国家知识产权局.2013专利统计年报.

图3-41表明，西藏—广西是年度企业职务实用新型专利受理量最少的10个省份，其中西藏和青海的受理量少于200项。江苏—陕西是年度企业职务实用新型专利受理量最多的10个省份，呈渐增之势，江苏的受理量为97729项，连续蝉联第一，比2012年有较大幅度增长。

图3-42表明，该项指标各省份之间差距极大，第1位江苏的受理量高达129539

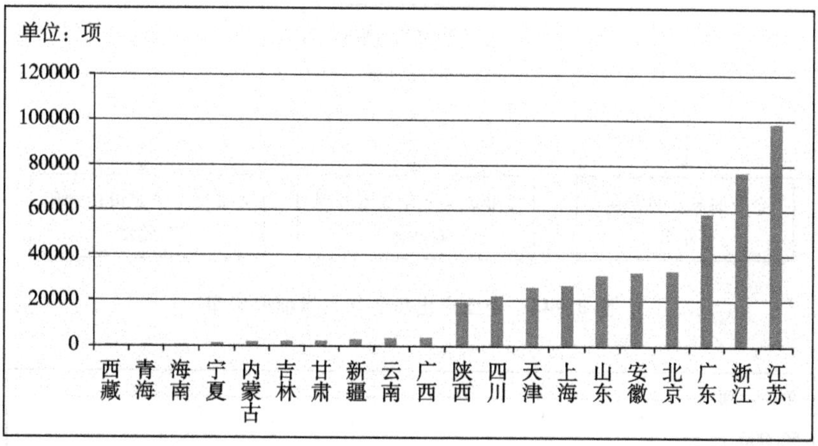

图 3－41　年度企业职务实用新型专利受理量排名图

数据来源：国家知识产权局．2013 专利统计年报．

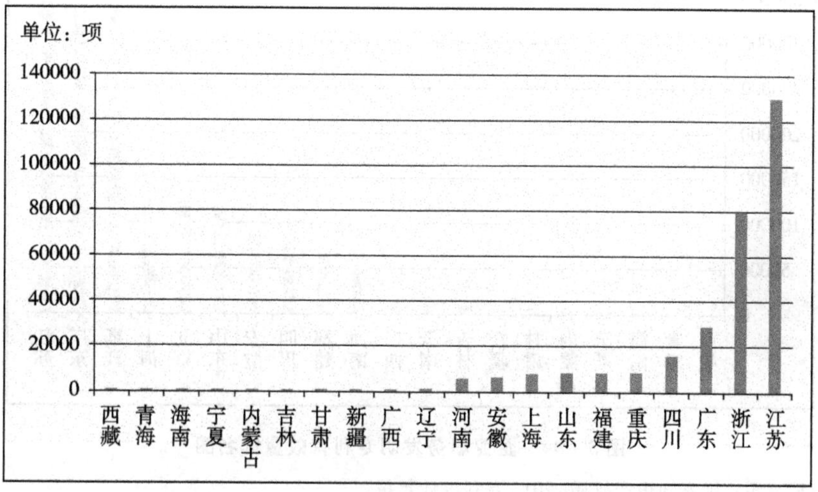

图 3－42　年度企业职务外观设计专利受理量排名图

数据来源：国家知识产权局．2013 专利统计年报．

项，而末位西藏的受理量仅为 45 项。江苏—福建是年度企业职务外观设计专利受理量最多的 10 个省份，江苏数据较 2012 年下降了 15%，但仍以绝对优势领跑。西藏—辽宁是年度企业职务外观设计专利受理量最少的 10 个省份，均不足 1000 项。

3. 企业产出质量指数四级指标框架及排名与分析

（1）指标框架

企业产出质量指数用企业职务发明专利有效量、企业职务实用新型专利有效量、企业职务外观设计专利有效量三个指标进行衡量（见图 3－43）。

（2）企业产出质量指数具体指标分析

图 3－44 表示，西藏—广西是企业职务发明专利有效量最少的 10 个省份，其中西

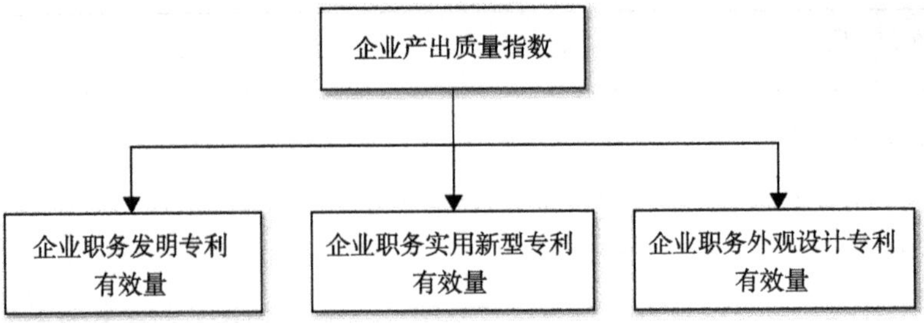

图3-43 企业产出质量指数指标框架图

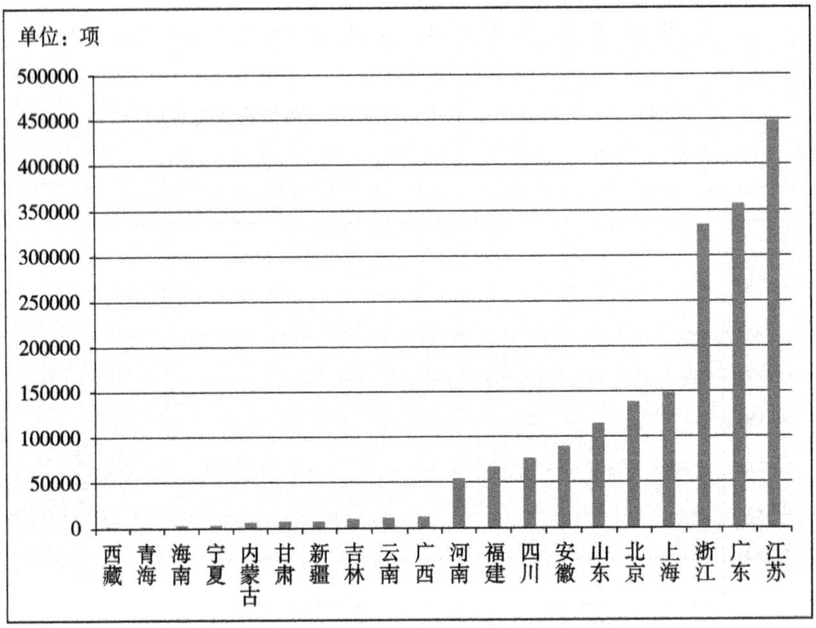

图3-44 企业职务发明专利有效量排名图

数据来源：国家知识产权局.2013专利统计年报.

藏、青海不足1000项；江苏—河南是企业职务发明专利有效量最多的10个省份，其中江苏蝉联第一，达到449576项，；广东和浙江分别以358504和334264项位居第2位和第3位。

图3-45表示，企业职务发明专利有效量最多的10个省市占全国比重将近82%，与2012年基本持平。

图3-46表示，西藏—广西是企业职务实用新型专利有效量最少的10个省份，均不足8000项，其中西藏最少，为47项。江苏—河南是企业职务实用新型专利有效量最多的10个省市，其中江苏蝉联第一为209140项，比2012年有较大幅度的增长。

图3-47表明，企业职务实用新型专利有效量最多的10个省市占全国比重近80%，其中，江苏、广东、浙江、上海四省市之和占比超过50%，占半壁江山，再一次反映长三角和珠三角是中国经济创新的龙头。

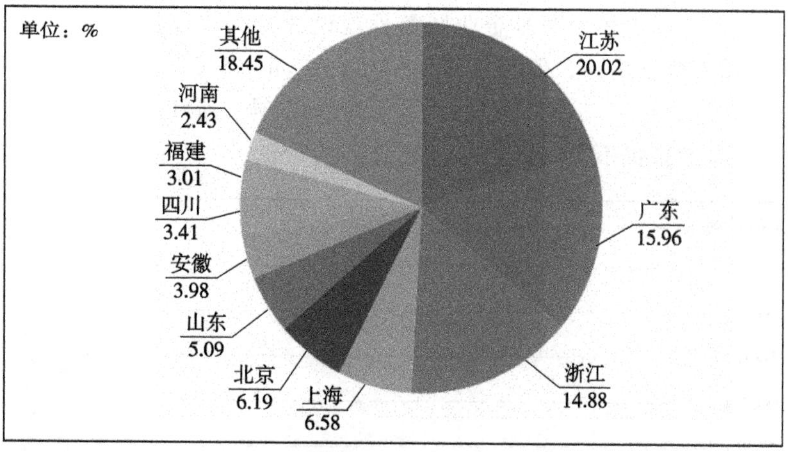

图 3－45　各省份企业职务发明专利有效量占全国比重图

数据来源：国家知识产权局 . 2013 专利统计年报 .

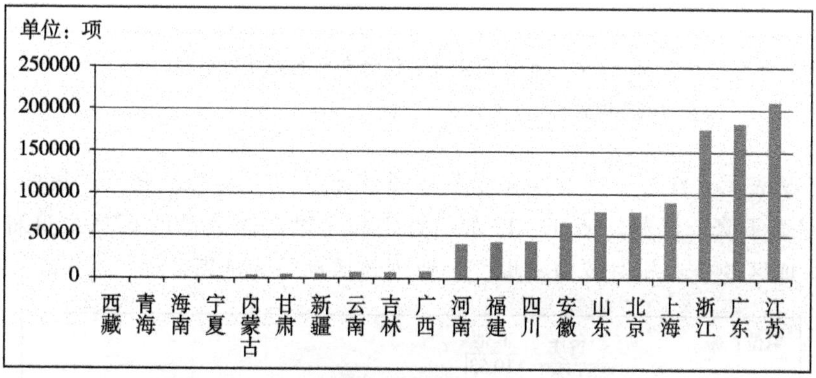

图 3－46　企业职务实用新型专利有效量排名图

数据来源：国家知识产权局 . 2013 专利统计年报 .

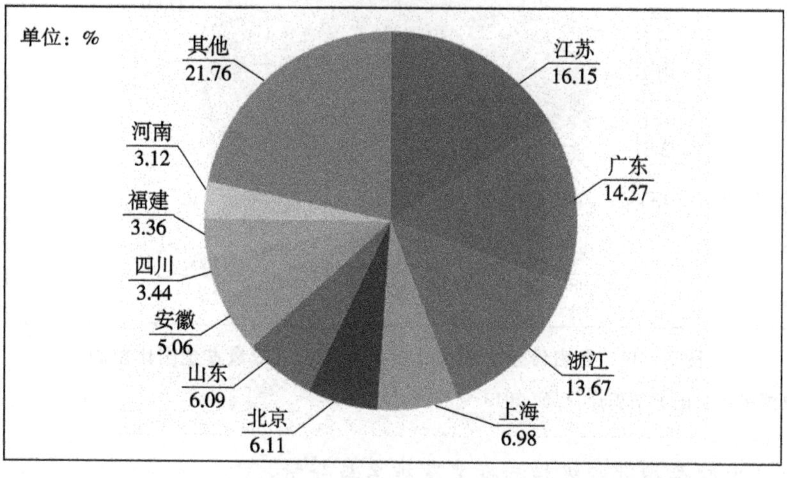

图 3－47　各省份企业职务实用新型专利有效量占全国比重图

数据来源：国家知识产权局 . 2013 专利统计年报 .

图 3 - 48 表示，西藏—山西是企业职务外观设计专利有效量最少的 10 个省份，虽然比 2012 年有较大幅度增长，但仍然显著落后；江苏—重庆是企业职务外观设计专利有效量最多的 10 个省市，其中江苏居首，为 201337 项，浙江（134075 项）超过广东位列第 2 位，但有效量仍不足江苏的三分之二。

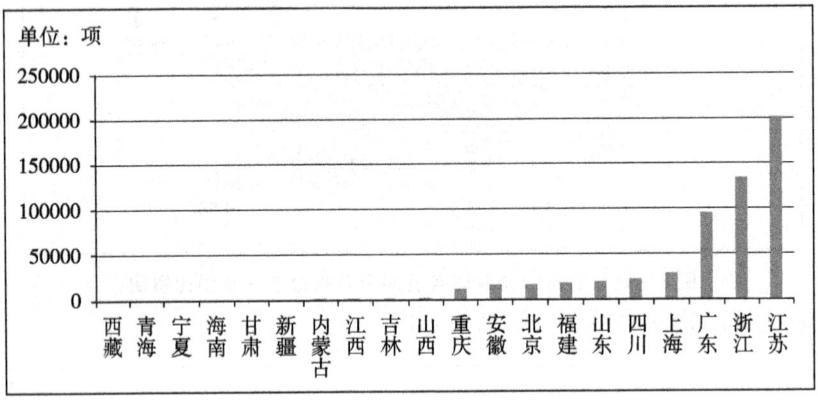

图 3 - 48 企业职务外观设计专利有效量排名图

数据来源：国家知识产权局 . 2013 专利统计年报 .

图 3 - 49 表示，江苏一省的企业职务外观设计专利有效量占全国总数量的 1/3，比 2012 年有略微下降。江苏、浙江、广东三省之和超过全国数量的 67% 。这种现象反映了东部沿海地区的企业相对较为密集，企业创新活动较为活跃。

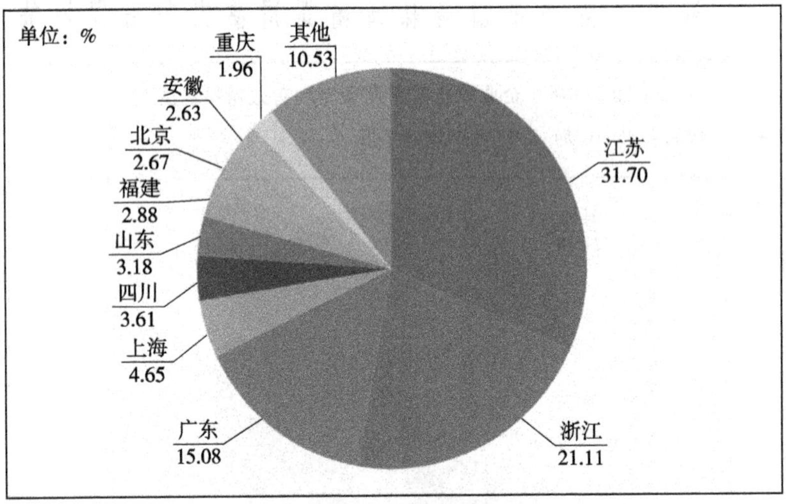

图 3 - 49 各省份企业职务外观设计专利有效量占全国比重图

数据来源：国家知识产权局 . 2013 专利统计年报 .

4. 企业产出效率指数四级指标框架及排名与分析

（1）指标框架

企业产出效率指数的衡量选取了规模以上工业企业万名 R&D 人员年度发明专利申

请量、规模以上工业企业亿元 R&D 经费内部支出年度发明专利申请量两个指标进行测度（见图 3－50）。

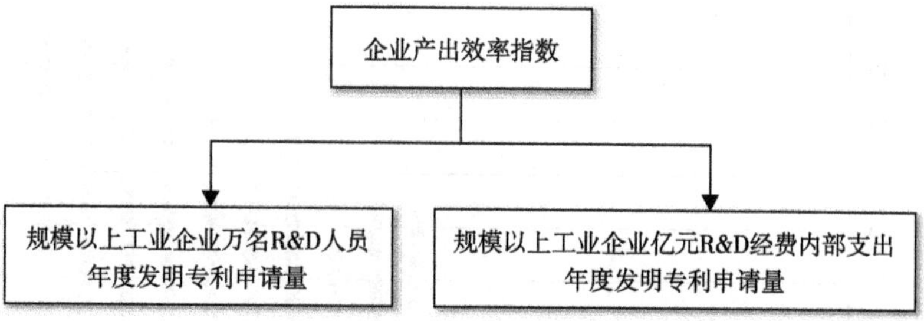

图 3－50 企业产出效率指数指标框架图

（2）企业产出效率指数具体指标分析

图 3－51 表明，河南—福建是规模以上工业企业万名 R&D 人员年度发明专利申请量最少的 10 个省份，数量相差不大，较为均衡，基本处于 250～400 项之间；北京—天津是规模以上工业企业万名 R&D 人员年度发明专利申请量最多的 10 个省份，其中，北京以 1164 项/万人领先全国。

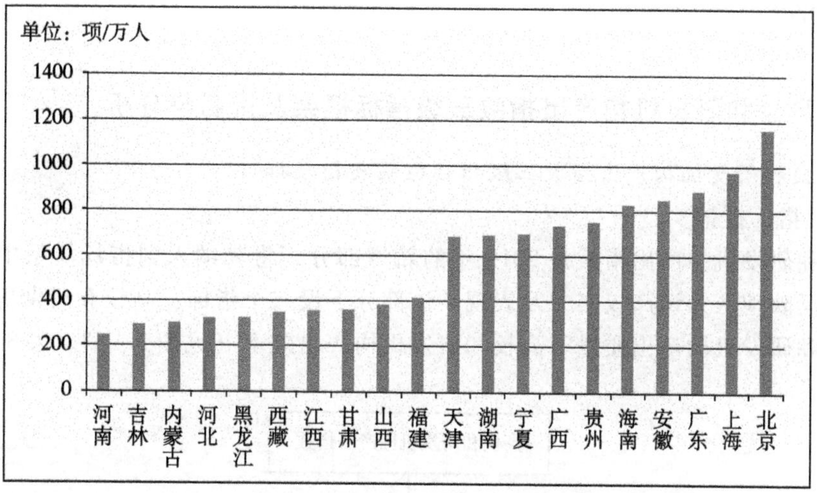

图 3－51 规模以上工业企业万名 R&D 人员年度发明专利申请量排名图

数据来源：国家统计局，科学技术部．2014 中国科技统计年鉴［M］．北京：中国统计出版社，2014.

图 3－52 表明，内蒙古—甘肃是规模以上工业企业亿元 R&D 经费内部支出发明专利申请量最少的 10 个省份，相互之间差距不大；贵州—江苏是规模以上工业企业亿元 R&D 经费内部支出发明专利申请量最多的 10 个省份，呈阶梯状递增，贵州以 44 项/亿元居第 1 位。

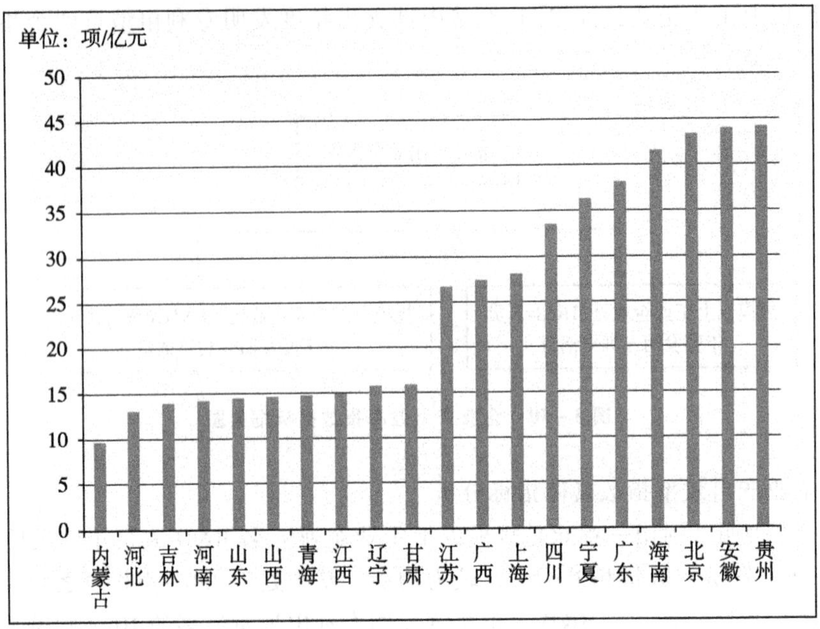

图 3-52 规模以上工业企业亿元 R&D 经费内部支出年度发明专利申请量排名图

数据来源：国家统计局，科学技术部. 2014 中国科技统计年鉴［M］. 北京：中国统计出版社，2014.

六、高校和研发机构产出指数三级指标框架及排名与分析

1. 高校和研发机构产出指数三级指标框架及指数排名

（1）指标框架

高校和研发机构产出指数是 2015 年的新增部分，将其纳入到指标体系中，可以更为全面地反映地区知识产权实力及表现。该部分下设三个指标：高校和研发机构产出规模、高校和研发机构产出质量、高校和研发机构产出效率（见图 3-53、表 3-6）。

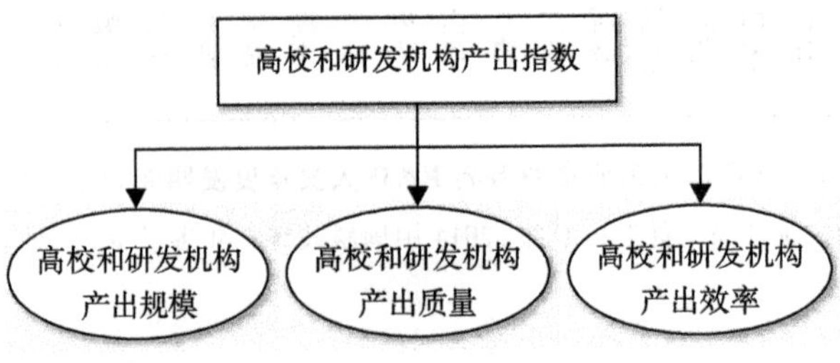

图 3-53 高校和研发机构产出指数指标框架图

（2）指数及排名

分析表 3-6 可以看出，高校和研发机构产出指数排在前 10 位的依次是北京、江苏、浙江、上海、陕西、广东、黑龙江、湖北、福建和辽宁，排在后 10 位的是广西、

河北、江西、贵州、新疆、内蒙古、宁夏、海南、青海和西藏。

表 3-6　　高校和研发机构产出指数及排名表

省份	高校和研发机构产出指数		高校和研发机构产出规模		高校和研发机构产出质量		高校和研发机构产出效率	
	指数	排名	指数	排名	指数	排名	指数	排名
北京	0.930	1	1.000	1	1.000	1	0.789	4
江苏	0.884	2	0.868	2	0.784	2	1.000	1
浙江	0.597	3	0.462	4	0.452	4	0.878	2
上海	0.568	4	0.493	3	0.489	3	0.721	5
陕西	0.492	5	0.309	5	0.309	5	0.859	3
广东	0.332	6	0.263	6	0.263	6	0.470	9
黑龙江	0.323	7	0.224	7	0.208	8	0.537	8
湖北	0.303	8	0.224	8	0.223	7	0.463	10
福建	0.301	9	0.107	15	0.107	15	0.689	6
辽宁	0.280	10	0.206	9	0.204	9	0.431	12
重庆	0.279	11	0.129	14	0.124	14	0.585	7
山东	0.256	12	0.177	10	0.172	10	0.419	14
湖南	0.240	13	0.148	13	0.147	13	0.424	13
天津	0.239	14	0.170	11	0.164	11	0.382	15
四川	0.202	15	0.152	12	0.152	12	0.303	19
云南	0.174	16	0.045	21	0.046	20	0.432	11
河南	0.170	17	0.077	17	0.075	17	0.359	17
甘肃	0.145	18	0.030	24	0.030	24	0.374	16
安徽	0.141	19	0.096	16	0.080	16	0.246	24
山西	0.138	20	0.051	19	0.051	19	0.313	18
吉林	0.131	21	0.071	18	0.071	18	0.250	23
广西	0.128	22	0.041	22	0.041	22	0.303	20
河北	0.123	23	0.051	20	0.042	21	0.278	21
江西	0.111	24	0.038	23	0.030	23	0.264	22
贵州	0.077	25	0.017	25	0.015	25	0.200	25
新疆	0.067	26	0.010	27	0.010	27	0.182	26
内蒙古	0.061	27	0.010	26	0.010	26	0.163	27
宁夏	0.050	28	0.003	28	0.003	28	0.143	28
海南	0.044	29	0.003	28	0.003	29	0.125	29
青海	0.008	30	0.000	30	0.000	30	0.023	30
西藏	0.000	31	0.000	31	0.000	31	0.000	31

从中不难发现，排名靠前的省份当地都有较为著名的高校，充分反映了著名高校在研发方面的重要作用和巨大优势。企业和高校之间的互动，有利于技术外溢，促进当地相关产业的发展。

另外一个值得注意的现象是，高校和研发机构产出效率指数无论是与之前的几个效率指数相比，还是与本指标往年数据相比，其与产出规模和质量的一致性较高，表明近年研发实力强的高校和机构在原有规模的基础上愈加重视投入产出效率，转变发展方式，值得企业学习借鉴。但从效率指标的绝对数来看，都比 2012 年有所减少。

2. 高校和研发机构产出规模指数四级指标框架及排名与分析

（1）指标框架

高校和研发机构产出规模指数用各地区高校和研发机构专利年度申请量指标进行度量（见图 3－54）。

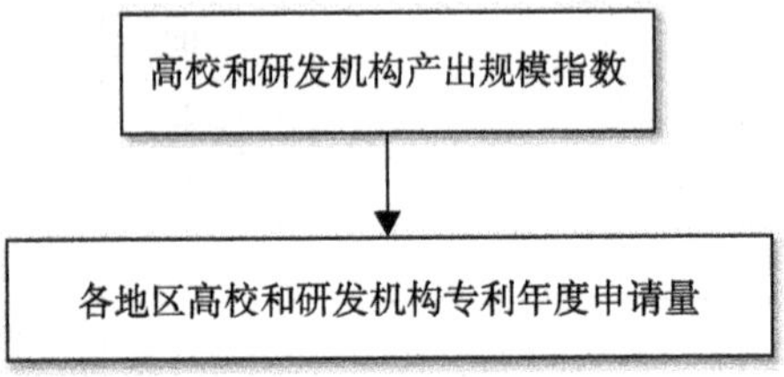

图 3－54　高校和研发机构产出规模指数指标框架图

（2）高校和研发机构产出规模指数具体指标分析

图 3－55 表明，西藏—广西是各地区高校和研发机构专利年度申请量最少的 10 个省份，其中，西藏、青海、海南和宁夏均不足 100 项；北京—山东是申请量最多的 10 个省市，其中，北京为 26178 项，领先全国，结束了江苏连续多年该指标排名第 1 位的局面。

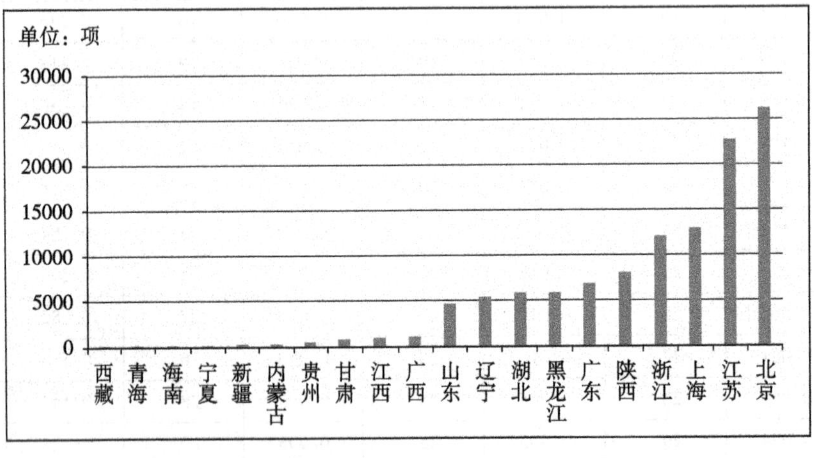

图 3－55　各地区高校和研发机构专利年度申请量排名图

数据来源：国家统计局，科学技术部．2014 中国科技统计年鉴［M］．北京：中国统计出版社，2014.

3. 高校和研发机构产出质量指数四级指标框架及排名与分析

（1）指标框架

高校和研发机构产出质量指数用各地区高校和研发机构有效发明专利量指标进行度量（见图 3－56）。

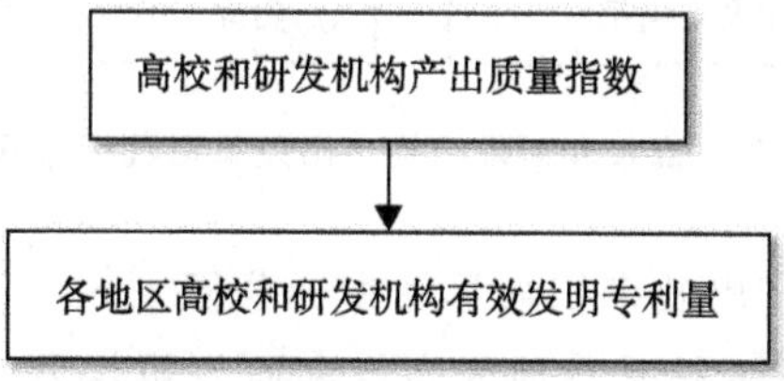

图 3－56　高校和研发机构产出质量指数指标框架图

（2）高校和研发机构产出质量指数具体指标分析

图 3－57 表明，与专利年度申请量对应，西藏—广西是各地区高校和研发机构有效发明专利量最少的 10 个省份，其中，西藏、青海、海南和宁夏均不足 100 项；北京—山东是有效发明专利量最多的 10 个省市，其中，北京（26165）和江苏（20523）属于第一集团，超过 20000 项，相对于其他省份的优势明显。

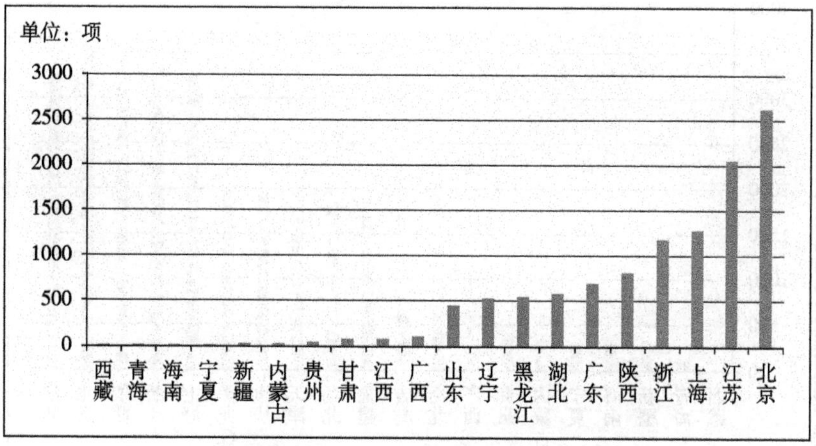

图 3－57　各地区高校和研发机构有效发明专利量排名图

数据来源：国家统计局，科学技术部．2014 中国科技统计年鉴［M］．北京：中国统计出版社，2014.

4. 高校和研发机构产出效率指数四级指标框架及排名与分析

（1）指标框架

高校和研发机构产出效率指数用高校和研发机构万名 R&D 人员专利年度申请量、高校和研发机构亿元 R&D 经费内部支出专利年度申请量进行度量（见图 3－58）。

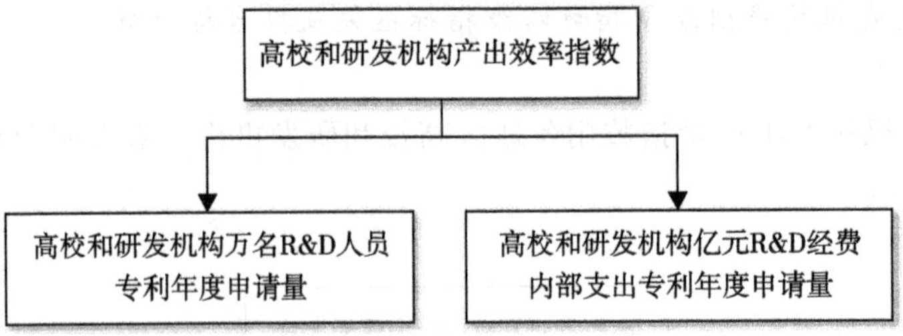

图 3 - 58　高校和研发机构产出效率指数指标框架图

（2）高校和研发机构产出效率指数具体指标分析

图 3 - 59 表明，西藏—吉林是各地区高校和研发机构万名 R&D 人员专利年度申请量最少的 10 个省份，除河北（623 项/万人）和吉林（680 项/万人）外，均低于 500 项/万人；江苏—福建是各地区高校和研发机构有效发明专利量最多的 10 个省市，其中，江苏领先于其他省份，为 4341 项/万人，较 2012 年（5005 项/万人）有明显减少。

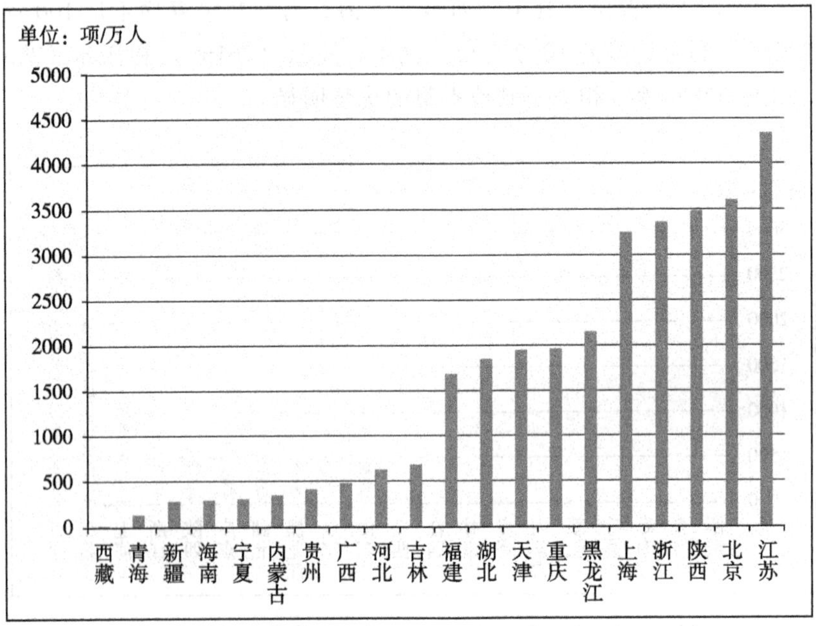

图 3 - 59　各地区高校和研发机构万名 R&D 人员专利年度申请量排名图

数据来源：国家统计局，科学技术部 . 2014 中国科技统计年鉴［M］. 北京：中国统计出版社，2014.

图 3 - 60 表明，西藏—天津是各地区高校和研发机构亿元 R&D 经费内部支出年度专利申请量最少的 10 个省份，均不足 100 项/亿元；江苏—黑龙江是有申请量最多的 10 个省市，江苏列第 1 位，为 254 项/亿元。

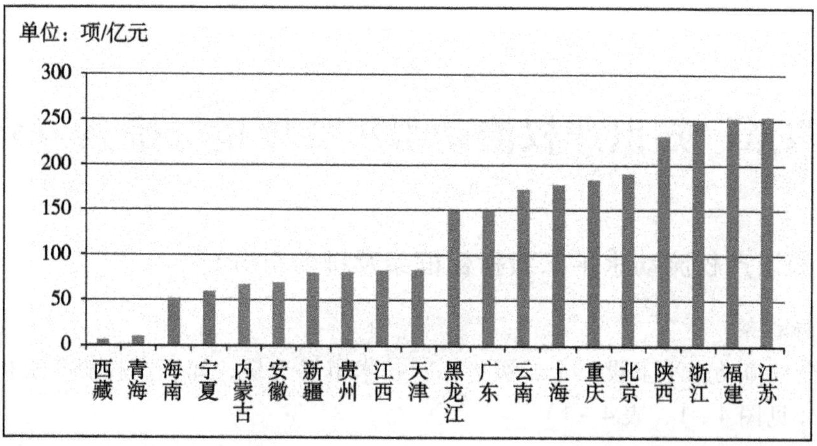

图 3－60　各地区高校和研发机构亿元 R&D 经费内部支出专利年度申请量排名图

数据来源：国家统计局，科学技术部．2014 中国科技统计年鉴［M］．北京：中国统计出版社，2014.

第四章　知识产权流动水平各项指标排名与分析

一、知识产权流动水平二级指标框架及排名与分析

1. 指标框架

知识产权流动水平下设三个二级指标：技术市场交易、知识产权服务机构与企业技改、引进（见图 4-1、表 4-1）。

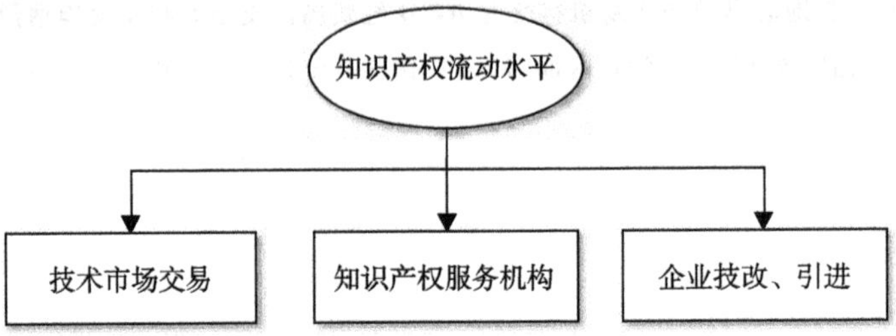

图 4-1　知识产权流动水平指标框架图

2. 指数及排名

表 4-1　知识产权流动水平指数及排名表

省　份	知识产权流动水平		技术市场交易		知识产权服务机构		企业技改、引进	
	指数	排名	指数	排名	指数	排名	指数	排名
北　京	0.653	1	0.853	1	0.898	1	0.209	8
上　海	0.573	2	0.694	2	0.326	3	0.700	2
江　苏	0.518	3	0.342	4	0.288	4	0.926	1
广　东	0.486	4	0.372	3	0.677	2	0.407	4
山　东	0.321	5	0.197	12	0.268	6	0.497	3
浙　江	0.278	6	0.227	9	0.277	5	0.329	5
重　庆	0.217	7	0.248	7	0.222	7	0.183	10
福　建	0.199	8	0.126	17	0.159	9	0.312	6
湖　北	0.181	9	0.270	6	0.099	17	0.175	12
湖　南	0.181	10	0.146	16	0.110	13	0.289	7
辽　宁	0.179	11	0.201	11	0.159	8	0.178	11
天　津	0.177	12	0.318	5	0.109	14	0.103	19

续表 4-1

省　份	知识产权流动水平		技术市场交易		知识产权服务机构		企业技改、引进	
	指数	排名	指数	排名	指数	排名	指数	排名
四　川	0.157	13	0.208	10	0.125	11	0.140	15
安　徽	0.151	14	0.162	13	0.107	15	0.185	9
河　南	0.134	15	0.085	20	0.155	10	0.162	13
陕　西	0.121	16	0.242	8	0.069	21	0.052	23
河　北	0.106	17	0.083	21	0.114	12	0.122	17
黑龙江	0.102	18	0.156	14	0.105	16	0.047	24
甘　肃	0.098	19	0.117	18	0.073	20	0.103	18
山　西	0.086	20	0.054	25	0.077	19	0.127	16
吉　林	0.085	21	0.155	15	0.063	23	0.037	26
江　西	0.078	22	0.093	19	0.054	25	0.086	20
内蒙古	0.077	23	0.034	31	0.043	26	0.155	14
广　西	0.065	24	0.036	30	0.081	18	0.076	21
云　南	0.063	25	0.083	22	0.068	22	0.037	25
新　疆	0.042	26	0.037	29	0.059	24	0.030	27
贵　州	0.038	27	0.046	28	0.010	31	0.059	22
青　海	0.036	28	0.071	23	0.036	27	0.001	30
宁　夏	0.034	29	0.070	24	0.010	29	0.022	29
海　南	0.030	30	0.050	26	0.010	30	0.029	28
西　藏	0.026	31	0.046	27	0.031	28	0.000	31

分析表 4-1 可以发现，知识产权流动水平指数排名前 10 位的省份是北京、上海、江苏、广东、山东、浙江、重庆、福建、湖北和湖南。与 2014 年相比，排名靠前的 6 个省只在某些位次上发生改变，重庆、湖北和湖南都是最新上榜，分别居于第 7 位、第 9 位和第 10 位。辽宁、四川和河南相应地跌出前 10 位。

知识产权流动水平指数排名后 10 位的是江西、内蒙古、广西、云南、新疆、贵州、青海、宁夏、海南和西藏。与 2014 年相比，变化不大，仅在某些位次上出现调整。

知识产权技术市场交易指数、知识产权服务机构指数、企业技改、引进指数三个二级指标的排名存在一定程度的背离，譬如，北京的技术市场交易指数排名第 1 位，知识产权服务机构指数排名第 1 位，但是企业技改、引进指数依旧较低，仅列第 8 位；湖北的技术市场交易指数排名第 6 位，但是知识产权服务机构指数排名第 17 位，企业技改、引进指数排名第 12 位。

二、知识产权技术市场交易指数三级指标框架及排名与分析

1. 知识产权技术市场交易指数三级指标框架及指数排名

（1）指标框架

知识产权技术市场交易指数下设四个三级指标：技术市场规模、技术市场开放度、技术外溢度、技术国际竞争力（见图4－2、表4－2）。

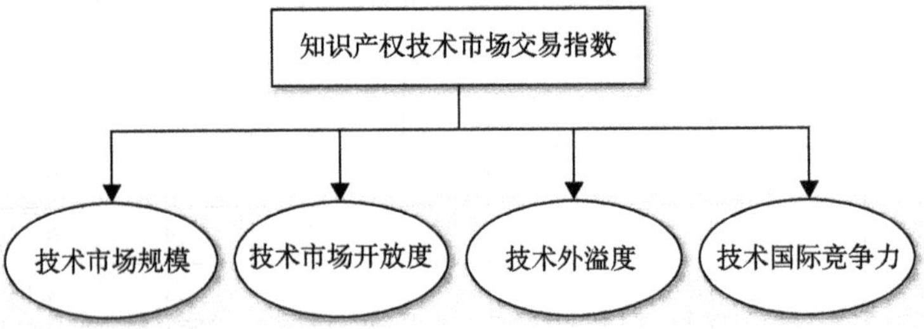

图4－2 知识产权技术市场交易指数指标框架图

（2）指数及排名

表4－2 知识产权技术市场交易指数及排名表

省份	技术市场交易指数		技术市场规模		技术市场开放度		技术外溢度		技术国际竞争力	
	指数	排名	指数	排名	指数	排名	指数	排名	指数	排名
北京	0.853	1	1.000	1	0.459	5	0.952	1	1.000	1
上海	0.694	2	0.278	2	0.940	1	0.570	5	0.987	2
广东	0.372	3	0.190	5	0.681	2	0.471	11	0.146	5
江苏	0.342	4	0.258	3	0.566	3	0.482	8	0.060	9
天津	0.318	5	0.167	6	0.269	7	0.685	4	0.150	4
湖北	0.270	6	0.167	7	0.074	14	0.821	2	0.018	14
重庆	0.248	7	0.077	12	0.365	6	0.535	6	0.013	15
陕西	0.242	8	0.241	4	0.014	23	0.691	3	0.022	13
浙江	0.227	9	0.079	11	0.461	4	0.338	17	0.032	11
四川	0.208	10	0.103	10	0.128	12	0.462	12	0.139	6
辽宁	0.201	11	0.108	8	0.162	10	0.473	9	0.060	10
山东	0.197	12	0.106	9	0.250	8	0.418	15	0.013	17
安徽	0.162	13	0.068	14	0.062	15	0.513	7	0.006	20
黑龙江	0.156	14	0.045	16	0.008	26	0.449	13	0.122	7
吉林	0.155	15	0.027	22	0.159	11	0.429	14	0.005	22
湖南	0.146	16	0.051	15	0.054	16	0.472	10	0.005	21

续表 4-2

省份	技术市场交易指数		技术市场规模		技术市场开放度		技术外溢度		技术国际竞争力	
	指数	排名	指数	排名	指数	排名	指数	排名	指数	排名
福建	0.126	17	0.040	17	0.128	13	0.308	18	0.027	12
甘肃	0.117	18	0.068	13	0.002	29	0.396	16	0.003	26
江西	0.093	19	0.022	23	0.042	17	0.306	19	0.004	24
河南	0.085	20	0.028	21	0.022	21	0.286	20	0.002	28
河北	0.083	21	0.029	20	0.023	20	0.279	22	0.003	26
云南	0.083	22	0.030	19	0.013	25	0.280	21	0.009	19
青海	0.071	23	0.036	18	0.001	30	0.244	23	0.002	29
宁夏	0.070	24	0.005	29	0.029	18	0.160	26	0.087	8
山西	0.054	25	0.020	24	0.019	22	0.168	25	0.010	18
海南	0.050	26	0.004	30	0.162	9	0.029	30	0.004	23
西藏	0.046	27	0.000	31	0.000	31	0.000	31	0.185	3
贵州	0.046	28	0.011	26	0.002	28	0.172	24	0.000	31
新疆	0.037	29	0.006	27	0.014	24	0.113	28	0.013	15
广西	0.036	30	0.006	28	0.024	19	0.113	29	0.003	25
内蒙古	0.034	31	0.013	25	0.004	27	0.116	27	0.002	29

从表 4-2 可以看出，知识产权技术市场交易指数排名前 10 位的省份是北京、上海、广东、江苏、天津、湖北、重庆、陕西、浙江和四川。排名后 10 位的省份是云南、青海、宁夏、山西、海南、西藏、贵州、新疆、广西和内蒙古。与 2014 年的省份相同，近五年来一直保持稳定，只是相互排名稍微发生了变化。

其中，四个分项指标上面具体排名如下：

在技术市场规模指数方面排名前 10 位的省份是北京、上海、江苏、陕西、广东、天津、湖北、辽宁、山东和四川。

在技术市场开放度指数方面排名前 10 位的省份是上海、广东、江苏、浙江、北京、重庆、天津、山东、海南和辽宁。

在技术外溢度指数方面排名前 10 位的省份是北京、湖北、陕西、天津、上海、重庆、安徽、江苏、辽宁和湖南。

在技术国际竞争力指数方面排名前 10 位的省份是北京、上海、西藏、天津、广东、四川、黑龙江、宁夏、江苏和辽宁。

这四个分项指标：技术市场规模指数、技术市场开放度指数、技术外溢度指数、技术国际竞争力指数代表了技术市场的不同方向，考察区域技术市场交易活跃性的不同层面，除少数排名靠前的几个省份外，大部分省份在各个指标上面表现参差不齐。详见本章后续内容。

2. 技术市场规模指数四级指标框架及排名与分析

(1) 指标框架

技术市场规模指数用三个四级指标进行评价：技术市场成交合同数、技术市场成交合同金额、技术市场成交合同金额与GDP比例（见图4－3）。

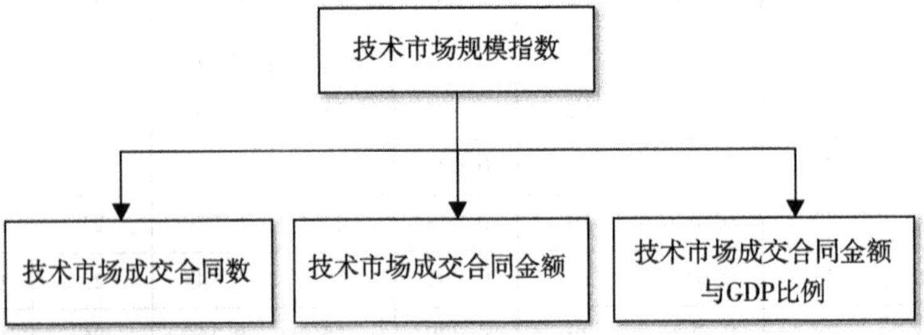

图4－3 技术市场规模指数指标框架图

(2) 技术市场规模指数具体指标分析

图4－4显示，西藏—江西是技术市场成交合同数最少的10个省份，西藏最低，为0，排名靠后的10个省份除江西外，均不足1000项；北京—四川是技术市场成交合同数最多的10个省市，其中北京62743项，以较大幅度的优势领先于第2位的江苏（31427项）和第3位的上海（26297项）。

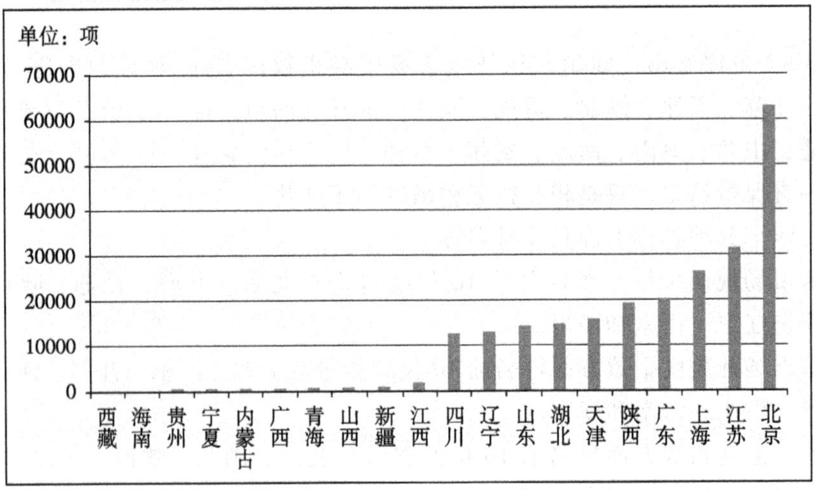

图4－4 技术市场成交合同数排名图

数据来源：国家统计局，科学技术部.2014中国科技统计年鉴［M］.北京：中国统计出版社，2014.

图4－5显示，除了北京、江苏和上海之外，全国其他省份的技术市场成交合同数较为均衡，虽然有差距，但是并不太大。排名第1位的是北京（21.27%）江苏列第2位（10.66%），北京的技术市场成交合同数超过全国总量的五分之一；全国技术市场

成交合同数最多的10个省市，其技术市场成交合同数总量占全国比重约为78%，超过四分之三。

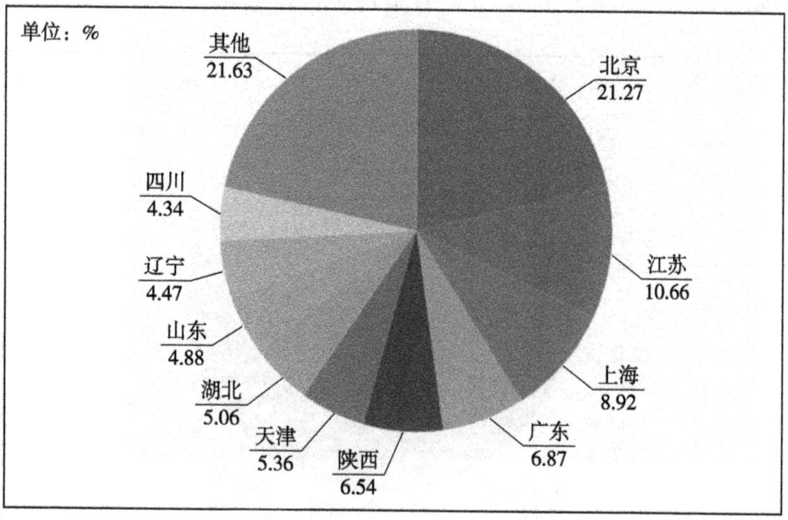

图4-5　各省份技术市场成交合同数占全国比重图

数据来源：国家统计局，科学技术部.2014中国科技统计年鉴［M］.北京：中国统计出版社，2014.

技术市场成交合同金额是考察区域知识产权市场化程度的重要指标。图4-6显示，西藏—内蒙古是技术市场成交合同金额最少的10个省份，均不足50亿元；北京—四川是技术市场成交合同金额最多的10个省市，其中北京排名第1位，技术市场成交合同金额为2851亿元，远远高于其他省份，是排名第2位的上海（621亿元）和排名第3位的江苏（586亿元）的近5倍。

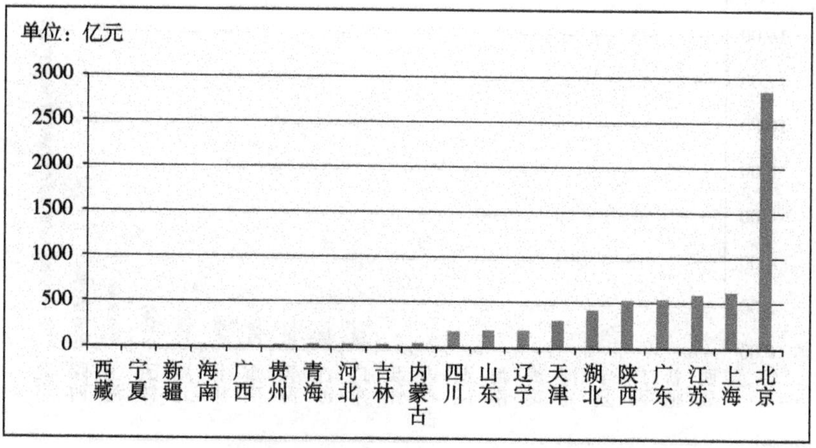

图4-6　技术市场成交合同金额排名图

数据来源：国家统计局，科学技术部.2014中国科技统计年鉴［M］.北京：中国统计出版社，2014.

图 4 -7 显示，北京一市的技术市场成交合同金额占全国总量的比重为 38.17%，较 2012 年有所回落；北京、上海和江苏三省市的技术市场成交合同金额超过全国的一半；技术市场成交合同金额最多的 10 个省市占全国比重超过 85%。

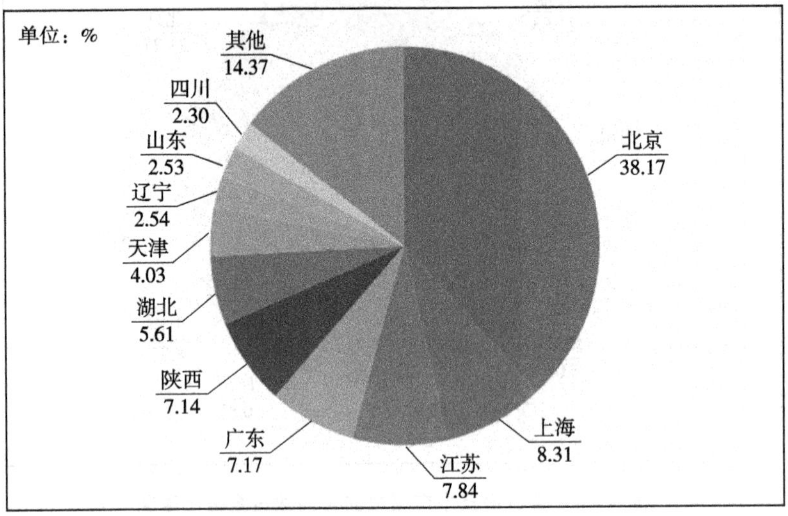

图 4 -7 各省份技术市场成交合同金额占全国比重图

数据来源：国家统计局，科学技术部 . 2014 中国科技统计年鉴 [M] . 北京：中国统计出版社，2014.

图 4 -8 显示，西藏—贵州是技术市场成交合同金额与 GDP 比例最低的 10 个省份，均不足 0.25%；北京—广东是技术市场成交合同金额与 GDP 比例最高的 10 个省市，其中

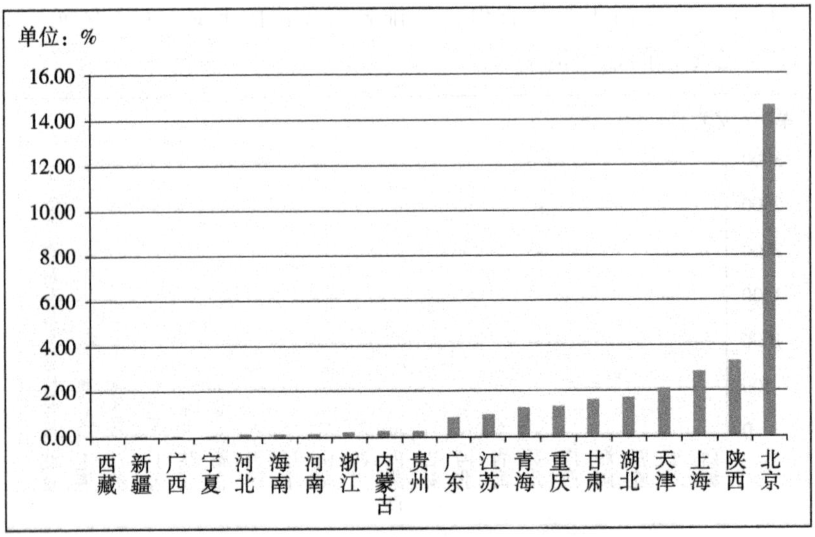

图 4 -8 技术市场成交合同金额与 GDP 比例排名图

数据来源：国家统计局，科学技术部 . 2014 中国科技统计年鉴 [M] . 北京：中国统计出版社，2014；国家统计局 . 2014 中国统计年鉴 [M] . 北京：中国统计出版社，2014.

北京的技术市场成交合同金额与 GDP 比例超过 10%（14.62%），陕西排名第 2 位（3.32%），上海排名第 3 位（2.87%），排名前三的省份该指标逐年上升的趋势明显。

3. 技术市场开放度指数四级指标框架及排名与分析

（1）指标框架

技术市场开放度指数用国外引进合同数、国外引进合同金额进行衡量（见图 4－9）。

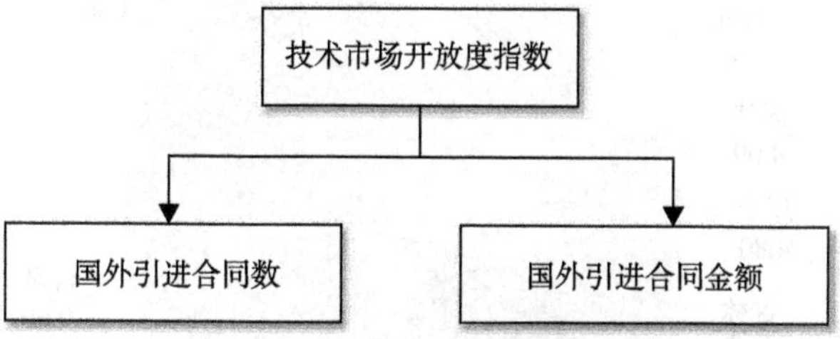

图 4－9　技术市场开放度指数指标框架图

（2）技术市场开放度指数具体指标分析

图 4－10 显示，国外引进合同数是考察区域技术市场开放度的重要参数。西藏—山西是国外引进合同数最少的 10 个省份，均不足 50 项（含）；上海—四川是全国国外引进合同数最多的 10 个省市，其中排名第 1 位的上海国外引进合同数 2897 项，是排名第 2 位的北京（1190 项）的 2 倍多，占有明显的优势。

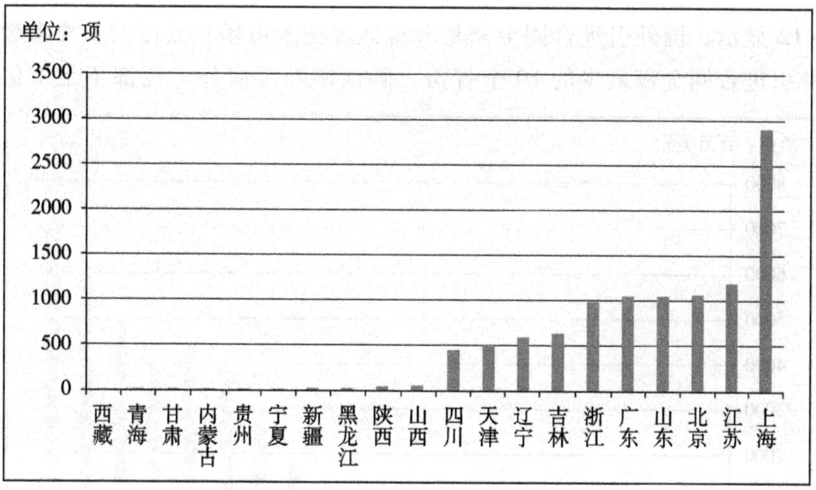

图 4－10　国外引进合同数排名图

数据来源：国家统计局，科学技术部．2014 中国科技统计年鉴［M］．北京：中国统计出版社，2014.

图 4－11 显示，全国国外引进合同数的分布集中度仍较高，但先进省份的优势有所下降。其中，国外引进合同数最多的省市是上海，其国外引进合同数占全国总量的比重为 23.36%，接近四分之一；国外引进合同数最多的 10 个省市占全国总量的比重仍在

85%左右，排名前3位的上海、江苏和北京三省市的国外引进合同数总计占全国总量的比重约为42%，相对于2012年55%的占比，可以看出，除上海外，排名前10位的省份在该指标的差异明显缩小。

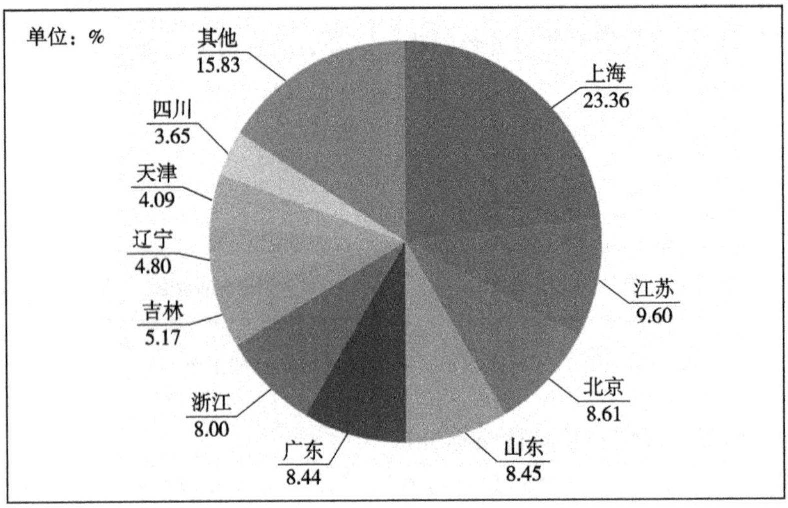

图4－11 各省份国外引进合同数占全国比重图

数据来源：国家统计局，科学技术部．2014中国科技统计年鉴［M］．北京：中国统计出版社，2014.

图4－12显示，国外引进合同金额是考察区域技术市场开放度的重要参数。西藏—河南是国外引进合同金额最少的10个省份，除河南和广西外，全部不足1亿美元；广

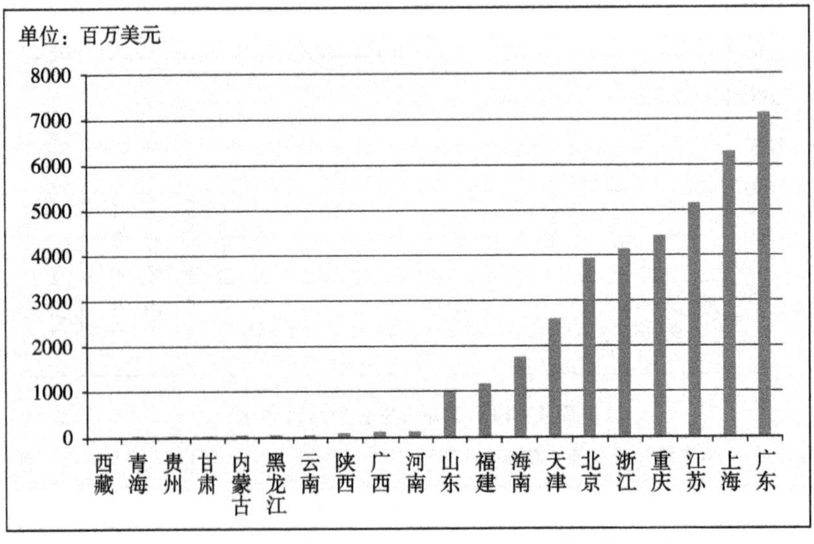

图4－12 国外引进合同金额排名图

数据来源：国家统计局，科学技术部．2014中国科技统计年鉴［M］．北京：中国统计出版社，2014.

东—山东是国外引进合同金额最多的 10 个省市，广东以 71.51 亿美元排名第 1 位，但较 2012 年排名第 1 位的江苏（97.13 亿美元），规模缩水不少，也与国外引进合同数量较 2012 年减少的现实情况相对应。

图 4－13 显示，国外引进合同金额排名靠前的省份份额差距不大。其中，前 4 位的广东、上海、江苏、重庆份额均超过 10%；国外引进合同金额最多的 10 个省市占全国总量的比重约为 90%，超过五分之四。

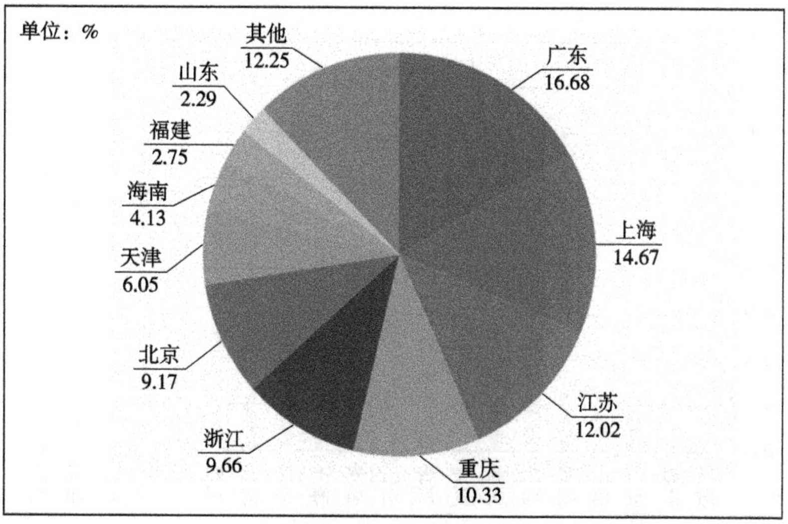

图 4－13　各省份国外引进合同金额占全国比重图

数据来源：国家统计局，科学技术部．2014 中国科技统计年鉴［M］．北京：中国统计出版社，2014.

4. 技术外溢度指数四级指标框架及排名与分析

（1）指标框架

技术外溢度指数用两个指标进行评价：技术市场成交合同数与技术流向地域合同数比值、技术市场成交合同金额与技术流向地域合同金额比值（见图 4－14）。

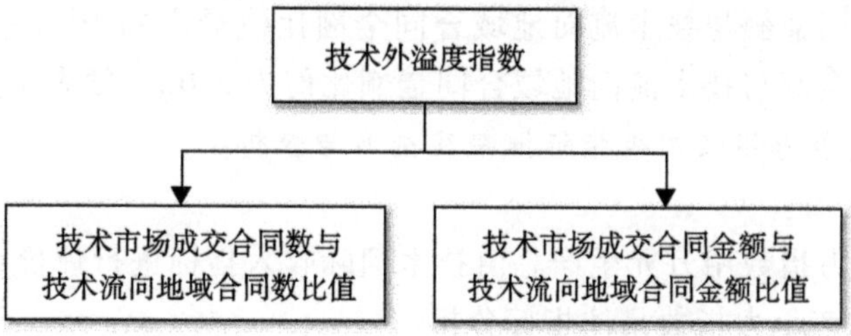

图 4－14　技术外溢度指数指标框架图

（2）技术外溢度指数具体指标分析

图 4－15 显示，技术市场成交合同数与技术流向地域合同数比值反映的是一个地区

技术的外溢性，即若比值大于1，表明该地区是技术净流出区，且比值越大，技术外溢性越强；若比值小于1，表明该地区是技术净流入区。西藏—云南是技术市场成交合同数与技术流向地域合同数比值最低的10个省份，全部小于1；湖北—安徽是技术市场成交合同数与技术流向地域合同数比值最高的10个省市，除安徽（0.98）外，全部超过1，全国技术净流出的省份仅有9个，较2012年增加1个，其中湖北的比值为1.53，居第1位。

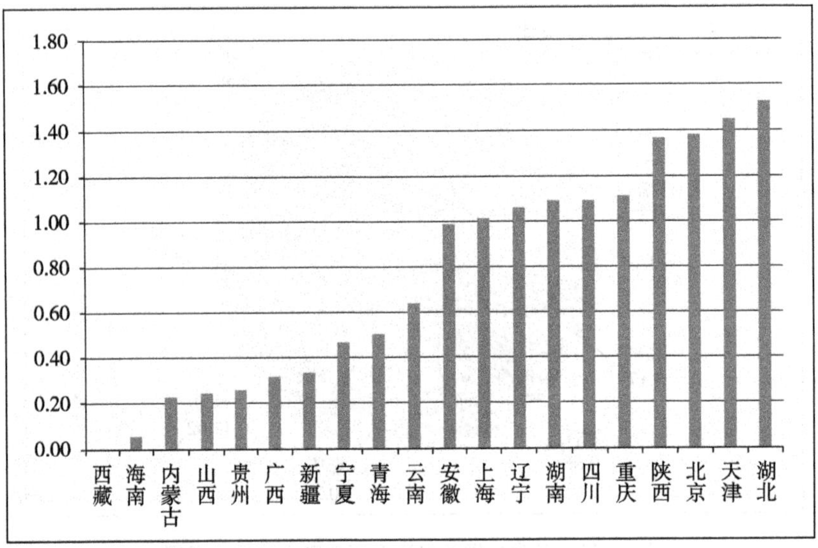

图4-15 技术市场成交合同数与技术流向地域合同数比值排名图

数据来源：国家统计局，科学技术部.2014中国科技统计年鉴［M］.北京：中国统计出版社，2014.

图4-16显示，技术市场成交合同金额与技术流向地域合同金额比值反映的是一个地区技术的外溢性，即若比值大于1，表明该地区是技术净流出区，且比值越大，技术外溢性越强；若比值小于1，表明该地区是技术净流入区。西藏—江西是技术市场成交合同金额与技术流向地域合同金额比值最低的10个省份，全部不足0.5；北京—江苏是技术市场成交合同金额与技术流向地域合同金额比值最高的10个省市，其中北京的技术市场成交合同金额与技术流向地域合同金额比值为3.02，领先于其他省份。

5. 技术国际竞争力指数四级指标框架及排名与分析

（1）指标框架

技术国际竞争力指数用万元生产总值技术国际收入指标进行评价（见图4-17）。

（2）技术国际竞争力指数具体指标分析

图4-18显示，贵州—吉林是万元生产总值技术国际收入排名最低的10个省份，均不足1美元/万元；北京—辽宁是万元生产总值技术国际收入排名最高的10个省份，其中，北京和上海大幅领先于其他省份，接近50美元/万元。但是，与发达经济体相比，整体水平还是较为落后。

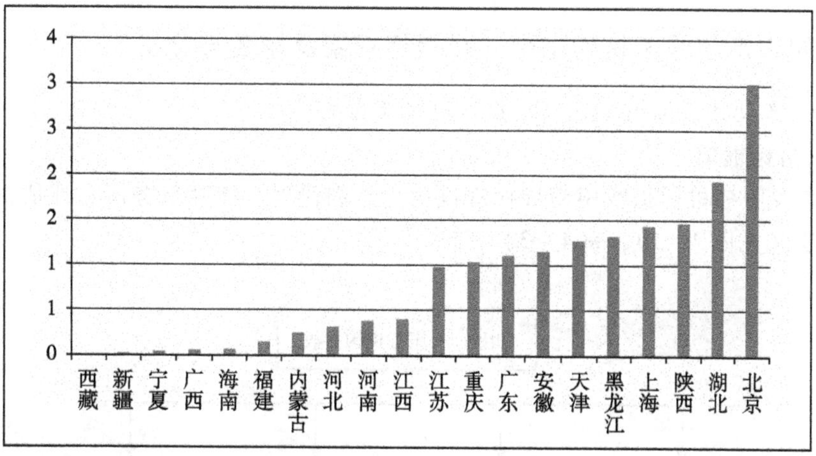

图 4－16　技术市场成交合同金额与技术流向地域合同金额比值排名图

数据来源：国家统计局，科学技术部．2014 中国科技统计年鉴［M］．北京：中国统计出版社，2014.

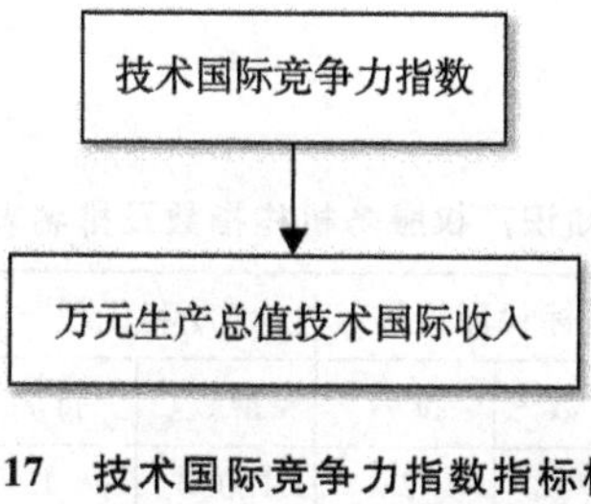

图 4－17　技术国际竞争力指数指标框架图

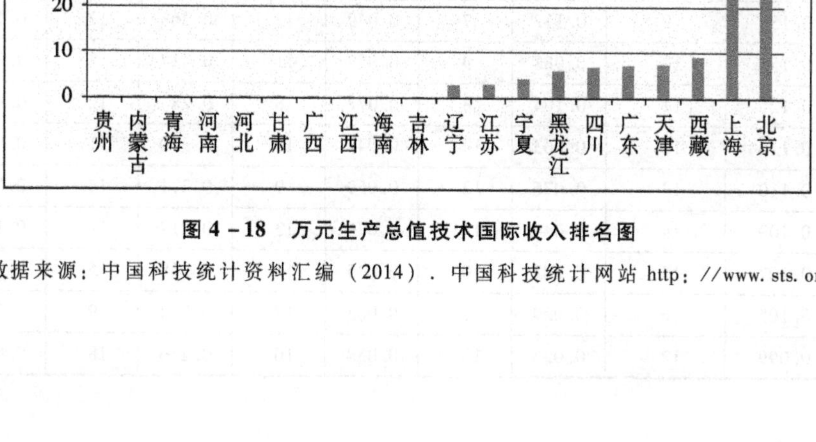

图 4－18　万元生产总值技术国际收入排名图

数据来源：中国科技统计资料汇编（2014）．中国科技统计网站 http：//www. sts. org. cn/zlhb/

三、知识产权服务机构指数三级指标框架及排名与分析

1. 知识产权服务机构指数三级指标框架及指数排名

（1）指标框架

知识产权服务机构指数用商标代理机构、专利代理、律师事务所、评估机构4个指标进行测度（见图4－19、表4－3）。

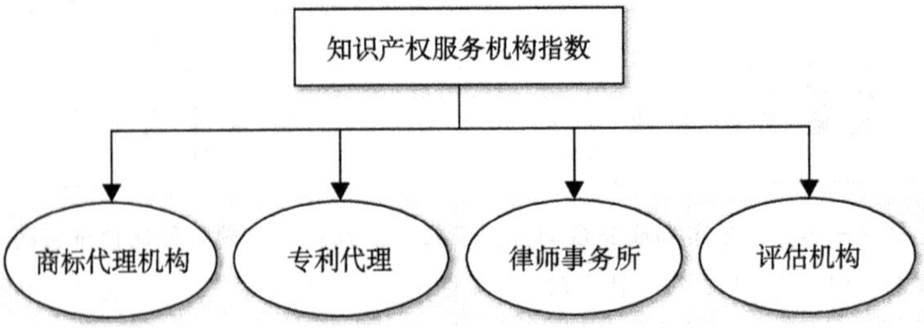

图4－19 知识产权服务机构指数指标框架图

（2）指数及排名

表4－3 知识产权服务机构指数及排名表

省份	知识产权服务机构指数		商标代理机构		专利代理		律师事务所		评估机构	
	指数	排名	指数	排名	指数	排名	指数	排名	指数	排名
北京	0.898	1	0.732	2	1.000	1	0.861	2	1.000	1
广东	0.677	2	1.000	1	0.355	2	1.000	1	0.355	2
上海	0.326	3	0.232	5	0.229	3	0.587	5	0.258	4
江苏	0.288	4	0.252	4	0.183	4	0.619	4	0.097	11
浙江	0.277	5	0.305	3	0.128	5	0.513	6	0.161	6
山东	0.268	6	0.187	6	0.098	6	0.660	3	0.129	8
重庆	0.222	7	0.079	11	0.031	19	0.454	7	0.323	3
辽宁	0.159	8	0.065	13	0.094	7	0.350	10	0.129	8
福建	0.159	9	0.132	7	0.049	12	0.263	17	0.194	5
河南	0.155	10	0.088	9	0.052	11	0.417	8	0.065	12
四川	0.125	11	0.104	8	0.077	8	0.284	12	0.032	14
河北	0.114	12	0.063	14	0.042	16	0.350	11	0.000	19
湖南	0.110	13	0.076	12	0.059	9	0.271	14	0.032	14
天津	0.109	14	0.044	18	0.046	13	0.217	19	0.129	8
安徽	0.107	15	0.082	10	0.045	14	0.268	15	0.032	14
黑龙江	0.105	16	0.029	21	0.035	17	0.354	9	0.000	19
湖北	0.099	17	0.053	15	0.054	10	0.256	18	0.032	14

续表 4-3

省份	知识产权服务机构指数		商标代理机构		专利代理		律师事务所		评估机构	
	指数	排名	指数	排名	指数	排名	指数	排名	指数	排名
广西	0.081	18	0.025	24	0.023	22	0.214	20	0.065	12
山西	0.077	19	0.021	25	0.018	23	0.268	16	0.000	19
甘肃	0.073	20	0.010	27	0.008	26	0.272	13	0.000	19
陕西	0.069	21	0.047	16	0.043	15	0.023	30	0.161	6
云南	0.068	22	0.047	16	0.025	20	0.202	21	0.000	19
吉林	0.063	23	0.033	19	0.031	18	0.187	22	0.000	19
新疆	0.059	24	0.026	22	0.010	25	0.168	23	0.032	14
江西	0.054	25	0.030	20	0.024	21	0.162	24	0.000	19
内蒙古	0.043	26	0.017	26	0.008	27	0.149	25	0.000	19
青海	0.036	27	0.001	30	0.005	29	0.138	26	0.000	19
西藏	0.031	28	0.000	31	0.000	31	0.124	27	0.000	19
宁夏	0.010	29	0.006	29	0.007	28	0.029	29	0.000	19
海南	0.010	30	0.006	28	0.004	30	0.031	28	0.000	19
贵州	0.010	31	0.025	23	0.016	24	0.000	31	0.000	19

观察表 4-3 可以发现，知识产权服务机构指数排名前 10 位的是：北京、广东、上海、江苏、浙江、山东、重庆、辽宁、福建和河南。排名后 10 位的是：云南、吉林、新疆、江西、内蒙古、青海、西藏、宁夏、海南和贵州。

从四个分项指标：商标代理机构指数、专利代理指数、律师事务所指数以及评估机构指数的排名来看，整体一致性尚可，这是因为这些代理机构往往都是同时开展多种业务，存在内在联系。

2. 商标代理机构指数四级指标框架及排名与分析

(1) 指标框架

商标代理机构指数用商标代理机构数衡量。

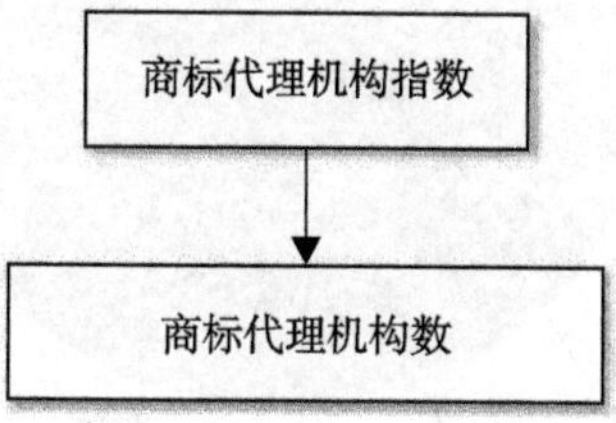

图 4-20　商标代理机构指数指标框架图

(2) 商标代理机构指数具体指标分析

图 4-21 显示，商标代理机构数量在一定程度上是衡量区域商标代理情况的重要指

标。西藏—新疆是商标代理机构数量最少的 10 个省份，均小于 100 个，与 2012 年差异不大；广东—安徽是商标代理机构数量最多的 10 个省市，其中排名第 1 位的广东（3413 个），排名第 2 位的北京（2500 个）领跑全国，远多于其他省份。

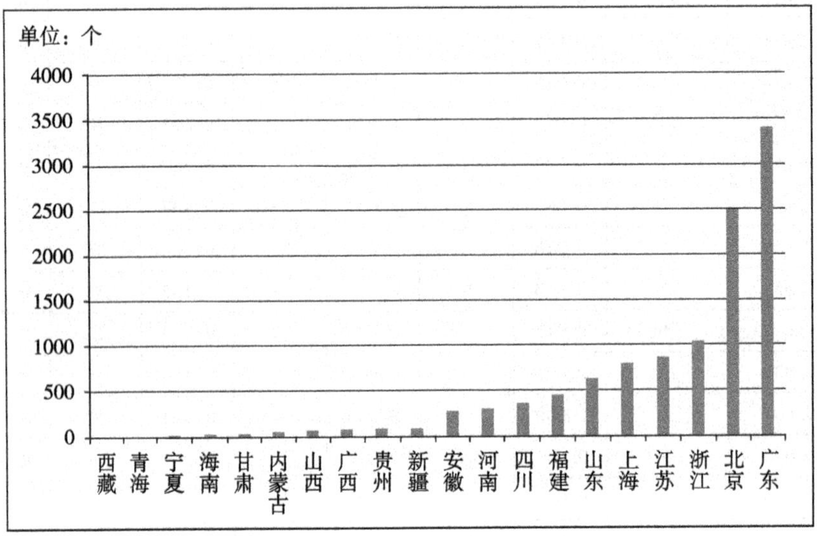

图 4－21　商标代理机构数排名图

数据来源：中国商标网 http://www.ctmo.gov.cn/sbsq/dljg.asp，2014 年 4 月 1 日从网站查询所得数据，其中关键词以商标代理机构所在地按各省（市、区）名称精确查询。

图 4－22 显示，全国的商标代理机构集中趋势非常显著，主要集中在广东（25.77%）、北京（18.88%）两省市，占据了全国近一半的比重（约 45%）。排名前

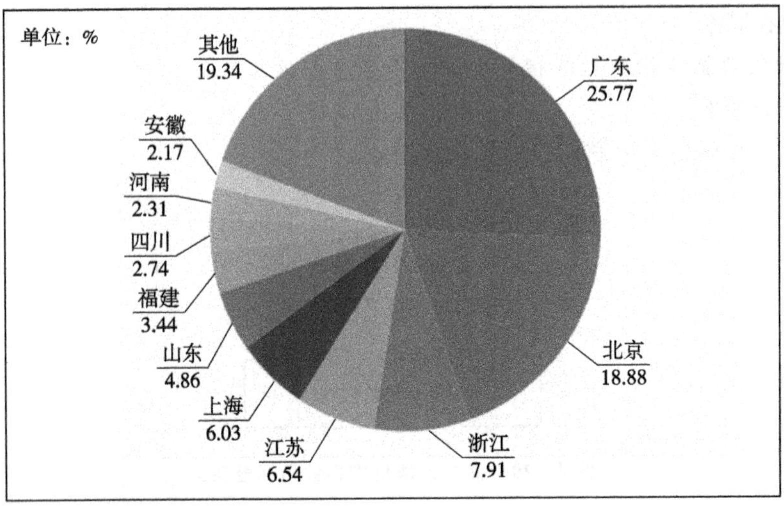

图 4－22　各省份商标代理机构数占全国比重图

数据来源：中国商标网 http://www.ctmo.gov.cn/sbsq/dljg.asp

10位的省市内设立的商标代理机构占全国总数量的80%多。

3. 专利代理指数四级指标框架及排名与分析

（1）指标框架

专利代理指数用两个指标来衡量：专利代理机构数量和专利代理人员数量（见图4-23）。

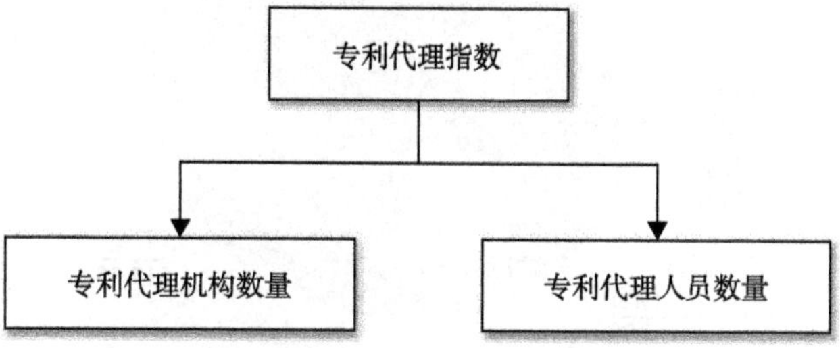

图4-23　专利中介指数指标框架图

（2）专利代理指数具体指标分析

图4-24显示，专利代理机构数量是衡量区域专利代理情况的重要指标。西藏—广西是专利代理机构数量最少的10个省份，除广西（11个）外，均不足10个；北京—湖北是专利代理机构数量最多的10个省市，其中排名第1位的北京更是多达338个，优势更为明显，凸显了政治和文化中心的地位。

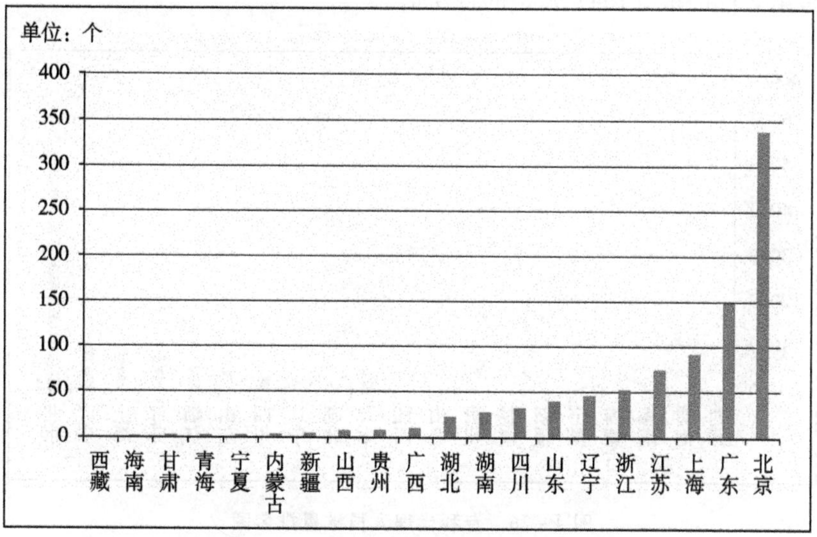

图4-24　专利代理机构数量排名图

数据来源：国家知识产权局网站.

图4-25显示，全国的年度专利申请代理量及专利代理机构数量主要集中在北京（30.07%）、广东（13.35%）、上海（8.27%）和江苏（6.67%）四省市，四者之和

占全国总量的58%，超过一半；排名前10位的省份占全国总量的比重近80%。

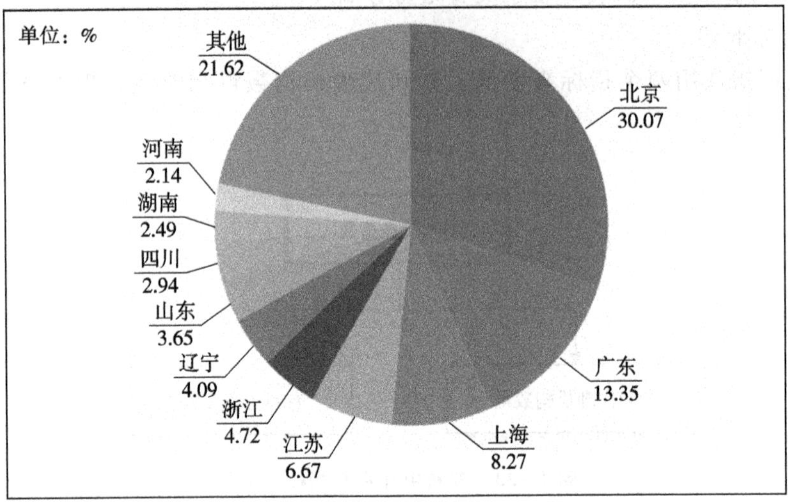

图4－25 各省份各地专利代理机构数量占全国比重图

数据来源：国家知识产权局网站.

图4－26显示，与专利代理机构数量一致，专利代理人员数量也是衡量区域专利代理情况的重要指标。西藏—江西是专利代理人数最少的10个省份，均不足100人；北京—湖北是年度专利申请代理人数最多的10个省市，其中，北京仍然傲视群雄，共有5056人，是第2位广东（1347人）的近4倍。

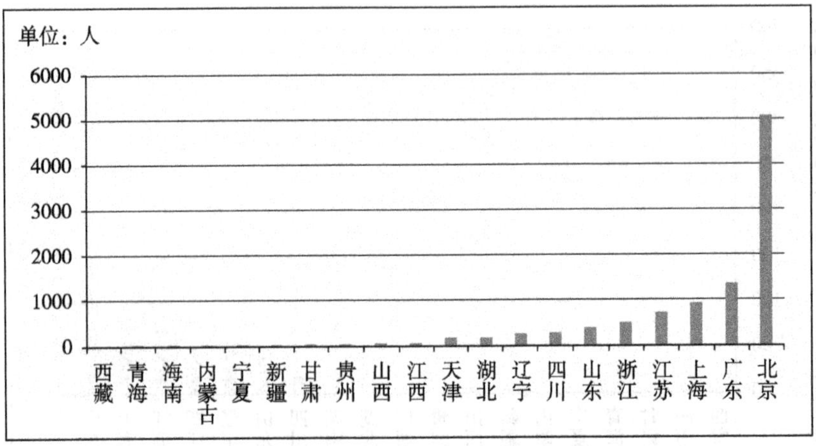

图4－26 专利代理人员数量排名图

数据来源：国家知识产权局网站.

4. 律师事务所指数四级指标框架及排名与分析

(1) 指标框架

律师事务所指数用律师事务所数量衡量（见图4－27）。

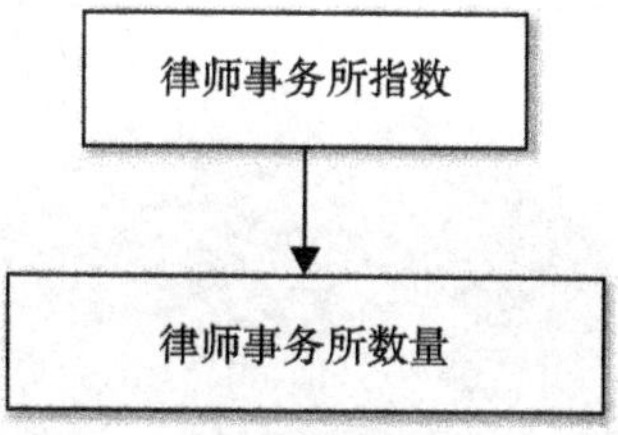

图 4-27 律师事务所指数指标框架图

（2）律师事务所指数具体指标分析

图 4-28 显示律师事务所数量是衡量区域知识产权服务水平的重要指标。贵州—吉林是年度律师事务所最少的 10 个省份，除吉林（409 家）外，均不足 400 家；广东—辽宁是律师事务所最多的 10 个省市，其中广东排名第 1 位，为 2065 家。

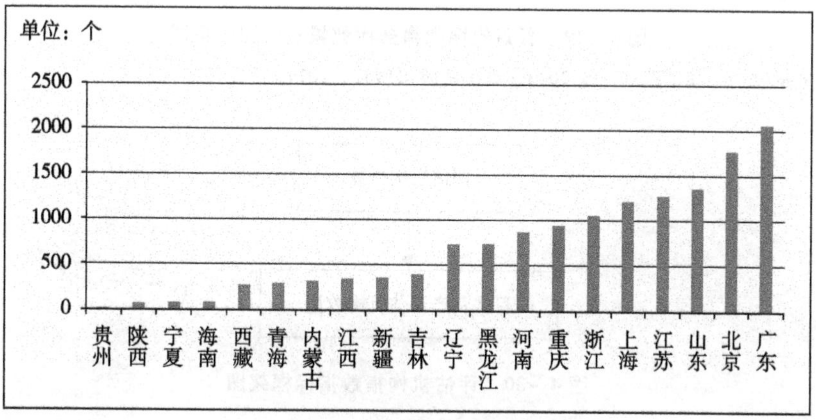

图 4-28 律师事务所数量排名图

数据来源：律师统计年鉴 2013，人民法院出版社，2014.

图 4-29 显示，全国的律师事务所分布较为分散，主要集中在广东（10.02%）、北京（8.65%）、山东（6.66%）、江苏（6.25%）、上海（5.93%）五省市，五者之和约占全国总量的 37.351%；排名靠前的 10 个省市占全国总量的比重为 59%。

5. 评估机构指数四级指标框架及排名与分析

（1）指标框架

评估机构指数用百强资产评估机构数量衡量（见图 4-30）。

（2）评估机构指数具体指标分析

图 4-31 显示，图中 18 个省份是财政部评选的百强资产评估机构所在省份，北京最多有 31 家，占据了近三分之一。还有 13 个省份没有相应机构入选。

图 4-32 显示，全国的百强资产评估机构分布集中程度很高，份额最高的北京约占 31%，排名第 2 位的广东和第 3 位的重庆分别占据 11% 和 10%，三者就占据了超过一半的机构。

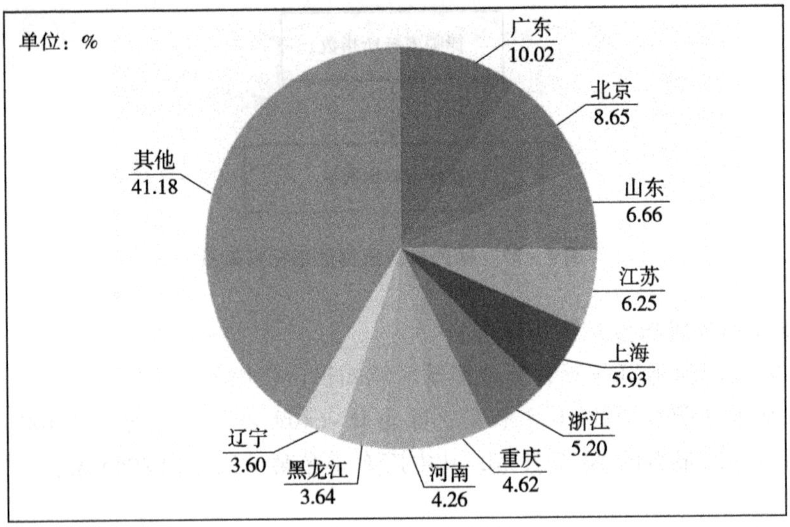

图4－29　各省份律师事务所数量占全国比重图

数据来源：律师统计年鉴2013，人民法院出版社，2014.

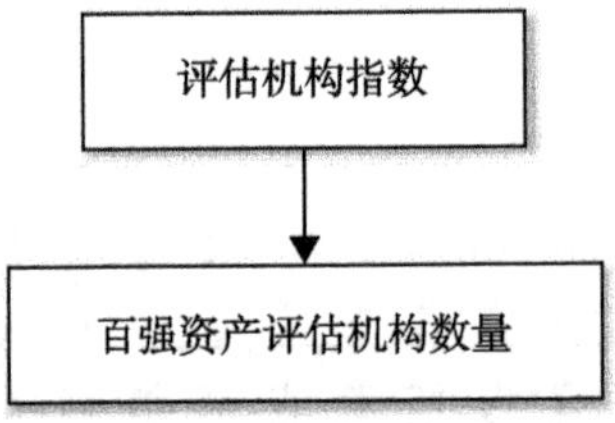

图4－30　评估机构指数指标框架图

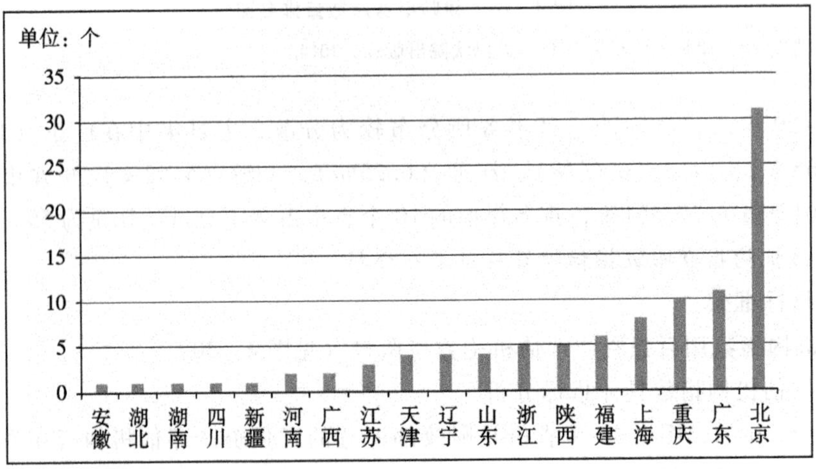

图4－31　百强资产评估机构数量排名图（财政部评选百强）

数据来源：财政部网站.

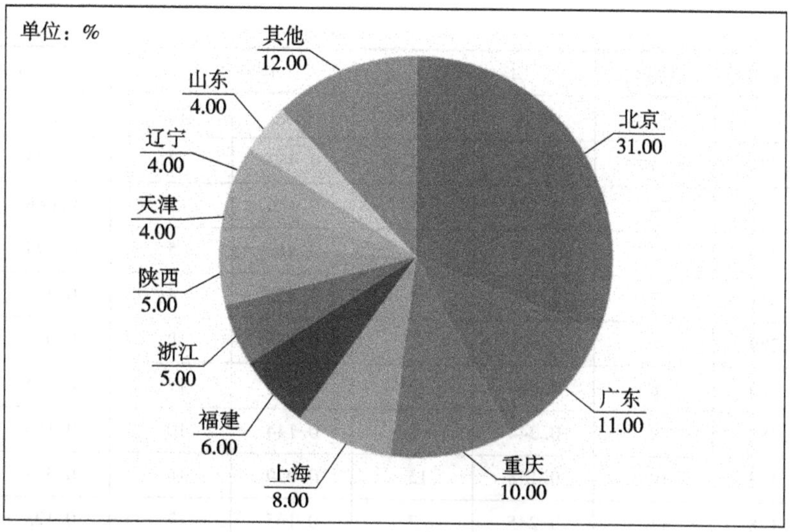

图 4－32 各省份资产评估机构数量占全国比重图

数据来源：财政部网站.

四、企业技改、引进指数三级指标框架及排名与分析

1. 企业技改、引进指数三级指标框架及指数排名

（1）指标框架

企业技改、引进指数下设三个三级指标：技术改造、国内引进、国外引进（见图 4－33、表 4－4）。

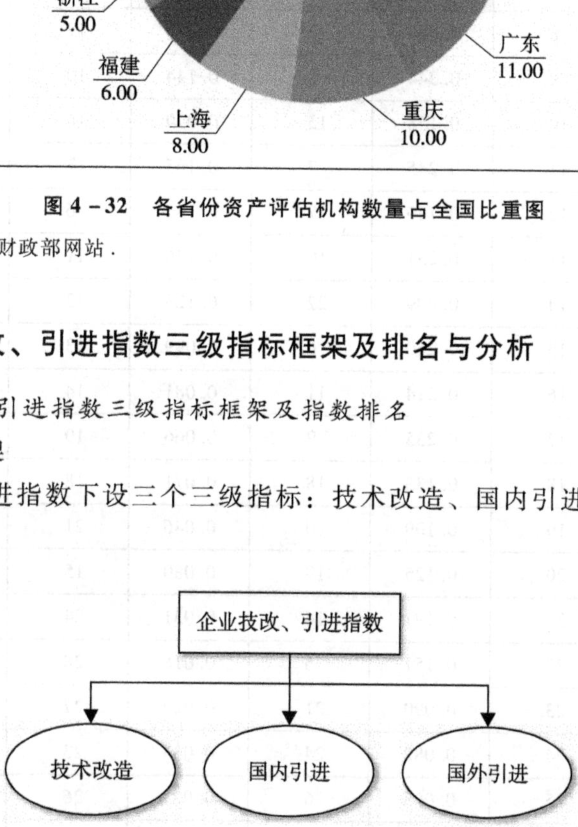

图 4－33 企业技改、引进指数指标框架图

（2）指数及排名

表 4－4 知识产权企业技改、引进指数及排名表

省 份	企业技改、引进指数		技术改造		国内引进		国外引进	
	指数	排名	指数	排名	指数	排名	指数	排名
江 苏	0.926	1	1.000	1	1.000	1	0.779	2
上 海	0.700	2	0.191	13	0.910	2	1.000	1

续表 4－4

省　份	企业技改、引进指数		技术改造		国内引进		国外引进	
	指数	排名	指数	排名	指数	排名	指数	排名
山　东	0.497	3	0.527	3	0.482	3	0.483	4
广　东	0.407	4	0.398	5	0.156	8	0.668	3
浙　江	0.329	5	0.401	4	0.413	5	0.174	10
福　建	0.312	6	0.199	12	0.455	4	0.282	7
湖　南	0.289	7	0.616	2	0.155	9	0.095	16
北　京	0.209	8	0.088	23	0.075	17	0.465	5
安　徽	0.185	9	0.244	8	0.144	10	0.168	11
重　庆	0.183	10	0.158	15	0.079	16	0.313	6
辽　宁	0.178	11	0.245	7	0.165	7	0.125	13
湖　北	0.175	12	0.149	17	0.185	6	0.192	9
河　南	0.162	13	0.231	10	0.136	11	0.119	14
内蒙古	0.155	14	0.089	22	0.123	12	0.252	8
四　川	0.140	15	0.260	6	0.099	13	0.061	19
山　西	0.127	16	0.214	11	0.081	14	0.084	17
河　北	0.122	17	0.235	9	0.066	19	0.065	18
甘　肃	0.103	18	0.133	18	0.071	18	0.106	15
天　津	0.103	19	0.109	20	0.046	21	0.155	12
江　西	0.086	20	0.125	19	0.080	15	0.054	20
广　西	0.076	21	0.191	14	0.031	24	0.008	26
贵　州	0.059	22	0.151	16	0.018	28	0.007	27
陕　西	0.052	23	0.090	21	0.022	27	0.044	21
黑龙江	0.047	24	0.082	24	0.033	23	0.027	23
云　南	0.037	25	0.063	26	0.023	26	0.026	24
吉　林	0.037	26	0.077	25	0.015	29	0.018	25
新　疆	0.030	27	0.014	29	0.039	22	0.037	22
海　南	0.029	28	0.025	28	0.060	20	0.003	29
宁　夏	0.022	29	0.036	27	0.025	25	0.006	28
青　海	0.001	30	0.002	30	0.001	30	0.001	30
西　藏	0.000	31	0.000	31	0.000	31	0.000	31

企业技术改造指数、国内引进指数和国外引进指数三项指标考察的是大中型工业企业技改、引进和消化技术成果的投入和能力。观察表 4－4 可以发现，企业技改、引进

指数排名前 10 位的是：江苏、上海、山东、广东、浙江、福建、湖南、辽宁、安徽和四川。

排名后 10 位的是：江西、黑龙江、陕西、内蒙古、吉林、新疆、宁夏、海南、青海和西藏。其中，2011 年和 2012 年前 10 位中的内蒙古已经下滑至第 25 位，可能表明当地工业企业承压严重。

2. 技术改造指数四级指标框架及排名与分析

（1）指标框架

技术改造指数用规模以上工业企业技术改造经费支出指标来衡量（见图 4－34）。

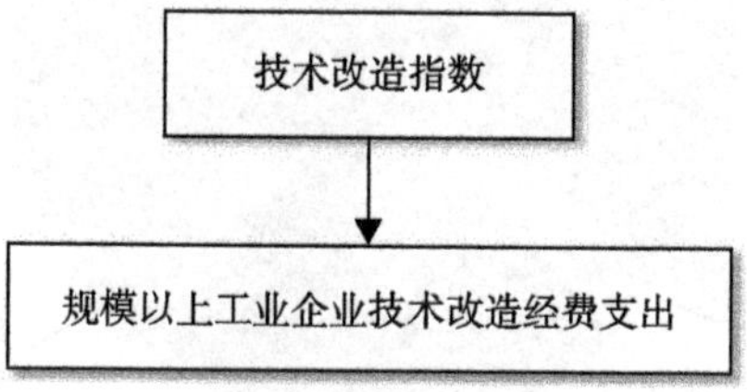

图 4－34　技术改造指数指标框架图

（2）技术改造指数具体指标分析

图 4－35 显示，西藏—内蒙古是规模以上工业企业技术改造经费支出最少的 10 个省份，全部不足 100 亿元，其中西藏（0 亿元）、青海（1.5 亿元）的经费支出不足 5 亿元；江苏—河南是规模以上工业企业技术改造经费支出最多的 10 个省份，其中江苏列第 1 位，为 642 亿元，领先全国。其余排名前 10 位的省份差距不大。

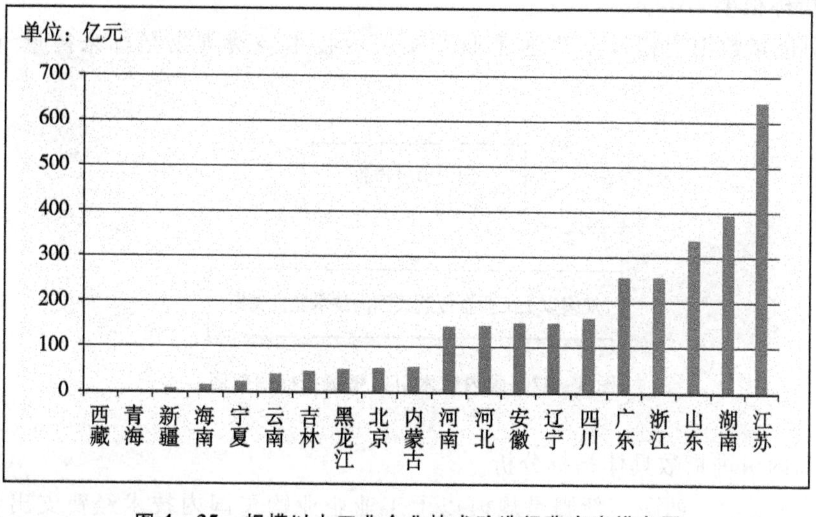

图 4－35　规模以上工业企业技术改造经费支出排名图

数据来源：国家统计局，科学技术部 . 2014 中国科技统计年鉴［M］. 北京：中国统计出版社，2014.

图4－36显示，规模以上工业企业技术改造经费支出相对分散。排名前10位的省份在比重上只有江苏超过15%，其余差距不大，表现较为均衡。而排名前10位省份的规模以上工业企业技术改造经费支出总数占全国比重达到65%。

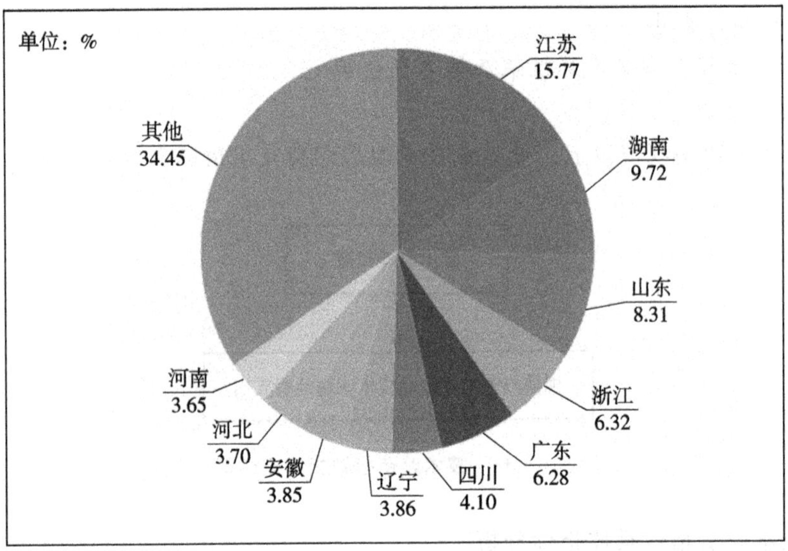

图4－36 各省份规模以上工业企业技术改造经费支出占全国比重图

数据来源：国家统计局，科学技术部．2014中国科技统计年鉴［M］．北京：中国统计出版社，2014.

3．国内引进指数四级指标框架及排名与分析

（1）指标框架

国内引进指数用规模以上工业企业购买国内技术经费支出指标来衡量（见图4－37）。

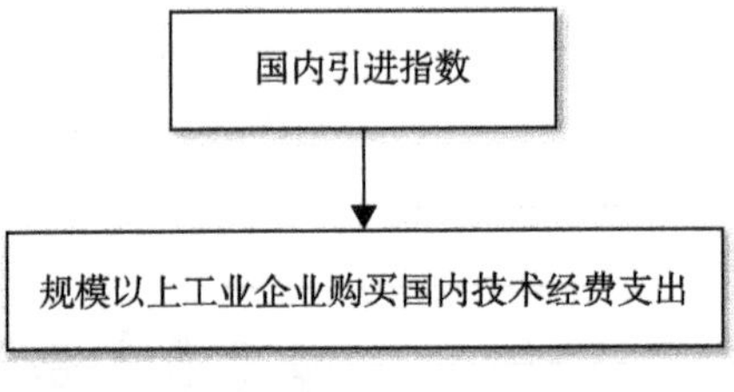

图4－37 国内技术引进指数指标框架图

（2）国内引进指数具体指标分析

图4－38显示，西藏—新疆是规模以上工业企业购买国内技术经费支出最少的10个省份，均不足2亿元；江苏—安徽是规模以上工业企业购买国内技术经费支出最多的10个省市，呈阶梯状递增。其中，江苏（41.32亿元）和上海（37.58亿元）属于第一梯队，领跑全国。

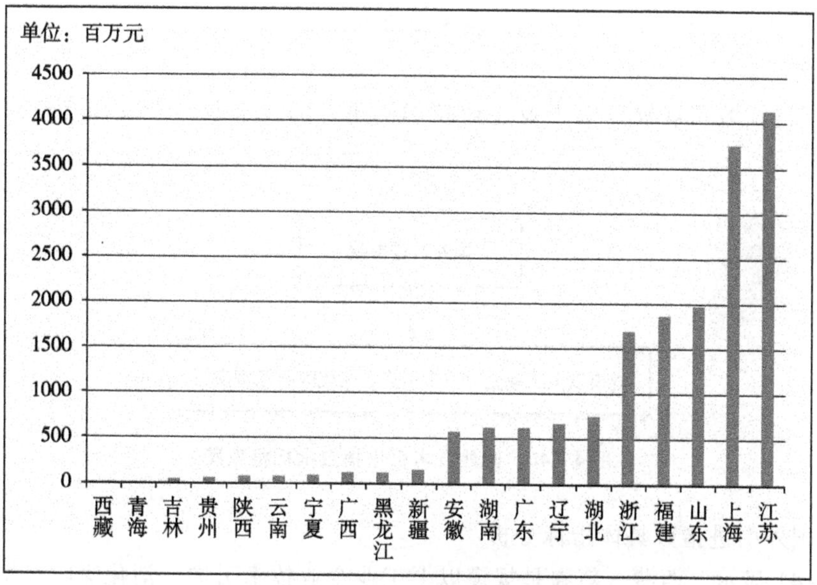

图4－38　规模以上工业企业购买国内技术经费支出排名图

数据来源：国家统计局，科学技术部．2014中国科技统计年鉴［M］．北京：中国统计出版社，2014.

图4－39显示，江苏（19.27%）、上海（17.53%）所占比例超过15%，较2012年优势更为明显，其他排名前10位的省市相差不大。排名前10位的比重总和超过四分之三。

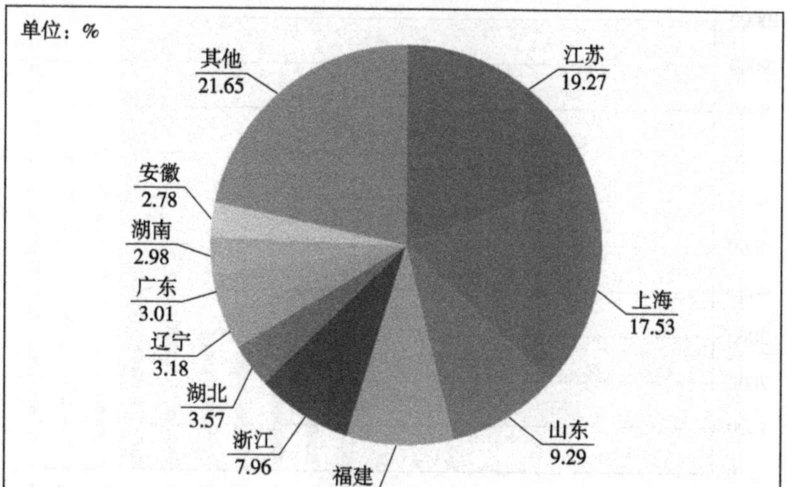

图4－39　各省份规模以上工业企业购买国内技术经费支出占全国比重图

数据来源：国家统计局，科学技术部．2014中国科技统计年鉴［M］．北京：中国统计出版社，2014.

4. 国外引进指数四级指标框架及排名与分析

（1）指标框架

国外引进指数用规模以上工业企业技术引进、消化吸收经费支出指标来测度（见图 4 – 40）。

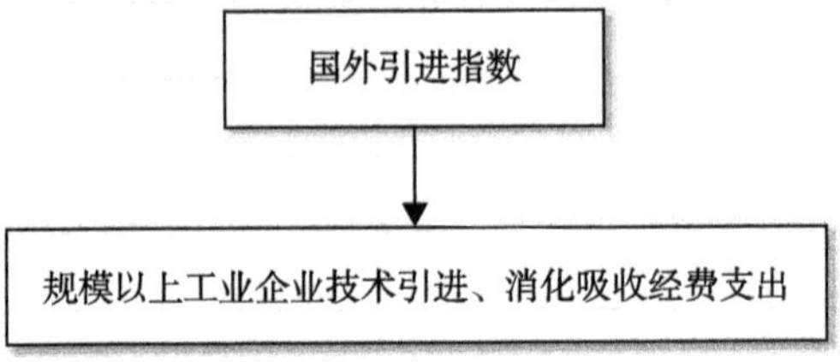

图 4 – 40　国外技术引进指数指标框架图

（2）国外引进指数具体指标分析

图 4 – 41 显示，西藏—新疆是规模以上工业企业技术引进、消化吸收经费支出最少的 10 个省份，全部不足 5 亿元，但相对 2012 年已经有大幅提高；上海—浙江是规模以上工业企业技术引进、消化吸收经费支出最多的 10 个省份，其中上海（93.64 亿元）、江苏（72.9 亿元）和广东（62.51 亿元）居领先位置，领先于全国其他省份，较 2012 年也有明显增长。

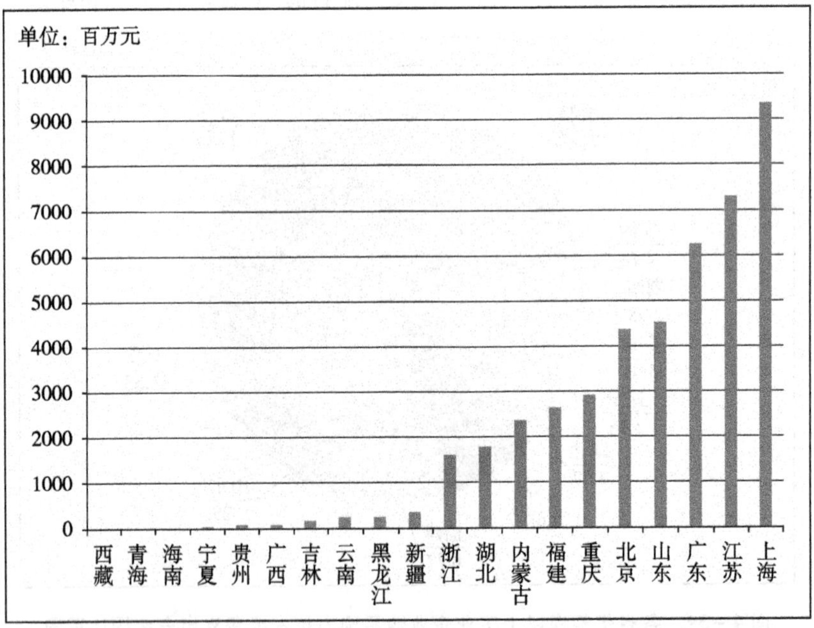

图 4 – 41　规模以上工业企业技术引进、消化吸收经费支出排名图

数据来源：国家统计局，科学技术部．2014 中国科技统计年鉴［M］．北京：中国统计出版社，2014.

图 4－42 显示，全国的规模以上工业企业技术引进、消化吸收经费支出相对集中，其中，上海（17.2%）、江苏（13.39%）、广东（11.48%）经费支出占比超过 10%，三省市合计占全国总量的 42%，接近一半；规模以上工业企业技术引进、消化吸收经费支出最多的 10 个省市占全国近 80%，超过四分之三。

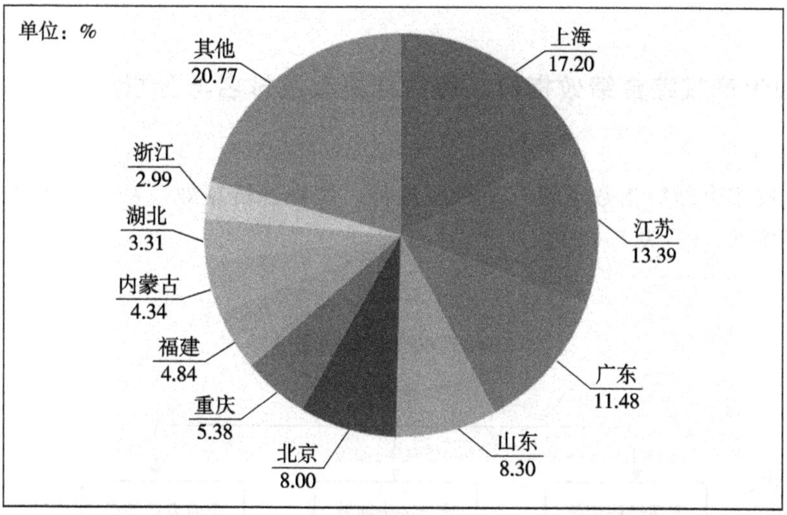

图 4－42　各省份规模以上工业企业技术引进、消化吸收经费支出占全国比重图

数据来源：国家统计局，科学技术部. 2014 中国科技统计年鉴［M］. 北京：中国统计出版社，2014.

第五章　知识产权综合绩效指数各项指标排名与分析

一、知识产权综合绩效指数二级指标框架及排名与分析

1. 指标框架

知识产权综合绩效指数下设三个二级指标：宏观经济绩效、社会进步绩效、企业发展绩效（见图5－1、表5－1）。

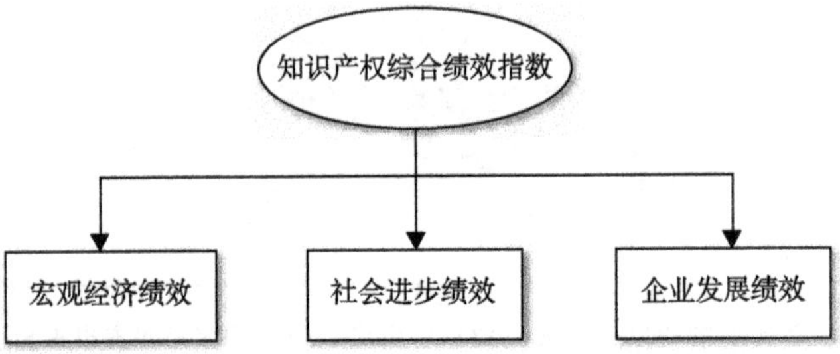

图5－1　知识产权综合绩效指数指标框架图

2. 指数及排名

表5－1　知识产权综合绩效指数及排名表

省份	知识产权综合绩效指数		宏观经济绩效		社会进步绩效		企业发展绩效	
	指数	排名	指数	排名	指数	排名	指数	排名
上　海	0.704	1	0.775	2	0.850	1	0.485	4
北　京	0.702	2	0.832	1	0.839	2	0.435	7
广　东	0.599	3	0.644	4	0.693	3	0.460	6
天　津	0.593	4	0.669	3	0.547	9	0.563	1
浙　江	0.540	5	0.480	6	0.607	5	0.532	3
江　苏	0.527	6	0.577	5	0.676	4	0.327	9
福　建	0.437	7	0.421	7	0.592	6	0.298	11
重　庆	0.428	8	0.409	8	0.412	18	0.463	5
湖　南	0.369	9	0.263	18	0.440	14	0.402	8
辽　宁	0.359	10	0.337	11	0.541	10	0.200	21
广　西	0.357	11	0.228	22	0.547	8	0.296	12

续表 5-1

省份	知识产权综合绩效指数		宏观经济绩效		社会进步绩效		企业发展绩效	
	指数	排名	指数	排名	指数	排名	指数	排名
山　西	0.354	12	0.254	19	0.587	7	0.220	19
湖　北	0.342	13	0.312	13	0.420	16	0.292	13
山　东	0.340	14	0.354	10	0.387	22	0.279	14
海　南	0.332	15	0.248	21	0.490	11	0.258	15
西　藏	0.321	16	0.145	30	0.280	29	0.538	2
河　南	0.316	17	0.297	15	0.405	19	0.245	16
安　徽	0.313	18	0.251	20	0.388	21	0.299	10
陕　西	0.312	19	0.310	14	0.466	12	0.160	24
江　西	0.312	20	0.317	12	0.374	24	0.245	17
四　川	0.309	21	0.394	9	0.380	23	0.153	25
内蒙古	0.287	22	0.280	16	0.431	15	0.151	26
宁　夏	0.270	23	0.180	25	0.402	20	0.228	18
吉　林	0.264	24	0.266	17	0.442	13	0.084	31
河　北	0.251	25	0.221	23	0.340	25	0.192	23
青　海	0.227	26	0.157	29	0.309	27	0.216	20
贵　州	0.225	27	0.161	28	0.419	17	0.094	29
黑龙江	0.214	28	0.216	24	0.340	26	0.087	30
甘　肃	0.201	29	0.162	27	0.244	31	0.196	22
云　南	0.191	30	0.169	26	0.291	28	0.114	28
新　疆	0.172	31	0.137	31	0.250	30	0.129	27

知识产权综合绩效指数考察的是知识产权给当地经济和社会发展带来的影响。观察表 5-1 可以发现，知识产权综合绩效指数排名前 10 位的省份是：上海、北京、广东、天津、浙江、江苏、福建、重庆、湖南和辽宁，与 2014 年基本相同。排名后 10 位的省份是：内蒙古、宁夏、吉林、河北、青海、贵州、黑龙江、甘肃、云南和新疆，与 2014 年相比，内蒙古、吉林和青海跌入后 10 位，原排名靠后的西藏和河南有明显提高，2015 年分别排名第 16 位和第 17 位。

从三个三级指标：宏观经济绩效、社会进步绩效和企业发展绩效来看，排在前 5 位的省份表现比较均衡，例如，上海在三个指标方面分别排名第 2 位、第 1 位和第 4 位。北京在三个指标方面分别排名第 1 位、第 2 位和第 7 位。广东分别排在第 4 位、第 3 位和第 6 位。但是后面的省份出现了较大的波动，重庆分别排在第 8 位、第 18 位和第 5 位，差异很大。

二、宏观经济绩效指数三级指标框架及排名与分析

1. 宏观经济绩效指数三级指标框架及指数排名

（1）指标框架

宏观经济绩效指数下设三个三级指标：经济发展水平、经济增长方式转变、经济结构优化（见图5－2、表5－2）。

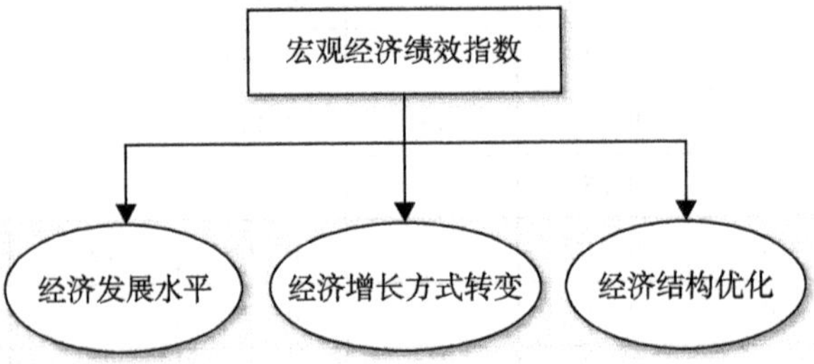

图5－2 宏观经济绩效指数指标框架图

（2）指数及排名

表5－2 知识产权宏观经济绩效指数及排名表

省份	宏观经济绩效指数		经济发展水平		经济增长方式转变		经济结构优化	
	指数	排名	指数	排名	指数	排名	指数	排名
北京	0.832	1	0.925	2	0.610	4	0.960	1
上海	0.775	2	0.964	1	0.697	2	0.666	2
天津	0.669	3	0.835	3	0.636	3	0.536	6
广东	0.644	4	0.620	6	0.717	1	0.596	3
江苏	0.577	5	0.666	5	0.527	5	0.536	5
浙江	0.480	6	0.730	4	0.492	6	0.219	14
福建	0.421	7	0.529	7	0.466	7	0.267	13
重庆	0.409	8	0.399	11	0.316	19	0.511	7
四川	0.394	9	0.244	23	0.390	11	0.547	4
山东	0.354	10	0.492	9	0.410	9	0.159	18
辽宁	0.337	11	0.482	10	0.391	10	0.139	21
江西	0.317	12	0.258	22	0.418	8	0.274	11
湖北	0.312	13	0.304	16	0.355	15	0.278	9
陕西	0.310	14	0.347	13	0.307	20	0.276	10
河南	0.297	15	0.259	21	0.273	23	0.359	8
内蒙古	0.280	16	0.493	8	0.332	18	0.016	31

续表 5-2

省　份	宏观经济绩效指数		经济发展水平		经济增长方式转变		经济结构优化	
	指数	排名	指数	排名	指数	排名	指数	排名
吉　林	0.266	17	0.329	15	0.336	17	0.133	22
湖　南	0.263	18	0.283	18	0.354	16	0.154	19
山　西	0.254	19	0.354	12	0.232	25	0.177	16
安　徽	0.251	20	0.261	20	0.371	12	0.120	24
海　南	0.248	21	0.108	31	0.365	14	0.271	12
广　西	0.228	22	0.202	25	0.281	22	0.202	15
河　北	0.221	23	0.285	17	0.299	21	0.078	28
黑龙江	0.216	24	0.167	29	0.368	13	0.113	25
宁　夏	0.180	25	0.330	14	0.129	30	0.081	27
云　南	0.169	26	0.179	27	0.198	27	0.131	23
甘　肃	0.162	27	0.149	30	0.244	24	0.093	26
贵　州	0.161	28	0.182	26	0.150	28	0.152	20
青　海	0.157	29	0.269	19	0.140	29	0.064	29
西　藏	0.145	30	0.217	24	0.053	31	0.166	17
新　疆	0.137	31	0.167	28	0.222	26	0.022	30

分析表 5-2 可以发现，宏观经济绩效指数排名前 10 位的省份是北京、上海、天津、广东、江苏、浙江、福建、重庆、四川和山东，与 2014 年基本相同，只是重庆上榜，将辽宁挤出前 10 位。排名后 10 位的省份是广西、河北、黑龙江、宁夏、云南、甘肃、贵州、青海、西藏和新疆，与 2014 年也大致相同，只是河北跌入后 10 位。

从总体来看，三个分项指标：经济发展水平、经济增长方式转变、经济结构优化这三个指标的排名一致性较强，反映出经济发展各层面的高度相关性。如北京、上海、天津、广东、江苏等宏观经济绩效指数排名前列的省市，其经济发展水平、经济增长方式、经济结构优化指数排名也大致位居前列。

2. 经济发展水平四级指标框架及排名与分析

（1）指标框架

经济发展水平下设三个四级指标：非农经济比重、人均 GDP、城镇居民人均可支配收入（见图 5-3）。

（2）经济发展水平指数具体指标分析

图 5-4 显示，非农经济比重是衡量区域第二产业、第三产业发展水平的一个重要指标。从整体来看，全国都比 2012 年有所提高，均在 75% 以上，从比例上看差距不大。但是，如果结合国内生产总值的总量来考虑，在体量上还是有相当的差距。海南—河南是非农经济比重最低的 10 个省份，全部不足 90%；上海—山东是非农经济比重最

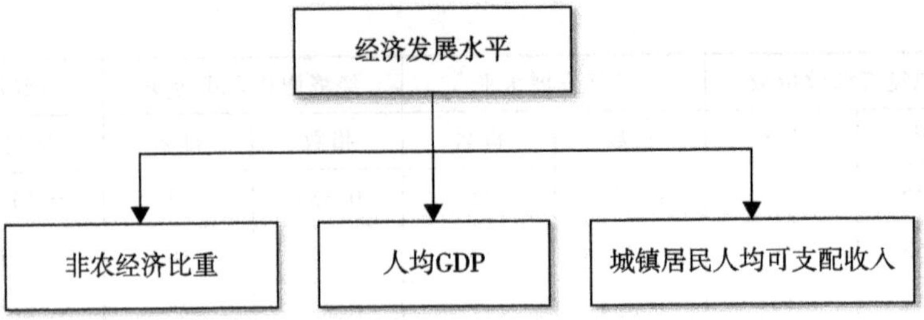

图 5－3　经济发展水平指数指标框架图

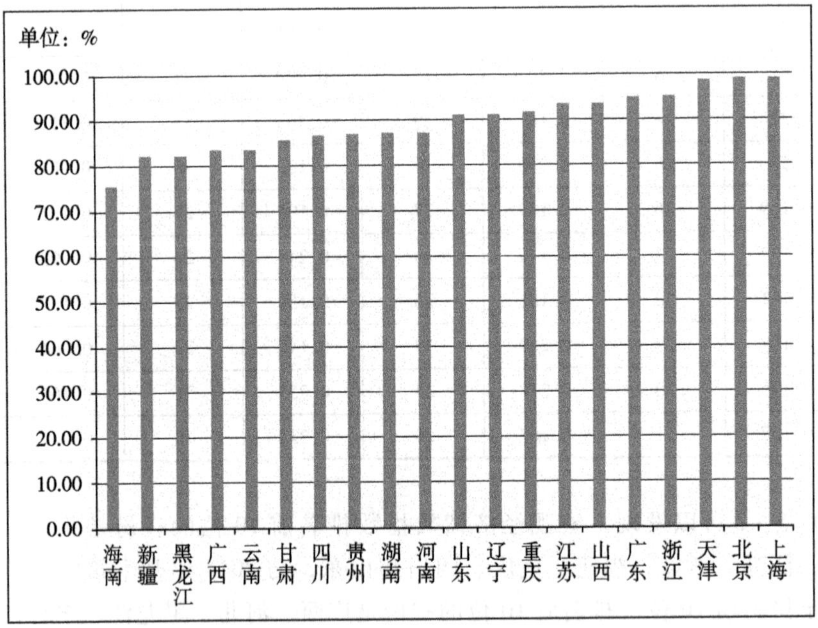

图 5－4　非农经济比重排名图

数据来源：国家统计局．2014 中国统计年鉴［M］．北京：中国统计出版社，2014.

高的 10 个省市，其中超过 95% 的省份共有 5 个，比 2012 年增加一个，包括上海（99.4%）、北京（99.17%）、天津（98.69%）、浙江（95.25%）和广东（95.1%）。

图 5－5 显示，贵州—山西是人均 GDP 最低的 10 个省份，全部不足 3.5 万元，但较 2012 年已有明显增长；天津—山东是人均 GDP 最高的 10 个省份，其中天津（9.76 万元）、北京（9.22 万元）、上海（8.94 万元）的人均 GDP 在 8 万元左右，领先于全国其他省份。

图 5－6 显示，该指标数据逐年稳定增长，甘肃—四川是城镇居民人均可支配收入最低的 10 个省份，相互之间差异不大，其中最低的甘肃城镇居民人均可支配收入为 1.9 万元；上海—内蒙古是城镇居民人均可支配收入最高的 10 个省份，呈阶梯状上升，其中上海（4.39 万元）、北京（4.03 万元）超过 4 万元，领先于全国其他省份。

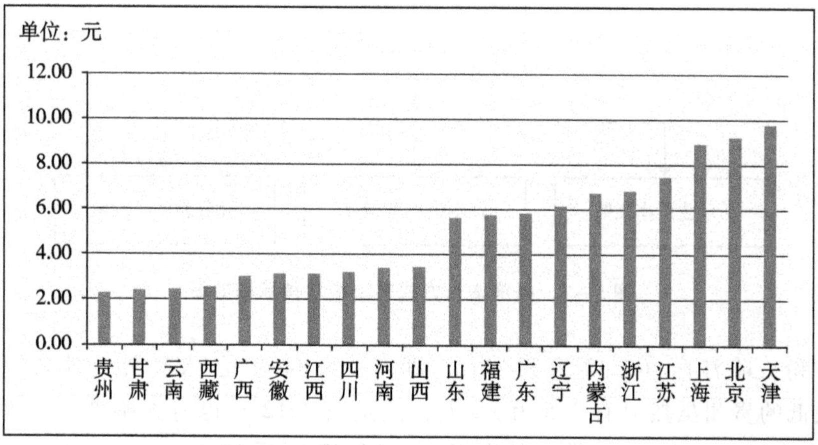

图 5－5　人均 GDP 排名图

数据来源：国家统计局．2014 中国统计年鉴［M］．北京：中国统计出版社，2014.

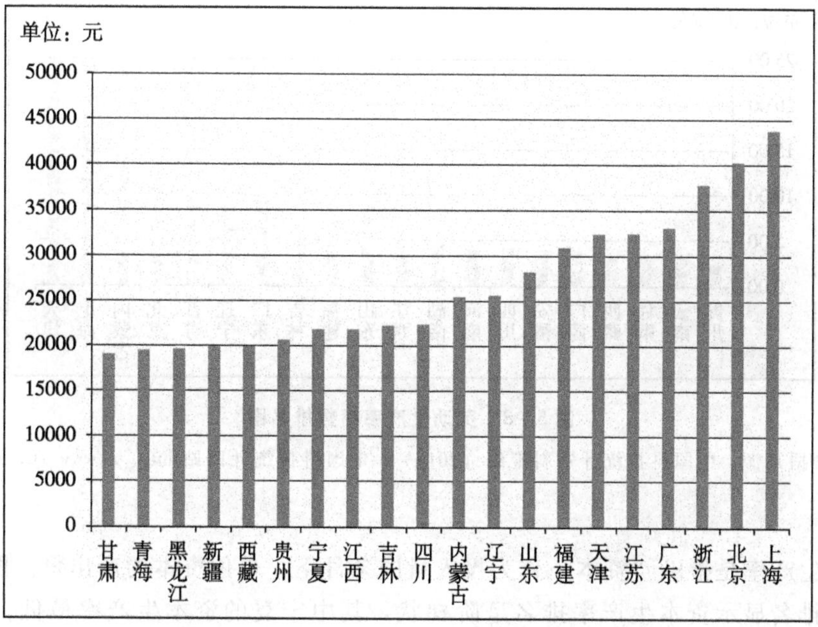

图 5－6　城镇居民人均可支配收入排名图

数据来源：国家统计局．2014 中国统计年鉴［M］．北京：中国统计出版社，2014.

3. 经济增长方式转变四级指标框架及排名与分析

（1）指标框架

经济增长方式转变下设三个四级指标：劳动生产率指数、资本生产率指数、综合能耗产出率（见图 5－7）。

（2）经济增长方式转变指数具体指标分析

图 5－8 显示，全国各地劳动生产率指数差距很大，贵州—江西是劳动生产率最低

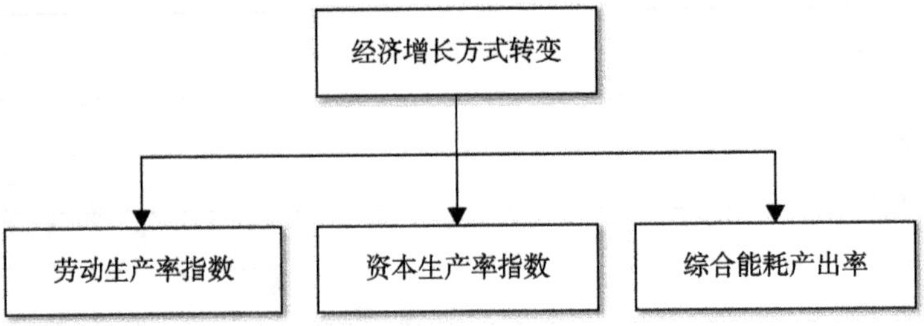

图 5－7　经济增长方式转变指数指标框架图

的 10 个省份，除江西（5.12 万元/人）、湖南（5.02 万元/人）外，其余均不足 5 万元/人，最低的贵州虽然只有 2.5 万元/人，但是较 2012 年也有大幅增长；天津—山东是劳动生产率最高的 10 个省份，其中天津（23.47 万元/人）、上海（21.58 万元/人）超过 20 万元/人，大幅领先于全国其他省份。

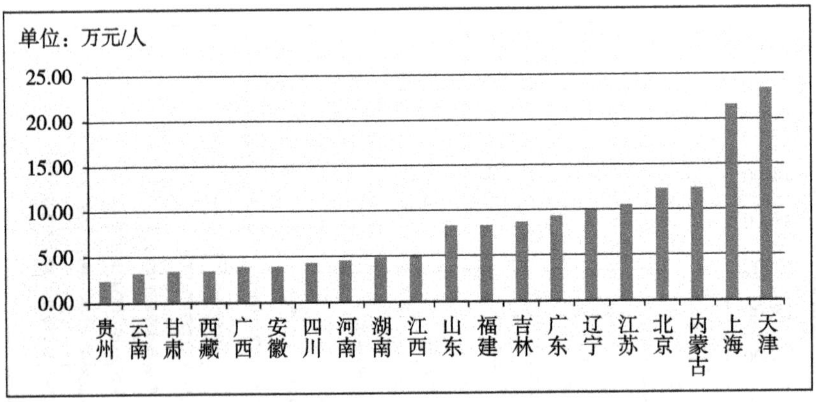

图 5－8　劳动生产率指数排名图

数据来源：中国科技统计资料汇编（2014）．中国科技统计网站 http：//www. sts. org. cn/zlhb/

资本生产率是指以“资本”作为投入量的条件下，单位资本的产出量。图 5－9 显示，资本排名显示资本生产率排名呈阶梯状。其中宁夏的资本生产率最低，为 0.18，广东的资本生产率最高，为 0.66，较 2012 年还有所下降。

图 5－10 显示，西藏—云南是综合能耗产出率最低的 10 个省份，而西藏的综合能耗产出率为 0，北京—广西是综合能耗产出率最高的 10 个省份，其中北京的综合能耗产出率为为 22.94 元/千克标准煤，比 2012 年有较大幅度提高。

4. 经济结构优化四级指标框架及排名与分析

（1）指标框架

经济结构优化下设三个四级指标：高技术产业增加值占工业增加值比重、高技术产品出口额占商品出口额比重、知识密集型服务业增加值占生产总值比重（见图 5－11）。

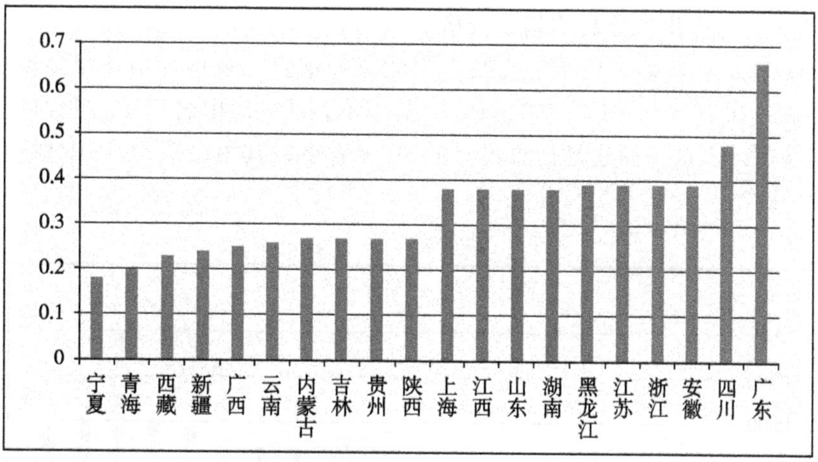

图 5－9　资本生产率指数排名图

数据来源：中国科技统计资料汇编（2014）．中国科技统计网站 http：//www. sts. org. cn/zlhb/

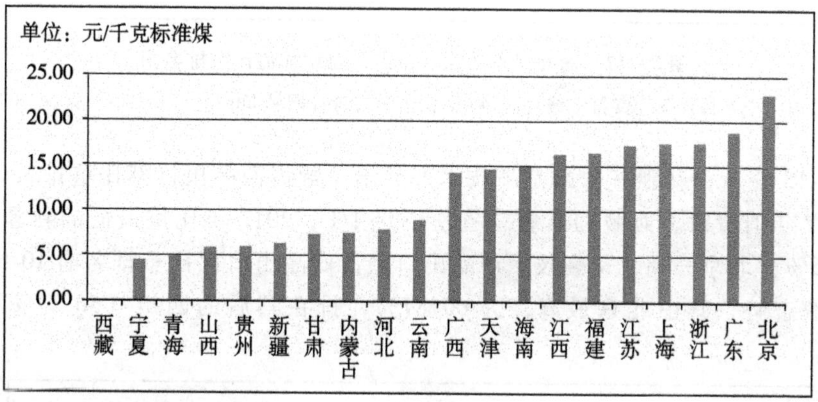

图 5－10　综合能耗产出率排名图

数据来源：中国科技统计资料汇编（2014）．中国科技统计网站 http：//www. sts. org. cn/zlhb/

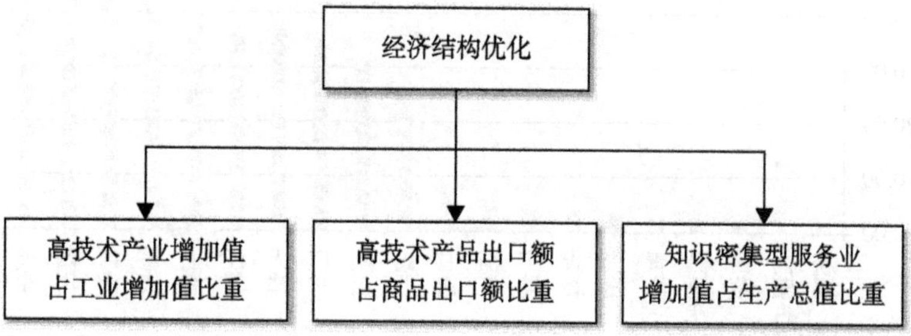

图 5－11　经济结构优化指数指标框架图

（2）经济结构优化指数具体指标分析

图 5－12 显示，新疆—辽宁是高技术产业增加值占工业增加值比重最低的 10 个省份，其中新疆（0.25%）、宁夏（0.44%）甚至不足 1%，排名后 10 的省市除辽宁外，比重均不足 4%；广东—福建是比重最高的 10 个省市，其中广东为 22.24%，是唯一超过 20% 的省份。

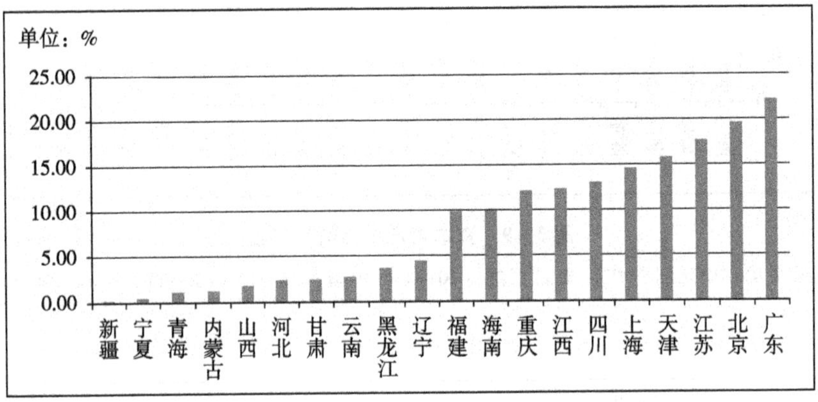

图 5－12 高技术产业增加值占工业增加值比重排名图

数据来源：中国科技统计资料汇编（2014）．中国科技统计网站 http：//www.sts.org.cn/zlhb/

图 5－13 显示，新疆—甘肃是高技术产品出口额占商品出口额比重排名后 10 位的省份，2012 年有青海、西藏和新疆三省份不足 1%，2013 年比重最低的新疆，该指标已接近 1.5%。北京—湖北是高技术产品出口额占商品出口额比重排名前 10 位的省市，总体呈递增态势，其中北京最高，为 60.87%，排在其后的四川（56.11%）和河南

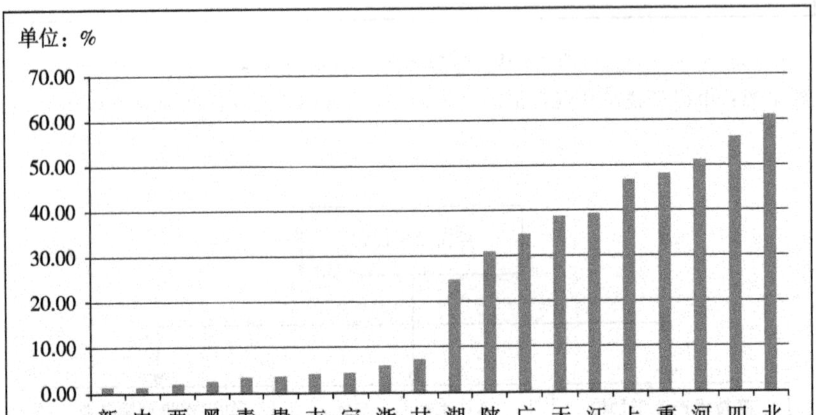

图 5－13 高技术产品出口额占商品出口额比重排名图

数据来源：中国科技统计资料汇编（2014）．中国科技统计网站 http：//www.sts.org.cn/zlhb/

(51.1%) 比重也超过 50%，较 2012 年有大幅增长。

图 5-14 显示，内蒙古—新疆是知识密集型服务业增加值占生产总值比重最小的 10 个省份，北京—西藏是知识密集型服务业增加值占生产总值比重最大的 10 个省份。除北京和上海优势明显外，其余各省差距并不大，其中，北京（38.3%）继续领跑全国，上海以 24.68% 列第 2 位。排名前 10 位的省市中也不乏西部省份的身影，如西藏、宁夏和重庆。

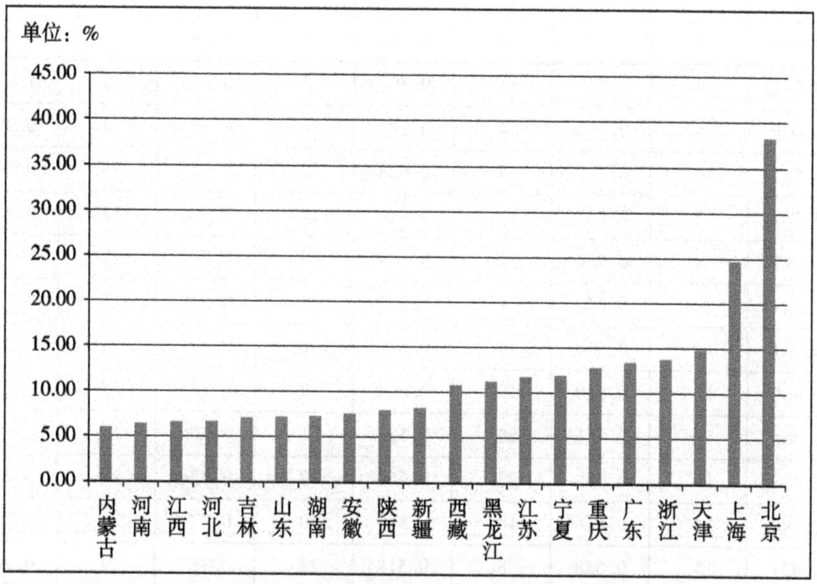

图 5-14　知识密集型服务业增加值占生产总值比重排名图

数据来源：中国科技统计资料汇编（2014）. 中国科技统计网站 http://www.sts.org.cn/zlhb/

三、社会进步绩效三级指标框架及排名与分析

1. 社会进步绩效三级指标框架及指数排名

（1）指标框架

社会进步绩效下设四个三级指标：环境改善、社会发展、社会生活信息化以及文化进步（见图 5-15、表 5-3）。

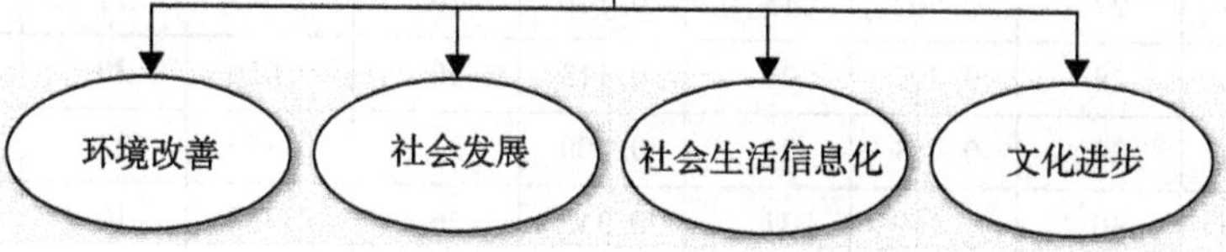

图 5-15　社会进步绩效指标框架图

（2）指数及排名

表5－3　　知识产权社会进步绩效指数及排名表

省　份	社会进步绩效		环境改善		社会发展		社会生活信息化		文化进步	
	指数	排名	指数	排名	指数	排名	指数	排名	指数	排名
上　海	0.850	1	0.824	2	1.000	1	0.809	2	0.767	4
北　京	0.839	2	0.515	21	0.993	2	1.000	1	0.848	3
广　东	0.693	3	0.732	4	0.688	6	0.782	3	0.568	8
江　苏	0.676	4	0.587	13	0.700	5	0.419	8	1.000	1
浙　江	0.607	5	0.566	14	0.791	4	0.672	4	0.398	15
福　建	0.592	6	0.717	5	0.628	12	0.636	5	0.388	18
山　西	0.587	7	0.551	17	0.558	17	0.308	13	0.929	2
广　西	0.547	8	0.956	1	0.574	14	0.063	28	0.594	6
天　津	0.547	9	0.640	7	0.887	3	0.480	7	0.180	28
辽　宁	0.541	10	0.554	16	0.679	8	0.491	6	0.441	13
海　南	0.490	11	0.540	19	0.673	9	0.335	12	0.411	14
陕　西	0.466	12	0.471	26	0.538	21	0.306	14	0.551	9
吉　林	0.442	13	0.488	23	0.662	10	0.238	18	0.382	19
湖　南	0.440	14	0.616	10	0.540	20	0.075	26	0.529	10
内蒙古	0.431	15	0.638	8	0.518	23	0.367	9	0.200	26
湖　北	0.420	16	0.540	18	0.554	18	0.196	20	0.392	16
贵　州	0.419	17	0.654	6	0.242	28	0.075	27	0.704	5
重　庆	0.412	18	0.801	3	0.623	13	0.225	19	0.000	31
河　南	0.405	19	0.492	22	0.530	22	0.101	24	0.498	11
宁　夏	0.402	20	0.482	24	0.430	25	0.304	15	0.390	17
安　徽	0.388	21	0.614	11	0.571	15	0.057	29	0.312	21
山　东	0.387	22	0.368	28	0.686	7	0.263	17	0.230	24
四　川	0.380	23	0.587	12	0.544	19	0.109	23	0.280	22
江　西	0.374	24	0.619	9	0.509	24	0.000	31	0.370	20
河　北	0.340	25	0.270	30	0.562	16	0.265	16	0.262	23
黑龙江	0.340	26	0.517	20	0.646	11	0.167	22	0.029	30
青　海	0.309	27	0.562	15	0.148	29	0.342	11	0.185	27
云　南	0.291	28	0.407	27	0.113	30	0.056	30	0.590	7
西　藏	0.280	29	0.481	25	0.000	31	0.175	21	0.465	12
新　疆	0.250	30	0.169	31	0.345	26	0.358	10	0.129	29
甘　肃	0.244	31	0.330	29	0.335	27	0.099	25	0.211	25

观察表 5 - 3 可以发现，社会进步绩效指数排名前 10 位的省份是上海、北京、广东、江苏、浙江、福建、山西、广西、天津和辽宁，其中，2014 年的第 8 位的辽宁跌出前 10 位。山西则进入了前 10 位，并取得了第 7 位的名次。排名后 10 位的省份是山东、四川、江西、河北、黑龙江、青海、云南、西藏、新疆和甘肃。

从分项指标看，环境改善、社会发展、社会生活信息化、文化进步反映社会生活的方方面面，各个省份的表现并不均衡，尤其是环境改善和文化进步两个分项指数。环境改善指数方面，北京、浙江、江苏和山西等社会进步绩效排名前 10 位的省份表现却很差，分别为第 21 位、13 位、14 位和 17 位，表明了经济发展在一定程度上以损失环境为代价。文化进步指数和当地文化环境和氛围紧密相关，除去北京、上海等省份之外，山西、贵州、云南等省份也表现抢眼。

2. 环境改善四级指标框架及排名与分析

(1) 指标框架

环境改善下设两个四级指标：环境质量指数、环境污染治理指数（见图 5 - 16）。

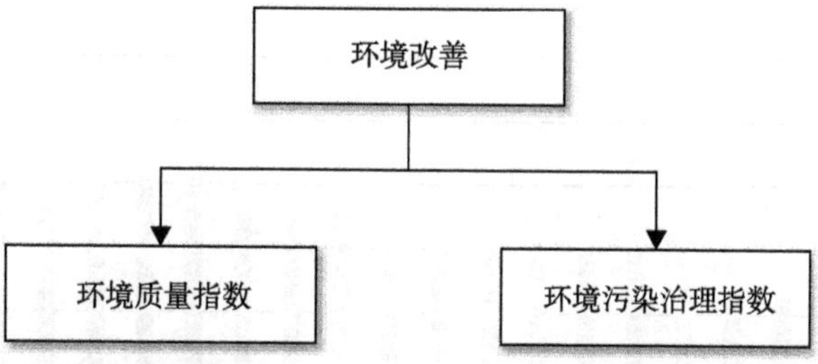

图 5 - 16　环境改善指数指标框架图

(2) 环境改善指数具体指标分析

环境质量指数是环境质量参数和环境质量标准的复合值，英文缩写为 EQI。环境质量指数广泛应用于污染物排放评价、污染源控制或治理效果评价、环境污染程度评价以及某些环境影响评价等方面。从图 5 - 17 中可以看出，新疆—辽宁是环境质量指数排名后 10 位的省份，其中不乏北京、河北、山东等经济大省（市）；广西—江西是环境质量指数排名前 10 位的省份。总体来看，指数变化较为平滑，广西、西藏、贵州、湖南等工业不太发达地区表现抢眼。而上海、广东和浙江的表现也不错，表明污染严重的重工业主要还是集中在北部地区。

图 5 - 18 显示，西藏—吉林是环境污染治理指数最低的 10 个省份，大部分是中西部省份，包括河北、山东、新疆等在环境质量指数排名靠后的省份；重庆—安徽是环境污染治理指数最高的 10 个省份，其中重庆的环境污染治理指数最高，为 87.51%，其他省份整体差异不大。环境污染治理指数可以反映各地对于环境治理和保护的重视程度，有些东部沿海经济发展较快地区着手“反哺”环境，同样也有一些传统上环境较好的省份也很重视保持，防患于未然。

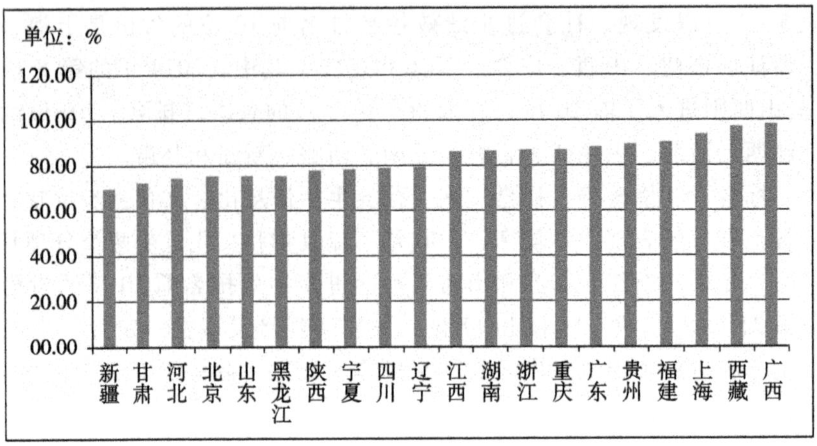

图5－17 环境质量指数排名图

数据来源：中国科技统计资料汇编（2014）．中国科技统计网站 http：//www. sts. org. cn/zlhb/

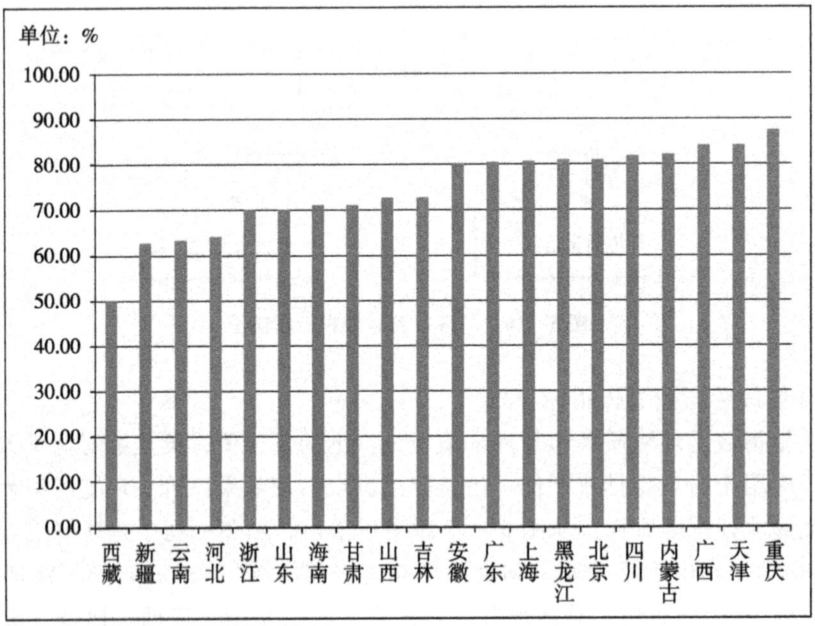

图5－18 环境污染治理指数排名图

数据来源：中国科技统计资料汇编（2014）．中国科技统计网站 http：//www. sts. org. cn/zlhb/

3．社会发展四级指标框架及排名与分析

（1）指标框架

社会发展用人口平均预期寿命来衡量（见图5－19）。

（2）社会发展指数具体指标分析

图5－20显示，全国各地人口预期寿命还是存在较大的差异。西藏—河南是人口平均预期寿命最短的10个省份，西藏（68.17岁）、云南（69.54岁）、青海（69.96岁）

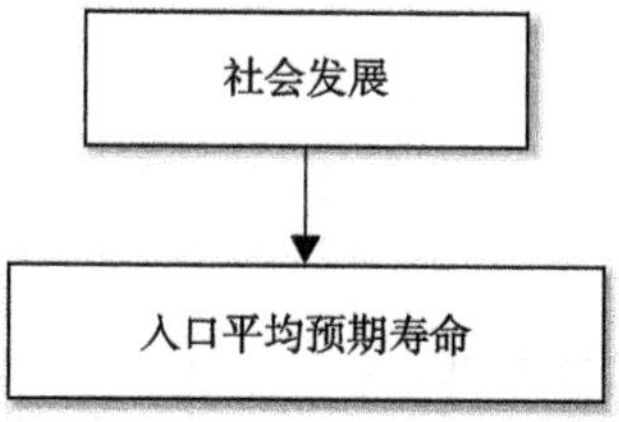

图 5-19　社会发展指数指标框架图

人口平均预期寿命均未达到 70 岁。而上海—吉林是人口平均预期寿命最长的 10 个省市，上海的人口平均预期寿命最长，为 80 岁。地区经济发展程度、生态环境、物质基础、医疗设施等因素，在很大程度上影响到当地的人口寿命的长短。排名第 1 位的上海竟然比末位的西藏高出近 12 年，令人唏嘘。

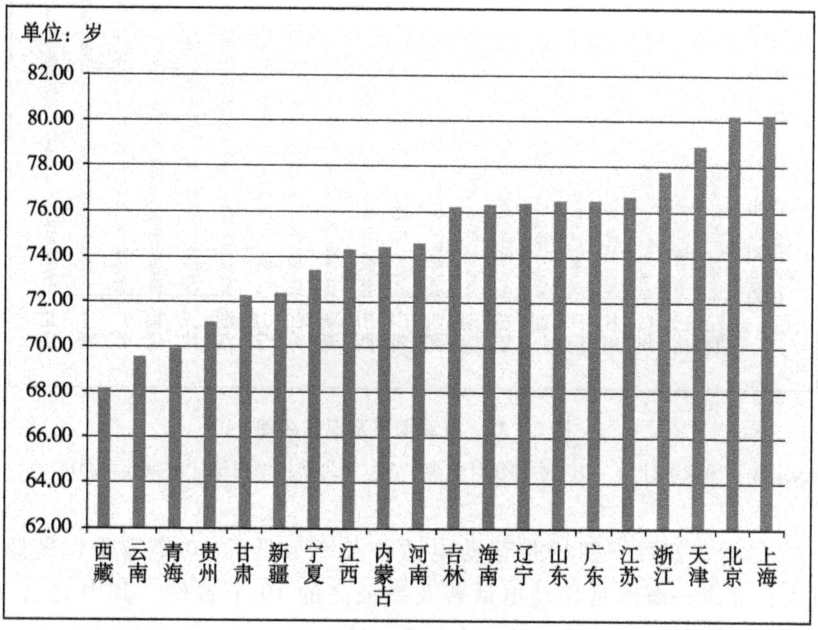

图 5-20　人口平均预期寿命排名图

数据来源：国家统计局 . 2014 中国统计年鉴［M］. 北京：中国统计出版社，2014.

4. 社会生活信息化四级指标框架及排名与分析

（1）指标框架

社会生活信息化下设两个四级指标：互联网普及率和移动电话普及率（见图 5-21）。

（2）社会生活信息化指数具体指标分析

图 5-22 显示，江西—广西是互联网普及率最低的 10 个省份，均不足 40%，也就是说五分之三以上的家庭没有接入互联网。其中，江西最低，为 32.6%，但同比已有较大幅度增长；北京—海南是互联网普及率最高的 10 个省份，其中位居前两位的北京（75.2%）、上海（70.7%）的互联网普及率超过了 70%，领先于其他省份。

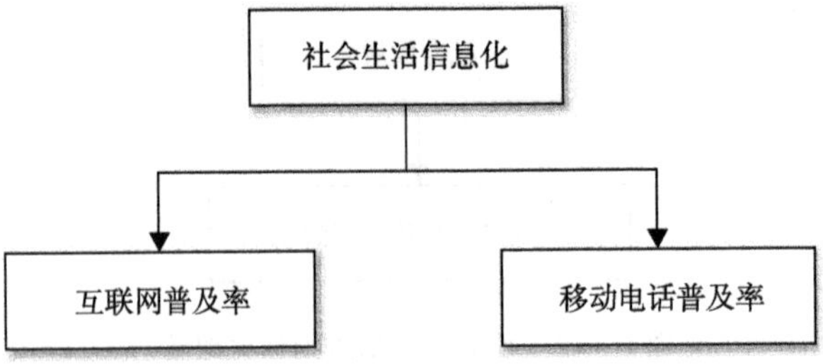

图 5－21　社会生活信息化指数指标框架图

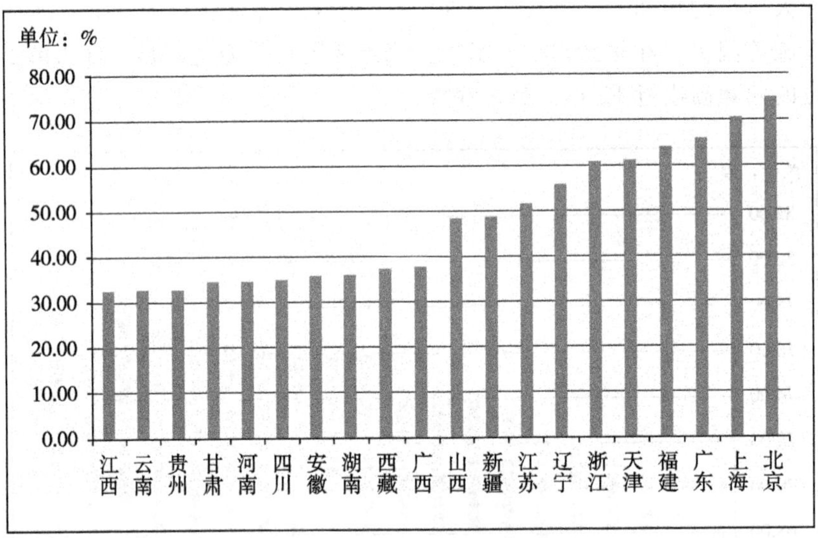

图 5－22　互联网普及率排名图

数据来源：国家统计局 . 2014 中国统计年鉴［M］. 北京：中国统计出版社，2014.

图 5－23 显示，江西—四川是移动电话普及率最低的 10 个省份，最低的江西为 62. 1 部/百人；北京—海南是移动电话普及率最高的 10 个省份，其中北京高达 159. 5 部/百人，相当于平均 2 人拥有 3 部移动电话。

5. 文化进步四级指标框架及排名与分析

（1）指标框架

文化进步是新增部分，用以反映知识产权的发展对文化的促进作用，知识产权的发展促进文化的传承、传播与创新，文化进步指数用各地区城镇居民家庭每人全年消费支出中文化领域占比来衡量（见图 5－24）。

（2）文化进步指数具体指标分析

图 5－25 显示，各省份城镇居民家庭每人全年消费支出中文化领域占比整体呈现渐增态势，重庆（9. 67%）和黑龙江（9. 86%）最低，不足 10%；江苏最高，约为 16. 15%，大多数省份数据较 2012 年均有不同程度的增长，尤其是西部地区，比如西藏、青海等省份，表明随着生活水准的提高以及消费观念的改变，文化消费开始成为日

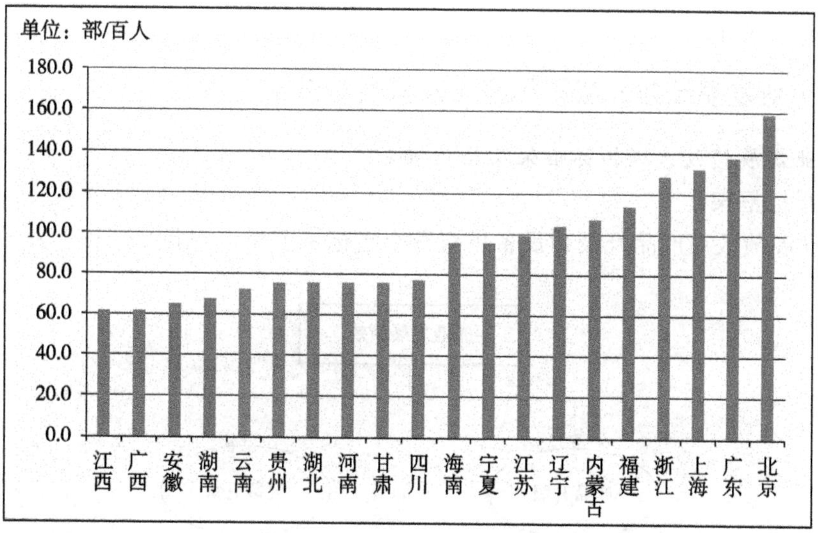

图 5－23　移动电话普及率排名图

数据来源：国家统计局 . 2014 中国统计年鉴［M］. 北京：中国统计出版社，2014.

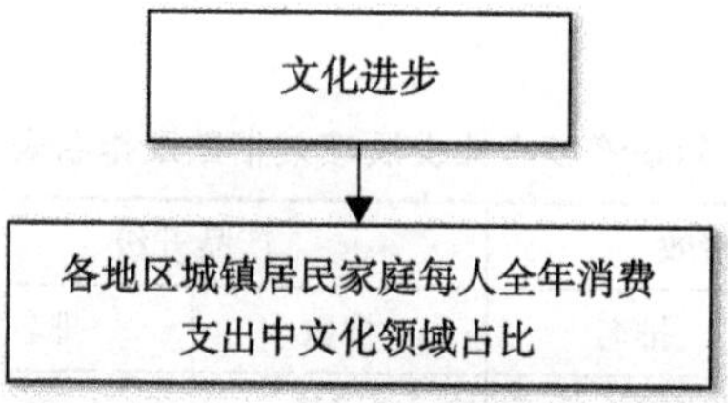

图 5－24　文化进步指数指标框架图

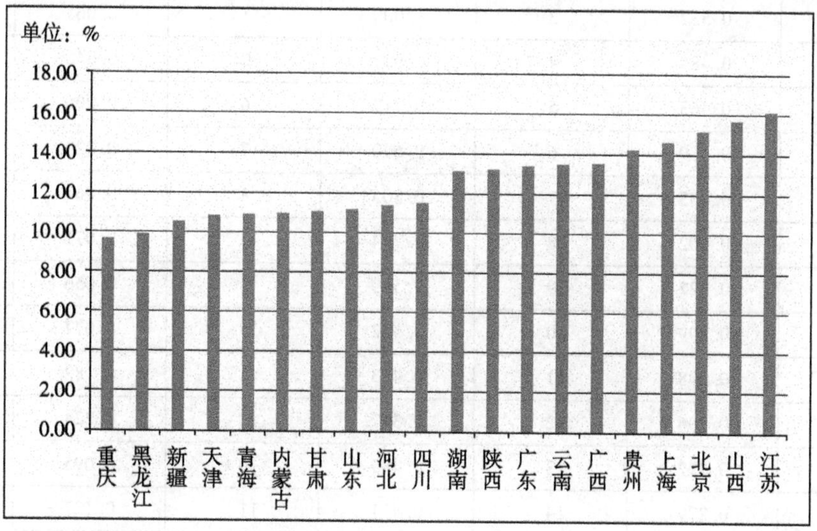

图 5－25　各地区城镇居民家庭每人全年消费支出中文化领域占比排名图

数据来源：国家统计局 . 2014 中国统计年鉴［M］. 北京：中国统计出版社，2014.

常消费的重要构成。

四、企业发展绩效三级指标框架及排名与分析

1. 企业发展绩效三级指标框架及指数排名

（1）指标框架

企业发展绩效用产品升级和设备更新两个指标来度量（见图5－26、表5－4）。

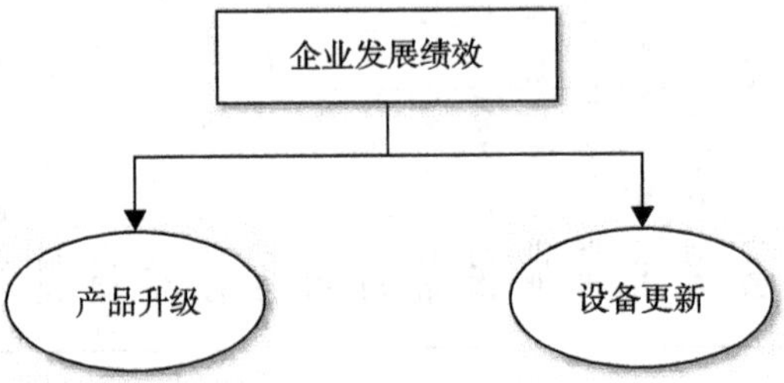

图5－26 企业发展绩效指标框架图

（2）指数及排名

表5－4 知识产权企业发展绩效指数及排名表

省份	企业发展绩效		产品升级		设备更新	
	指数	排名	指数	排名	指数	排名
天津	0.563	1	0.853	3	0.274	3
西藏	0.538	2	0.076	30	1.000	1
浙江	0.532	3	1.000	1	0.065	24
上海	0.485	4	0.922	2	0.048	28
重庆	0.463	5	0.719	6	0.206	8
广东	0.460	6	0.690	7	0.229	6
北京	0.435	7	0.805	4	0.064	25
湖南	0.402	8	0.734	5	0.071	22
江苏	0.327	9	0.599	8	0.056	27
安徽	0.299	10	0.522	9	0.077	21
福建	0.298	11	0.413	12	0.182	10
广西	0.296	12	0.367	14	0.224	7
湖北	0.292	13	0.489	10	0.095	19
山东	0.279	14	0.431	11	0.127	14
海南	0.258	15	0.407	13	0.109	17
河南	0.245	16	0.313	16	0.177	11

续表 5 - 4

省 份	企业发展绩效		产品升级		设备更新	
	指数	排名	指数	排名	指数	排名
江 西	0.245	17	0.238	21	0.252	4
宁 夏	0.228	18	0.318	15	0.138	13
山 西	0.220	19	0.211	23	0.230	5
青 海	0.216	20	0.000	31	0.432	2
辽 宁	0.200	21	0.310	17	0.090	20
甘 肃	0.196	22	0.279	18	0.113	15
河 北	0.192	23	0.240	20	0.144	12
陕 西	0.160	24	0.211	22	0.108	18
四 川	0.153	25	0.267	19	0.038	29
内蒙古	0.151	26	0.106	29	0.196	9
新 疆	0.129	27	0.146	27	0.112	16
云 南	0.114	28	0.162	25	0.065	23
贵 州	0.094	29	0.188	24	0.000	31
黑龙江	0.087	30	0.154	26	0.019	30
吉 林	0.084	31	0.109	28	0.059	26

观察表 5 - 4 可以发现，企业发展绩效排名前 10 位的省份是天津、西藏、浙江、上海、重庆、广东、北京、湖南、江苏和安徽。除了传统的东部沿海省份外，西藏和重庆也位列其中。这看似“出乎意料”的结果，实际上已经成为多年以来的趋势。这也客观反映了报告选取部分相对指标的结果。排名后 10 位的省份是：甘肃、河北、陕西、四川、内蒙古、新疆、云南、贵州、黑龙江和吉林。

从两个分项指数：产品升级指数和设备更新指数来看，两者之间的表现有些时候差距极大。譬如，上海的产品升级指数排名第 1 位，而设备更新指数仅排在第 27 位，主要原因可能是设备更新存在一定的周期性。同样，西藏和青海的产品升级指数分别排名第 30 位和第 31 位，设备更新指数却分别排在第 1、2 位。

2. 产品升级指数四级指标框架及排名与分析

（1）指标框架

产品升级指数采用规模以上工业企业新产品销售收入占主营业务收入比重指标进行评价（见图 5 - 27）。

（2）产品升级指数具体指标分析

图 5 - 28 显示，青海—陕西是规模以上工业企业新产品销售收入占主营业务收入比重最低的 10 个省份，均不足 6%；浙江—湖北是比重最高的 10 个省市，其中浙江（24.27%）居第 1 位。从总体上看，全国普遍比 2012 年提高有限，反映了企业在新产

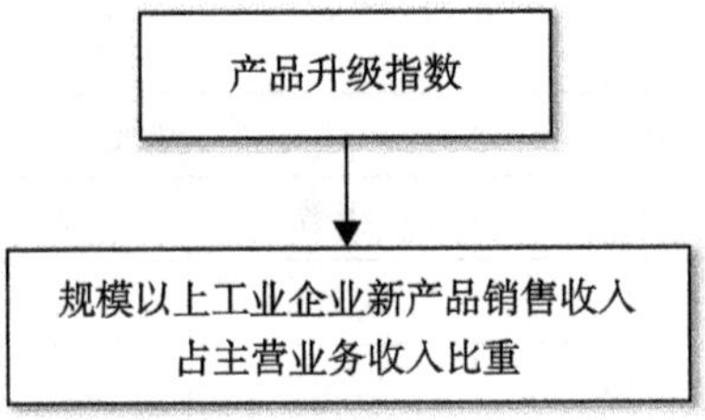

图 5－27　产品升级指数指标框架图

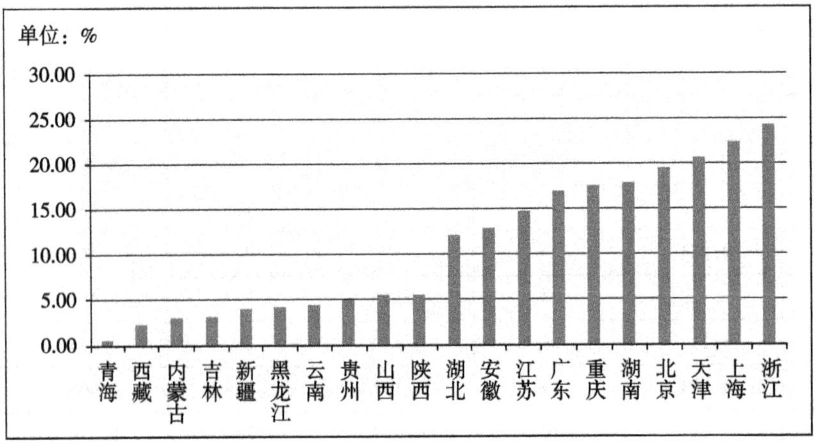

图 5－28　规模以上工业企业新产品销售收入占主营业务收入比重排名图

数据来源：国家统计局，科学技术部．2014 中国科技统计年鉴［M］．北京：中国统计出版社，2014.

品的推出以及市场推广力度方面有待加强。

3. 设备更新指数四级指标框架及排名与分析

（1）指标框架

设备更新指数采用规模以上工业企业 R&D 仪器和设备更新情况指标进行评价。

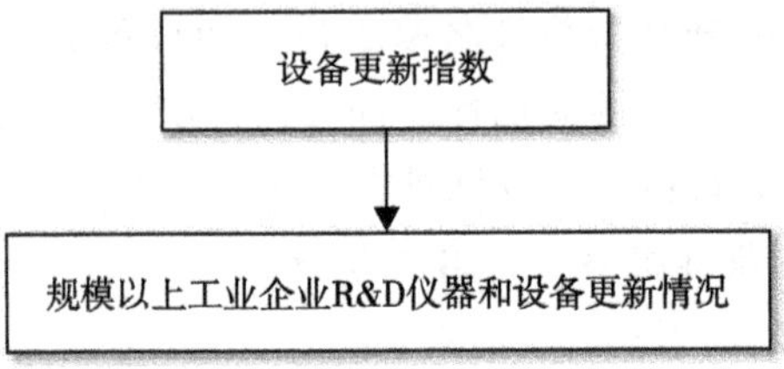

图 5－29　设备更新指数指标框架图

（2）设备更新指数具体指标分析

图 5－30 显示，规模以上工业企业 R&D 仪器和设备更新情况考察规模以上工业企业 R&D 内部经费仪器和设备支出与规模以上工业企业 R&D 仪器和设备原价的比重。贵州—湖南是规模以上工业企业 R&D 仪器和设备更新比重最低的 10 个省份，均不足

20%。西藏—福建是比重最高的10个省份，其中，西藏比重约为136.6%，大幅领先全国。排名靠前的省份大多为中西部地区省份，一方面由于这几个省份加大了新技术和设备的投入力度，另一方面也体现了中西部地区省份规模以上工业企业数量较少、原技术和设备基础薄弱的局面。

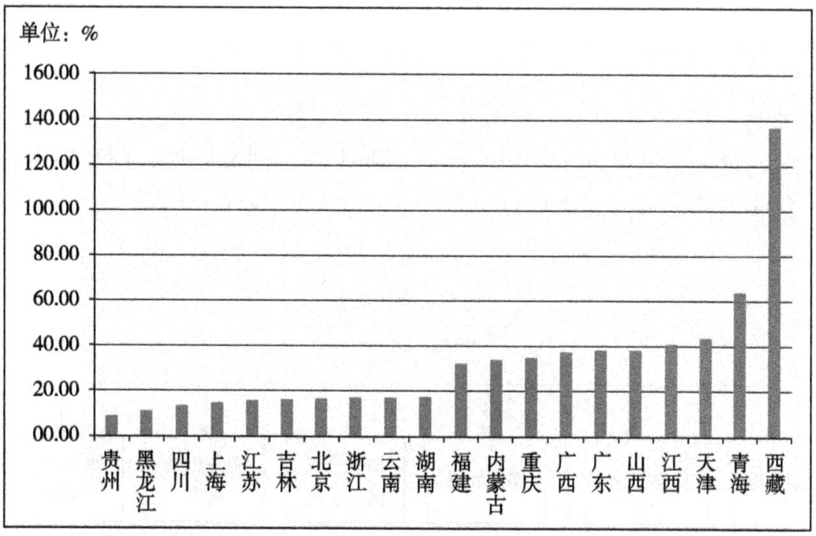

图5－30　规模以上工业企业R&D仪器和设备更新情况排名图

数据来源：国家统计局，科学技术部．2014中国科技统计年鉴［M］．北京：中国统计出版社，2014.

第六章　知识产权创造潜力各项指标排名与分析

一、知识产权创造潜力二级指标框架及排名与分析

1. 指标框架

知识产权创造潜力下设六个二级指标：创造投入、创造成果、创造环境、知识产权试点示范、企业创造潜力、知识产权保护（见图6－1、表6－1）。

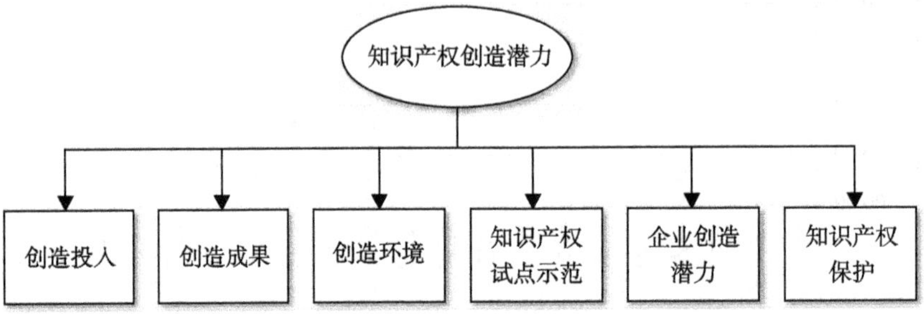

图6－1　知识产权创造潜力指数指标框架图

2. 指数及排名

表6－1　　知识产权创造潜力指数及排名表

省份	知识产权创造潜力		创造投入		创造成果		创造环境		知识产权试点示范		企业创造潜力		知识产权保护	
	指数	排名	指数	排名	指数	排名	指数	排名	指数	排名	指数	排名	指数	排名
江苏	0.621	1	0.545	3	0.517	2	0.513	3	0.662	1	0.790	1	0.697	1
北京	0.525	2	0.637	1	0.561	1	0.729	1	0.484	5	0.560	4	0.176	12
广东	0.514	3	0.409	5	0.356	3	0.506	4	0.538	4	0.676	2	0.600	2
浙江	0.494	4	0.398	7	0.350	4	0.442	5	0.559	2	0.638	3	0.578	3
山东	0.429	5	0.575	2	0.259	6	0.340	7	0.558	3	0.456	7	0.389	5
上海	0.397	6	0.432	4	0.263	5	0.643	2	0.321	8	0.520	5	0.206	9
天津	0.308	7	0.405	6	0.165	14	0.439	6	0.247	15	0.490	6	0.101	17
福建	0.283	8	0.280	9	0.088	26	0.288	10	0.429	6	0.315	12	0.296	6
湖南	0.280	9	0.197	17	0.130	19	0.227	15	0.265	14	0.378	8	0.482	4
湖北	0.269	10	0.249	14	0.194	9	0.287	11	0.234	16	0.356	9	0.294	7
河南	0.259	11	0.252	13	0.119	21	0.266	13	0.390	7	0.234	17	0.293	8
辽宁	0.253	12	0.344	8	0.192	10	0.310	9	0.299	11	0.240	16	0.132	13

续表 6－1

省　份	知识产权创造潜力		创造投入		创造成果		创造环境		知识产权试点示范		企业创造潜力		知识产权保护	
	指数	排名	指数	排名	指数	排名	指数	排名	指数	排名	指数	排名	指数	排名
四　川	0.237	13	0.237	15	0.217	8	0.270	12	0.310	10	0.211	19	0.179	11
安　徽	0.229	14	0.253	12	0.168	12	0.201	18	0.217	17	0.352	10	0.185	10
陕　西	0.219	15	0.262	11	0.252	7	0.325	8	0.208	19	0.157	24	0.111	15
重　庆	0.197	16	0.201	16	0.160	15	0.230	14	0.192	20	0.299	13	0.100	18
河　北	0.196	17	0.272	10	0.102	23	0.200	19	0.310	9	0.190	21	0.101	16
黑龙江	0.175	18	0.171	19	0.148	17	0.138	26	0.279	12	0.241	15	0.074	24
吉　林	0.168	19	0.141	24	0.160	16	0.194	20	0.279	13	0.146	26	0.090	19
海　南	0.160	20	0.085	28	0.188	11	0.180	22	0.140	24	0.332	11	0.035	30
江　西	0.153	21	0.157	21	0.112	22	0.206	17	0.167	22	0.187	22	0.090	21
山　西	0.152	22	0.148	22	0.072	29	0.209	16	0.166	23	0.229	18	0.090	20
广　西	0.147	23	0.146	23	0.095	25	0.184	21	0.214	18	0.164	23	0.078	22
云　南	0.142	24	0.141	25	0.144	18	0.178	23	0.131	25	0.191	20	0.065	27
内蒙古	0.135	25	0.188	18	0.056	30	0.161	25	0.173	21	0.157	25	0.073	25
新　疆	0.110	26	0.106	26	0.165	13	0.170	24	0.067	28	0.077	30	0.076	23
贵　州	0.110	27	0.068	30	0.096	24	0.137	27	0.118	26	0.124	27	0.117	14
甘　肃	0.099	28	0.162	20	0.075	28	0.132	28	0.051	29	0.107	28	0.067	26
西　藏	0.083	29	0.037	31	0.041	31	0.057	31	0.047	30	0.273	14	0.048	28
宁　夏	0.077	30	0.093	27	0.127	20	0.108	29	0.006	31	0.086	29	0.042	29
青　海	0.059	31	0.079	29	0.081	27	0.059	30	0.068	27	0.049	31	0.016	31

分析表 6－1 可以发现，创造潜力排名前 10 位的省份是江苏、北京、广东、浙江、山东、上海、天津、福建、湖南和湖北，较 2014 年变化不大，除湖南最新上榜外，仅个别名次发生改变。排名后 10 位的省份是山西、广西、云南、内蒙古、新疆、贵州、甘肃、西藏、宁夏和青海。除新疆外，也都是以前的“后进生”。

整体看来，创造潜力指数排名较为稳定，各省份之间变动不大，东部省份仍然占据一定优势，前 10 位中只有湖南和湖北两个省份是中西部省份。但是，我们在第二章的变异指数分析也表明，虽然排名落后，但是实际之间的差距并不大。

从分项指数来看，创造投入、创造成果、创造环境、知识产权试点示范、企业创造潜力、知识产权保护这六个指标是从不同维度对区域知识产权创造潜力进行度量和分析，因此其表现情况差别较大，总体不存在显著的一致性。

二、知识产权创造投入指数三级指标框架及排名与分析

1. 创造投入指数三级指标框架及指数排名

(1) 指标框架

创造投入指数下设三个三级指标：人才投入，资本投入、文化投入（见图 6-2、表 6-2）。

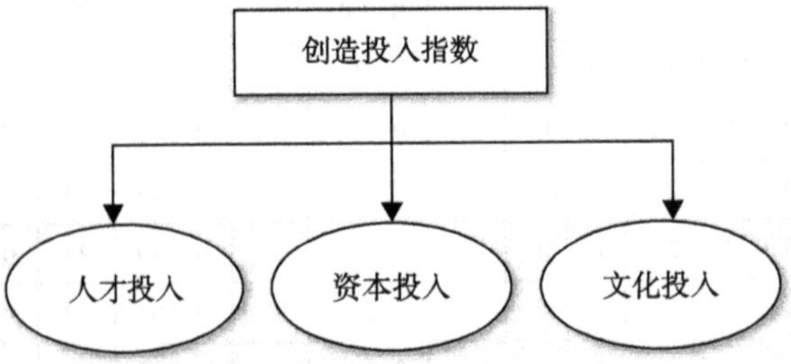

图 6-2 创造投入指数指标框架图

(2) 指数及排名

表 6-2 知识产权创造投入指数及排名表

省份	创造投入指数		人才投入		资本投入		文化投入	
	指数	排名	指数	排名	指数	排名	指数	排名
北京	0.637	1	0.827	1	0.945	1	0.140	20
山东	0.575	2	0.336	7	0.387	5	1.000	1
江苏	0.545	3	0.564	2	0.471	4	0.599	2
上海	0.432	4	0.495	4	0.698	2	0.104	24
广东	0.409	5	0.544	3	0.375	7	0.308	7
天津	0.405	6	0.456	6	0.632	3	0.128	21
浙江	0.398	7	0.475	5	0.347	9	0.371	5
辽宁	0.344	8	0.273	8	0.371	8	0.388	4
福建	0.280	9	0.228	10	0.332	11	0.280	8
河北	0.272	10	0.130	23	0.206	17	0.480	3
陕西	0.262	11	0.208	11	0.386	6	0.191	14
安徽	0.253	12	0.208	12	0.303	12	0.249	11
河南	0.252	13	0.187	13	0.207	16	0.361	6
湖北	0.249	14	0.246	9	0.264	14	0.236	12
四川	0.237	15	0.184	14	0.265	13	0.262	9
重庆	0.201	16	0.157	18	0.336	10	0.110	23

续表 6-2

省　份	创造投入指数		人才投入		资本投入		文化投入	
	指数	排名	指数	排名	指数	排名	指数	排名
湖　南	0.197	17	0.165	17	0.171	21	0.255	10
内蒙古	0.188	18	0.156	19	0.243	15	0.164	17
黑龙江	0.171	19	0.168	15	0.202	18	0.144	19
甘　肃	0.162	20	0.166	16	0.166	24	0.154	18
江　西	0.157	21	0.115	24	0.169	22	0.187	15
山　西	0.148	22	0.143	21	0.198	19	0.103	25
广　西	0.146	23	0.098	28	0.177	20	0.164	16
吉　林	0.141	24	0.151	20	0.159	25	0.112	22
云　南	0.141	25	0.084	29	0.144	26	0.193	13
新　疆	0.106	26	0.138	22	0.115	27	0.064	28
宁　夏	0.093	27	0.111	25	0.168	23	0.000	31
海　南	0.085	28	0.106	26	0.085	29	0.065	27
青　海	0.079	29	0.102	27	0.107	28	0.029	29
贵　州	0.068	30	0.077	30	0.042	31	0.086	26
西　藏	0.037	31	0.037	31	0.065	30	0.008	30

观察表 6-2 可以得出以下结论：创造投入指数排名前 10 位的省份是北京、山东、江苏、上海、广东、天津、浙江、辽宁、福建和河北。排名后 10 位的省份是山西、广西、吉林、云南、新疆、宁夏、海南、青海、贵州和西藏。

总体来看，与前几年类似，人才投入指数和资本投入指数的一致性较强，东部和中部地区相对于西部，人力资源和财力资源都更为集中，因此人才投入指数和资本投入指数较高，排名靠前，但是文化投入指数存在一定的独立性。人才和资本投入靠前的省市，文化投入排名不一定高，譬如，北京的人才投入指数和资本投入指数都处于第 1 位，但是文化投入指数却仅位于第 20 位。上海亦是如此，人才投入指数和资本投入指数分别处于第 4 和第 2 位，但是文化投入指数也仅处于第 24 位。部分是因为对于文化产业的重视程度不够，也有可能是文化产业发展的空间不够。但人才和资本投入靠后的省市，文化投入排名也相对靠后，主要是由于经济体量相对较小的省份，对文化产业投入的绝对值相应受到限制。

2. 人才投入指数四级指标框架及排名与分析

（1）指标框架

人才投入指数下设三个四级指标：R&D 人员全时当量总计、万人 R&D 活动人员、万人大专以上学历人数（见图 6-3）。

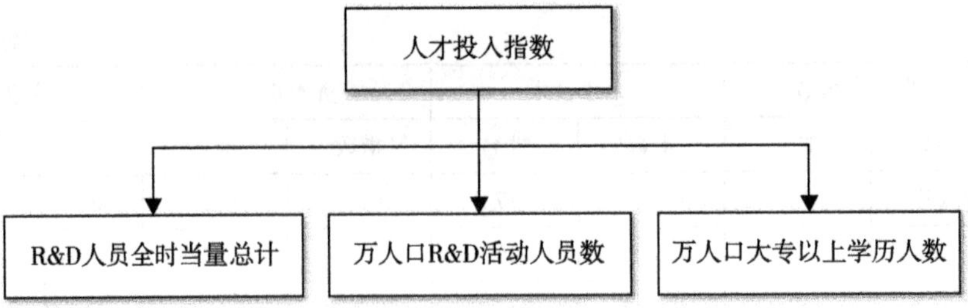

图 6－3 人才投入指数指标框架图

（2）人才投入指数具体指标分析

图 6－4 显示，西藏—广西是 R&D 人员全时当量总计最少的 10 个省份，R&D 人员全时当量总计均不足 50000 人年，其中西藏、青海、海南和宁夏不足 10000 人年；广东—安徽是 R&D 人员全时当量总计最多的 10 个省市，其中广东（501718 人年）和江苏（466159 人年）远高于全国其他省份，江苏更是在高基数的前提下，连年保持 15% 以上的大幅增长。

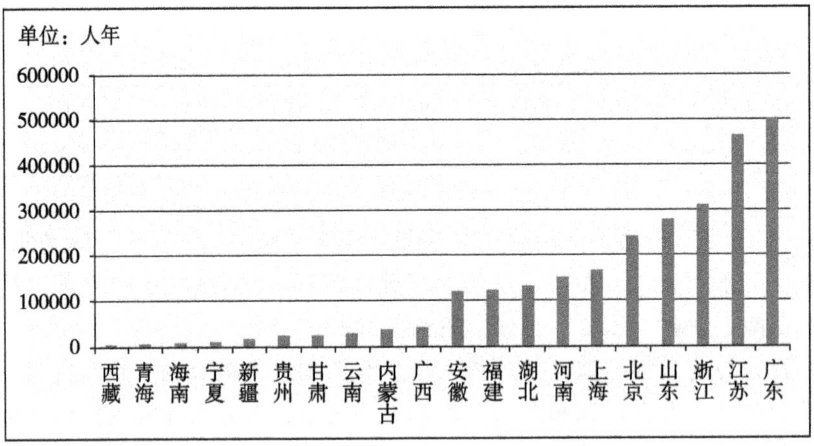

图 6－4 R&D 人员全时当量总计排名图

数据来源：国家统计局，科学技术部．2014 中国科技统计年鉴［M］．北京：中国统计出版社，2014.

图 6－5 显示，西藏—四川是万人口 R&D 活动人员数最少的 10 个省份，相互之间差距不大，西藏最低，每万人中 R&D 活动人员不足 4 人；北京—陕西是该项指标最多的 10 个省市，其中北京约 120 人/万人，大幅领先。

图 6－6 显示，西藏—甘肃等 10 个省份万人口大专以上学历人数在中国相对较低，其中西藏最低，为 425 人/万人，比 2012 年还有所下降。北京—陕西等 10 个省份万人口大专以上学历人数较多，其中，北京（3735 人/万人）、上海（2307 人/万人）、天津（2285 人/万人）可以说是第一集团，但是三者之间也有相当差距，北京的领先优势更为明显。

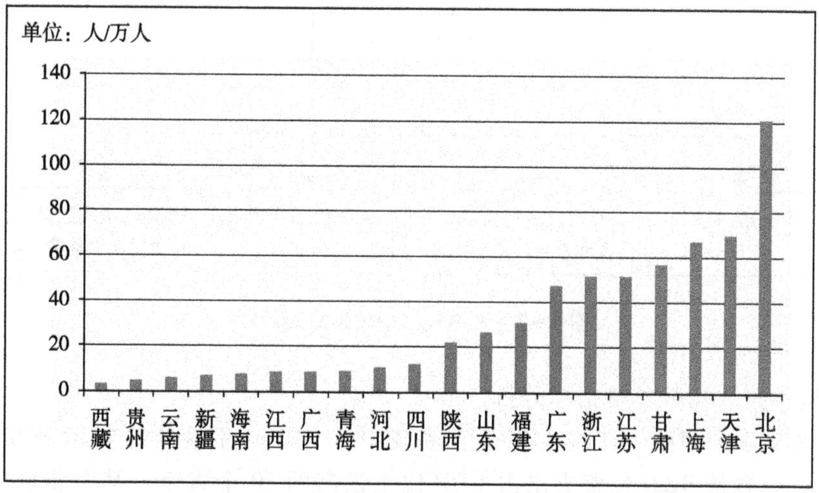

图 6－5　万人口 R&D 活动人员数排名图

数据来源：中国科技统计资料汇编（2014）．中国科技统计网站 http：//www.sts.org.cn/zlhb/

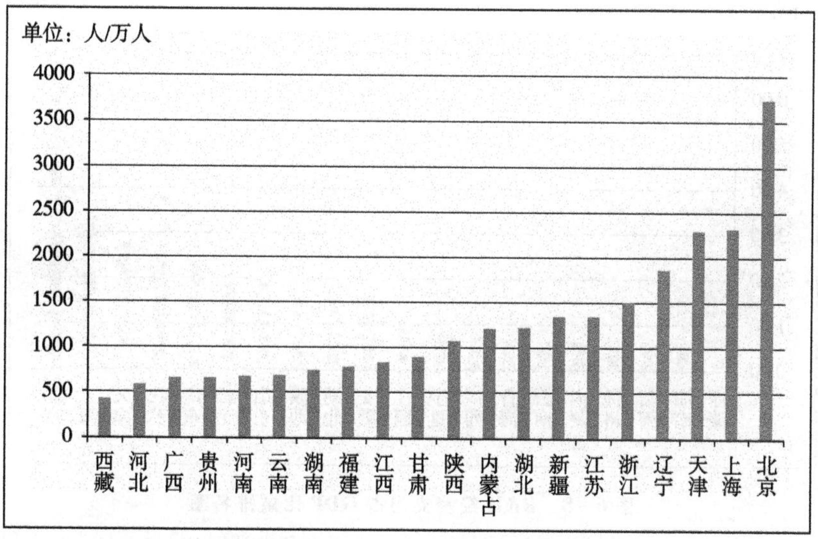

图 6－6　万人口大专以上学历人数排名图

数据来源：中国科技统计资料汇编（2014）．中国科技统计网站 http：//www.sts.org.cn/zlhb/

3. 资本投入指数四级指标框架及排名与分析

（1）指标框架

资本投入指数下设四个四级指标：R&D 经费支出占 GDP 比重、地方财政科技拨款占地方财政支出比重、人均 R&D 经费内部支出、每名 R&D 活动人员新增仪器设备费（见图 6－7）。

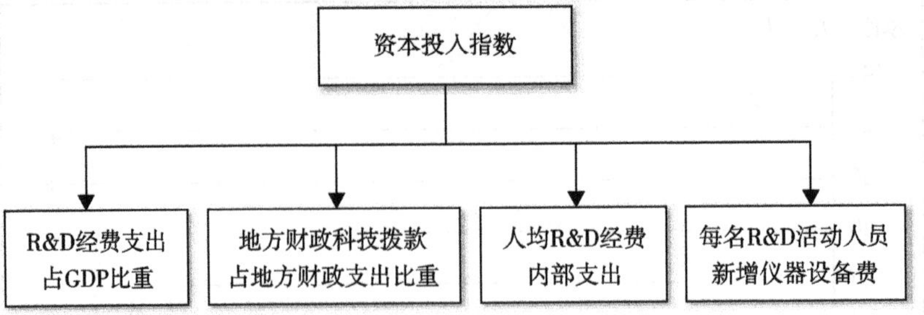

图 6－7 资本投入指数指标框架图

（2）资本投入指数具体指标分析

图 6－8 显示，西藏—江西是 R&D 经费支出占 GDP 比重最低的 10 个省份，均不足 1%；北京—安徽是 R&D 经费支出占 GDP 比重最高的 10 个省市，其中北京的 R&D 经费支出占 GDP 比重为 5.95%，远高于全国其他省份，看来全国科研中心的地位短期内难以被撼动。

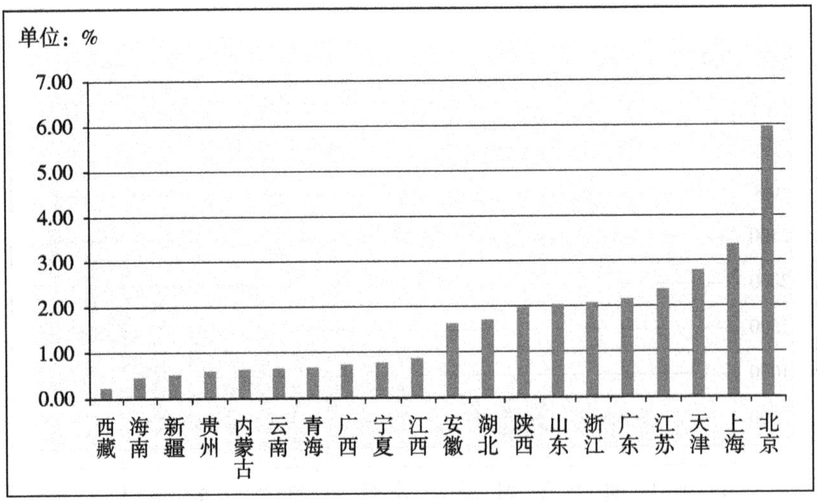

图 6－8 R&D 经费支出占 GDP 比重排名图

数据来源：中国科技统计资料汇编（2014）. 中国科技统计网站 http：//www.sts.org.cn/zlhb/

图 6－9 显示，西藏—陕西是地方财政科技拨款占地方财政支出比重最低的 10 个省份，除陕西（1.05%）、贵州（1.05%）和吉林（1.01%）略高于 1% 外，其余 7 省均不足 1%；上海—福建是地方财政科技拨款占地方财政支出比重最高的 10 个省市，其中，上海（5.87%）、北京（5.43%）超过 5%，领先全国。这些地方政府对于科技的扶持力度很大。

图 6－10 显示，中国人均 R&D 经费内部支出额度不高，西藏—宁夏是该项指标最低的 10 个省份，其中，西藏最低，为 74 元/人，但是较 2012 年却有 28% 的增长；北京

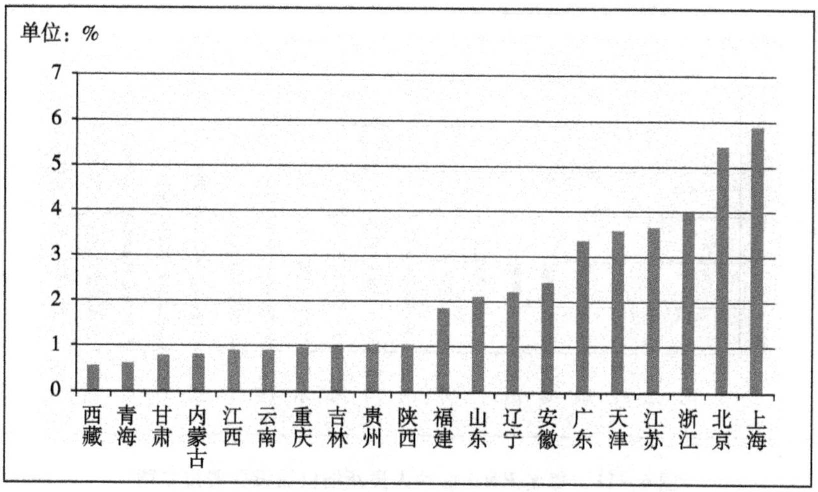

图 6－9　地方财政科技拨款占地方财政支出比重排名图

数据来源：国家统计局．2014 中国统计年鉴［M］．北京：中国统计出版社，2014.

—福建是额度最高的 10 个省市，但是相互之间差距也很大。北京居全国首位，达到 5603 元/人，遥遥领先于其他省份。

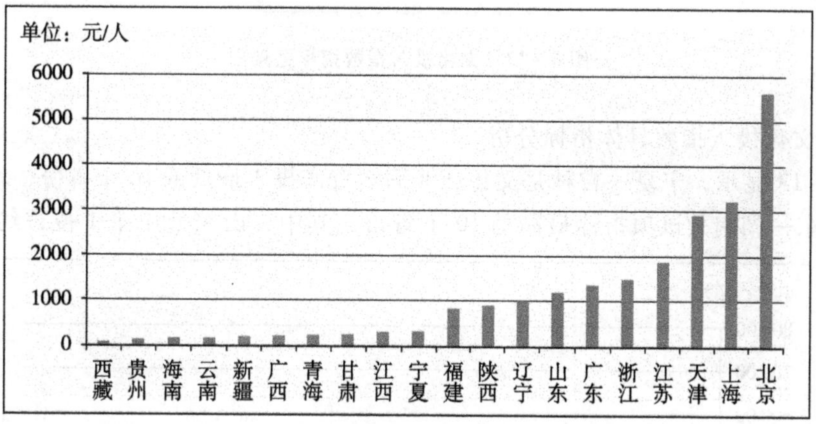

图 6－10　人均 R&D 经费内部支出排名图

数据来源：国家统计局，科学技术部．2014 中国科技统计年鉴［M］．北京：中国统计出版社，2014；国家统计局．2014 中国统计年鉴［M］．北京：中国统计出版社，2014.

图 6－11 显示，贵州—云南是企业每名 R&D 活动人员新增仪器设备费最低的 10 个省份，均不足 3 万元/人；天津—四川是该项指标最高的 10 个省份，其中，天津处于第 1 位，约为 5.05 万元/人。

4. 文化投入指数四级指标框架及排名与分析

（1）指标框架

文化投入指数用文化产业固定资产投入指标进行测度（见图 6－12）。

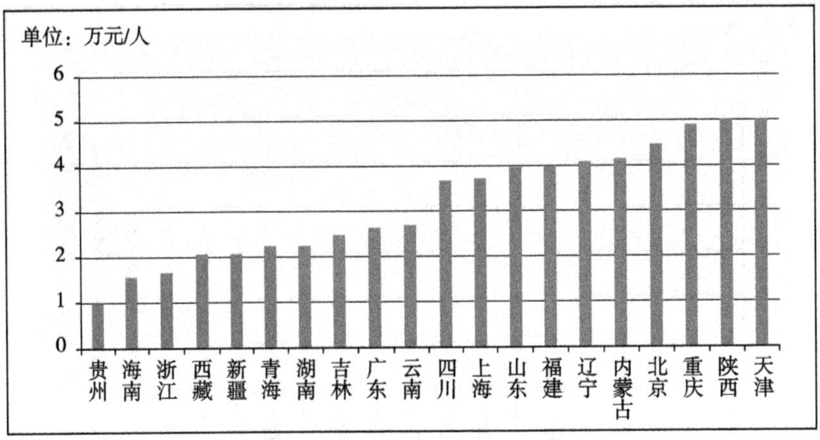

图6－11 每名R&D活动人员新增仪器设备费排名图

数据来源：中国科技统计资料汇编（2014）．中国科技统计网站 http：//www. sts. org. cn/zlhb/

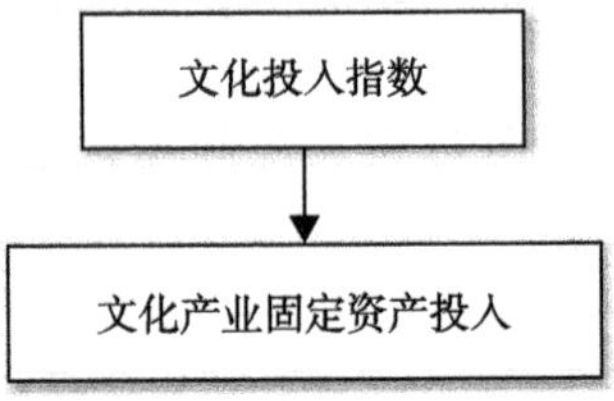

图6－12 文化投入指数指标框架图

（2）文化投入指数具体指标分析

图6－13显示，宁夏—吉林是文化产业固定资产投入最低的10个省份，均不足100亿元；山东—湖南是该项指标最高的10个省市，其中，山东处于第1位，约为700亿

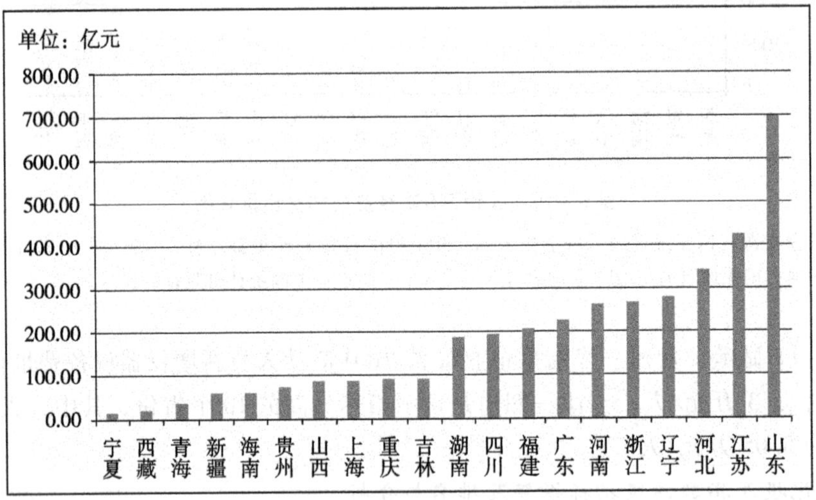

图6－13 文化产业固定资产投入排名图

数据来源：国家统计局．2014中国统计年鉴［M］．北京：中国统计出版社，2014.

元，远超其他省份。

三、知识产权创造成果三级指标框架及排名与分析

1. 知识产权创造成果三级指标框架及指数排名

（1）指标框架

知识产权创造成果指数下设四个三级指标：论文、国家产业化项目、科技成果、高新技术产业科技项目（见图6－14、表6－3）。

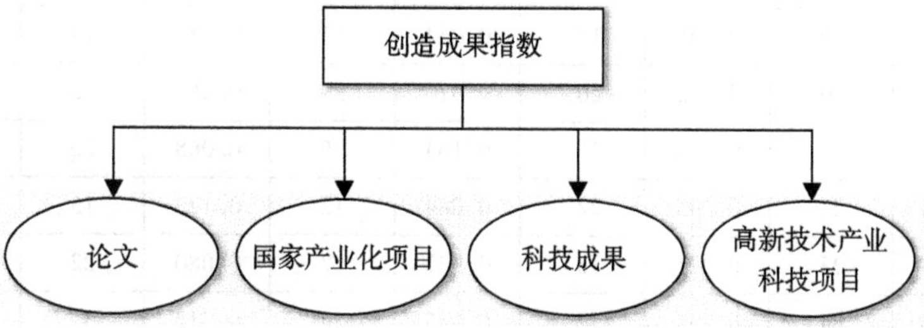

图6－14　创造成果指数指标框架图

（2）指数及排名

表6－3　知识产权创造成果指数及排名表

省份	创造成果指数		论文		国家产业化项目		科技成果		高新技术产业科技项目	
	指数	排名	指数	排名	指数	排名	指数	排名	指数	排名
北京	0.561	1	0.849	1	0.098	10	1.000	1	0.298	4
江苏	0.517	2	0.339	10	0.979	1	0.149	13	0.602	2
广东	0.356	3	0.147	26	0.222	5	0.057	28	1.000	1
浙江	0.350	4	0.187	21	0.747	2	0.112	18	0.356	3
上海	0.263	5	0.476	4	0.054	19	0.348	2	0.174	8
山东	0.259	6	0.171	24	0.527	3	0.086	20	0.252	6
陕西	0.252	7	0.526	2	0.084	11	0.297	3	0.100	13
四川	0.217	8	0.341	8	0.135	9	0.118	16	0.275	5
湖北	0.194	9	0.339	9	0.154	7	0.180	11	0.101	12
辽宁	0.192	10	0.360	7	0.149	8	0.201	8	0.055	18
海南	0.188	11	0.436	5	0.016	30	0.278	4	0.023	23
安徽	0.168	12	0.175	23	0.337	4	0.039	29	0.120	9
新疆	0.165	13	0.509	3	0.081	14	0.070	25	0.002	29
天津	0.165	14	0.215	19	0.063	16	0.273	5	0.110	10

续表 6－3

省　份	创造成果指数		论文		国家产业化项目		科技成果		高新技术产业科技项目	
	指数	排名	指数	排名	指数	排名	指数	排名	指数	排名
重　庆	0.160	15	0.385	6	0.038	22	0.168	12	0.050	19
吉　林	0.160	16	0.265	14	0.048	21	0.116	17	0.210	7
黑龙江	0.148	17	0.294	13	0.057	17	0.197	9	0.043	20
云　南	0.144	18	0.325	11	0.053	20	0.187	10	0.013	25
湖　南	0.130	19	0.258	15	0.064	15	0.139	14	0.060	16
宁　夏	0.127	20	0.212	20	0.023	29	0.264	6	0.010	27
河　南	0.119	21	0.170	25	0.164	6	0.068	26	0.073	14
江　西	0.112	22	0.185	22	0.084	12	0.122	15	0.057	17
河　北	0.102	23	0.225	18	0.032	27	0.080	22	0.070	15
贵　州	0.096	24	0.301	12	0.035	24	0.012	31	0.036	21
广　西	0.095	25	0.248	16	0.036	23	0.073	23	0.024	22
福　建	0.088	26	0.081	29	0.082	13	0.083	21	0.105	11
青　海	0.081	27	0.225	17	0.026	28	0.071	24	0.001	30
甘　肃	0.075	28	0.038	31	0.034	25	0.216	7	0.012	26
山　西	0.072	29	0.143	27	0.056	18	0.067	27	0.021	24
内蒙古	0.056	30	0.074	30	0.034	26	0.111	19	0.004	28
西　藏	0.041	31	0.128	28	0.000	31	0.034	30	0.000	31

分析表 6－3 可以发现，创造成果指数排名前 10 位的省份是北京、江苏、广东、浙江、上海、山东、陕西、四川、湖北和辽宁，与 2014 年相比，除辽宁新晋上榜，新疆排名下降至第 13 位外，其余仅个别排名发生了变化。排名后 10 位的省份是江西、河北、贵州、广西、福建、青海、甘肃、山西、内蒙古和西藏。

从分项指数来看，论文指数、国家产业化项目指数、科技成果指数、高新技术产业科技项目指数等各项指标之间表现颇不均衡，很多省市在几项分项指标的表现差异很大，譬如：北京的论文指数和科技成果指数位列第 1 位，高新技术产业科技项目指数位列第 4 位，而国家产业化项目指数却位列第 10 位。同样，山东的论文指数、科技成果指数分别列第 24 位和第 20 位，但是国家产业化项目指数和高新技术产业科技项目指数却高居第 3 位和第 6 位。主要原因可能是国家产业化项目实际上数量并不多，因此分布也有很强的政策性和布局考虑。

2. 论文指数四级指标框架及排名与分析

（1）指标框架

论文指数用万名 R&D 活动人员科技论文数、国外主要检索工具收录中国科技论文数两个指标进行评价（见图 6－15）。

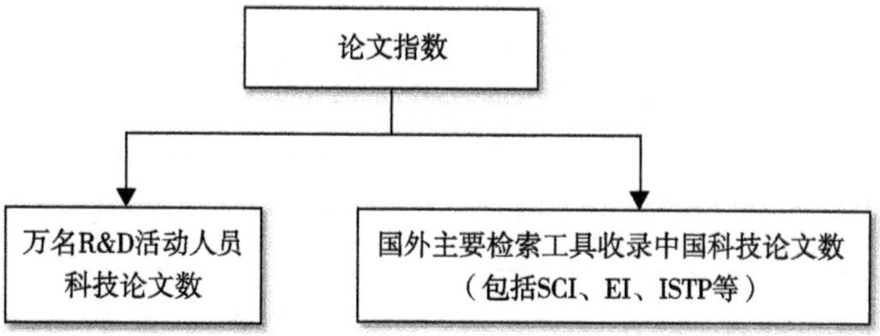

图 6－15　论文指数指标框架图

（2）论文指数具体指标分析

图 6－16 显示，甘肃—山西是万名 R&D 活动人员科技论文数最低的 10 个省份，新疆—广西是万名 R&D 活动人员科技论文数最高的 10 个省份，其中，新疆约为 3040 篇/万人，打破海南蝉联第一的局面。

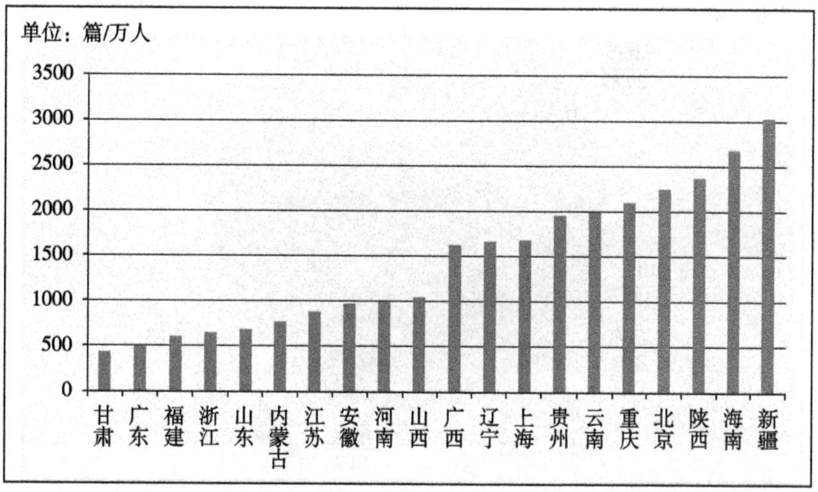

图 6－16　万名 R&D 活动人员科技论文数排名图

数据来源：中国科技统计资料汇编（2014）．中国科技统计网站 http：//www. sts. org. cn/zlhb/

图 6－17 显示，西藏—云南是国外主要检索工具收录中国科技论文数最少的 10 个省份，其中西藏（14 篇）不足百篇，青海不到 200 篇；北京—四川是国外主要检索工具收录中国科技论文数最多的 10 个省市，其中北京 60784 篇，数量远远超于其他省份。

图 6－18 显示，北京的国外主要检索工具收录中国科技论文数占全国比重最高，约为 19%，北京、江苏、上海三省市论文数之和超过全国总量的三分之一，排名前 10 位的省份该项指标之和占全国比重超过 70%。

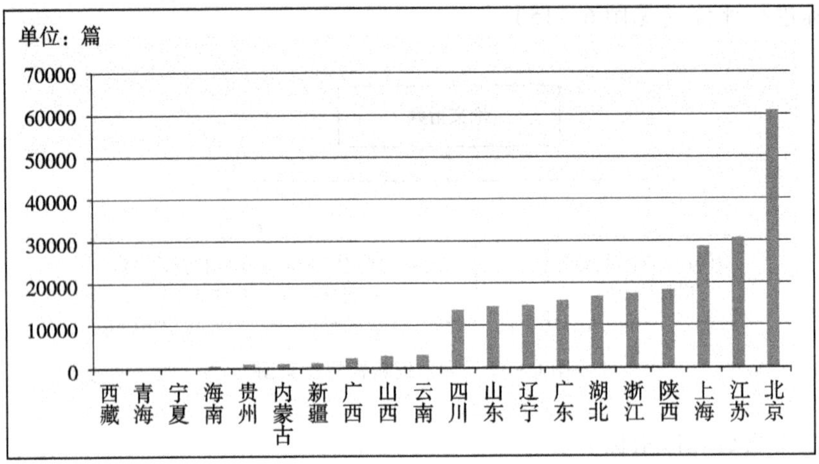

图 6－17　国外主要检索工具收录中国科技论文数排名图

数据来源：国家统计局，科学技术部．2014 中国科技统计年鉴［M］．北京：中国统计出版社，2014.

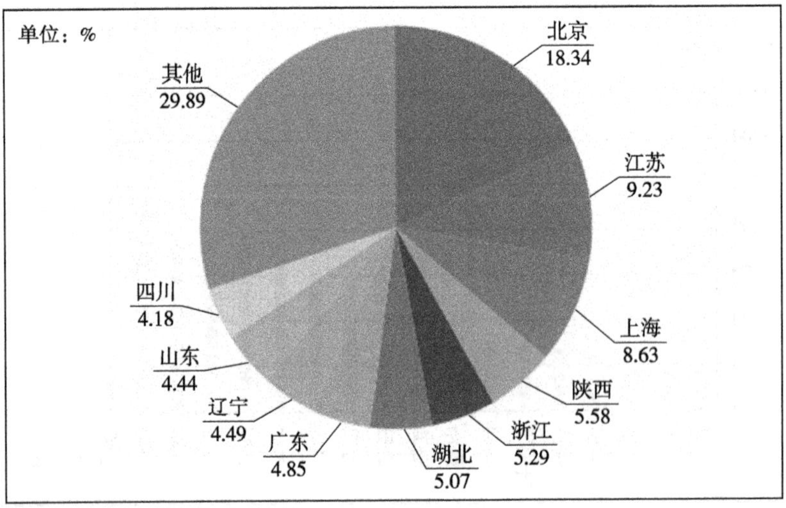

图 6－18　各省份国外主要检索工具收录中国科技论文数占全国比重图

数据来源：国家统计局，科学技术部．2014 中国科技统计年鉴［M］．北京：中国统计出版社，2014.

3. 国家产业化项目指数四级指标框架及排名与分析

（1）指标框架

国家产业化项目指数用国家产业化计划项目数、国家产业化计划项目落实资金两个指标进行评价（见图 6－19）。

（2）国家产业化项目指数具体指标分析

图 6－20 显示，西藏—吉林是国家产业化计划项目数最少的 10 个省份，均不足 150 项，除重庆、河北外，其余均不足 150 项。浙江—陕西是国家产业化计划项目数最多的 10 个省市，其中浙江、江苏数量较多，处于绝对优势地位，分别为 2266 项和 2171 项，

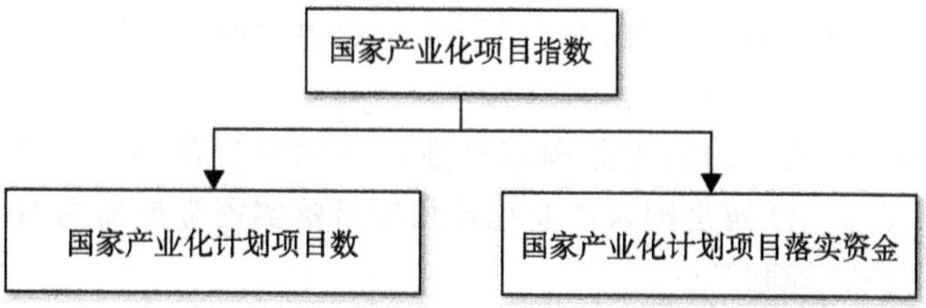

图 6－19　国家产业化项目指数指标框架图

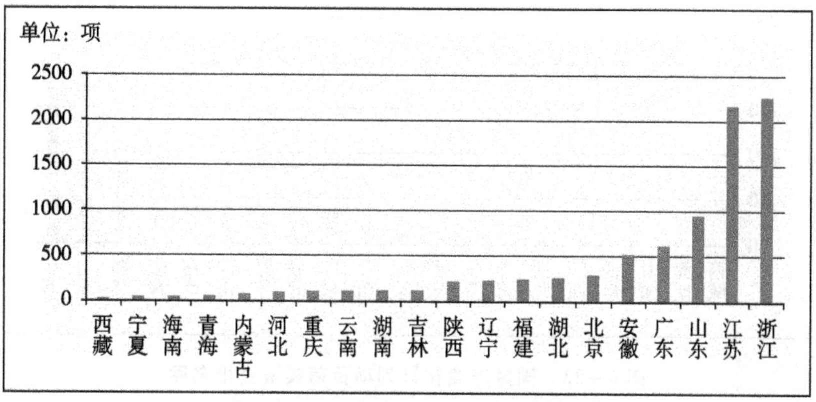

图 6－20　国家产业化计划项目数排名图

数据来源：国家统计局，科学技术部．2014 中国科技统计年鉴［M］．北京：中国统计出版社，2014.

较 2012 年有所增长。

图 6－21 数据表明，国家产业化计划项目数分布非常集中，浙江、江苏占比最高，

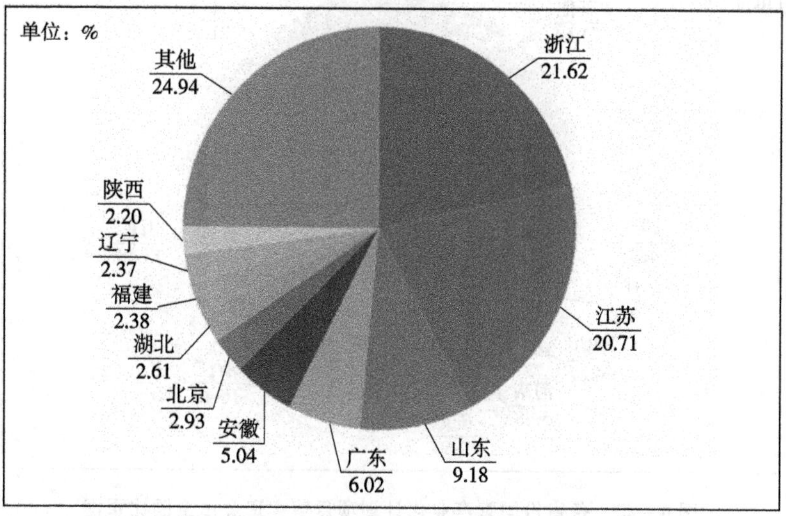

图 6－21　各省份国家产业化计划项目数占全国比重图

数据来源：国家统计局，科学技术部．2014 中国科技统计年鉴［M］．北京：中国统计出版社，2014.

均超20%；浙江、江苏、山东三省之和（52%）超出全国总量的一半；排名前10位的省市总计占全国比重超过75%。

图6－22显示，西藏—内蒙古是国家产业化计划项目落实资金最低的10个省份，均不足10亿元。江苏—江西是国家产业化计划项目落实资金最高的10个省份，尤以江苏（216亿元）居高，蝉联第一。

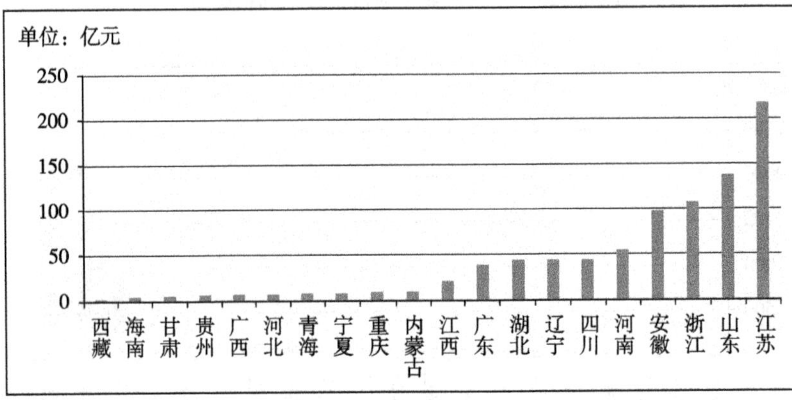

图6－22 国家产业化计划项目落实资金排名图

数据来源：国家统计局，科学技术部.2014中国科技统计年鉴［M］.北京：中国统计出版社，2014.

图6－23表明，江苏的国家产业化计划项目落实资金数额最多，份额最大，占21.18%；另外山东和浙江也相对较多，分别为13.48%和10.47%，三省之和占全国比重将近50%。

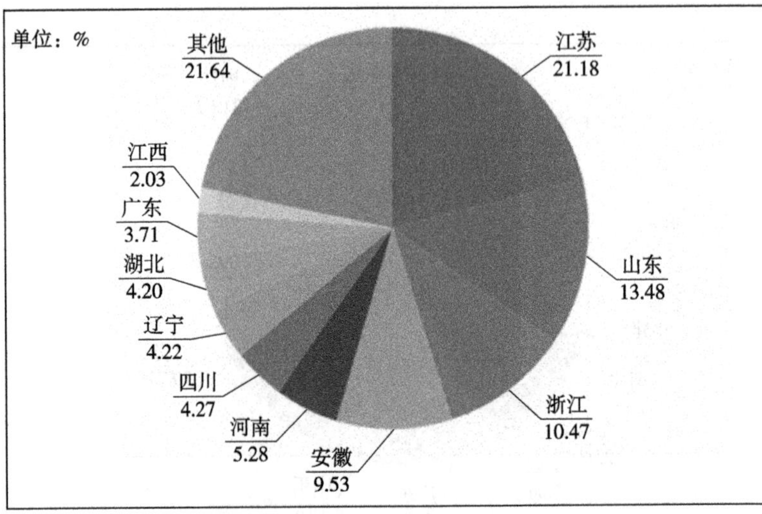

图6－23 各省份国家产业化计划项目落实资金占全国比重图

数据来源：国家统计局，科学技术部.2014中国科技统计年鉴［M］.北京：中国统计出版社，2014.

4. 科技成果指数四级指标框架及排名与分析

（1）指标框架

科技成果指数用万人吸纳技术成果金额、获国家级科技成果奖系数两个指标进行测度（见图6－24）。

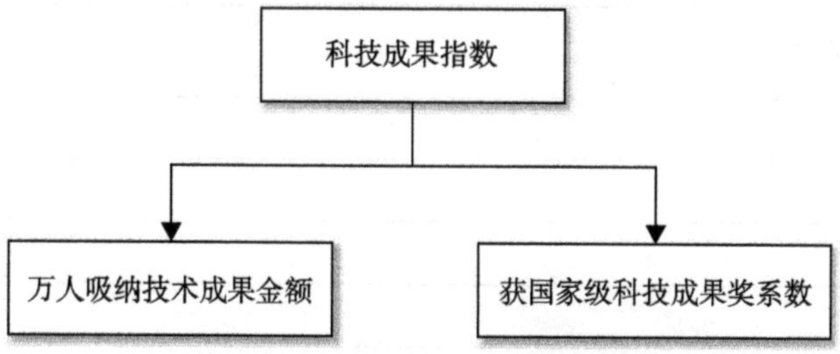

图6－24　科技成果指数指标框架图

（2）科技成果指数具体指标分析

图6－25显示，各省份在万人吸纳技术成果金额上面差距很大。河南—吉林为万人吸纳技术成果金额最少的10个省份，除河北和吉林外，数额均低于150万元/万人；北京—浙江为万人吸纳技术成果金额最多的10个省份，其中北京领先优势较大，为4566万元，较2012年增长了32%，是第2位的上海（1755）的2.6倍。

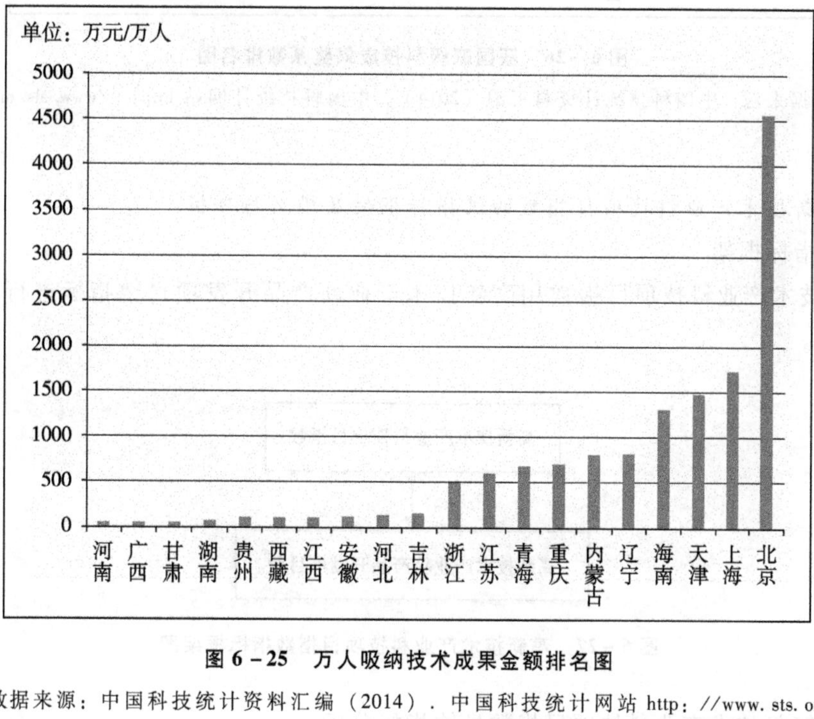

图6－25　万人吸纳技术成果金额排名图

数据来源：中国科技统计资料汇编（2014）．中国科技统计网站 http：//www. sts. org. cn/zlhb/

图 6-26 显示，贵州—浙江是中国获国家级科技成果奖系数排名靠后的 10 个省份，除浙江（1.15）外，均不超过 1 项/万人，其中，青海最低，为 0 项/万人，较 2012 年排名第 10 位（2.82 项/万人）的好成绩落差很大；北京—湖南是靠前的 10 个省份。北京最高，达 9.2 项/万人，遥遥领先其他省份。

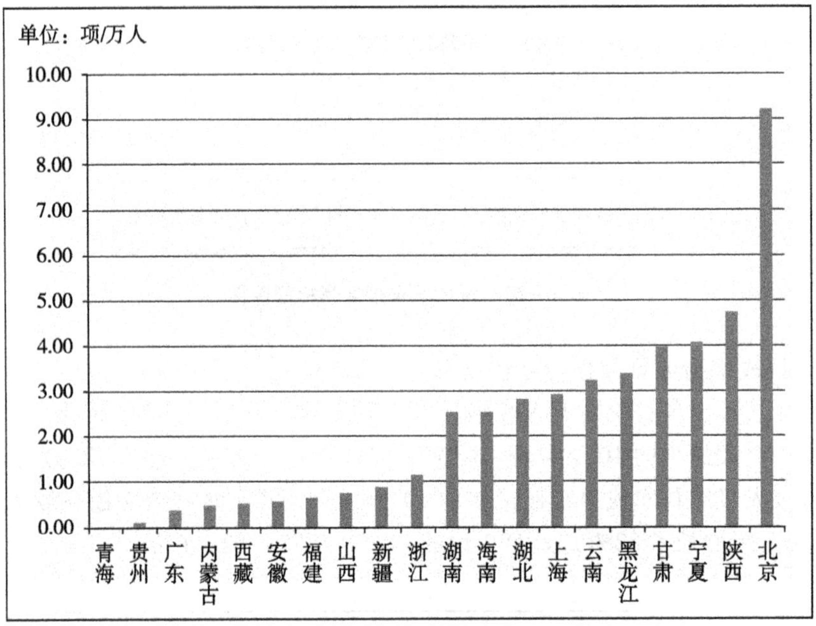

图 6-26 获国家级科技成果奖系数排名图

数据来源：中国科技统计资料汇编（2014）. 中国科技统计网站 http：//www. sts. org. cn/zlhb/

5. 高新技术产业科技项目指数四级指标框架及排名与分析

（1）指标框架

高新技术产业科技项目指数用高新技术产业新产品开发项目数指标进行测度（见图 6-27）。

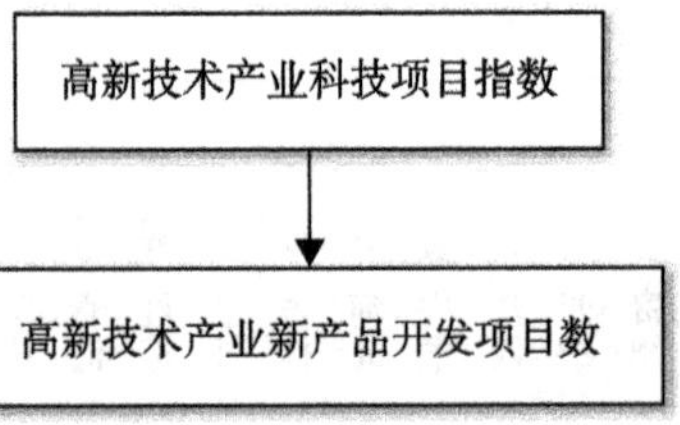

图 6-27 高新技术产业科技项目指数指标框架图

（2）高新技术产业科技项目指数具体指标分析

图 6-28 显示，高新技术产业新产品开发项目数排名中，西藏—广西这 10 个省份

都很低，均不超过600项。广东—天津为排名靠前的10个省市，其中，广东最高，为22815项，大幅领先于其他省份。

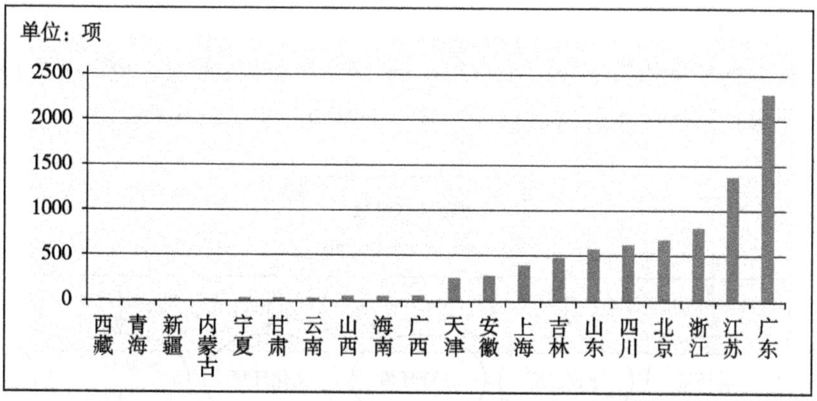

图6－28　高新技术产业新产品开发项目数排名图

数据来源：国家统计局，科学技术部.2014中国科技统计年鉴［M］.北京：中国统计出版社，2014；国家统计局.2014中国统计年鉴［M］.北京：中国统计出版社，2014.

图6－29显示，高新技术产业新产品开发项目数分布相对集中，广东所占比重高达23.46%，与2012年基本持平略有提高。排名第2位的江苏约占14.14%，两省合计超过全国的三分之一。除去排名前10位的省市，其余21个省份合计占20.28%，省份之间的差距非常大。

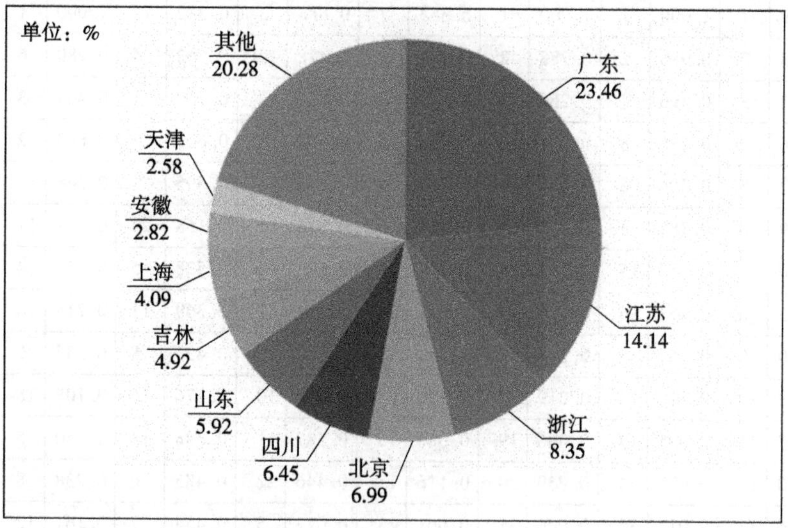

图6－29　各省份高新技术产业新产品开发项目数占全国比重排名图

数据来源：国家统计局，科学技术部.2014中国科技统计年鉴［M］.北京：中国统计出版社，2014；国家统计局.2014中国统计年鉴［M］.北京：中国统计出版社，2014.

四、知识产权创造环境三级指标框架及排名与分析

1. 知识产权创造环境三级指标框架及指数排名

（1）指标框架

知识产权创造环境指数下设七个三级指标：财政支持、金融环境、开放程度、教育环境、文化环境、高新技术开发区以及科普（见图 6－30、表 6－4）。

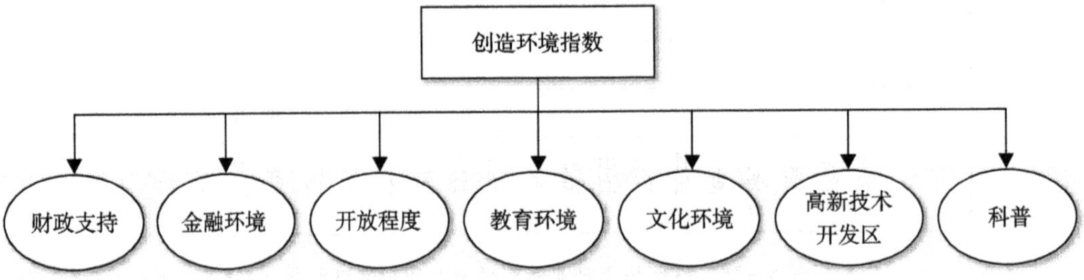

图 6－30　创造环境指数指标框架图

（2）指数及排名

表 6－4　　知识产权创造环境指数及排名表

省份	创造环境指数		财政支持		金融环境		开放程度		教育环境		文化环境		高新技术开发区		科普	
	指数	排名	指数	排名	指数	排名	指数	排名	指数	排名	指数	排名	指数	排名	指数	排名
北　京	0.729	1	1.000	1	1.000	1	0.353	7	0.688	3	0.382	10	1.000	1	0.683	1
上　海	0.643	2	0.980	2	0.788	2	0.961	1	0.478	19	0.562	4	0.280	6	0.449	8
江　苏	0.513	3	0.396	4	0.264	5	0.523	3	0.637	7	0.730	1	0.463	3	0.576	2
广　东	0.506	4	0.288	8	0.231	6	0.683	2	0.638	6	0.600	2	0.683	2	0.423	9
浙　江	0.442	5	0.304	6	0.467	4	0.457	4	0.636	8	0.595	3	0.248	7	0.387	11
天　津	0.439	6	0.787	3	0.580	3	0.357	6	0.870	1	0.158	24	0.167	11	0.155	23
山　东	0.340	7	0.156	15	0.122	14	0.171	12	0.674	4	0.528	5	0.362	4	0.365	12
陕　西	0.325	8	0.153	16	0.096	15	0.057	24	0.832	2	0.369	11	0.215	10	0.554	3
辽　宁	0.310	9	0.352	5	0.214	8	0.254	9	0.406	26	0.436	8	0.237	9	0.272	14
福　建	0.288	10	0.218	10	0.219	7	0.390	5	0.614	10	0.276	16	0.108	18	0.190	22
湖　北	0.287	11	0.095	19	0.066	19	0.080	19	0.587	11	0.348	14	0.350	5	0.484	6
四　川	0.270	12	0.072	24	0.059	20	0.116	15	0.446	22	0.485	6	0.238	8	0.474	7
河　南	0.266	13	0.014	30	0.000	31	0.061	23	0.672	5	0.454	7	0.161	12	0.501	4
重　庆	0.230	14	0.224	9	0.179	9	0.268	8	0.472	20	0.251	19	0.089	20	0.131	26
湖　南	0.227	15	0.046	28	0.013	30	0.040	28	0.489	18	0.354	13	0.148	14	0.499	5
山　西	0.209	16	0.156	14	0.083	17	0.067	21	0.562	12	0.200	21	0.043	25	0.349	13

续表 6-4

省　份	创造环境指数		财政支持		金融环境		开放程度		教育环境		文化环境		高新技术开发区		科普	
	指数	排名	指数	排名	指数	排名	指数	排名	指数	排名	指数	排名	指数	排名	指数	排名
江　西	0.206	17	0.082	20	0.022	28	0.168	13	0.627	9	0.268	17	0.065	22	0.211	20
安　徽	0.201	18	0.073	22	0.035	25	0.097	16	0.494	17	0.419	9	0.133	15	0.153	24
河　北	0.200	19	0.052	26	0.040	24	0.071	20	0.558	13	0.362	12	0.100	19	0.215	19
吉　林	0.194	20	0.124	17	0.073	18	0.055	25	0.513	16	0.215	20	0.149	13	0.231	17
广　西	0.184	21	0.029	29	0.026	26	0.088	17	0.516	15	0.277	15	0.111	17	0.241	15
海　南	0.180	22	0.202	11	0.135	13	0.238	10	0.546	14	0.058	28	0.009	28	0.074	29
云　南	0.178	23	0.073	23	0.045	23	0.086	18	0.369	27	0.257	18	0.027	27	0.389	10
新　疆	0.170	24	0.176	12	0.094	16	0.121	14	0.409	25	0.141	25	0.027	26	0.221	18
内蒙古	0.161	25	0.303	7	0.135	12	0.014	31	0.260	28	0.129	26	0.051	24	0.233	16
黑龙江	0.138	26	0.065	25	0.025	27	0.064	22	0.428	24	0.186	22	0.114	16	0.087	27
贵　州	0.137	27	0.073	21	0.021	29	0.048	27	0.439	23	0.128	27	0.060	23	0.190	21
甘　肃	0.132	28	0.000	31	0.048	22	0.032	29	0.461	21	0.160	23	0.073	21	0.148	25
宁　夏	0.108	29	0.158	13	0.177	10	0.052	26	0.253	29	0.055	29	0.008	29	0.052	30
青　海	0.059	30	0.102	18	0.170	11	0.024	30	0.000	31	0.038	30	0.003	30	0.075	28
西　藏	0.057	31	0.046	27	0.049	21	0.211	11	0.071	30	0.020	31	0.000	31	0.000	31

分析表 6-4 可以发现，创造环境指数排名前 10 位的省份是北京、上海、江苏、广东、浙江、天津、山东、陕西、辽宁、和福建。排名后 10 位的省份是海南、云南、新疆、内蒙古、黑龙江、贵州、甘肃、宁夏、青海和西藏。除个别名次外，排名与 2012 年基本一致。

创造环境指数主要从财政、金融、开放程度、教育环境、文化环境和高新技术开发区等方面来观测。财政支持和金融环境指数的排名一致性较强，不出意外，仍以东部省份占优势。值得警惕的是，很多创造环境指数排名靠前的省份在教育环境指数方面表现很差，比如创造环境排名第 2 位的上海仅排在第 19 位，同样，创造环境排名第 9 位的辽宁的教育环境指数仅排在第 26 位。

2. 财政支持指数四级指标框架及排名与分析

（1）指标框架

财政支持指数用人均地方政府财政收入指标来测度（见图 6-31）。

（2）财政支持指数具体指标分析

图 6-32 显示，甘肃—安徽是人均地方政府财政收入最少的 10 个省份，均不足 3500 元/人；北京—福建是人均地方政府财政收入最多的 10 个省份，其中北京、上海和天津三个直辖市远高于其他省份，人均地方政府财政收入均超过 10000 元/人，北京最高，数值为 17310 元/人。

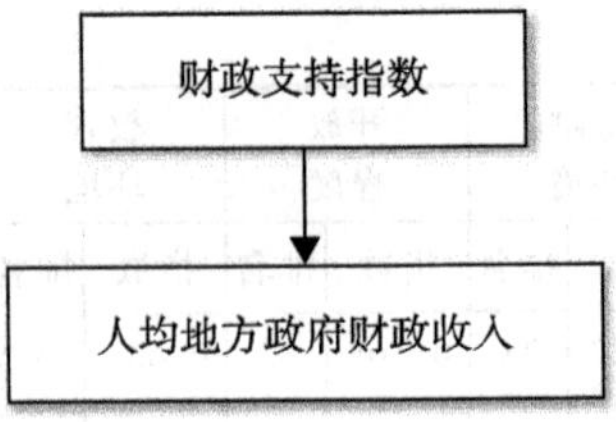

图 6－31　财政支持指数指标框架图

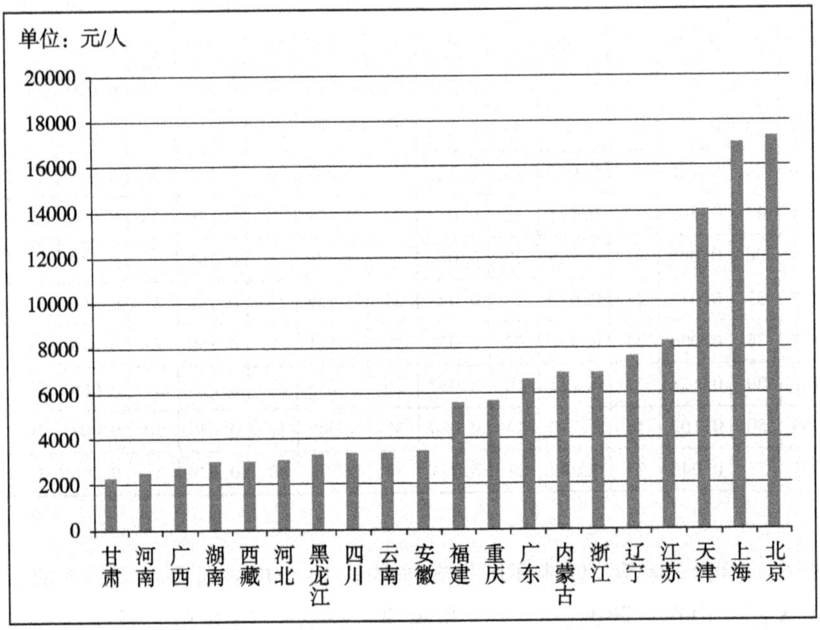

图 6－32　人均地方政府财政收入排名图

数据来源：国家统计局，科学技术部．2014 中国科技统计年鉴［M］．北京：中国统计出版社，2014；国家统计局．2014 中国统计年鉴［M］．北京：中国统计出版社，2014.

3. 金融环境指数四级指标框架及排名与分析

(1) 指标框架

金融环境指数用人均年末金融机构贷款余额指标进行评价（见图 6－33）。

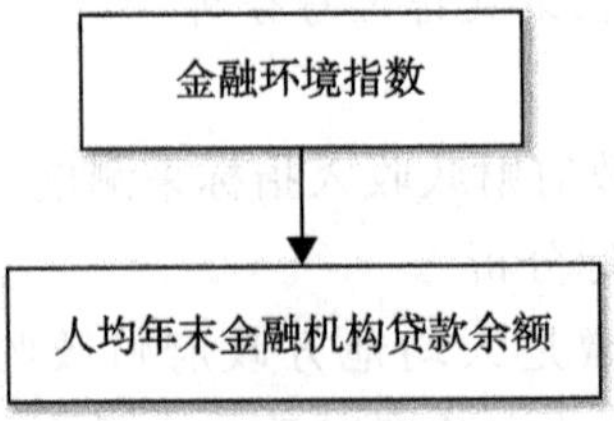

图 6－33　金融环境指数指标框架图

（2）金融环境指数具体指标分析

图6－34显示，河南—甘肃是人均年末金融机构贷款余额最少的10个省份，均不足3.5万元；北京—宁夏是人均年末金融机构贷款余额最多的10个省份，其中人均年末金融机构贷款余额超过10万元的有北京（22.64万元）、上海（18.37万元）和天津（14.172万元）和浙江（11.88万元），属于第一集团，远远高于全国其他省份。

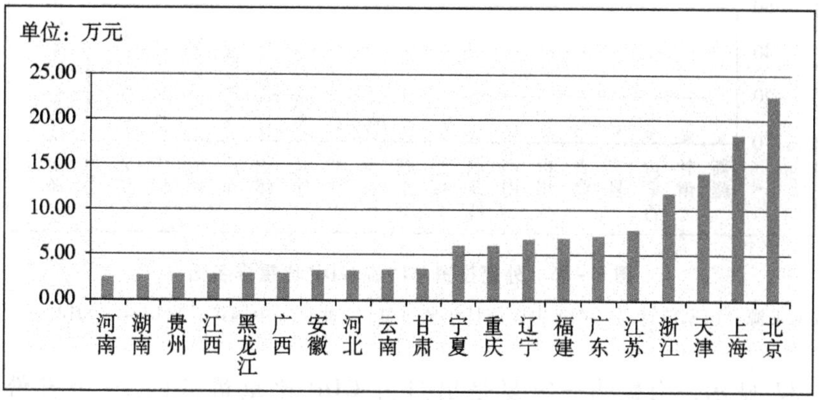

图6－34　人均年末金融机构贷款余额排名图

数据来源：2013年各省统计公报．

4．开放程度指数四级指标框架及排名与分析

（1）指标框架

开放程度指数用外商投资总额占GDP比重、出口占GDP比重两个指标进行评价（见图6－35）。

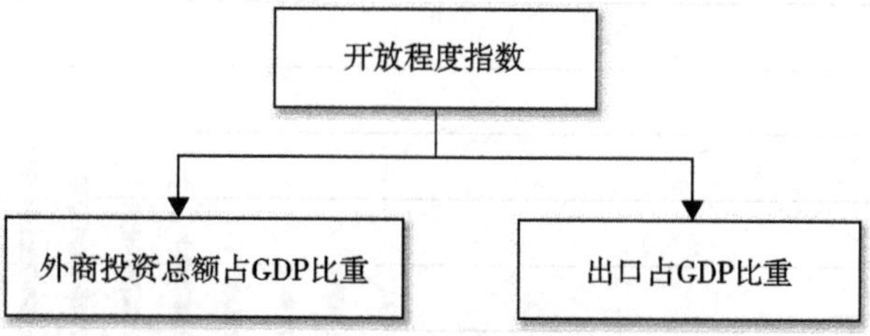

图6－35　开放程度指数指标框架图

（2）开放程度指数具体指标分析

图6－36显示，新疆—湖南是外商投资总额占GDP比重最低的10个省份，均处中西部地区，且较2012年比重有明显下降。除湖南（10.07%）外，均不足10%，其中新疆（4.71%）外商投资总额占GDP比重甚至不足5%；上海—重庆是外商投资总额占GDP比重最高的10个省市，其中上海的外商投资总额占GDP比重高达129%，与2012年基本持平，连续多年蝉联第一。该指标可以看出，外商投资在地区上的分化更加明显，东部沿海经济发达省份具备引进外资的优越条件，是外商投资的热土。

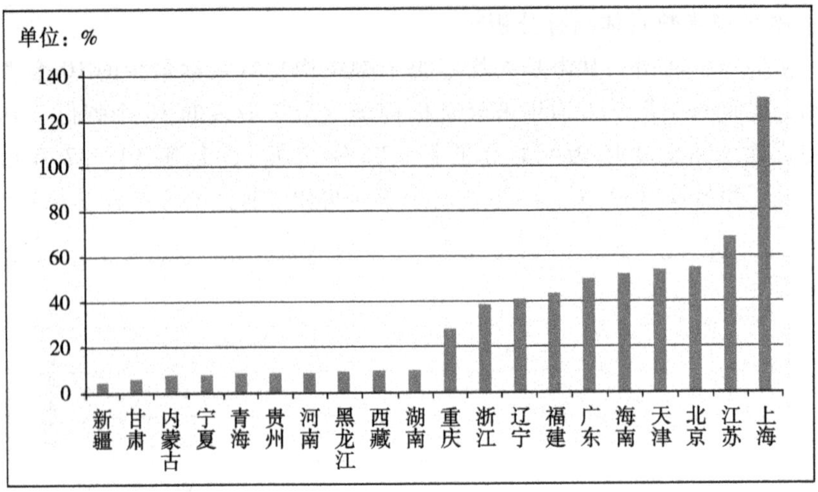

图 6－36 外商投资总额占 GDP 比重排名图

数据来源：国家统计局.2014 中国统计年鉴［M］. 北京：中国统计出版社，2014.

图 6－37 显示，内蒙古—宁夏是出口占 GDP 比重最低的 10 个省份，除宁夏（6.1%）、湖北（5.6%）、贵州（5.2%）外，均不足 5%；广东—新疆是出口占 GDP 比重最高的 10 个省份，其中广东（62%）、上海（57%）的出口占 GDP 比重均超过 55%，领先于全国其他省份，但较 2012 年有明显下降，可以看出在人民币升值的背景下，出口贸易确实受到影响。

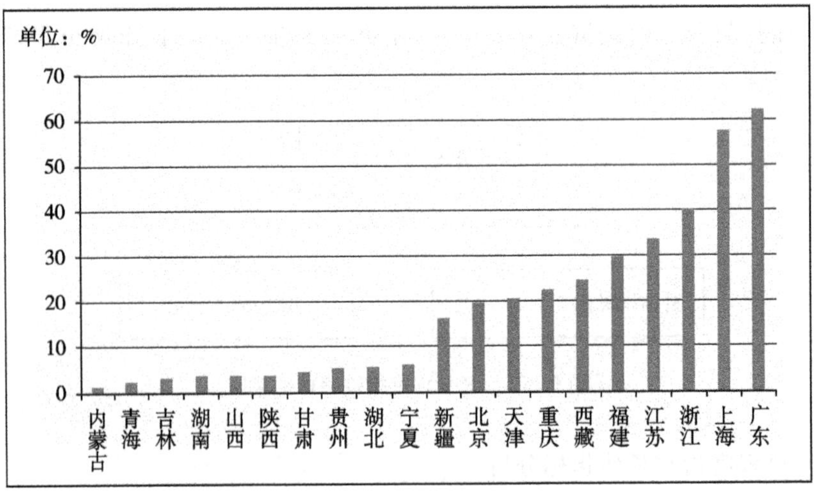

图 6－37 出口占 GDP 比重排名图

数据来源：国家统计局.2014 中国统计年鉴［M］. 北京：中国统计出版社，2014.

5. 教育环境指数四级指标框架及排名与分析

（1）指标框架

教育环境指数下设两个四级指标：地方政府财政支出中教育支出比重、每 10 万人口高等学校在校生数（见图6－38）。

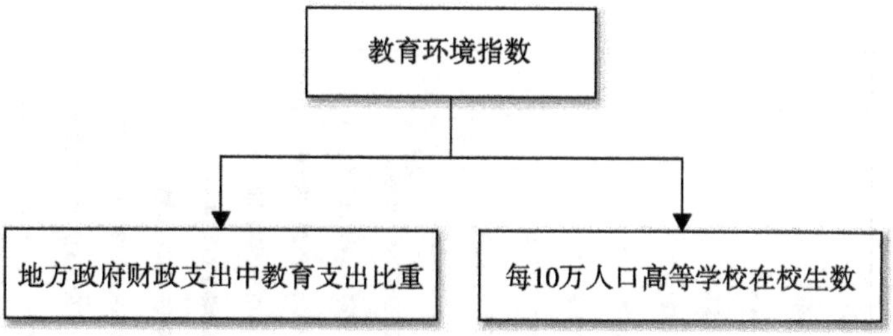

图6－38　教育环境指数指标框架图

（2）教育环境指数具体指标分析

图6－39显示，地方政府财政支出中教育支出比重指标分布较为均衡，相互之间差距不大，青海—湖北是地方政府财政支出中教育支出比重最低的10个省份。河南—江苏是地方政府财政支出中教育支出比重最高的10个省份，超过20%的省份有河南（21%）、山东（20.9%）、广东（20.7%）和浙江（20.1%）。整体来看，教育支出占比较2012年基本持平，表明了在地方财政支出增加的情况下，教育支出相应得到保证，也体现了教育的重要性深入人心。

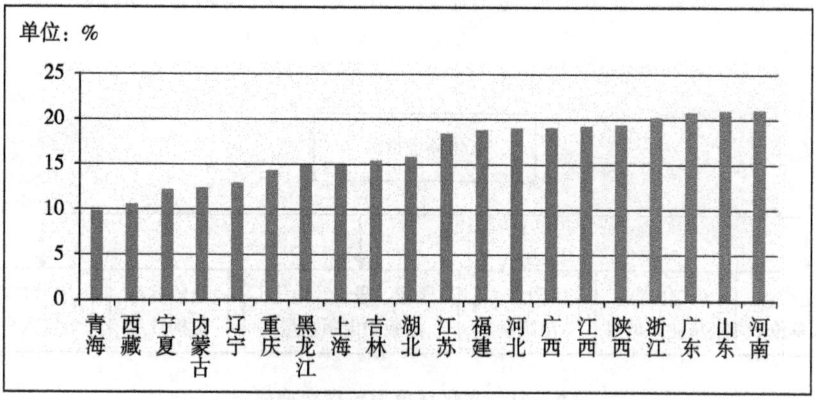

图6－39　地方政府财政支出中教育支出比重排名图

数据来源：国家统计局.2014中国统计年鉴［M］.北京：中国统计出版社，2014.

图6－40显示，青海—河北是每10万人口高等学校在校生数最少的10个省份，除河北（1602人）外，均不足1600人，其中青海（877人）的每10万人口高等学校在校生数不足1000人；天津—福建是每10万人口高等学校在校生数最多的10个省市，其中天津（3328人）、陕西（2863人）北京（2832人）的每10万人口高等学校在校生数约3000人上下，处于领先位置。

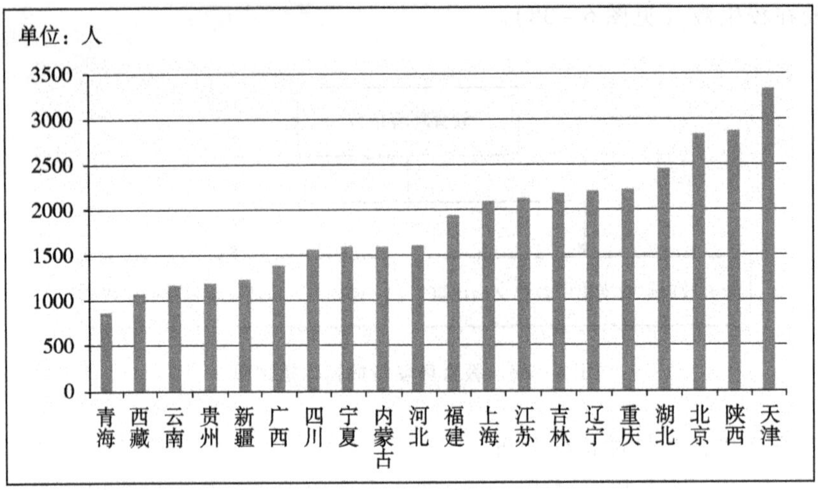

图 6－40 每 10 万人口高等学校在校生数排名图

数据来源：国家统计局. 2014 中国统计年鉴［M］. 北京：中国统计出版社，2014.

6. 文化环境指数四级指标框架及排名与分析

（1）指标框架

文化环境指数下设六个四级指标：文化产业法人单位数、文化产业从业人员数、图书出版量、录像、录音、电子出版物出版量、出版发行机构数量、有线广播电视入户率（见图 6－41）。

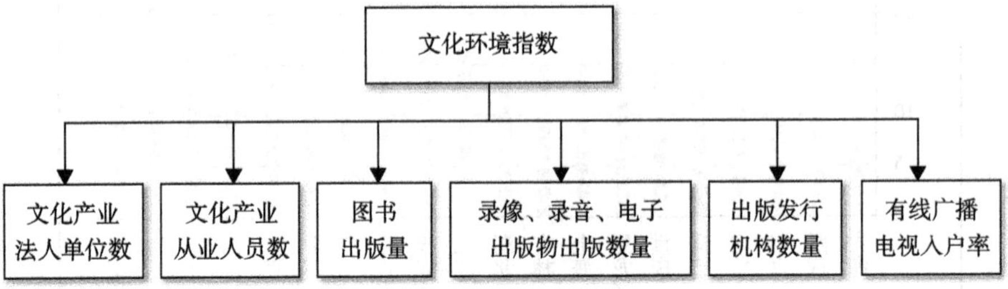

图 6－41 文化环境指数指标框架图

（2）文化环境指数具体指标分析

图 6－42 显示，宁夏—黑龙江是文化产业法人单位数排名最低的 10 个省份，其中宁夏（70）远低于 100 个；安徽—湖北是排名最高的 10 个省市，其中安徽以 1252 个排名第 1 位，相对其他省份的领先优势比较明显。

图 6－43 显示，西藏—贵州是文化产业从业人员数排名后 10 位的省份，均不足 1300 人。陕西—河北是排名前 10 位的省市，其中，陕西（6225 人）、河南（5885 人）、江苏（5668 人）、四川（5417 人）四省超过 5000 人。

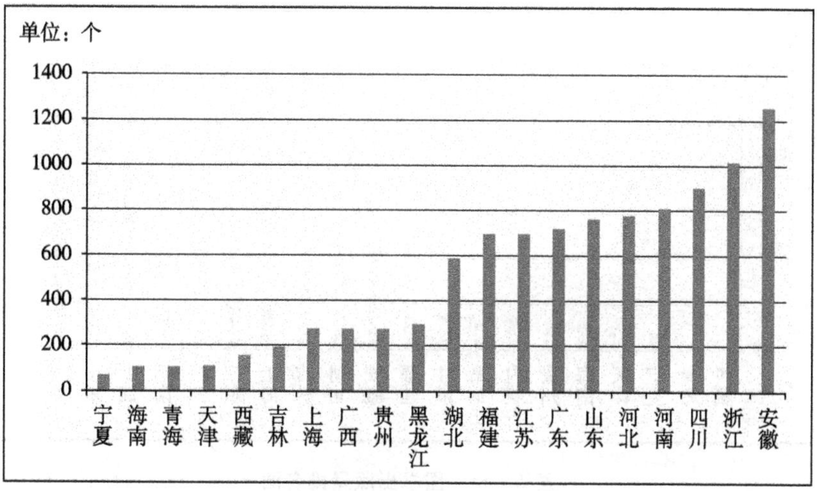

图 6-42　文化产业法人单位数排名图

数据来源：国家统计局 . 2014 中国统计年鉴 [M] . 北京：中国统计出版社，2014.

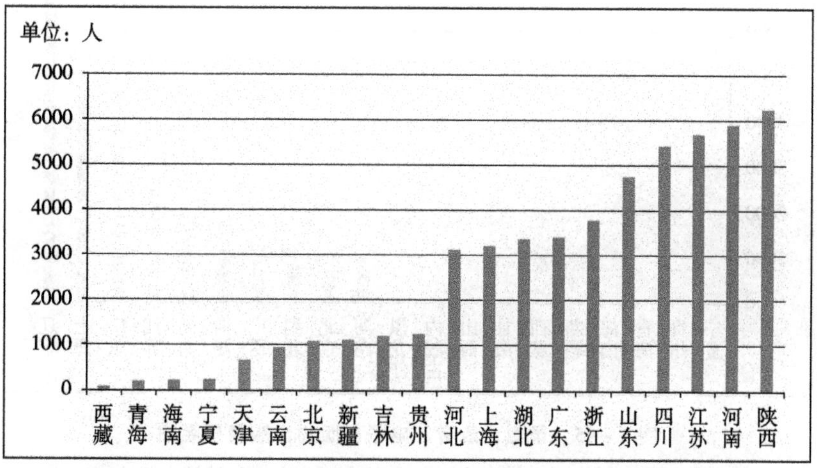

图 6-43　文化产业从业人员数排名图

数据来源：国家统计局 . 2014 中国统计年鉴 [M] . 北京：中国统计出版社，2014.

图 6-44 显示，西藏—福建为图书出版量最低的 10 个省份，均不足 1 亿册。江苏—安徽是排名前 10 位的省份，其中，江苏以 5.7 亿册排名第 1 位。

图 6-45 显示，宁夏—黑龙江是录像、录音、电子出版物出版量最低的 10 个省份，其中，宁夏、贵州、青海不足 1 万张。辽宁—河南是录像、录音、电子出版物出版量最高的 10 个省份，辽宁的出版量高达 8889 万张，遥遥领先，是排名第 2 位的上海（4812 万张）的 1.8 倍多。

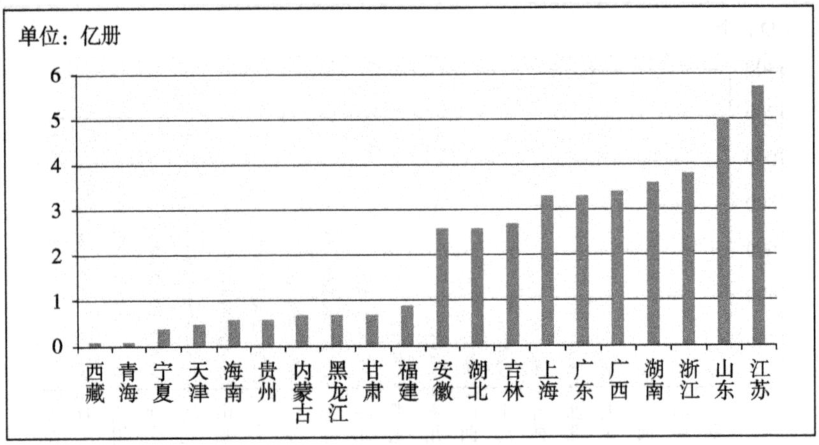

图 6-44 图书出版量排名图

数据来源：国家统计局.2014 中国统计年鉴［M］. 北京：中国统计出版社，2014.

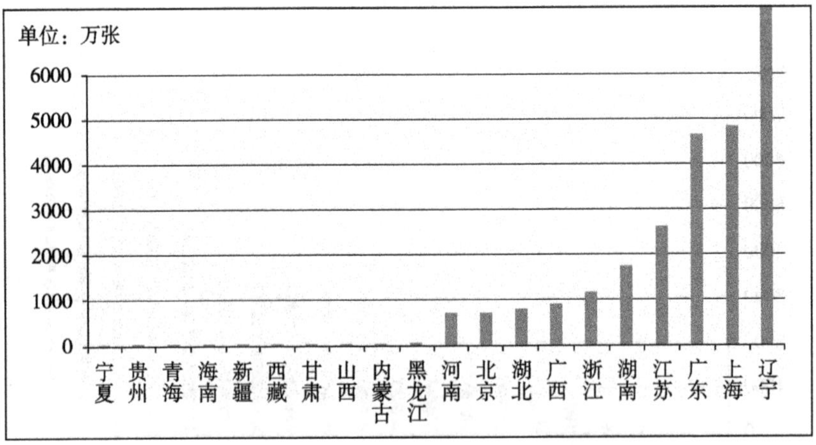

图 6-45 录像、录音、电子出版物出版量排名图

数据来源：国家统计局.2014 中国统计年鉴［M］. 北京：中国统计出版社，2014.

图 6-46 显示，西藏—新疆是出版发行机构数量排名最后的 10 个省份，其中，西藏、海南、宁夏、青海四省甚至不足 1000 处；江苏—山东是排名前 10 位的省市，其中，江苏（14428 处）、广东（12895 处）、浙江（11004 处）、四川（10496 处）四省超过 10000 处，位列前四，稍领先于其他省份。

图 6-47 显示，甘肃—青海是有线广播电视入户率排名后 10 位的省份，相互之间差距不大，排名最后一位的甘肃为 25.7%；上海—吉林是排名前 10 位的省市，基本呈阶梯状上升，上海和北京入户率超过 100%。该指标近年来呈现较为稳定并小幅增长的态势。

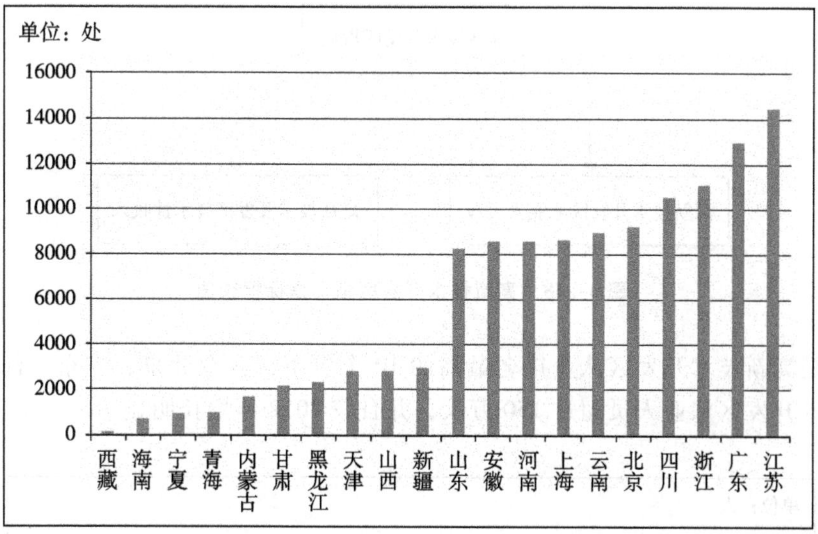

图6-46　出版发行机构数量排名图

数据来源：国家统计局.2014中国统计年鉴［M］.北京：中国统计出版社，2014.

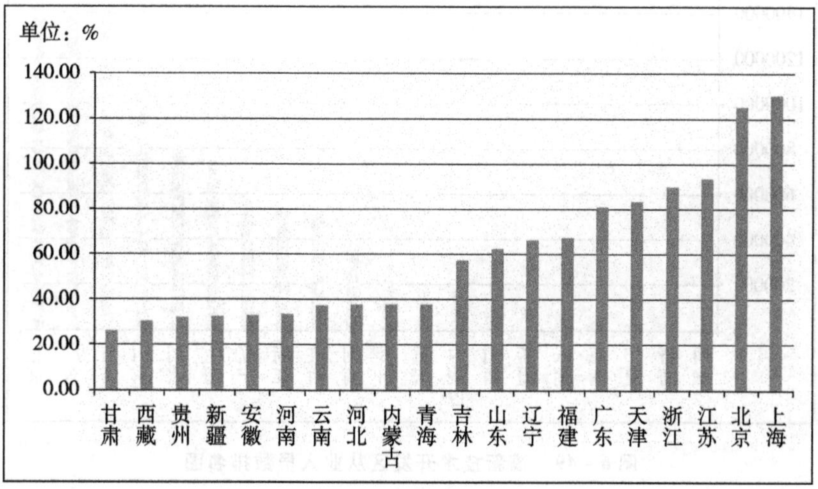

图6-47　有线广播电视入户率排名图

数据来源：国家统计局.2014中国统计年鉴［M］.北京：中国统计出版社，2014.

7. 高新技术开发区指数四级指标框架及排名与分析

（1）指标框架

高新技术开发区指数下设两个四级指标：高新技术开发区从业人员数、高新技术开发区技术性收入（见图6-48）。

（2）高新技术开发区指数具体指标分析

图6-49显示，高新技术开发区从业人员数指标差异较大。西藏—贵州是高新技术开发区从业排名最低的10个省份，西藏至今没有高新技术开发区，从业人员为0；北

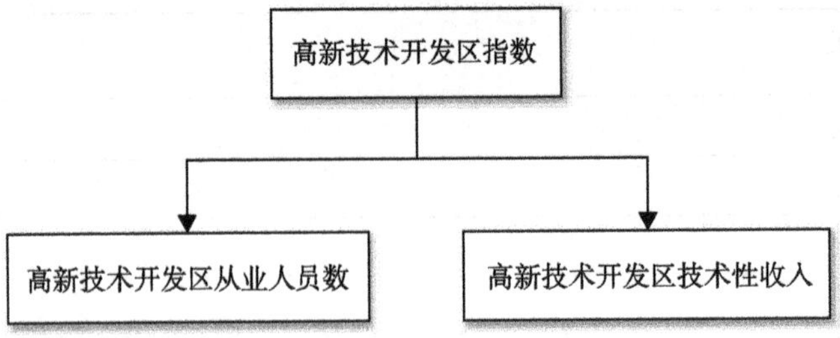

图 6－48　高新技术开发区指数指标框架图

京—湖南是高新技术开发区从业排名最高的 10 个省市，其中北京、广东、江苏三省市的高新技术开发区从业人员超过 150 万人，并且较 2012 年增长明显。

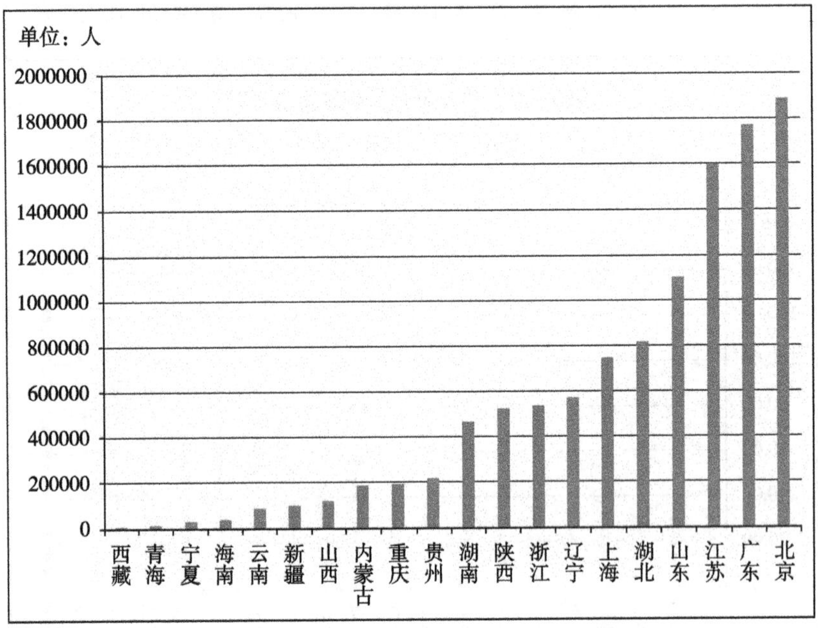

图 6－49　高新技术开发区从业人员数排名图

数据来源：国家统计局，科学技术部．2014 中国科技统计年鉴［M］．北京：中国统计出版社，2014.

图 6－50 显示，北京（13.00%）、广东（12.13%）和江苏（10.90%）三省市所占比重均超过 10%，是高新技术开发的龙头和重镇。除去排名靠前的 10 个省份，其他省份所占比重略超 30%。

图 6－51 显示，西藏—福建为高新技术开发区技术性收入最低的 10 个省份，其中，西藏、青海、宁夏三省不足 500 万元。北京—山东是该项指标排名前 10 位的省市，其中，北京约为 4032 亿元，占据绝对优势，是第 2 位广东（1746 亿元）的两倍还多。

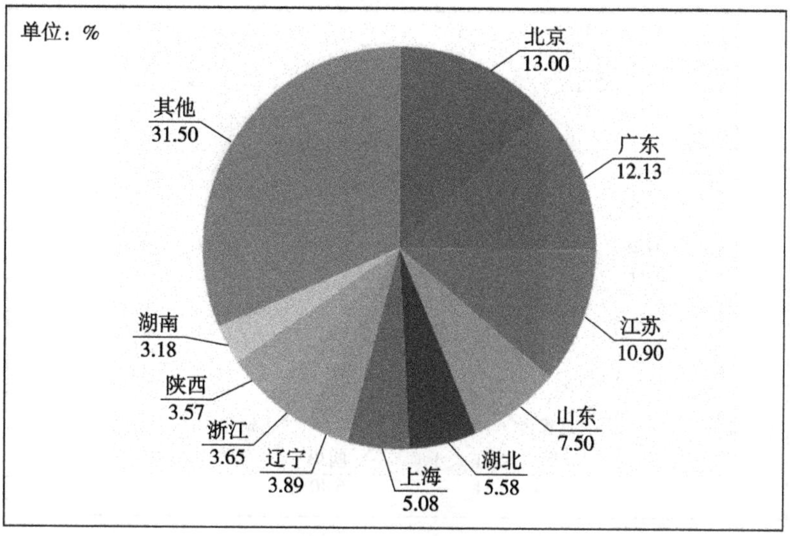

图 6－50　各省份高新技术开发区从业人员数占全国比重图

数据来源：国家统计局，科学技术部 . 2014 中国科技统计年鉴 ［M］ . 北京：中国统计出版社，2014.

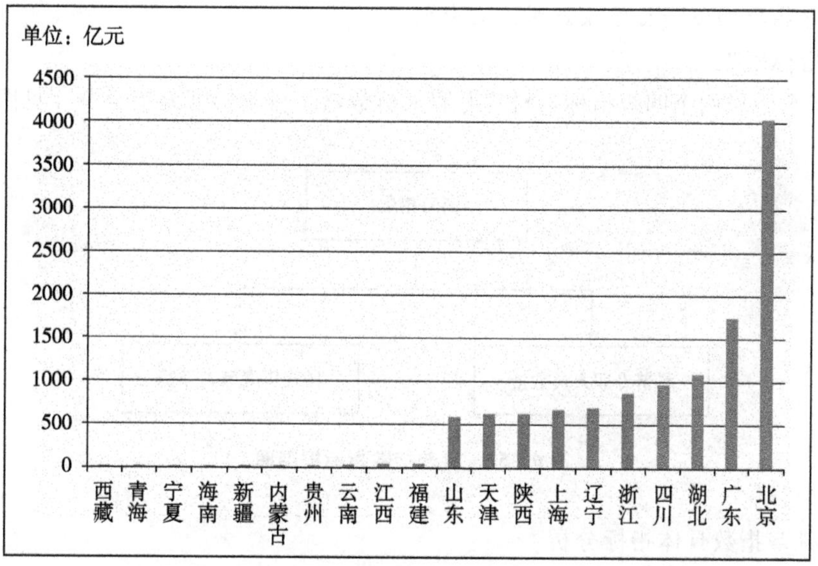

图 6－51　高新技术开发区技术性收入排名图

数据来源：国家统计局，科学技术部 . 2014 中国科技统计年鉴 ［M］ . 北京：中国统计出版社，2014.

图 6－52 显示，高新技术开发区技术性收入指标分布很不均衡，但较前几年，该指标的集中程度一直在降低。北京高新技术开发区技术性收入占全国的比重达到 26. 63%，较 2012 年下降了两个百分点。除去排名靠前的 10 个省份，其余 21 省份合计比重只占到 21. 26%，较 2012 年提高了 3. 5 个百分点。

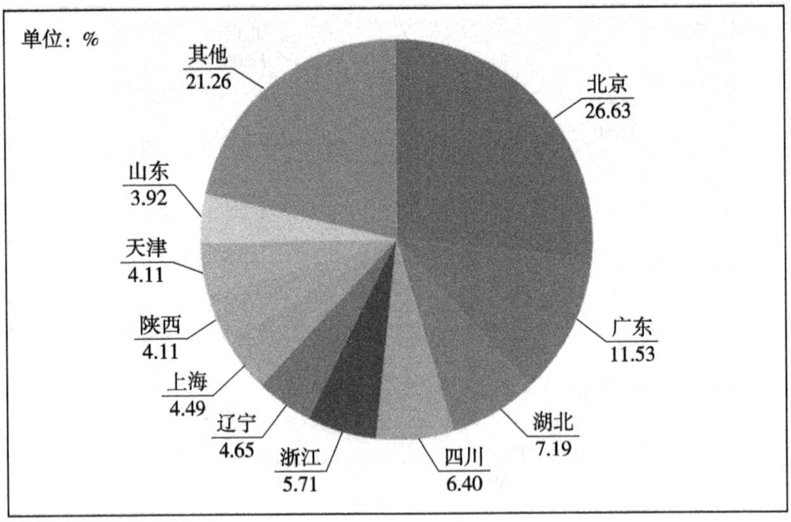

图 6－52 各省份高新技术开发区技术性收入占全国比重图

数据来源：国家统计局，科学技术部.2014 中国科技统计年鉴［M］. 北京：中国统计出版社，2014.

8. 科普指数四级指标框架及排名与分析

（1）指标框架

科普指数下设两个四级指标：科普专职人员数量、科普年度筹集经费（见图 6－53）。

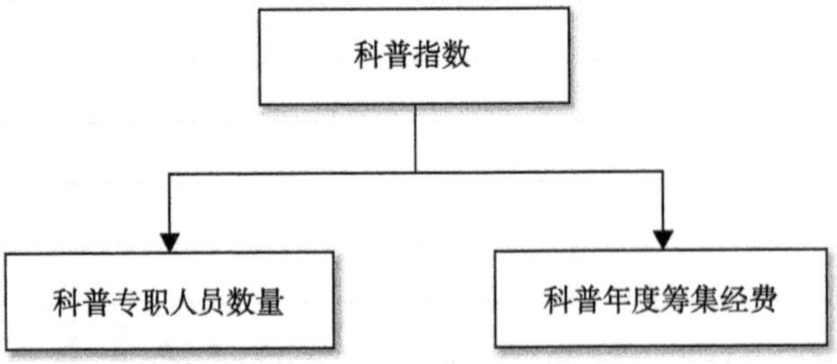

图 6－53 科普指数指标框架图

（2）科普指数具体指标分析

图 6－54 显示，全国科普专职人员数量指标对于反映当前和未来的科学技术发展情况有很强的指示作用。西藏—福建是科普专职人员数量排名最低的 10 个省份，均不到 5000 人，西藏最低为 145 人；陕西—山东是高新技术开发区从业排名最高的 10 个省份，其中陕西以 18136 人列第 1 位。

图 6－55 显示，西藏—江西为科普年度筹集经费最低的 10 个省份，其中，西藏、海南、宁夏、甘肃、青海和黑龙江 6 个省份均不足 1 亿元。北京—广西是该项指标排名前 10 位的省份，其中，北京约为 22 亿元，占据绝对优势，是第 2 位上海（11.6 亿元）的近两倍。

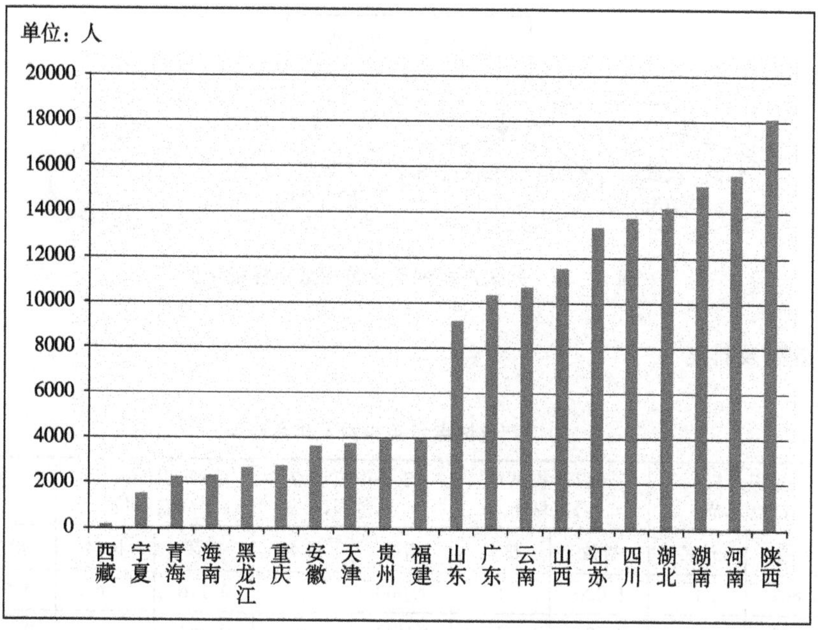

图 6－54　科普专职人员数量排名图

数据来源：国家统计局，科学技术部．2014 中国科技统计年鉴［M］．北京：中国统计出版社，2014.

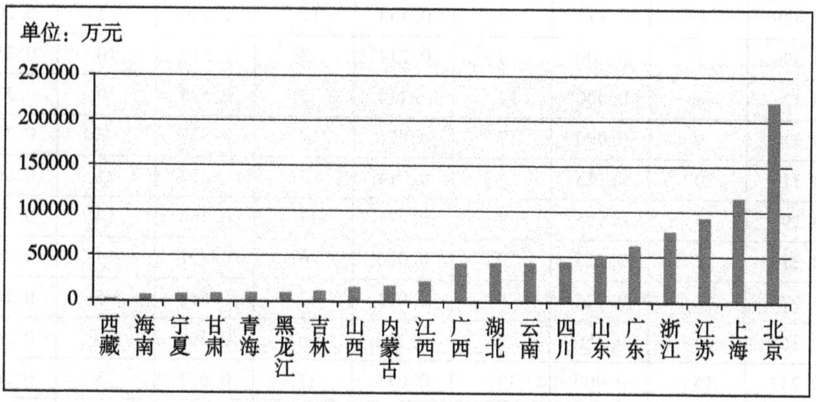

图 6－55　科普年度筹集经费排名图

数据来源：国家统计局，科学技术部．2014 中国科技统计年鉴［M］．北京：中国统计出版社，2014.

五、知识产权试点示范指数三级指标框架及排名与分析

1. 知识产权试点示范指数三级指标框架及指数排名

（1）指标框架

知识产权试点示范指数下设四个三级指标：知识产权试点示范城市、知识产权试点示范园区、知识产权试点单位、文化产业示范（见图 6－56、表 6－5）。

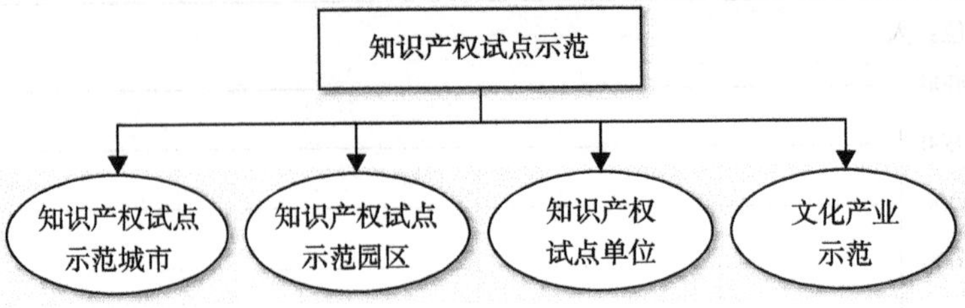

图 6－56　知识产权试点示范指数指标框架图

（2）指数及排名

表 6－5　知识产权试点示范指数及排名表

省　份	知识产权试点示范		知识产权试点示范城市		知识产权试点示范园区		知识产权试点单位		文化产业示范	
	指数	排名	指数	排名	指数	排名	指数	排名	指数	排名
江　苏	0.662	1	1.000	1	1.000	1	0.116	26	0.533	4
浙　江	0.559	2	0.625	3	0.429	3	0.651	5	0.533	4
山　东	0.558	3	0.750	2	0.571	2	0.512	10	0.400	8
广　东	0.538	4	0.375	5	0.357	4	0.419	18	1.000	1
北　京	0.484	5	0.000	17	0.143	12	0.860	2	0.933	2
福　建	0.429	6	0.375	5	0.143	12	1.000	1	0.200	17
河　南	0.390	7	0.500	4	0.214	7	0.512	10	0.333	10
上　海	0.321	8	0.000	17	0.214	7	0.535	9	0.533	4
河　北	0.310	9	0.000	17	0.071	17	0.837	3	0.333	10
四　川	0.310	10	0.125	9	0.214	7	0.233	21	0.667	3
辽　宁	0.299	11	0.125	9	0.071	17	0.465	14	0.533	4
黑龙江	0.279	12	0.125	9	0.000	26	0.791	4	0.200	17
吉　林	0.279	13	0.125	9	0.071	17	0.651	5	0.267	12
湖　南	0.265	14	0.250	7	0.286	6	0.256	20	0.267	12
天　津	0.247	15	0.000	17	0.071	17	0.651	5	0.267	12
湖　北	0.234	15	0.125	9	0.214	7	0.465	14	0.133	21
安　徽	0.217	17	0.250	7	0.143	12	0.209	22	0.267	12
广　西	0.214	18	0.000	17	0.143	12	0.581	8	0.133	21
陕　西	0.208	19	0.125	9	0.214	7	0.093	27	0.400	8
重　庆	0.192	20	0.000	17	0.357	4	0.279	19	0.133	21
内蒙古	0.173	21	0.000	17	0.071	17	0.488	12	0.133	21
江　西	0.167	22	0.000	17	0.071	17	0.465	14	0.133	21
山　西	0.166	23	0.000	17	0.000	26	0.465	14	0.200	17
海　南	0.140	24	0.000	17	0.071	17	0.488	12	0.000	28
云　南	0.131	25	0.000	17	0.071	17	0.186	24	0.267	12

续表 6-5

省　份	知识产权试点示范		知识产权试点示范城市		知识产权试点示范园区		知识产权试点单位		文化产业示范	
	指数	排名	指数	排名	指数	排名	指数	排名	指数	排名
贵　州	0.118	25	0.125	9	0.071	17	0.209	22	0.067	27
青　海	0.068	27	0.000	17	0.000	26	0.070	28	0.200	17
新　疆	0.067	28	0.125	9	0.143	12	0.000	31	0.000	28
甘　肃	0.051	28	0.000	17	0.000	26	0.070	28	0.133	21
西　藏	0.047	30	0.000	17	0.000	26	0.186	24	0.000	28
宁　夏	0.006	31	0.000	17	0.000	26	0.023	30	0.000	28

知识产权试点示范指数排名与各地的国家知识产权试点示范城市数、国家知识产权试点园区、示范园区数、企事业知识产权试点单位数以及国家文化产业示范基地数等指标相关。分析表 6-5 可以发现，知识产权试点示范指数排名前 10 位的省份是江苏、浙江、山东、广东、北京、福建、河南、上海、河北和四川。排名后 10 位的省份是江西、山西、海南、云南、贵州、青海、新疆、甘肃、西藏和宁夏。具体详见下文各指标分析。

2. 知识产权试点示范城市指数四级指标框架及排名与分析

（1）指标框架

知识产权试点示范城市指数用国家知识产权试点示范城市数来度量（见图 6-57）。

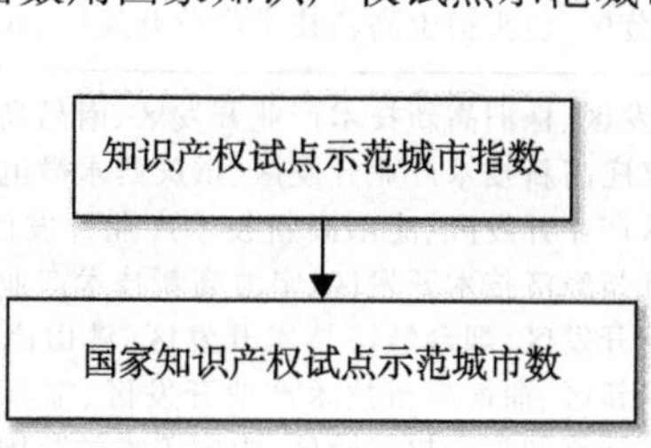

图 6-57　知识产权试点示范城市指数指标框架图

（2）知识产权试点示范城市指数具体指标分析（见表 6-6）

表 6-6　国家知识产权试点示范城市表

副省级	湖北武汉、广东广州、广东深圳、四川成都、浙江杭州、山东济南、山东青岛、黑龙江哈尔滨、江苏南京、辽宁大连、陕西西安、福建厦门、浙江宁波、吉林长春
地　级	湖南长沙、江苏苏州、江苏南通、江苏镇江、河南郑州、河南洛阳、山东东营、山东烟台、福建福州、福建泉州、浙江温州、安徽芜湖、广东东莞、江苏无锡、湖南株洲、江苏泰州、山东潍坊、山东淄博、安徽合肥、浙江嘉兴、河南南阳、浙江湖州、新疆昌吉回族自治州、河南新乡、贵州贵阳
县　级	江苏常熟、江苏昆山

资料来源：国家知识产权局网站，

国家知识产权试点城市、国家知识产权示范城市、国家知识产权示范城市创建市

http：//www.sipo.gov.cn/zlgls/zhc/cs/cssdzcwj/201104/t20110425_ 600890.html

3. 知识产权试点示范园区指数四级指标框架及排名与分析

（1）指标框架

知识产权试点示范园区指数用国家知识产权试点园区、示范园区数指标来度量（见图 6－58）。

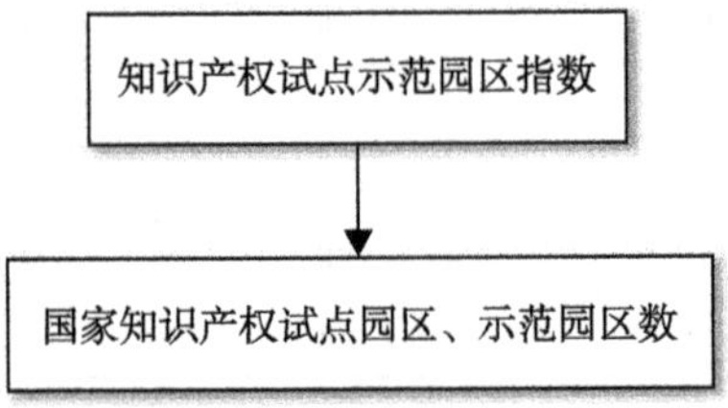

图 6－58　知识产权试点示范园区指数指标框架图

（2）知识产权试点示范园区指数具体指标分析（见表 6－7）

表 6－7　国家知识产权试点园区、示范园区表

国家知识产权示范（创建）园区	武汉东湖新技术开发区、长春高新技术产业开发区、天津滨海高新技术产业园区、青岛市崂山区、张江高科技园区、苏州工业园区、成都高新技术产业开发区、中关村科技园区、苏州高新区、杭州高新技术产业开发区、江苏昆山经济技术开发区、深圳市高新技术产业园区、洛阳高新技术产业开发区、广州开发区、长沙经济技术开发区、西安高新技术产业开发区、无锡高新技术产业开发区、杨凌农业高新技术产业化示范区、包头稀土高新技术产业开发区、襄樊高新区、无锡工业设计园
国家知识产权试点园区	威海火炬高技术产业开发区、株洲高新技术产业开发区、南昌高新技术产业开发区、重庆江北区五里店工业设计中心、石家庄高新技术产业开发区、重庆西永微电子产业园区、乌鲁木齐高新技术产业开发区、合肥高新技术产业开发区、沈阳高新技术产业开发区、昆明高新技术产业开发区、湘潭高新技术产业开发区、杭州经济技术开发区、宁波高新技术产业开发区、惠州仲凯高新技术产业开发区、潍坊高新技术产业开发区、烟台经济技术开发区、佛山高新技术产业开发区、乌鲁木齐经济技术开发区、青岛西海岸新区、淄博高新技术产业开发区、宝鸡高新技术产业开发区、国家知识产权创意产业园区、重庆云计算知识产权试验区、中国美术学院国家大学科技园、烟台高新技术产业开发区、四川自贡高新区、广东肇庆高新区、南京紫金科技创业特别社区、郑州高新技术产业开发区、海口国家高新技术产业开发区、湖南望城经济开发区、重庆高新技术产业开发区、重庆长寿经济技术开发区、泉州高新技术产业开发区、厦门火炬高技术产业开发区、张家港经济技术开发区、江苏省张家港保税区、昆山高新技术产业开发区、东营经济技术开发区、北京经济技术开发区、南宁高新技术产业开发区、柳州高新技术产业开发区、绵阳高新技术产业开发区、贵阳国家高新技术产业开发区、上海紫竹高新技术产业开发区、上海漕河泾新兴技术开发区、江苏新沂经济开发区、海安经济技术开发区、锡山经济技术开发区、芜湖经济技术开发区、温州高新区技术产业开发区、金华经济技术开发区、南京高新技术产业开发区、南通高新技术产业开发区、武汉经济技术开发区

资料来源：国家知识产权局网站，国家知识产权试点园区、示范园区创建区

http：//www. sipo. gov. cn/zlgls/zhc/yq/yqzcwj/201104/t20110425_ 600895. html

4. 知识产权试点单位指数四级指标框架及排名与分析

（1）指标框架

知识产权试点单位指数用企事业知识产权试点单位数指标来度量（见图 6－59）。

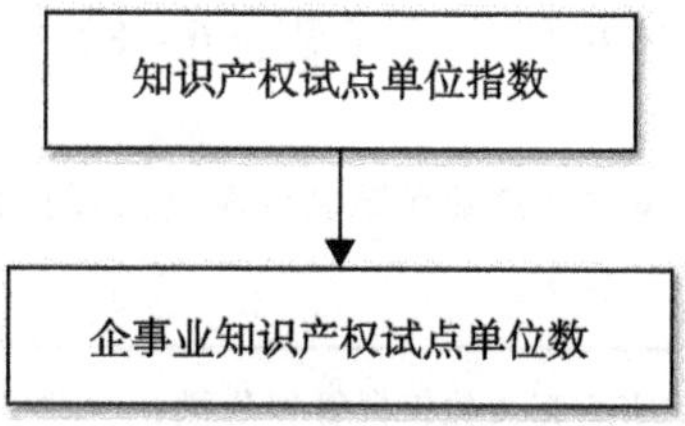

图 6－59　知识产权试点单位指数指标框架图

（2）知识产权试点单位指数具体指标分析

图 6－60 显示，四川—江西这 10 个省份企事业知识产权试点单位数都较少，是排名后 10 位的地区。北京和浙江超过 60 个试点单位，分列第 1 位和第 2 位。

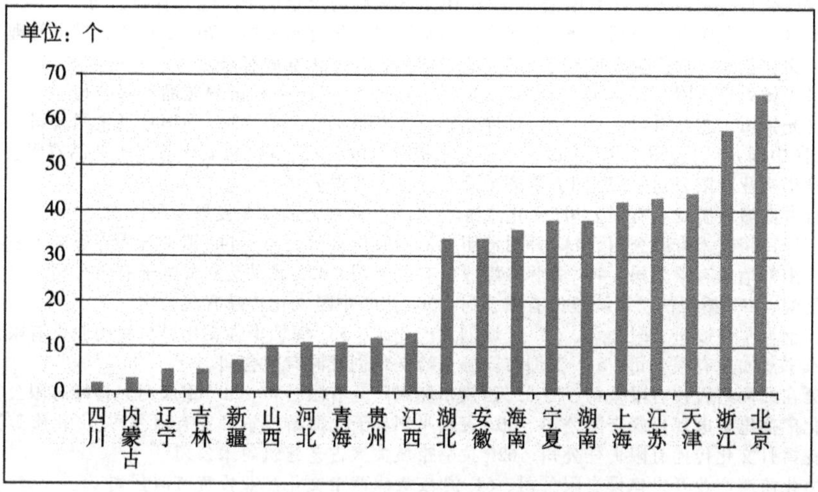

图 6－60　企事业知识产权试点单位数排名图

数据来源：国家知识产权局网站，全国企事业知识产权试点单位（第四批）http：//www.sipo.gov.cn/sipo2010/zlgls/zxdt/zxgzdt/201101/t20110126_488595.html

5. 文化产业示范指数四级指标框架及排名与分析

（1）指标框架

文化产业示范指数用国家文化产业示范基地数指标来度量（见图 6－61）。

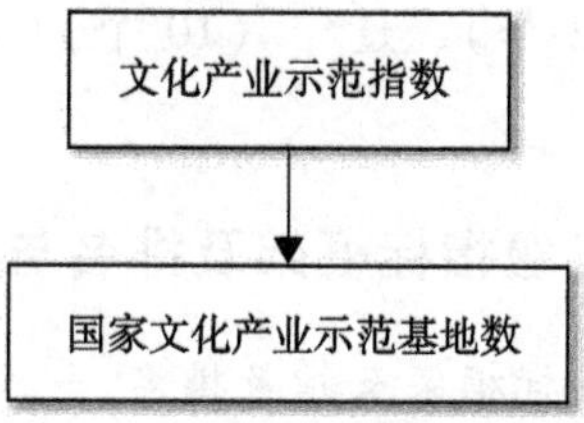

图 6－61　文化产业示范指数指标框架图

（2）文化产业示范指数具体指标分析（见表6－8）

表6－8　　国家文化产业示范基地表（第四批）

单位：个

1. 北京数字娱乐发展有限公司、2. 北京京都文化投资管理公司、3. 北京贯辰传媒有限公司
4. 北京人大文化科技园建设发展有限公司、5. 北京钧天坊古琴文化艺术传播有限公司
6. 中央新闻纪录电影制片厂(动漫)、7. 北京中外名人文化产业集团有限公司、8. 天津神界漫画有限公司
9. 天津市猛犸科技有限公司、10. 天津市津宝乐器有限公司、11. 大厂评剧歌舞团演艺有限责任公司
12. 河北金音乐器集团有限公司、13. 蔚县圆通文化创意有限责任公司、
14. 阳城县皇城相府(集团)实业有限公司、15. 山西晋阳嫦娥文化艺术有限公司
16. 内蒙古鄂尔多斯市达拉特旗响沙湾旅游有限公司(文化旅游)、17. 内蒙古力王工艺美术有限公司
18. 大连圣亚旅游控股股份有限公司(文化旅游)、19. 沈阳三农博览园有限公司
20. 吉林省宇平工艺品制造有限公司、21. 吉林禹硕动漫游戏科技股份有限公司
22. 黑龙江冰尚杂技舞蹈演艺制作有限公司、23. 哈尔滨太阳岛风景区资产经营有限公司
24. 上海天地软件创业园有限公司、25. 上海今日动画影视文化有限公司、26. 扬州智谷投资管理有限公司
27. 江苏周庄文化创意产业投资发展有限公司、28. 江苏金一文化发展有限公司、
29. 杭州神采飞扬娱乐有限公司、30. 宁波音王集团有限公司、31. 衢州醉根艺品有限公司
32. 桐城市佛光铜质工艺品有限公司、33. 蚌埠光彩投资有限责任公司、34. 中国宣纸集团公司
35. 艾派集团(中国)有限公司、36. 莆田市集友艺术框业有限公司、37. 福安市珍华工艺品有限公司
38. 萍乡市升华实业有限公司、39. 同方泰豪动漫产业投资有限公司、
40. 山东周村古商城旅游发展有限公司(文化旅游)、41. 威海刘公岛实业发展有限公司
42. 潍坊杨家埠民俗艺术有限公司、43. 开封清明上河园股份有限公司、44. 镇平石佛寺珠宝玉雕有限公司
45. 项城市汝阳刘笔业有限公司、46. 海豚传媒股份有限公司、47. 武汉艾立卡电子有限公司
48. 湖南大剧院、49. 拓维信息系统股份有限公司、50. 广东中凯文化传媒有限公司
51. 广州珠江钢琴集团股份有限公司、52. 羊城创意产业园、53. 深圳华强文化科技集团股份有限公司
54. 深圳市永丰源实业有限公司、55. 深圳市同源南岭文化创意园有限公司、
56. 海南天涯在线网络科技有限公司、57. 广西钦州坭兴陶艺有限公司、58. 重庆商界传媒有限公司、
59. 凉山文化广播电影电视传媒有限公司、60. 贵州平坝县天龙旅游投资开发有限公司(文化旅游)
61. 大理风花雪月文化传播有限责任公司、62. 拉萨市城关区古艺建筑美术公司
63. 宝鸡市文化旅游产业开发建设有限公司、64. 西安大唐西市文化产业投资有限公司
65. 陕西富平陶艺村有限责任公司、66. 敦煌飞天文化产业发展有限责任公司
67. 青海藏羊地毯集团有限公司、68. 青海工艺美术厂有限责任公司
69. 宁夏华夏西部影视城有限公司(文化旅游)、70. 新疆国际大巴扎开发有限公司

数据来源：国家文化部网站，国家文化产业示范基地（第四批）
http：//www. mcprc. gov. cn/sjzz/whcys_ 4769/cys_ gjwhcysfjdm/201112/t20111207_ 351235. htm

表6－8为第四批国家文化产业示范基地名单，各省份分布较为均衡。经过四批的积累，广东拥有国家文化产业示范基地17个，排名第1位。除广东外，超过10个的省份还有北京（16个）、四川（12个）、辽宁（10个）、上海（10个）、江苏（10个）和浙江（10个）等六省。

六、企业创造潜力指数三级指标框架及排名与分析

1. 企业创造潜力指数三级指标框架及指数排名

（1）指标框架

企业创造潜力指数下设四个三级指标：企业科研基础、企业人才投入、企业资本投

入、企业新产品开发（见图 6－62、表 6－9）。

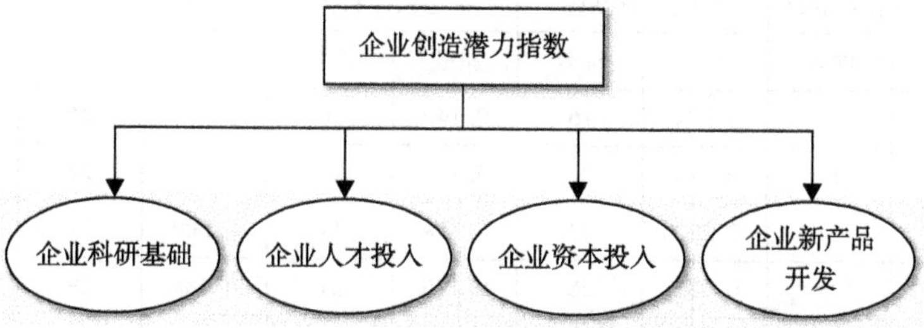

图 6－62　企业创造潜力指数指标框架图

（2）指数及排名

表 6－9　　企业创造潜力指数及排名表

省　份	企业创造潜力指数		企业科研基础		企业人才投入		企业资本投入		企业新产品开发	
	指数	排名	指数	排名	指数	排名	指数	排名	指数	排名
江　苏	0.790	1	0.882	1	0.554	2	0.723	6	1.000	1
广　东	0.676	2	0.227	12	0.732	1	0.917	3	0.827	2
浙　江	0.638	3	0.703	2	0.318	10	0.874	4	0.655	3
北　京	0.560	4	0.634	4	0.487	4	0.918	2	0.202	7
上　海	0.520	5	0.300	6	0.474	5	1.000	1	0.306	5
天　津	0.490	6	0.686	3	0.227	15	0.872	5	0.176	9
山　东	0.456	7	0.147	19	0.472	6	0.632	11	0.572	4
湖　南	0.378	8	0.269	10	0.409	9	0.669	8	0.166	14
湖　北	0.356	9	0.181	18	0.417	8	0.634	10	0.191	8
安　徽	0.352	10	0.350	5	0.220	17	0.592	12	0.246	6
海　南	0.332	11	0.292	7	0.504	3	0.523	15	0.009	29
福　建	0.315	12	0.257	11	0.165	23	0.668	9	0.170	13
重　庆	0.299	13	0.210	15	0.163	24	0.720	7	0.101	17
西　藏	0.273	14	0.213	14	0.436	7	0.440	17	0.000	31
黑龙江	0.241	15	0.086	23	0.271	12	0.553	13	0.053	22
辽　宁	0.240	16	0.031	29	0.248	14	0.507	16	0.174	11
河　南	0.234	17	0.112	21	0.265	13	0.386	20	0.175	10
山　西	0.229	18	0.110	22	0.210	18	0.540	14	0.055	20
四　川	0.211	19	0.067	26	0.223	16	0.381	21	0.173	12
云　南	0.191	20	0.200	17	0.157	25	0.377	23	0.031	24
河　北	0.190	21	0.066	27	0.176	22	0.397	18	0.122	15

续表 6-9

省份	企业创造潜力指数		企业科研基础		企业人才投入		企业资本投入		企业新产品开发	
	指数	排名	指数	排名	指数	排名	指数	排名	指数	排名
江西	0.187	22	0.204	16	0.140	26	0.339	25	0.067	19
广西	0.164	23	0.115	20	0.111	29	0.377	22	0.054	21
陕西	0.157	24	0.220	13	0.298	11	0.000	27	0.109	16
内蒙古	0.157	25	0.032	28	0.176	21	0.388	19	0.032	23
吉林	0.146	26	0.001	31	0.208	19	0.298	26	0.078	18
贵州	0.124	27	0.009	30	0.090	30	0.369	24	0.028	25
甘肃	0.107	28	0.289	8	0.112	27	0.000	27	0.026	26
宁夏	0.086	29	0.270	9	0.063	31	0.000	27	0.013	28
新疆	0.077	30	0.080	25	0.208	20	0.000	27	0.021	27
青海	0.049	31	0.082	24	0.111	28	0.000	27	0.003	30

分析表 6-9 可以发现，企业创造潜力指数排名前 10 位的省份是江苏、广东、浙江、北京、上海、天津、山东、湖南、湖北和安徽；排名后 10 位的省份是江西、广西、陕西、内蒙古、吉林、贵州、甘肃、宁夏、新疆和青海。

在两个最基本的投入指标上：企业人才投入指数方面，排名第 1 位的是广东。在企业资本投入方面，排名第 1 位的是上海。而企业科研基础指数和企业新产品开发指数排名第 1 位的都是江苏。

2. 企业科研基础指数四级指标框架及排名与分析

(1) 指标框架

企业科研基础指数用规模以上工业企业中有科技机构的企业占全部企业比重、规模以上工业企业中有 R&D 活动的企业占全部企业比重两个指标来度量（见图 6-63）。

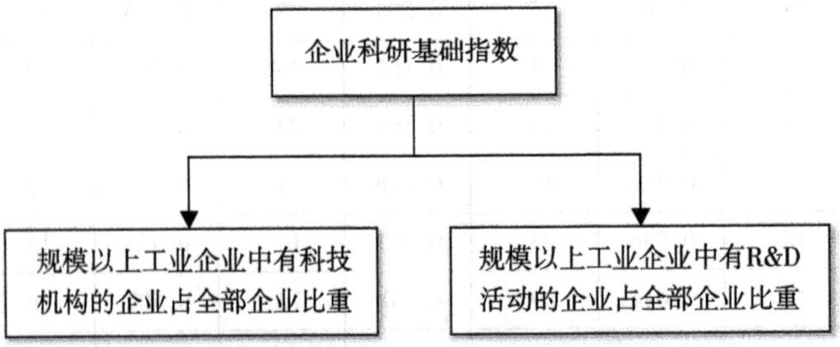

图 6-63 企业科研基础指数指标框架图

(2) 企业科研基础指数具体指标分析

图 6-64 显示，辽宁—山西是规模以上工业企业中有科技机构的企业占全部企业比重较低的 10 个省份，均不超过 6%。江苏—西藏是规模以上工业企业中有科技机构的

企业占全部企业比重较高的 10 个省份，除江苏（32.93%）、浙江（19.56%）外，各省份之间的差距并不明显。

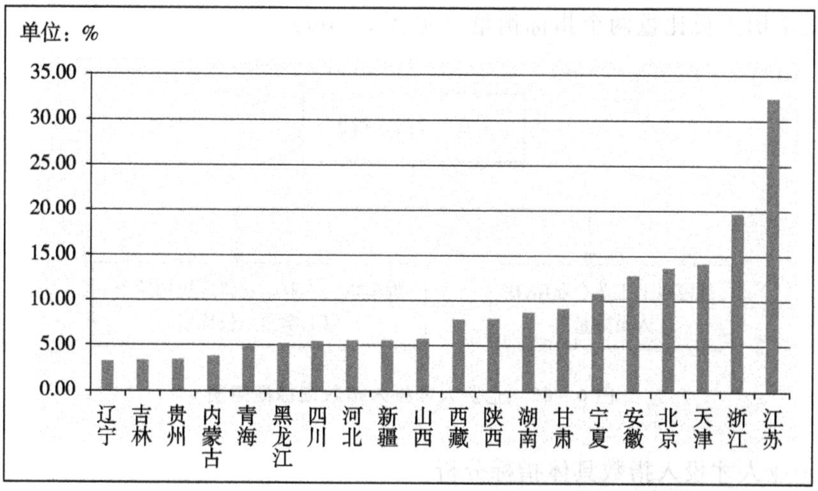

图 6－64　规模以上工业企业中有科技机构的企业占全部企业比重图

数据来源：国家统计局，科学技术部．2014 中国科技统计年鉴［M］．北京：中国统计出版社，2014.

图 6－65 显示，吉林—山西是规模以上工业企业中有 R&D 活动的企业占全部企业比重最低的 10 个省份，均不足 10%。天津—湖南则是排名最高的 10 个省市，其中，天津比重最高，约为 31.5%。此外，北京、浙江和江苏三省市的比重也超过 20%。

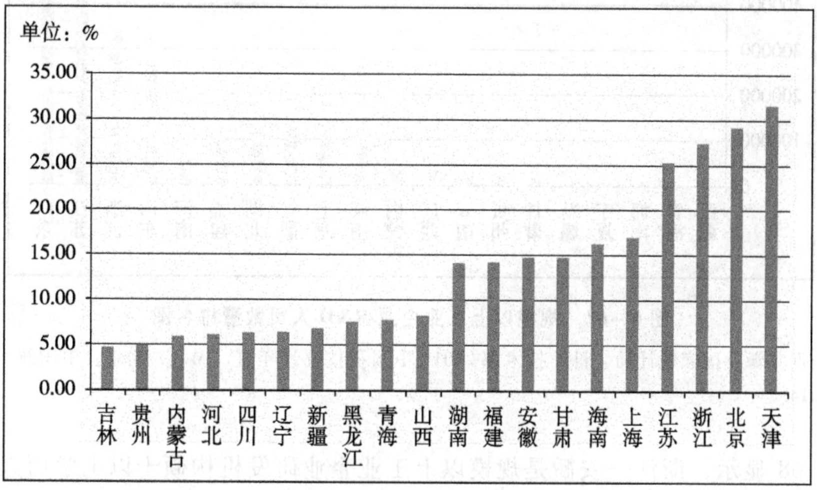

图 6－65　规模以上工业企业中有 R&D 活动的企业占全部企业比重排名图

数据来源：国家统计局，科学技术部．2014 中国科技统计年鉴［M］．北京：中国统计出版社，2014.

3. 企业人才投入指数四级指标框架及排名与分析

(1) 指标框架

企业人才投入指数用规模以上工业企业 R&D 人员数量、规模以上工业企业研发机构硕士以上学历人员比重两个指标衡量（见图 6－66）。

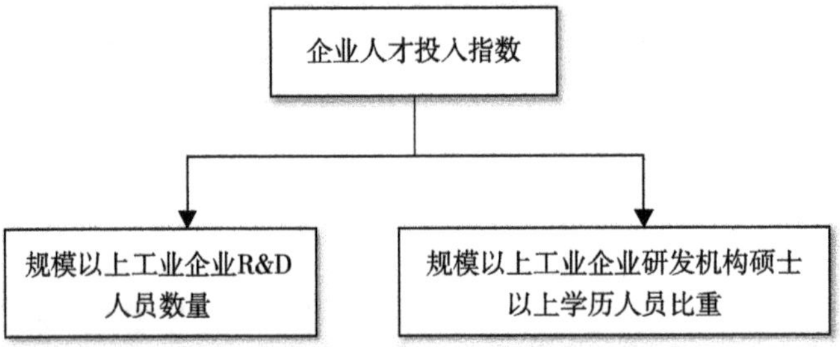

图 6－66 企业人才投入指数指标框架图

(2) 企业人才投入指数具体指标分析

图 6－67 显示，西藏—内蒙古是规模以上工业企业 R&D 人员数量排名最低的 10 个省份，均不足 30000 人。广东—湖南则是排名最高的 10 个省市，其中，广东（53.1 万人）和浙江（51.1 万人）超过 50 万人，分列第 1 位、第 2 位。

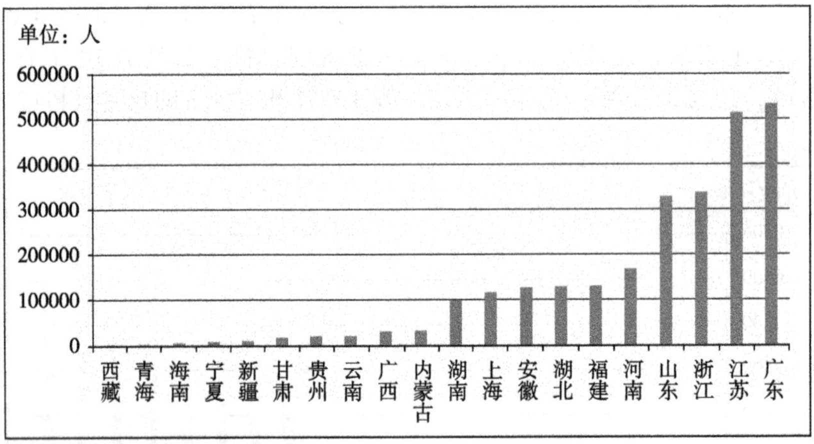

图 6－67 规模以上工业企业 R&D 人员数量排名图

数据来源：国家统计局，科学技术部 . 2014 中国科技统计年鉴［M］. 北京：中国统计出版社，2014.

图 6－68 显示，浙江—安徽是规模以上工业企业研发机构硕士以上学历人员比重最低的 10 个省份，其中浙江、福建最低，分别为 6.7% 和 8.4%。海南—新疆是比重最高的 10 个省份，海南最高，达到 27.1%。

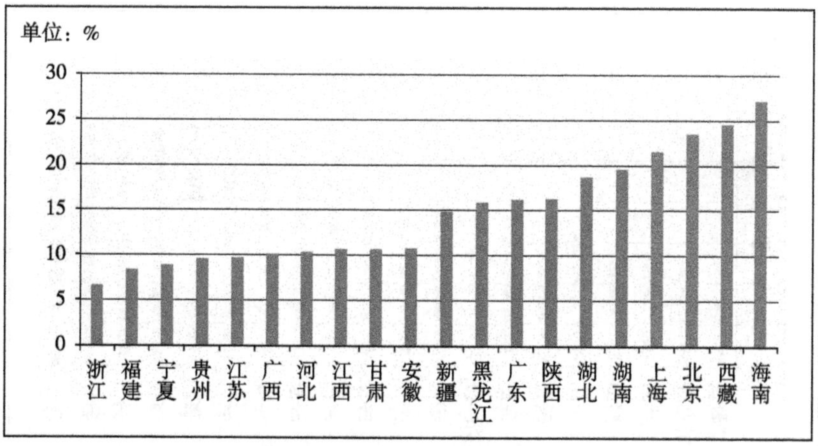

图6－68　规模以上工业企业研发机构硕士以上学历人员比重排名图

数据来源：国家统计局，科学技术部.2014中国科技统计年鉴［M］.北京：中国统计出版社，2014.

4. 企业资本投入指数四级指标框架及排名与分析

（1）指标框架

企业资本投入指数用规模以上工业企业R&D经费占主营业务收入比重指标衡量（见图6－69）。

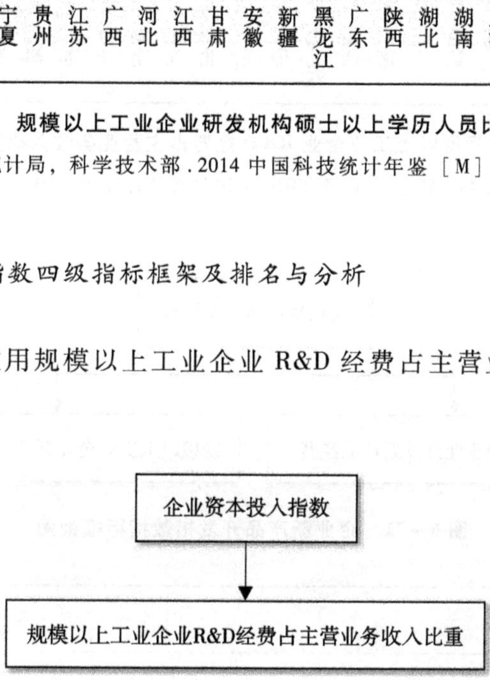

图6－69　企业资本投入指数指标框架图

（2）企业资本投入指数具体指标分析

图6－70显示，上海—河南是规模以上工业企业R&D经费占主营业务收入比重排名靠前的20个省份，其中上海（1.32%）排名第1位。除上海外，还有北京（1.22%）、广东（1.21%）、浙江（1.16%）和天津（1.15%）超过1%。陕西、甘肃、青海、宁夏和新疆都为0。

5. 企业新产品开发指数四级指标框架及排名与分析

（1）指标框架

企业新产品开发指数用规模以上工业企业开发新产品经费、规模以上工业企业新产品开发项目数两个指标衡量（见图6－71）。

（2）企业新产品开发指数具体指标分析

图6－72显示，西藏—吉林是中国规模以上工业企业开发新产品经费排名最靠后的

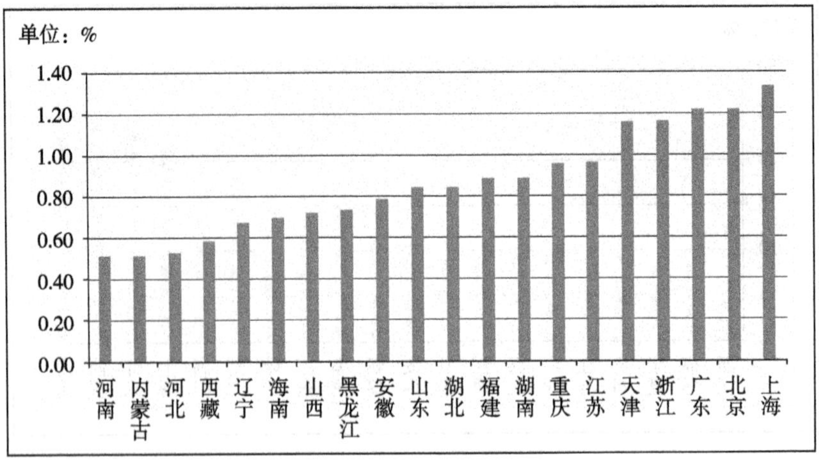

图 6－70 规模以上工业企业 R&D 经费占主营业务收入比重排名图

数据来源：国家统计局，科学技术部．2014 中国科技统计年鉴［M］．北京：中国统计出版社，2014.

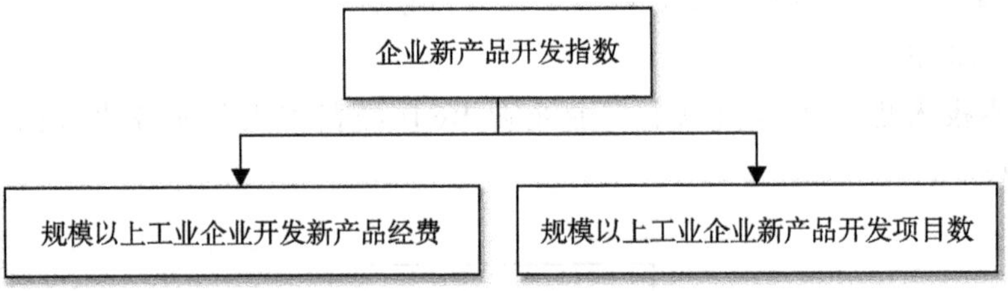

图 6－71 企业新产品开发指数指标框架图

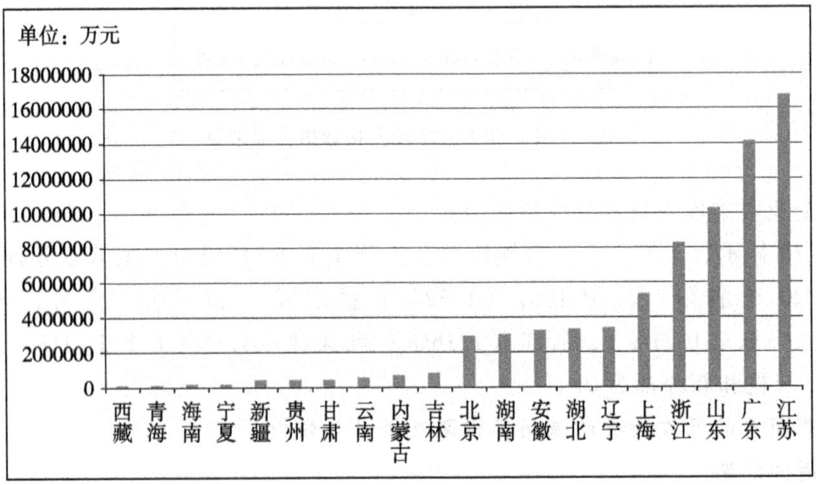

图 6－72 规模以上工业企业开发新产品经费排名图

数据来源：国家统计局，科学技术部．2014 中国科技统计年鉴［M］．北京：中国统计出版社，2014.

10个省份，西藏和青海的经费都不到10亿元。江苏—北京是规模以上工业企业开发新产品经费排名最靠前的10个省市，均在290亿元以上，其中，江苏（1669亿元）、广东（1407亿元）和山东（1020亿元）三省超过1000亿元，较2012年都有大幅增长。

通过图6-73可以看出，江苏、广东、山东、浙江这四个省是中国规模以上工业企业开发新产品经费占全国比重最高的四个省，四省总和超过50%。

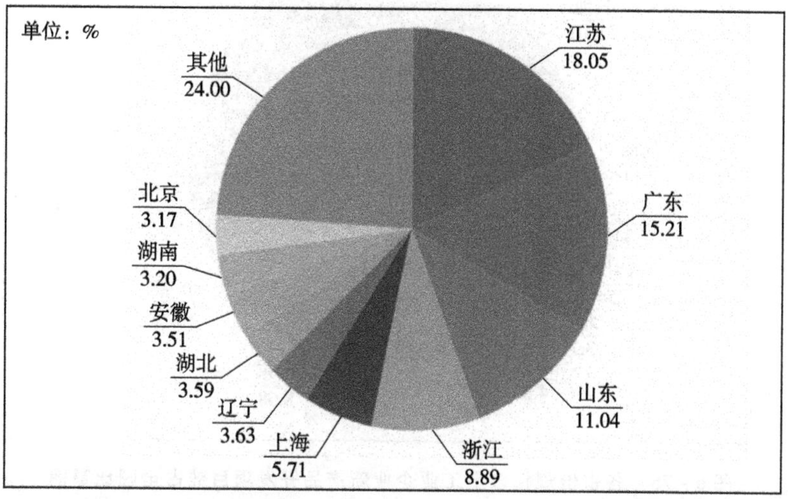

图6-73　各省份规模以上工业企业开发新产品经费占全国比重图

数据来源：国家统计局，科学技术部.2014中国科技统计年鉴［M］.北京：中国统计出版社，2014.

图6-74显示，规模以上工业企业新产品开发项目数各省份差异非常大，西藏—山西是排名后10位的省份，西藏、青海、海南、宁夏项目数不足1000项。江苏—河南则

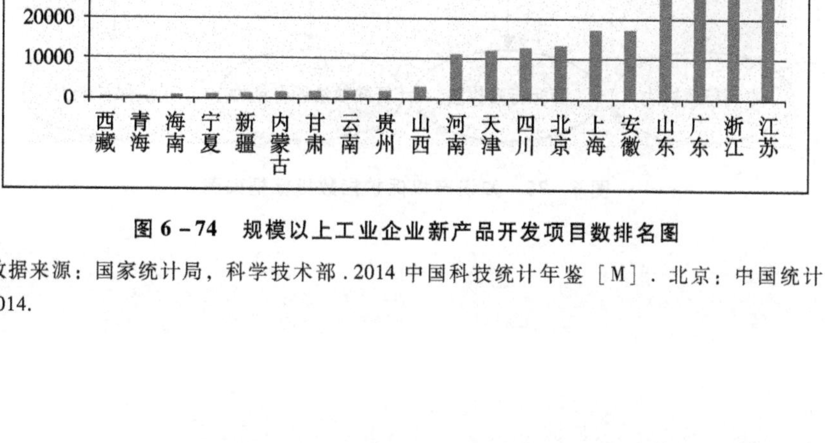

图6-74　规模以上工业企业新产品开发项目数排名图

数据来源：国家统计局，科学技术部.2014中国科技统计年鉴［M］.北京：中国统计出版社，2014.

是排名靠前的10个省市，江苏以5.8万项领先于其他省份。

图6－75显示，江苏、浙江、广东和山东所占比重较大四个省份总和为52%，超过一半，比2012年基本持平。排名靠前的10个省份的总和近75%。

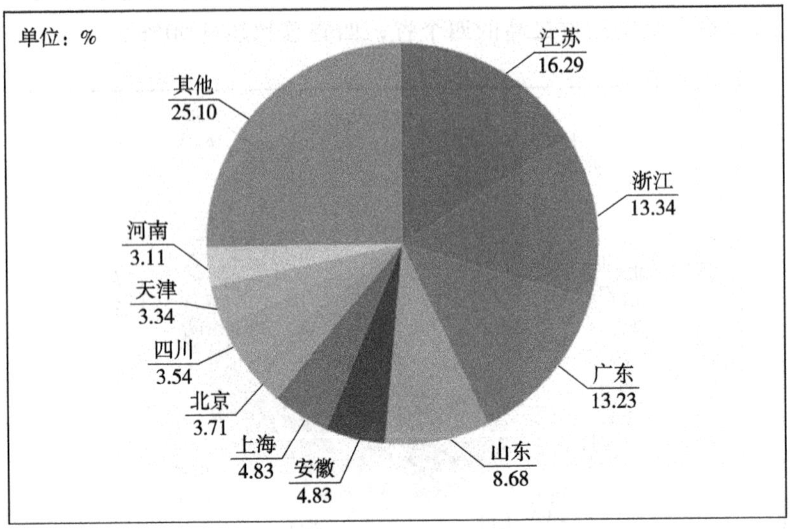

图6－75　各省份规模以上工业企业新产品开发项目数占全国比重图

数据来源：国家统计局，科学技术部.2014中国科技统计年鉴［M］.北京：中国统计出版社，2014.

七、知识产权保护指数三级指标框架及排名与分析

1. 知识产权保护指数三级指标框架及指数排名

（1）指标框架

知识产权保护指数下设四个四级指标：专利行政执法、商标行政执法、行政执法服务能力以及司法保护能力（见图6－76、表6－10）。

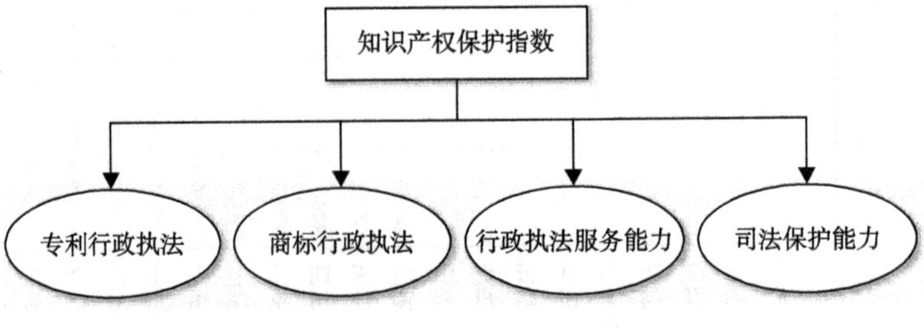

图6－76　知识产权保护指数指标框架图

（2）指数及排名

表 6－10　知识产权保护指数及排名表

省　份	知识产权保护指数		专利行政执法		商标行政执法		行政执法服务能力		司法保护能力	
	指数	排名	指数	排名	指数	排名	指数	排名	指数	排名
江　苏	0.697	1	0.514	3	0.581	3	0.694	1	1.000	1
广　东	0.600	2	0.591	1	0.825	2	0.299	6	0.687	4
浙　江	0.578	3	0.230	5	1.000	1	0.120	21	0.961	2
湖　南	0.482	4	0.531	2	0.206	11	0.433	2	0.756	3
山　东	0.389	5	0.408	4	0.317	9	0.157	15	0.674	5
福　建	0.296	6	0.117	9	0.451	7	0.371	4	0.244	8
湖　北	0.294	7	0.161	7	0.537	4	0.228	11	0.248	7
河　南	0.293	8	0.204	6	0.536	5	0.111	22	0.322	6
上　海	0.206	9	0.039	19	0.397	8	0.348	5	0.038	25
安　徽	0.185	10	0.062	14	0.481	6	0.105	24	0.091	18
四　川	0.179	11	0.118	8	0.225	10	0.190	12	0.185	10
北　京	0.176	12	0.036	20	0.154	13	0.420	3	0.094	17
辽　宁	0.132	13	0.087	12	0.197	12	0.129	19	0.117	11
贵　州	0.117	14	0.076	13	0.052	26	0.131	18	0.207	9
陕　西	0.111	15	0.097	10	0.103	19	0.178	13	0.067	23
河　北	0.101	16	0.050	17	0.110	17	0.143	17	0.102	13
天　津	0.101	17	0.031	22	0.052	25	0.231	9	0.088	19
重　庆	0.100	18	0.025	23	0.055	24	0.252	8	0.070	22
吉　林	0.090	19	0.003	29	0.060	22	0.268	7	0.029	26
山　西	0.090	20	0.009	27	0.116	15	0.231	10	0.003	29
江　西	0.090	21	0.053	16	0.104	18	0.102	25	0.100	15
广　西	0.078	22	0.012	25	0.081	20	0.147	16	0.072	21
新　疆	0.076	23	0.093	11	0.114	16	0.096	26	0.000	31
黑龙江	0.074	24	0.057	15	0.034	27	0.110	23	0.096	16
内蒙古	0.073	25	0.045	18	0.024	28	0.120	20	0.102	14
甘　肃	0.067	26	0.034	21	0.073	21	0.160	14	0.002	30
云　南	0.065	27	0.016	24	0.141	14	0.061	28	0.041	24
西　藏	0.048	28	0.000	30	0.000	31	0.079	27	0.112	12
宁　夏	0.042	29	0.003	28	0.017	30	0.059	30	0.087	20
海　南	0.035	30	0.011	26	0.057	23	0.061	29	0.009	27
青　海	0.016	31	0.000	30	0.019	29	0.036	31	0.008	28

分析表 6－10 可以发现，知识产权保护指数排名前 10 位的省份是江苏、广东、浙江、湖南、山东、福建、湖北、河南、上海和安徽；排名后 10 位的省份是广西、新疆、黑龙江、内蒙古、甘肃、云南、西藏、宁夏、海南和青海。总体来看，经济发展越好的地区对知识产权保护的重视程度越高，这也符合知识产权保护的一个一般规律。

2. 专利行政执法指数四级指标框架及排名与分析

（1）指标框架

专利行政执法指数下设两个四级指标：专利侵权和其他纠纷结案量、查处专利假冒案件结案量（见图 6－77）。

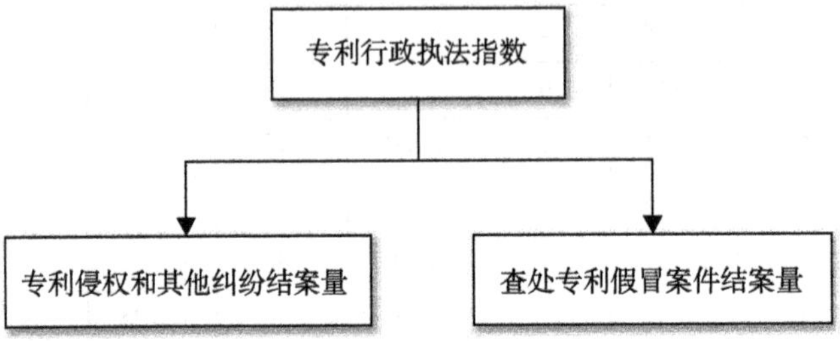

图 6－77　专利行政执法指数指标框架图

（2）专利行政执法指数具体指标分析

图 6－78 显示，西藏—天津是专利侵权和其他纠纷结案量排名最靠后的 10 个省份，其中，西藏、青海和宁夏三省份均为 0。广东—湖南是排名靠前的 10 个省份，其中，广东排名第 1 位，约为 1403 项。

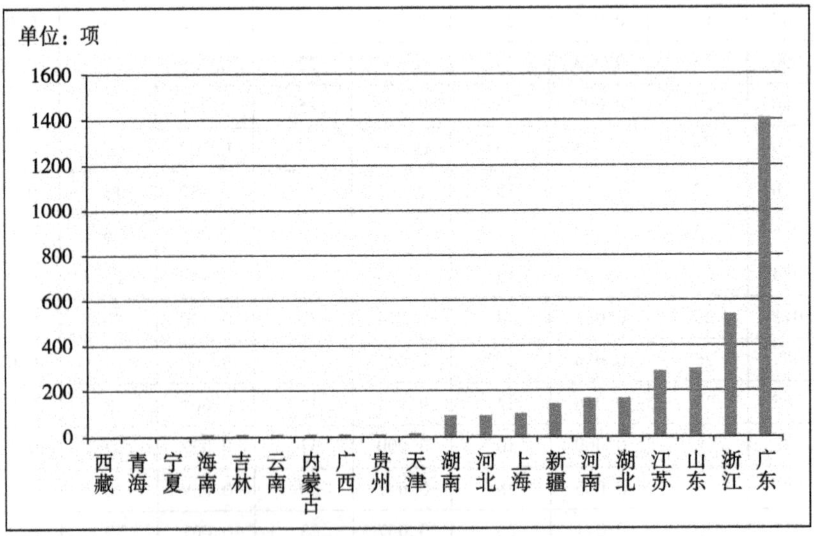

图 6－78　专利侵权和其他纠纷结案量排名图

数据来源：国家知识产权局．2013 专利统计年报．

图 6－79 显示，西藏—云南是查处专利假冒案件结案量排名靠后的 10 个省份，其中西藏和青海两省均为 0。湖南—贵州是排名靠前的 10 个省份，其中，湖南排名第 1 位，约为 2399 项；江苏排名第 2 位，约为 1979 项，都较 2012 年有大幅增长。

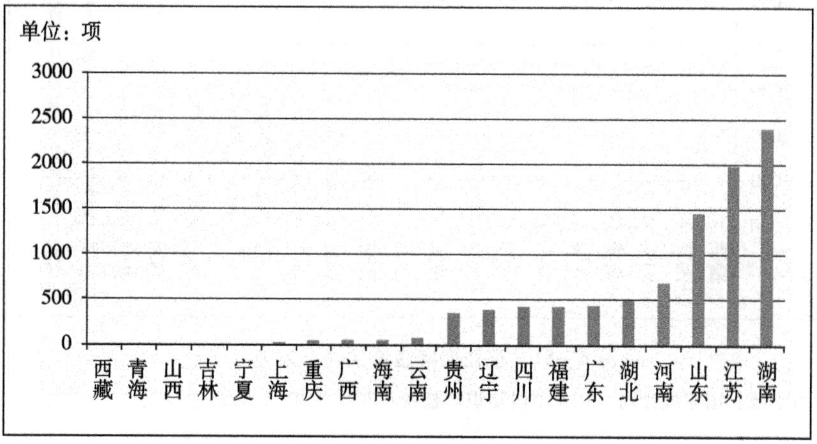

图 6－79　查处专利假冒案件结案量排名图

数据来源：国家知识产权局 . 2013 专利统计年报 .

3. 商标行政执法指数四级指标框架及排名与分析

（1）指标框架

商标行政执法指数下设两个四级指标：查处商标违法案件总数、查处商标违法案件案值（见图 6－80）。

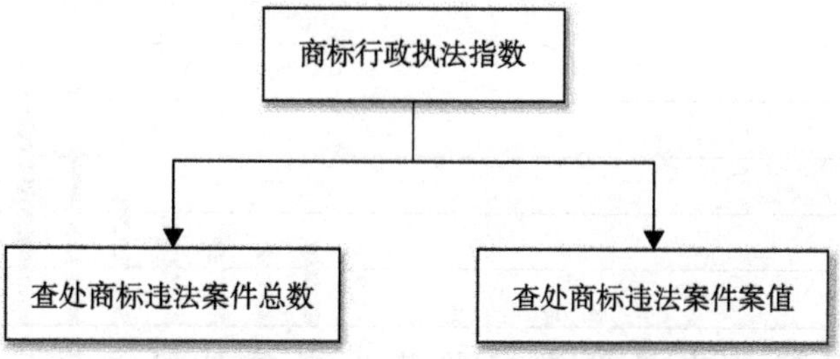

图 6－80　商标行政执法指数指标框架图

（2）商标行政执法指数具体指标分析

图 6－81 显示，西藏—海南是查处商标一般违法案件量最少的 10 个省份，均不超过 1000 件，其中，西藏最低，约为 88 件；浙江—湖南是查处商标一般违法案件量最多的 10 个省市，其中浙江（6630 件）、广东（6392 件）超过 6000 件，领先于国内其他省份。

图 6－82 显示，西藏—陕西是查处商标违法案件案值最少的 10 个省份，均不足

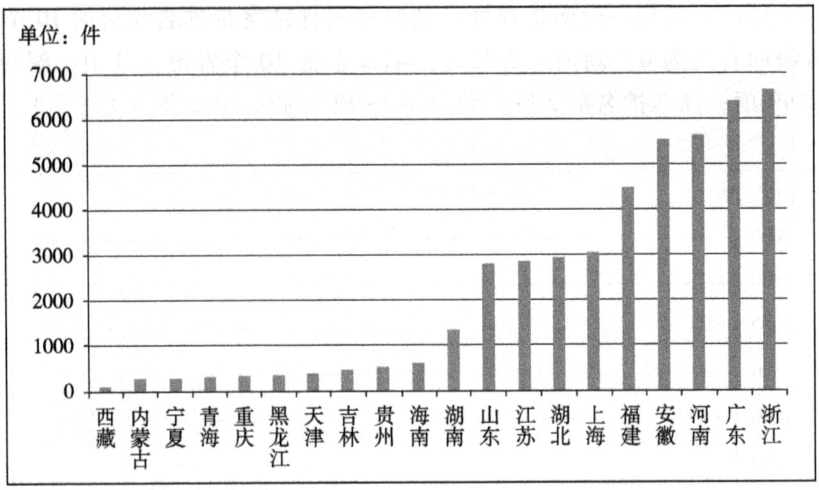

图 6-81 查处商标违法案件总数排名图

数据来源：国家统计局. 2013 中国知识产权统计年报［M］. 北京：知识产权出版社，2014.

1000 万元；浙江—山东是查处商标违法案件案值最多的 10 个省市，其中，浙江的查处力度远远超过全国其他省份，总额高达 1.34 亿元，排名第 2 位、第 3 位的江苏和广东也超过了 9000 万元。

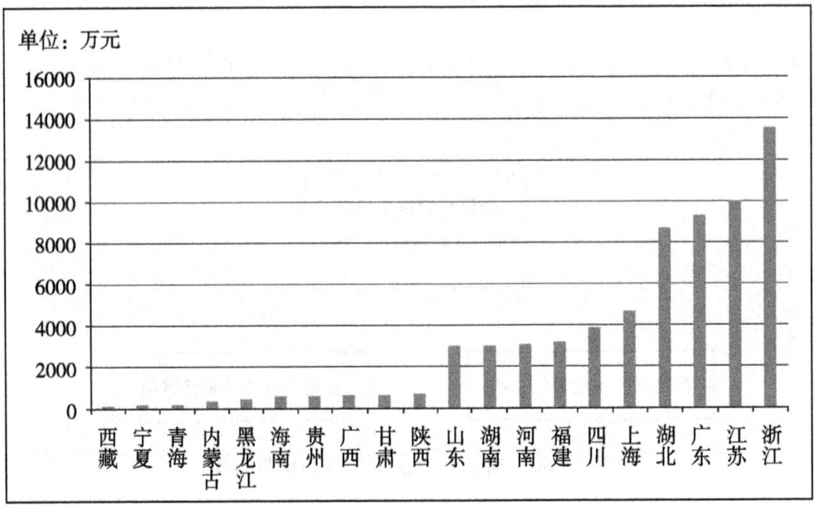

图 6-82 查处商标违法案件案值排名图

数据来源：国家统计局. 2013 中国知识产权统计年报［M］. 北京：知识产权出版社，2014.

4. 行政执法服务能力指数四级指标框架及排名与分析

（1）指标框架

行政执法服务能力指数下设四个四级指标：执法人员素质、执法人员数量、执法经费支持以及接听咨询投诉电话量（见图 6-83）。

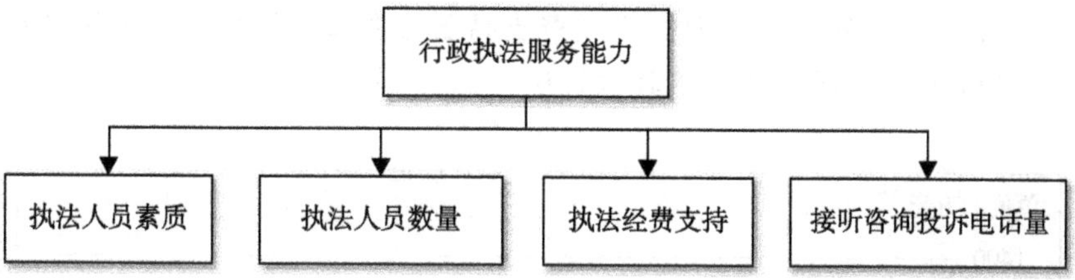

图 6－83　行政执法服务能力指数指标框架图

（2）行政执法服务能力指数具体指标分析

图 6－84 显示，根据课题组所做研究，执法人员素质相对较高的省份是重庆、北京、山东、江苏、广东、上海、江西、陕西、福建、甘肃和辽宁。

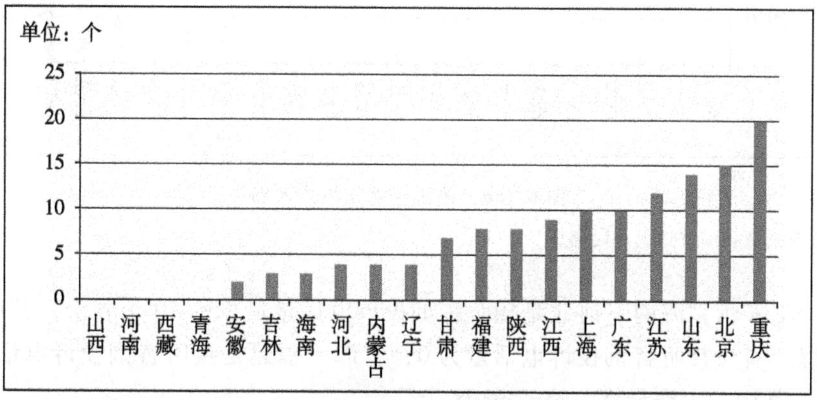

图 6－84　执法人员素质排名图

数据来源：国家知识产权局.

图 6－85 显示，湖南—云南为执法人员数量最多的 20 个省份。全国所有省份都有专门的执法人员，超过 10 人的省份有 6 个，其中，湖南最多，达到 49 人。

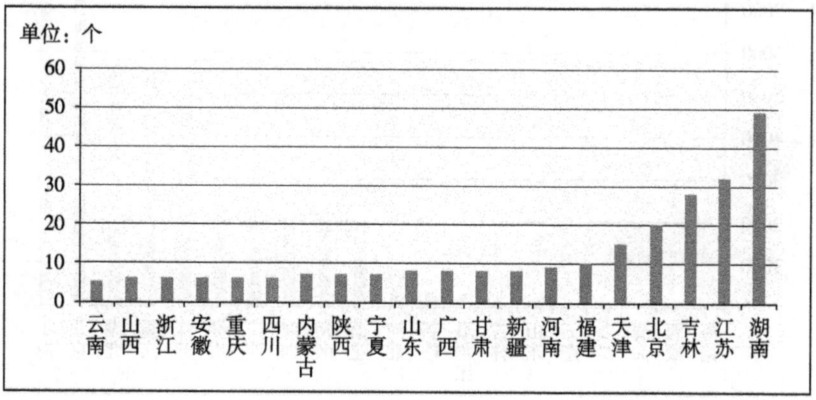

图 6－85　执法人员数量排名图

数据来源：国家知识产权局.

图 6－86 显示，江苏—宁夏为执法经费支持最多的 20 个省份，江苏（1300 万元）最高，超过 1000 万元，遥遥领先于其他省份。

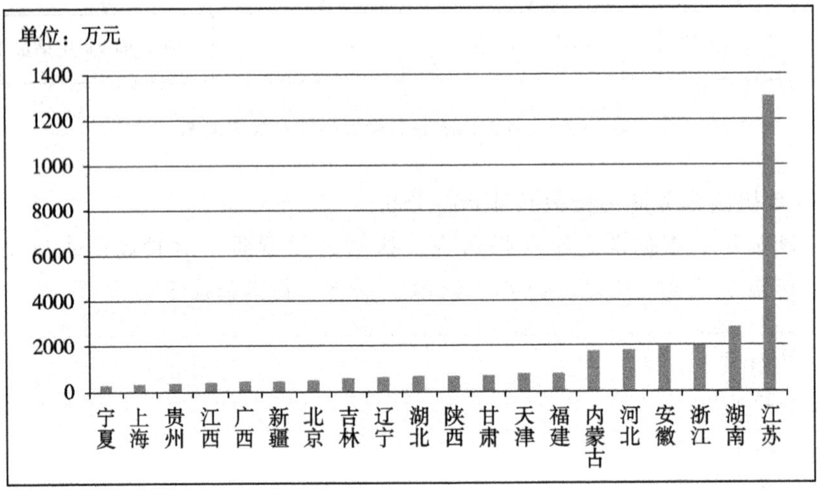

图 6－86 执法经费支持排名图

数据来源：国家知识产权局．

图 6－87 显示，海南—河北是接听咨询投诉电话量最少的 10 个省份，其中，海南、西藏和青海三省份接听咨询投诉电话量为 0；上海—福建是接听咨询投诉电话量最多的 10 个省份，其中，上海最多，高达 9308 个。

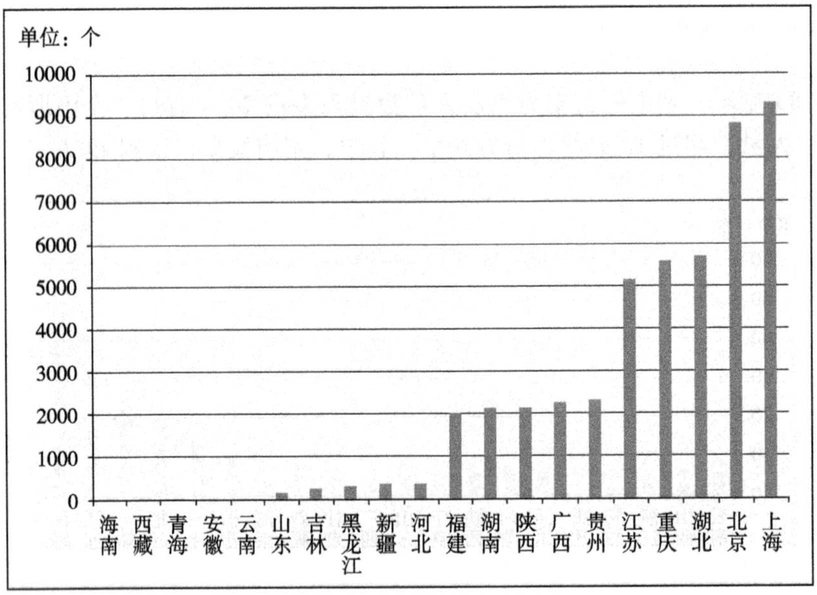

图 6－87 接听咨询投诉电话量排名图

数据来源：国家知识产权局．

5. 司法保护能力指数四级指标框架及排名与分析

（1）指标框架

司法保护能力指数由知识产权一审结案量指标来衡量（见图6－88）。

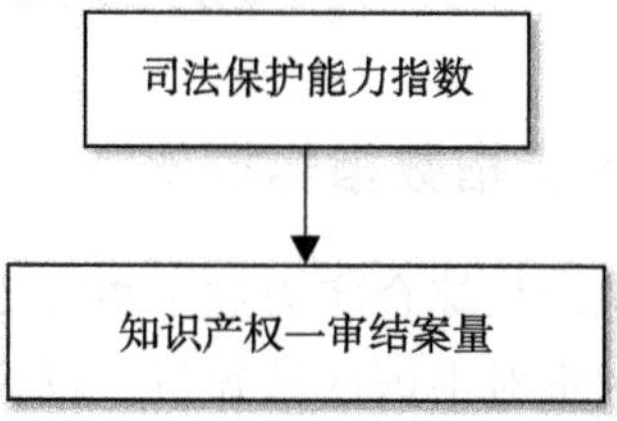

图6－88　司法保护能力指数指标框架图

（2）司法保护能力指数具体指标分析

图6－89显示，新疆—重庆是知识产权一审结案量最少的10个省份，其中，新疆和甘肃甚至低于10件；江苏—四川是该项指标最多的10个省份，其中，江苏（3697件）和浙江（3551件）超过3000件，领先于全国其他省份。

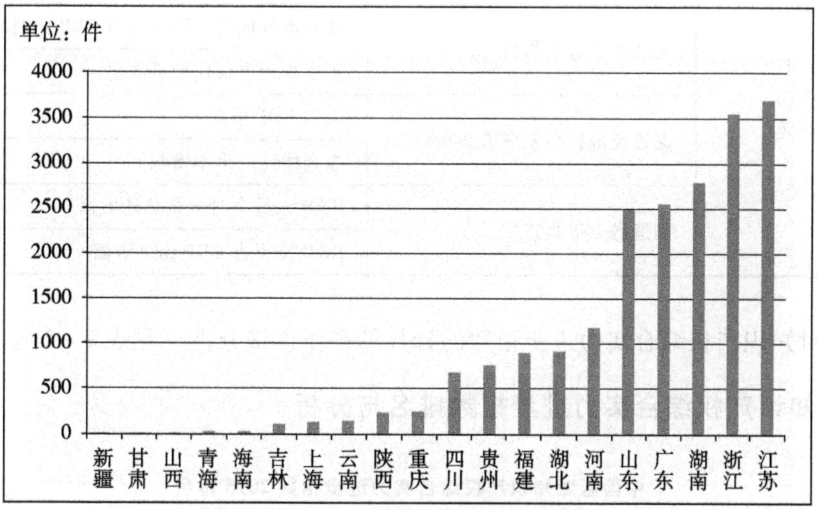

图6－89　知识产权一审结案量排名图

数据来源：国家知识产权局.

第七章　知识产权综合实力进步指数 2015 排名与分析

一、知识产权综合实力进步指数指标框架

与知识产权指数相比，知识产权综合实力进步指数侧重于考察增量，关注各省份知识产权的进步情况。本报告前六章对中国区域知识产权综合实力各项指标的指数与排名作了较为全面细致的分析，基本完成了对中国区域知识产权发展现状的考察。第七章重点阐述知识产权综合实力进步指数情况。知识产权综合实力进步指数的指标框架如表 7－1 所示，评价方法同样为综合指数法。

表 7－1　　知识产权综合实力进步指数指标框架

知识产权综合实力进步指数	产出水平进步指数	百万人口年度专利申请量增幅
		百万人口年度商标申请量增幅
	流动水平进步指数	技术市场成交合同金额与 GDP 比例增幅
		年度专利申请代理量增幅
	促进经济社会发展进步指数	人均 GDP 增幅
		综合能耗产出率增幅
	创造潜力进步指数	R&D 人员全时当量总计增幅
		R&D 支出占 GDP 比重增幅

下面对知识产权综合实力进步指数的计算结果作详细分析（见表 7－2）。

二、知识产权综合实力进步指数排名与分析

表 7－2　　中国区域知识产权综合实力进步指数 2015 排名

省　份	知识产权综合实力进步指数		产出水平进步		流动水平进步		促进经济社会发展进步		创造潜力进步	
	指数	排名	指数	排名	指数	排名	指数	排名	指数	排名
广　西	0.607	1	0.707	1	0.687	1	0.733	1	0.303	26
贵　州	0.495	2	0.412	16	0.407	4	0.620	2	0.542	7
重　庆	0.470	3	0.367	19	0.459	3	0.521	4	0.530	9
西　藏	0.469	4	0.511	8	0.353	6	0.396	13	0.617	2
海　南	0.468	5	0.483	9	0.571	2	0.352	21	0.465	12
安　徽	0.447	6	0.530	6	0.224	13	0.381	14	0.653	1

续表 7－2

省份	知识产权综合实力进步指数		产出水平进步		流动水平进步		促进经济社会发展进步		创造潜力进步	
	指数	排名	指数	排名	指数	排名	指数	排名	指数	排名
江　西	0.441	7	0.559	4	0.236	12	0.482	7	0.487	10
内蒙古	0.407	8	0.514	7	0.272	10	0.281	27	0.562	5
陕　西	0.403	9	0.476	10	0.324	7	0.409	11	0.403	17
甘　肃	0.403	10	0.530	5	0.277	9	0.416	10	0.388	19
河　南	0.389	11	0.454	11	0.205	18	0.330	23	0.566	3
天　津	0.362	12	0.326	23	0.392	5	0.268	28	0.462	13
吉　林	0.359	13	0.436	13	0.171	22	0.549	3	0.279	29
山　东	0.356	14	0.423	14	0.166	23	0.357	19	0.476	11
福　建	0.351	15	0.363	20	0.155	25	0.454	8	0.433	16
湖　南	0.350	16	0.313	26	0.205	17	0.504	5	0.378	20
云　南	0.350	17	0.357	21	0.212	15	0.503	6	0.327	24
山　西	0.341	18	0.625	2	0.236	11	0.129	31	0.374	22
河　北	0.339	19	0.445	12	0.125	28	0.224	29	0.565	4
广　东	0.332	20	0.339	22	0.217	14	0.398	12	0.376	21
北　京	0.328	21	0.414	15	0.292	8	0.310	25	0.295	27
浙　江	0.327	22	0.279	28	0.186	20	0.305	26	0.537	8
湖　北	0.326	23	0.295	27	0.172	21	0.443	9	0.393	18
四　川	0.323	24	0.316	25	0.163	24	0.368	18	0.445	14
新　疆	0.313	25	0.382	17	0.186	19	0.380	15	0.303	25
江　苏	0.312	26	0.200	31	0.132	27	0.353	20	0.561	6
宁　夏	0.309	27	0.579	3	0.008	31	0.320	24	0.328	23
上　海	0.286	28	0.228	29	0.111	30	0.372	17	0.433	15
青　海	0.243	29	0.380	18	0.211	16	0.380	16	0.000	31
辽　宁	0.243	30	0.225	30	0.117	29	0.344	22	0.284	28
黑龙江	0.220	31	0.316	24	0.149	26	0.191	30	0.222	30

中国区域知识产权综合实力进步指数最高的 10 个省份是广西、贵州、重庆、西藏、海南、安徽、江西、内蒙古、陕西、甘肃。广西高居榜首，这也解释了为什么广西成为 2015 年知识产权指数进步最快的省份之一。

纵览历史数据，不难发现，排名前 10 位的一直主要是中西部省份，表明了部分中西部省份起步虽然较晚，但是具备后发优势，正在缩短与发达地区的差距。其中，安徽连续六年排在前 10 位。

重庆是唯一一个排在知识产权综合实力进步指数前10位，同时也是知识产权指数前10强的省份。这也验证和解释了重庆作为一个西部省份，如何突围并领先于周边地区的。

同时，这些指数也反映了另外一个现象，即同区域内省份逐渐出现分化的趋势，部分西部省份进步显著，也有部分原地踏步，甚至倒退，东部地区也有部分省份呈现疲态。

三、知识产权产出水平进步指数指标与排名

1. 知识产权产出水平进步指数排名与分析（见表7－3）

表7－3　知识产权产出水平进步指数及排名

省份	产出水平进步指数		百万人口年度专利申请量增幅		百万人口年度商标申请量增幅	
	指数	排名	指数	排名	指数	排名
广西	0.707	1	1.000	1	0.414	17
山西	0.625	2	0.249	22	1.000	1
宁夏	0.579	3	0.936	2	0.222	29
江西	0.559	4	0.539	5	0.580	9
甘肃	0.530	5	0.466	7	0.594	6
安徽	0.530	6	0.352	15	0.707	3
内蒙古	0.514	7	0.513	6	0.514	12
西藏	0.511	8	0.115	27	0.907	2
海南	0.483	9	0.420	10	0.546	10
陕西	0.476	10	0.458	8	0.495	14
河南	0.454	11	0.410	11	0.499	13
河北	0.445	12	0.264	20	0.625	4
吉林	0.436	13	0.257	21	0.614	5
山东	0.423	14	0.310	18	0.536	11
北京	0.414	15	0.452	9	0.375	22
贵州	0.412	16	0.780	3	0.045	30
新疆	0.382	17	0.366	14	0.398	19
青海	0.380	18	0.374	13	0.385	20
重庆	0.367	19	0.389	12	0.346	25
福建	0.363	20	0.341	16	0.384	21
云南	0.357	21	0.339	17	0.374	23
广东	0.339	22	0.213	24	0.465	15

续表7-3

省份	产出水平进步指数		百万人口年度专利申请量增幅		百万人口年度商标申请量增幅	
	指数	排名	指数	排名	指数	排名
天津	0.326	23	0.652	4	0.000	31
黑龙江	0.316	24	0.047	29	0.585	8
四川	0.316	25	0.265	19	0.367	24
湖南	0.313	26	0.204	25	0.423	16
湖北	0.295	27	0.000	31	0.590	7
浙江	0.279	28	0.241	23	0.317	27
上海	0.228	29	0.045	30	0.410	18
辽宁	0.225	30	0.143	26	0.308	28
江苏	0.200	31	0.058	28	0.343	26

分析表7-3可以发现，中国区域知识产权产出水平进步指数排名前10位的省份是：广西、山西、宁夏、江西、甘肃、安徽、内蒙古、西藏、海南和陕西。排名后10位的省份是：广东、天津、黑龙江、四川、湖南、湖北、浙江、上海、辽宁、江苏。与综合实力进步指数趋势类似，仍然是中西部省份靠前，东部省份稍靠后。

2. 知识产权产出水平进步指数具体指标分析

(1) 百万人口年度专利申请量增幅指标分析

图7-1表明，广西—海南是2013年百万人口年度专利申请量增幅最高的10个省份，广西领先于其他省份，增幅接近70%。与2012年的宁夏相比，增幅略有降低。山

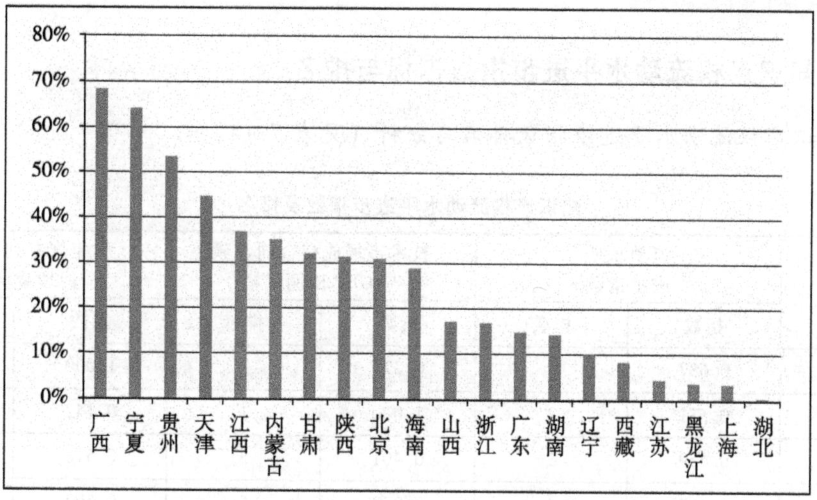

图7-1　百万人口年度专利申请量增幅排名图

数据来源：2013专利统计年报、2014中国统计年鉴．数据年代：2013年．

西—湖北是 2013 年百万人口年度专利申请量增幅最低的 10 个省份。

(2) 百万人口年度商标申请量增幅指标分析

图 7－2 表明，山西—海南是 2013 年百万人口年度商标申请量同期增幅最高的 10 个省份，其中，山西增长近 40%，领先于其他省份。北京—天津是增幅最低的 10 个省份，其中，贵州和天津都出现了下滑。

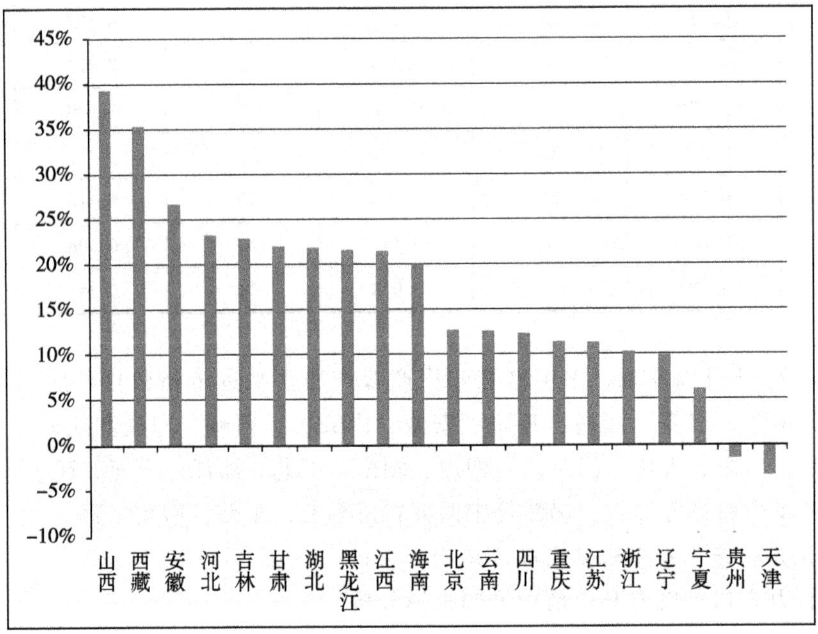

图 7－2　百万人口年度商标申请量增幅排名图

数据来源：2013 中国知识产权年报、2014 中国统计年鉴［M］. 数据年代：2013 年.

四、知识产权流动水平进步指数指标与排名

1. 知识产权流动水平进步指数排名与分析（见表 7－4）

表 7－4　知识产权流动水平进步指数及排名

省　份	流动水平进步指数		技术市场成交合同金额与 GDP 比例增幅		年度专利申请代理量增幅	
	指数	排名	指数	排名	指数	排名
广　西	0.687	1	0.373	3	1.000	1
海　南	0.571	2	1.000	1	0.142	27
重　庆	0.459	3	0.401	2	0.518	6
贵　州	0.407	4	0.223	5	0.592	4
天　津	0.392	5	0.132	17	0.652	2

续表 7－4

省　份	流动水平进步指数		技术市场成交合同金额与 GDP 比例增幅		年度专利申请代理量增幅	
	指数	排名	指数	排名	指数	排名
西　藏	0.353	6	0.106	21	0.601	3
陕　西	0.324	7	0.177	8	0.472	7
北　京	0.292	8	0.116	19	0.467	8
甘　肃	0.277	9	0.144	15	0.409	9
内蒙古	0.272	10	0.000	31	0.545	5
山　西	0.236	11	0.213	6	0.260	18
江　西	0.236	12	0.104	22	0.368	10
安　徽	0.224	13	0.167	10	0.281	14
广　东	0.217	14	0.163	11	0.272	17
云　南	0.212	15	0.080	26	0.343	12
青　海	0.211	16	0.148	14	0.275	16
湖　南	0.205	17	0.212	7	0.199	20
河　南	0.205	18	0.098	24	0.312	13
新　疆	0.186	19	0.023	29	0.349	11
浙　江	0.186	20	0.093	25	0.278	15
湖　北	0.172	21	0.257	4	0.087	30
吉　林	0.171	22	0.150	13	0.192	21
山　东	0.166	23	0.144	16	0.189	22
四　川	0.163	24	0.172	9	0.154	26
福　建	0.155	25	0.102	23	0.209	19
黑龙江	0.149	26	0.116	20	0.183	23
江　苏	0.132	27	0.160	12	0.104	28
河　北	0.125	28	0.070	27	0.179	24
辽　宁	0.117	29	0.066	28	0.168	25
上　海	0.111	30	0.125	18	0.097	29
宁　夏	0.008	31	0.016	30	0.000	31

分析表 7－4 可以发现，中国区域知识产权流动水平进步指数排名靠前的 10 个省份是：广西、海南、重庆、贵州、天津、西藏、陕西、北京、甘肃、内蒙古。排名后 10 位的省份是：吉林、山东、四川、福建、黑龙江、江苏、河北、辽宁、上海和宁夏。

总体来看，技术市场成交合同金额与 GDP 比例增幅与年度专利申请代理量增幅两个指标没有表现出较大的一致性，譬如：海南两项指标的排名分别是第 1 位和第 27 位，两者相差非常大。估计部分原因是因为虽然专利申请量高，但是能够转化为产业化的数量可能并不太理想。

2. 知识产权流动水平进步指数具体指标分析

（1）技术市场成交合同金额与GDP比例增幅指标分析

图7-3显示，海南—安徽是2013年技术市场成交合同金额与GDP比例增幅排名前10位的省份，其中，海南增幅更是超过500%，这与海南2012年基数太低有关系。江西—内蒙古是增幅后10位的省份，全部为负，其中，内蒙古和宁夏降幅超过50%。

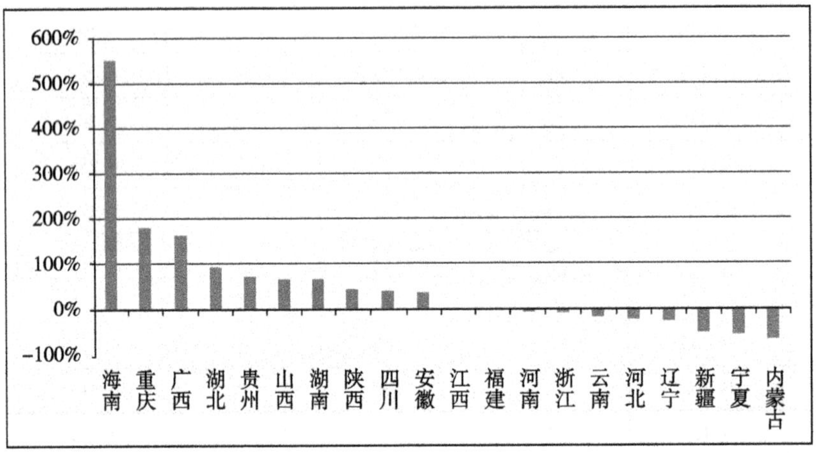

图7-3 技术市场成交合同金额与GDP比例增幅排名图

数据来源：科技部、2014中国统计年鉴［M］. 数据年代：2013年.

（2）年度专利申请代理量增幅指标分析

图7-4显示，广西—江西是2013年年度专利申请代理量增幅排名前10位的省份，排名第1位的广西增幅超过了80%，其他省份总体上呈现阶梯状分布。山东—宁夏是

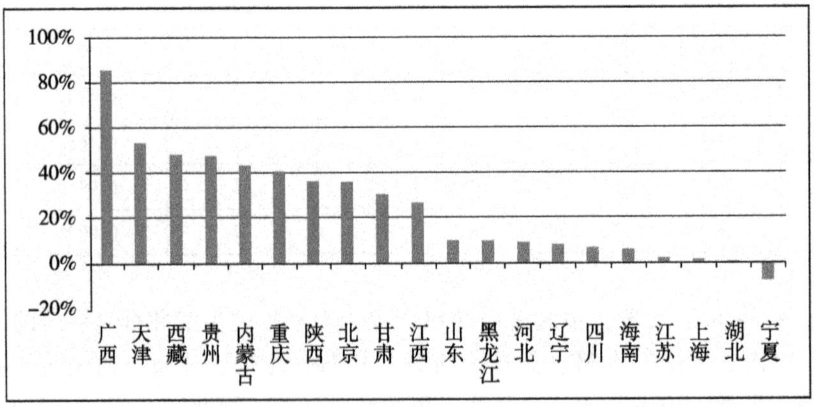

图7-4 年度专利申请代理量增幅排名图

数据来源：2013专利统计年报，数据年代：2013年.

增幅排名后 10 位的省份，其中，宁夏下滑了 7.48%。

五、知识产权促进经济社会发展进步指数指标与排名

1. 知识产权促进经济社会发展进步指数排名与分析（见表 7－5）

表 7－5　知识产权促进经济社会发展进步指数及排名

省份	促进经济社会发展进步指数		人均 GDP 增幅		综合能耗产出率增幅	
	指数	排名	指数	排名	指数	排名
广西	0.733	1	0.466	15	1.000	1
贵州	0.620	2	1.000	1	0.240	30
吉林	0.549	3	0.409	20	0.690	2
重庆	0.521	4	0.510	9	0.533	4
湖南	0.504	5	0.489	12	0.518	5
云南	0.503	6	0.746	3	0.260	24
江西	0.482	7	0.533	7	0.432	6
福建	0.454	8	0.485	13	0.423	7
湖北	0.443	9	0.548	6	0.338	11
甘肃	0.416	10	0.568	4	0.264	13
陕西	0.409	11	0.564	5	0.254	28
广东	0.398	12	0.386	22	0.409	8
西藏	0.396	13	0.792	2	0.000	31
安徽	0.381	14	0.498	11	0.263	15
新疆	0.380	15	0.499	10	0.262	18
青海	0.380	16	0.513	8	0.247	29
上海	0.372	17	0.158	29	0.587	3
四川	0.368	18	0.478	14	0.258	26
山东	0.357	19	0.416	19	0.298	12
江苏	0.353	20	0.446	16	0.260	22
海南	0.352	21	0.443	17	0.261	20
辽宁	0.344	22	0.428	18	0.260	21
河南	0.330	23	0.397	21	0.263	16
宁夏	0.320	24	0.386	23	0.255	27
北京	0.310	25	0.252	26	0.369	10
浙江	0.305	26	0.350	24	0.260	23
内蒙古	0.281	27	0.169	28	0.392	9

续表 7－5

省　份	促进经济社会发展进步指数		人均 GDP 增幅		综合能耗产出率增幅	
	指数	排名	指数	排名	指数	排名
天　津	0.268	28	0.274	25	0.262	17
河　北	0.224	29	0.184	27	0.263	14
黑龙江	0.191	30	0.120	30	0.262	19
山　西	0.129	31	0.000	31	0.258	25

分析表 7－5 可以发现，2013 年中国区域知识产权促进经济社会发展进步指数排名前 10 位的省份是：广西、贵州、吉林、重庆、湖南、云南、江西、福建、湖北和甘肃。排名后 10 位的省份是：辽宁、河南、宁夏、北京、浙江、内蒙古、天津、河北、黑龙江、山西。

2. 知识产权促进经济社会发展进步指数具体指标分析

（1）人均 GDP 增幅指标分析

图 7－5 显示，贵州—新疆是 2013 年人均 GDP 增幅最高的 10 个省份，除新疆（9.85%）外，均超过 10%。广东—山西是人均 GDP 增幅最低的 10 个省份，其中，山西增幅低于 5%。

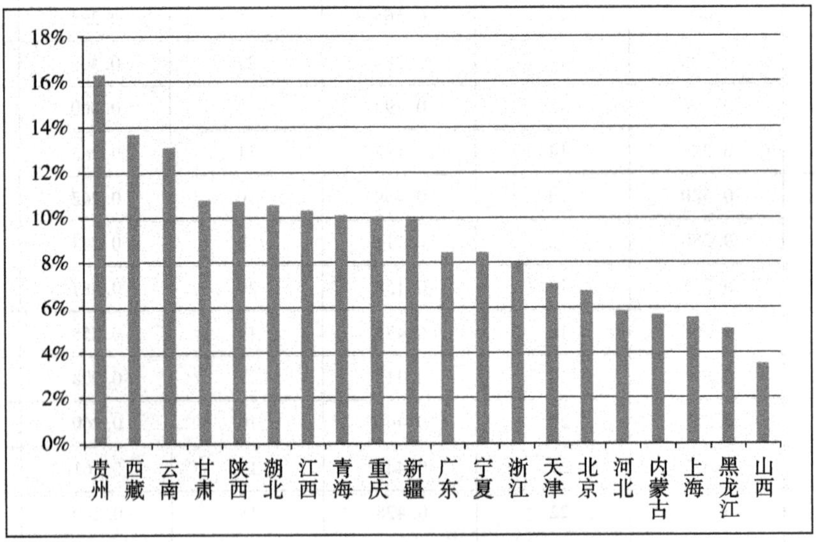

图 7－5　人均 GDP 增幅排名图

数据来源：2014 中国统计年鉴，数据年代：2013 年.

（2）综合能耗产出率增幅指标分析

图 7－6 显示，2013 年全国综合能耗产出率有大幅提高。广西—北京是综合能耗产出率增幅最高的 10 个省份，其中广西最高，约为 14.32%。整体综合能耗产出率增幅

低于 2012 年；江苏—西藏是增幅最低的 10 个省份，西藏由于数据没有进行统计，因此显示为零。

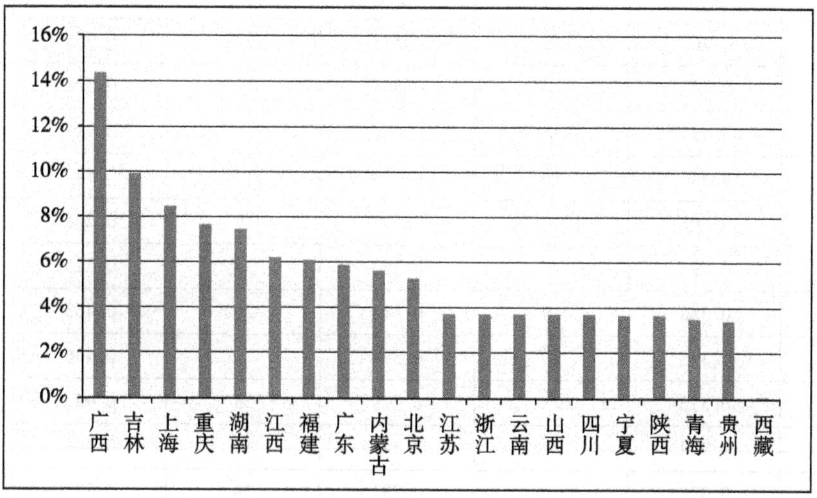

图 7-6　综合能耗产出率增幅排名图

数据来源：2014 中国统计年鉴．数据年代：2013 年．

六、知识产权创造潜力进步指数指标与排名

1. 知识产权创造潜力进步指数排名与分析（见表 7-6）

表 7-6　知识产权创造潜力进步指数及排名

省　份	创造潜力进步指数		R&D 人员全时当量总计增幅		R&D 支出占 GDP 比重增幅	
	指数	排名	指数	排名	指数	排名
安　徽	0.653	1	0.670	5	0.635	2
西　藏	0.617	2	0.234	27	1.000	1
河　南	0.566	3	0.750	2	0.383	18
河　北	0.565	4	0.620	8	0.510	5
内蒙古	0.562	5	0.708	3	0.416	15
江　苏	0.561	6	0.675	4	0.447	8
贵　州	0.542	7	1.000	1	0.084	30
浙　江	0.537	8	0.558	11	0.516	4
重　庆	0.530	9	0.621	6	0.439	12
江　西	0.487	10	0.621	7	0.354	22
山　东	0.476	11	0.506	13	0.447	8
海　南	0.465	12	0.297	22	0.633	3

续表 7－6

省 份	创造潜力进步指数		R&D 人员全时当量总计增幅		R&D 支出占 GDP 比重增幅	
	指数	排名	指数	排名	指数	排名
天 津	0.462	13	0.558	12	0.365	20
四 川	0.445	14	0.561	10	0.328	24
上 海	0.433	15	0.453	16	0.413	16
福 建	0.433	16	0.423	17	0.443	11
陕 西	0.403	17	0.603	9	0.202	28
湖 北	0.393	18	0.462	15	0.325	26
甘 肃	0.388	19	0.313	20	0.463	7
湖 南	0.378	20	0.320	19	0.436	13
广 东	0.376	21	0.279	25	0.473	6
山 西	0.374	22	0.345	18	0.402	17
宁 夏	0.328	23	0.281	24	0.375	19
云 南	0.327	24	0.292	23	0.363	21
新 疆	0.303	25	0.252	26	0.354	23
广 西	0.303	26	0.184	28	0.422	14
北 京	0.295	27	0.305	21	0.285	27
辽 宁	0.284	28	0.474	14	0.094	29
吉 林	0.279	29	0.115	30	0.443	10
黑龙江	0.222	30	0.119	29	0.326	25
青 海	0.000	31	0.000	31	0.000	31

分析表 7－6 可以发现，中国区域知识产权创造潜力进步指数排名前 10 位的省份是：安徽、西藏、河南、河北、内蒙古、江苏、贵州、浙江、重庆、江西。排名后 10 位的省份是：山西、宁夏、云南、新疆、广西、北京、辽宁、吉林、黑龙江、青海，除北京外，均为中西部省份。

2. 知识产权创造潜力进步指数具体指标分析

（1）R&D 人员全时当量总计增幅指标分析

图 7－7 显示，贵州—四川是 2013 年 R&D 人员全时当量总计增幅最高的 10 个省份，增幅均超过 10%；海南—青海是 R&D 人员全时当量总计增幅最低的 10 个省份，均不足 3%，其中，广西、黑龙江、吉林和青海出现了负增长，黑龙江已经连续两年负增长。

（2）R&D 支出占 GDP 比重增幅指标分析

图 7－8 显示，西藏—吉林是 2013 年 R&D 支出占 GDP 比重增幅排名全国前 10 位的省份，其中，西藏增幅超过了 30%，领先于其他省份。江西—青海是排名后 10 位的

省份，其中青海下滑最多，达到了 8%。

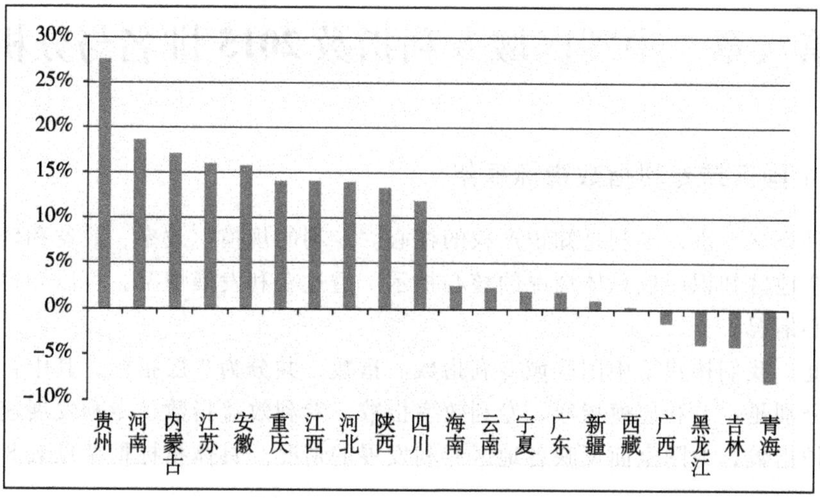

图 7-7　R&D 人员全时当量总计增幅排名图

数据来源：2014 中国统计年鉴．数据年代：2013 年．

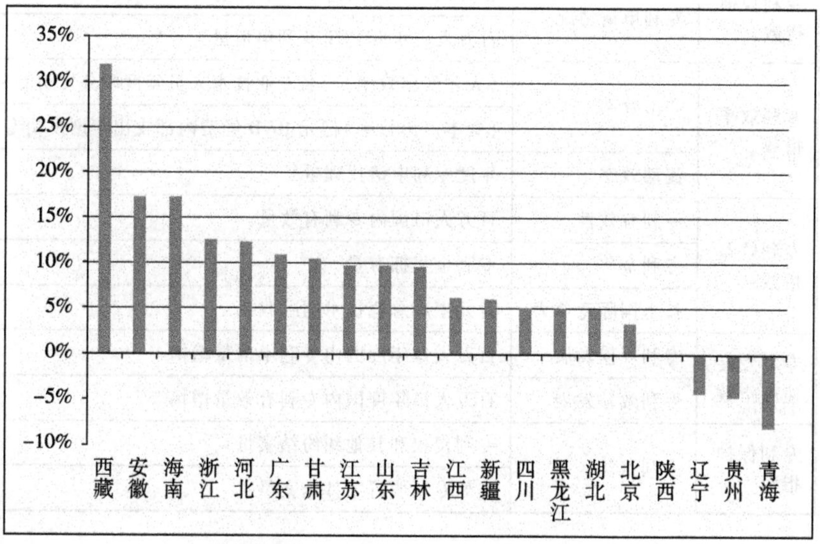

图 7-8　R&D 支出占 GDP 比重增幅排名图

数据来源：2014 中国统计年鉴．数据年代：2013 年．

第八章　中国区域专利指数2015排名与分析

一、中国区域专利指数指标框架

从某种意义上讲，专利是知识产权的核心。专利的规模、效率、效益和增长速度可以作为一个地区知识产权总体情况的核心指示。透过专利发展情况，可以知道地区知识产权的核心情况。

基于此，我们构建了中国区域专利指数。指数一共分为3层指标，其中，一级指标有5个，分别是：专利规模指数、专利效率指数、专利效益指数、专利发展速度指数以及专利保护指数，力图全面反映各地区专利发展的情况。具体指标框架见表8－1。

表8－1　　专利指数指标框架

	一级指标	二级指标	三级指标
专利指数	专利规模指数	专利申请情况	百万人口年度国内专利申请量
			百万人口年度PCT专利申请量
	专利效率指数	产出效率	(人才产出效率)万名专业技术人员年度职务发明专利申请量
			(资本产出效率)亿元R&D经费内部支出年度发明专利申请量
		流动效率	年度专利申请代理量
	专利效益指数	专利有效性	百万人口国内专利有效量
		专利金奖	专利金奖拥有量
		技术国际竞争力	万元生产总值技术国际收入
	专利发展速度指数	专利规模发展	百万人口年度国内专利申请量增幅
		专利效益发展	百万人口年度国内专利有效量增幅
	专利保护指数	专利执法	专利侵权和其他纠纷结案量
			查处专利假冒案件结案量

下面对专利指数的计算结果作详细分析（见表8－2）。

二、专利指数及排名

表8－2　　专利指数及排名表

省　份	专利指数		专利规模		专利效率		专利效益		专利发展速度		专利保护	
	指数	排名	指数	排名	指数	排名	指数	排名	指数	排名	指数	排名
北　京	0.600	1	0.970	1	0.434	6	1.000	1	0.558	11	0.036	20

续表8-2

省份	专利指数		专利规模		专利效率		专利效益		专利发展速度		专利保护	
	指数	排名	指数	排名	指数	排名	指数	排名	指数	排名	指数	排名
江苏	0.501	2	0.553	3	0.912	1	0.345	5	0.183	29	0.514	3
广东	0.468	3	0.585	2	0.443	5	0.387	3	0.333	23	0.591	1
浙江	0.381	4	0.481	4	0.433	7	0.363	4	0.398	21	0.230	5
上海	0.322	5	0.418	5	0.358	8	0.680	2	0.112	31	0.039	19
天津	0.318	6	0.368	6	0.308	12	0.226	6	0.657	7	0.031	22
陕西	0.295	7	0.130	11	0.453	4	0.120	9	0.677	6	0.097	10
广西	0.285	8	0.037	21	0.461	3	0.017	28	0.899	1	0.012	25
安徽	0.281	9	0.132	10	0.474	2	0.091	14	0.648	8	0.062	14
贵州	0.271	10	0.038	20	0.326	10	0.027	24	0.890	2	0.076	13
山东	0.270	11	0.146	8	0.329	9	0.133	7	0.332	24	0.408	4
宁夏	0.256	12	0.047	17	0.316	11	0.046	19	0.868	3	0.003	28
湖南	0.248	13	0.051	16	0.143	22	0.074	16	0.439	20	0.531	2
四川	0.217	14	0.085	13	0.306	13	0.118	10	0.459	19	0.118	8
福建	0.216	15	0.146	7	0.121	24	0.108	11	0.586	10	0.117	9
重庆	0.208	16	0.136	9	0.294	14	0.101	12	0.482	15	0.025	23
河南	0.199	17	0.046	18	0.163	20	0.065	17	0.515	14	0.204	6
江西	0.179	18	0.030	25	0.098	26	0.015	29	0.698	5	0.053	16
甘肃	0.175	19	0.031	23	0.093	27	0.017	27	0.701	4	0.034	21
湖北	0.171	20	0.077	14	0.190	17	0.076	15	0.349	22	0.161	7
辽宁	0.165	21	0.090	12	0.280	15	0.122	8	0.245	27	0.087	12
新疆	0.163	22	0.028	26	0.144	21	0.019	26	0.532	13	0.093	11
黑龙江	0.157	23	0.066	15	0.233	16	0.100	13	0.329	25	0.057	15
海南	0.155	24	0.023	27	0.172	19	0.028	23	0.543	12	0.011	26
云南	0.143	25	0.017	28	0.178	18	0.030	22	0.476	17	0.016	24
内蒙古	0.141	26	0.017	29	0.032	31	0.010	30	0.601	9	0.045	18
山西	0.135	27	0.042	19	0.124	23	0.020	25	0.481	16	0.009	27
河北	0.134	28	0.032	22	0.089	28	0.037	20	0.461	18	0.050	17
吉林	0.097	29	0.030	24	0.106	25	0.034	21	0.313	26	0.003	29
西藏	0.065	30	0.000	31	0.087	30	0.062	18	0.179	30	0.000	30
青海	0.059	31	0.011	30	0.088	29	0.010	31	0.187	28	0.000	30

从表8-2可以发现，专利指数排名前10位的省份是：北京、江苏、广东、浙江、

上海、天津、陕西、广西、安徽、贵州。排名后10位的省份是：新疆、黑龙江、海南、云南、内蒙古、山西、河北、吉林、西藏和青海。

从一级指标的表现来看，在专利规模、专利效率和专利效益指数方面，各省份表现基本一致，但是在专利发展速度和专利保护指数上，波动较大。江苏、广东、浙江、上海等4个省份在专利发展速度排名严重落后，不仅落后于中西部后发省份，也落后于北京、天津等省份。

三、专利规模指数及排名

表8-3　　专利规模指数及排名表

省份	专利规模		省份	专利规模	
	指数	排名		指数	排名
北京	0.970	1	宁夏	0.047	17
广东	0.585	2	河南	0.046	18
江苏	0.553	3	山西	0.042	19
浙江	0.481	4	贵州	0.038	20
上海	0.418	5	广西	0.037	21
天津	0.368	6	河北	0.032	22
福建	0.146	7	甘肃	0.031	23
山东	0.146	8	吉林	0.030	24
重庆	0.136	9	江西	0.030	25
安徽	0.132	10	新疆	0.028	26
陕西	0.130	11	海南	0.023	27
辽宁	0.090	12	云南	0.017	28
四川	0.085	13	内蒙古	0.017	29
湖北	0.077	14	青海	0.011	30
黑龙江	0.066	15	西藏	0.000	31
湖南	0.051	16			

从专利规模指数及排名表可以看出，专利规模指数排名前10位的省份是：北京、广东、江苏、浙江、上海、天津、福建、山东、重庆、安徽。与2014年相比，安徽取代陕西进入专利规模前10强。排名后10位的省份是：河北、甘肃、吉林、江西、新疆、海南、云南、内蒙古、青海、西藏。

四、专利效率指数及排名

表 8-4　专利效率指数及排名表

省　份	专利效率		产出效率		流动效率	
	指数	排名	指数	排名	指数	排名
江　苏	0.912	1	0.825	2	1.000	1
安　徽	0.474	2	0.783	3	0.165	7
广　西	0.461	3	0.875	1	0.048	17
陕　西	0.453	4	0.776	4	0.130	8
广　东	0.443	5	0.325	18	0.561	2
北　京	0.434	6	0.598	7	0.270	4
浙　江	0.433	7	0.348	15	0.518	3
上　海	0.358	8	0.527	8	0.190	6
山　东	0.329	9	0.466	13	0.193	5
贵　州	0.326	10	0.611	6	0.041	19
宁　夏	0.316	11	0.628	5	0.004	28
天　津	0.308	12	0.509	10	0.106	10
四　川	0.306	13	0.491	11	0.122	9
重　庆	0.294	14	0.524	9	0.063	15
辽　宁	0.280	15	0.475	12	0.084	13
黑龙江	0.233	16	0.430	14	0.036	21
湖　北	0.190	17	0.285	19	0.094	12
云　南	0.178	18	0.335	17	0.020	24
海　南	0.172	19	0.341	16	0.003	29
河　南	0.163	20	0.225	22	0.100	11
新　疆	0.144	21	0.273	20	0.014	26
湖　南	0.143	22	0.225	21	0.062	16
山　西	0.124	23	0.211	23	0.037	20
福　建	0.121	24	0.160	29	0.083	14
吉　林	0.106	25	0.191	24	0.022	23
江　西	0.098	26	0.171	27	0.026	22
甘　肃	0.093	27	0.171	28	0.015	25
河　北	0.089	28	0.132	30	0.046	18
青　海	0.088	29	0.175	25	0.002	30
西　藏	0.087	30	0.174	26	0.000	31
内蒙古	0.032	31	0.054	31	0.010	27

从专利效率指数及排名表可以看出，2014 年专利效率指数排名前 10 位的省份是：江苏、安徽、广西、陕西、广东、北京、浙江、上海、山东、贵州，基本上东部和中西部省份各占半壁，表明了中西部一些省份的专利效率同样较高。排名后 10 位的省份是：湖南、山西、福建、吉林、江西、甘肃、河北、青海、西藏和内蒙古，主要以中西部省份为主，表明专利效率还是存在一定的地域特征。

五、专利效益指数及排名

表 8－5　专利效益指数及排名表

省份	专利效益		专利有效性		专利金奖		技术国际竞争力	
	指数	排名	指数	排名	指数	排名	指数	排名
北京	1.000	1	1.000	1	1.000	1	1.000	1
上海	0.680	2	0.773	3	0.281	3	0.987	2
广东	0.387	3	0.524	5	0.491	2	0.146	5
浙江	0.363	4	0.969	2	0.088	10	0.032	11
江苏	0.345	5	0.745	4	0.228	4	0.060	9
天津	0.226	6	0.440	6	0.088	10	0.150	4
山东	0.133	7	0.192	9	0.193	6	0.013	17
辽宁	0.122	8	0.149	11	0.158	7	0.060	10
陕西	0.120	9	0.128	13	0.211	5	0.022	13
四川	0.118	10	0.128	12	0.088	10	0.139	6
福建	0.108	11	0.262	7	0.035	20	0.027	12
重庆	0.101	12	0.202	8	0.088	10	0.013	15
黑龙江	0.100	13	0.125	14	0.053	16	0.122	7
安徽	0.091	14	0.178	10	0.088	10	0.006	20
湖北	0.076	15	0.123	15	0.088	10	0.018	14
湖南	0.074	16	0.094	16	0.123	8	0.005	21
河南	0.065	17	0.071	17	0.123	8	0.002	28
西藏	0.062	18	0.000	31	0.000	27	0.185	3
宁夏	0.046	19	0.033	24	0.018	23	0.087	8
河北	0.037	20	0.057	19	0.053	16	0.003	26
吉林	0.034	21	0.062	18	0.035	20	0.005	22
云南	0.030	22	0.029	27	0.053	16	0.009	19
海南	0.028	23	0.027	29	0.053	16	0.004	23
贵州	0.027	24	0.045	21	0.035	20	0.000	31
山西	0.020	25	0.051	20	0.000	27	0.010	18

续表8-5

省份	专利效益		专利有效性		专利金奖		技术国际竞争力	
	指数	排名	指数	排名	指数	排名	指数	排名
新　疆	0.019	26	0.042	22	0.000	27	0.013	15
甘　肃	0.017	27	0.031	25	0.018	23	0.003	26
广　西	0.017	28	0.029	26	0.018	23	0.003	25
江　西	0.015	29	0.040	23	0.000	27	0.004	24
内蒙古	0.010	30	0.028	28	0.000	27	0.002	29
青　海	0.010	31	0.010	30	0.018	23	0.002	29

从专利效益指数及排名表可以看出，专利效益指数排名前10位的省份是：北京、上海、广东、浙江、江苏、天津、山东、辽宁、陕西、四川。与2014年相比，四川进入了前10位，取代了福建的位置。排名后10位的省份是：云南、海南、贵州、山西、新疆、甘肃、广西、江西、内蒙古、青海。

专利效益指数继续维持经济发达地区占优的局面，在分项指标（指标层）专利有效性、专利金奖和技术国际竞争力上，大部分省份表现有较高的一致性，波动较小，个别省份有一定的波动。

六、专利发展速度指数及排名

表8-6　　专利发展速度指数及排名表

省份	专利发展速度		专利规模发展		专利效益发展	
	指数	排名	指数	排名	指数	排名
广　西	0.899	1	1.000	1	0.798	8
贵　州	0.890	2	0.780	3	1.000	1
宁　夏	0.868	3	0.936	2	0.801	7
甘　肃	0.701	4	0.466	7	0.935	3
江　西	0.698	5	0.539	5	0.858	5
陕　西	0.677	6	0.458	8	0.895	4
天　津	0.657	7	0.652	4	0.662	16
安　徽	0.648	8	0.352	15	0.944	2
内蒙古	0.601	9	0.513	6	0.689	12
福　建	0.586	10	0.341	16	0.832	6
北　京	0.558	11	0.452	9	0.665	15
海　南	0.543	12	0.420	10	0.666	14
新　疆	0.532	13	0.366	14	0.697	11

续表 8-6

省份	专利发展速度		专利规模发展		专利效益发展	
	指数	排名	指数	排名	指数	排名
河南	0.515	14	0.410	11	0.620	19
重庆	0.482	15	0.389	12	0.576	22
山西	0.481	16	0.249	22	0.713	9
云南	0.476	17	0.339	17	0.613	20
河北	0.461	18	0.264	20	0.657	17
四川	0.459	19	0.265	19	0.653	18
湖南	0.439	20	0.204	25	0.675	13
浙江	0.398	21	0.241	23	0.556	23
湖北	0.349	22	0.000	31	0.699	10
广东	0.333	23	0.213	24	0.453	24
山东	0.332	24	0.310	18	0.355	26
黑龙江	0.329	25	0.047	29	0.610	21
吉林	0.313	26	0.257	21	0.370	25
辽宁	0.245	27	0.143	26	0.347	27
青海	0.187	28	0.374	13	0.000	31
江苏	0.183	29	0.058	28	0.308	28
西藏	0.179	30	0.115	27	0.242	29
上海	0.112	31	0.045	30	0.179	30

从专利发展速度指数及排名表上，我们可以看出，发展速度指数排名前10位的省份是：广西、贵州、宁夏、甘肃、江西、陕西、天津、安徽、内蒙古、福建。排名后10位的省份是：湖北、广东、山东、黑龙江、吉林、辽宁、青海、江苏、西藏、上海。

与前些年一样，专利发展速度指数排名靠前的主要以中西部省份为主，部分原因是基数较小，因此虽然绝对增长值尽管可能不大，但是相对的发展速度指标就会较为靠前。但也有部分东部省份表现突出，比如天津居于第7位，福建居于第10位，走出了“独立行情”，发展态势十分看好。

而排名靠后的省份则既有东部省份，如广东、山东、江苏和上海，也有黑龙江、青海等专利规模较小的省份。专利规模小，如果发展速度又缓慢的话，前景堪忧。

七、专利保护指数及排名

表 8－7　专利保护指数及排名表

省　份	专利保护		省　份	专利保护	
	指数	排名		指数	排名
广　东	0.591	1	河　北	0.050	17
湖　南	0.531	2	内蒙古	0.045	18
江　苏	0.514	3	上　海	0.039	19
山　东	0.408	4	北　京	0.036	20
浙　江	0.230	5	甘　肃	0.034	21
河　南	0.204	6	天　津	0.031	22
湖　北	0.161	7	重　庆	0.025	23
四　川	0.118	8	云　南	0.016	24
福　建	0.117	9	广　西	0.012	25
陕　西	0.097	10	海　南	0.011	26
新　疆	0.093	11	山　西	0.009	27
辽　宁	0.087	12	宁　夏	0.003	28
贵　州	0.076	13	吉　林	0.003	29
安　徽	0.062	14	西　藏	0.000	30
黑龙江	0.057	15	青　海	0.000	31
江　西	0.053	16			

从专利保护指数及排名表上，我们可以看出，专利保护指数排名前 10 位的省份是：广东、湖南、江苏、山东、浙江、河南、湖北、四川、福建、陕西。与 2014 年相比，福建和陕西是新面孔，其余都是 2014 年专利保护工作做得较好的省份。排名后 10 位的省份是：天津、重庆、云南、广西、海南、山西、宁夏、吉林、西藏、青海。

整体上来看，不论是前 10 位，还是后 10 位，都缺乏明显的区域特点。而且多年以来，排名变化不大。大致上可以反映专利保护和地区经济关联并不大，主要还是看对知识产权保护的重视程度。

第九章　中国区域商标指数2015排名与分析

一、中国区域商标指数指标框架

商标是知识产权的重要组成部分。商标经常是品牌和商誉的载体，承载着组织、企业以及个人所构建的品牌的内涵和权益，以及长期经营所凝聚的声誉，是重要的无形资产。商标的申请、注册、保护状况是知识产权发展水平的重要体现。

因此，构建单独的商标指数十分有必要。商标指数一共由3层指标构成，其中，一级指标有5个，分别是：商标规模指数、商标活跃指数、商标效益指数、商标发展速度指数、商标保护指数，一级指标又由若干个二三级指标构成。具体如下（见表9－1）：

表9－1　　商标指数指标框架

	一级指标	二级指标	三级指标
商标指数	商标规模指数	商标申请情况	百万人口年度商标申请量
	商标活跃指数	商标申请代理情况	商标代理机构(含律师事务所)数
	商标效益指数	商标有效性	百万人口有效商标量
		中华老字号	中华老字号商标拥有量
	商标发展速度指数	商标规模发展情况	百万人口年度商标申请量增幅
		商标效益发展情况	百万人口有效商标量增幅
	商标保护指数	商标执法	查处商标违法案件总数
			查处商标违法案件案值

下面对商标指数的计算结果作详细分析（见表9－2）。

二、商标指数及排名

表9－2　　商标指数及排名

省　份	商标指数		商标规模		商标活跃		商标效益		商标发展速度		商标保护	
	指数	排名	指数	排名	指数	排名	指数	排名	指数	排名	指数	排名
广　东	0.601	1	0.453	4	1.000	1	0.386	4	0.341	17	0.825	2
北　京	0.592	2	1.000	1	0.732	2	0.825	2	0.249	27	0.154	13
浙　江	0.524	3	0.496	3	0.305	3	0.602	3	0.214	29	1.000	1
上　海	0.496	4	0.686	2	0.232	5	0.835	1	0.331	19	0.397	8

续表 9-2

省份	商标指数		商标规模		商标活跃		商标效益		商标发展速度		商标保护	
	指数	排名	指数	排名	指数	排名	指数	排名	指数	排名	指数	排名
江苏	0.328	5	0.188	8	0.252	4	0.381	5	0.238	28	0.581	3
福建	0.315	6	0.380	5	0.132	7	0.304	6	0.306	22	0.451	7
安徽	0.254	7	0.077	14	0.082	10	0.096	16	0.531	4	0.481	6
河南	0.245	8	0.061	18	0.088	9	0.086	20	0.454	7	0.536	5
山东	0.244	9	0.117	10	0.187	6	0.245	8	0.356	14	0.317	9
湖北	0.231	10	0.065	16	0.053	15	0.104	15	0.393	11	0.537	4
重庆	0.213	11	0.214	6	0.079	11	0.122	11	0.596	2	0.055	24
陕西	0.201	12	0.136	9	0.047	16	0.119	12	0.600	1	0.103	19
四川	0.178	13	0.089	12	0.104	8	0.178	9	0.293	23	0.225	10
山西	0.161	14	0.036	28	0.021	25	0.087	18	0.545	3	0.116	15
云南	0.156	15	0.058	19	0.047	16	0.095	17	0.441	9	0.141	14
湖南	0.156	16	0.062	17	0.076	12	0.083	22	0.355	15	0.206	11
江西	0.144	17	0.058	21	0.030	20	0.085	21	0.443	8	0.104	18
贵州	0.137	18	0.053	22	0.025	23	0.031	29	0.522	5	0.052	26
河北	0.134	19	0.058	20	0.063	14	0.107	14	0.334	18	0.110	17
天津	0.131	20	0.208	7	0.044	18	0.285	7	0.067	31	0.052	25
辽宁	0.131	21	0.074	15	0.065	13	0.145	10	0.173	30	0.197	12
海南	0.116	22	0.097	11	0.006	28	0.054	23	0.364	13	0.057	23
新疆	0.110	23	0.079	13	0.026	22	0.046	25	0.284	25	0.114	16
吉林	0.109	24	0.050	24	0.033	19	0.087	19	0.315	21	0.060	22
黑龙江	0.103	25	0.042	27	0.029	21	0.119	13	0.292	24	0.034	27
西藏	0.102	26	0.029	29	0.000	31	0.006	31	0.477	6	0.000	31
青海	0.099	27	0.044	26	0.001	30	0.024	30	0.409	10	0.019	29
宁夏	0.098	28	0.053	23	0.006	29	0.032	27	0.381	12	0.017	30
广西	0.096	29	0.018	30	0.025	24	0.032	28	0.324	20	0.081	20
甘肃	0.094	30	0.000	31	0.010	27	0.039	26	0.346	16	0.073	21
内蒙古	0.083	31	0.047	25	0.017	26	0.051	24	0.277	26	0.024	28

从表 9-2 可见，商标指数排名前 10 位的省份是：广东、北京、浙江、上海、江苏、福建、安徽、河南、山东、湖北。与 2014 年相比，安徽、河南和湖北是新晋省份，2014 年的云南、四川和天津跌出前 10 位。

商标指数排名后 10 位的省份是：海南、新疆、吉林、黑龙江、西藏、青海、宁夏、广西、甘肃、内蒙古。与 2014 年相比，只有一个新面孔——黑龙江。

商标指数与当地经济发展水平有较强的关联关系。经济发达地区经常有更多的企业和产品，因此对应有更多的商标；同时，这些地区的市场竞争水平因此往往较高，因此品牌意识和商标保护意识也很强。

三、商标规模指数及排名

表 9－3　　商标规模指数及排名

省　份	商标规模		省　份	商标规模	
	指数	排名		指数	排名
北　京	1.000	1	湖　南	0.062	17
上　海	0.686	2	河　南	0.061	18
浙　江	0.496	3	云　南	0.058	19
广　东	0.453	4	河　北	0.058	20
福　建	0.380	5	江　西	0.058	21
重　庆	0.214	6	贵　州	0.053	22
天　津	0.208	7	宁　夏	0.053	23
江　苏	0.188	8	吉　林	0.050	24
陕　西	0.136	9	内蒙古	0.047	25
山　东	0.117	10	青　海	0.044	26
海　南	0.097	11	黑龙江	0.042	27
四　川	0.089	12	山　西	0.036	28
新　疆	0.079	13	西　藏	0.029	29
安　徽	0.077	14	广　西	0.018	30
辽　宁	0.074	15	甘　肃	0.000	31
湖　北	0.065	16			

从表 9－3 商标规模指数及排名表可以看出，商标规模指数排名前 10 位的省份是：北京、上海、浙江、广东、福建、重庆、天津、江苏、陕西和山东。和 2014 年基本一致。排名后 10 位的省份是：贵州、宁夏、吉林、内蒙古、青海、黑龙江、山西、西藏、广西和甘肃。

整体来看，商标规模的区域特征较为明显，排名前 10 位中主要以东部经济发达省份为主，只有重庆和陕西两个中西部省份。商标规模从一个角度说明经济的活跃度，因此经济发达省份商标规模指数表现更好。

四、商标活跃指数及排名

表9-4　商标活跃指数及排名

省　份	商标活跃		省　份	商标活跃	
	指数	排名		指数	排名
广　东	1.000	1	陕　西	0.047	17
北　京	0.732	2	天　津	0.044	18
浙　江	0.305	3	吉　林	0.033	19
江　苏	0.252	4	江　西	0.030	20
上　海	0.232	5	黑龙江	0.029	21
山　东	0.187	6	新　疆	0.026	22
福　建	0.132	7	贵　州	0.025	23
四　川	0.104	8	广　西	0.025	24
河　南	0.088	9	山　西	0.021	25
安　徽	0.082	10	内蒙古	0.017	26
重　庆	0.079	11	甘　肃	0.010	27
湖　南	0.076	12	海　南	0.006	28
辽　宁	0.065	13	宁　夏	0.006	29
河　北	0.063	14	青　海	0.001	30
湖　北	0.053	15	西　藏	0.000	31
云　南	0.047	16			

从表9-4商标活跃指数及排名表可以看出，商标活跃指数排名前10位的省份是：广东、北京、浙江、江苏、上海、山东、福建、四川、河南和安徽。与2014年相比，唯一的变化是安徽替代了重庆的位置。排名后10位的是新疆、贵州、广西、山西、内蒙古、甘肃、海南、宁夏、青海和西藏。与2014年相比，唯一的变化是新疆跌入后10位，2014年的第22位——江西上升至第20位。商标活跃指数同样体现了较为明显的东强西弱的趋势，经济发达地区占优，商标规模较大的地区必然伴随着中介市场的活跃，符合常识逻辑。

五、商标效益指数及排名

表9-5　商标效益指数及排名

省　份	商标效益		商标有效性		中华老字号	
	指数	排名	指数	排名	指数	排名
上　海	0.835	1	0.669	3	1.000	1

续表 9－5

省份	商标效益		商标有效性		中华老字号	
	指数	排名	指数	排名	指数	排名
北京	0.825	2	1.000	1	0.650	2
浙江	0.602	3	0.699	2	0.506	4
广东	0.386	4	0.456	4	0.317	7
江苏	0.381	5	0.230	6	0.533	3
福建	0.304	6	0.419	5	0.189	9
天津	0.285	7	0.204	7	0.367	5
山东	0.245	8	0.123	9	0.367	5
四川	0.178	9	0.084	13	0.272	8
辽宁	0.145	10	0.101	11	0.189	9
重庆	0.122	11	0.139	8	0.106	22
陕西	0.119	12	0.088	12	0.150	12
黑龙江	0.119	13	0.060	19	0.178	11
河北	0.107	14	0.063	18	0.150	12
湖北	0.104	15	0.064	15	0.144	15
安徽	0.096	16	0.053	21	0.139	17
云南	0.095	17	0.045	25	0.144	15
山西	0.087	18	0.025	27	0.150	12
吉林	0.087	19	0.064	16	0.111	20
河南	0.086	20	0.049	23	0.122	18
江西	0.085	21	0.048	24	0.122	18
湖南	0.083	22	0.055	20	0.111	20
海南	0.054	23	0.107	10	0.000	30
内蒙古	0.051	24	0.064	17	0.039	26
新疆	0.046	25	0.075	14	0.017	27
甘肃	0.039	26	0.000	31	0.078	23
宁夏	0.032	27	0.053	22	0.011	28
广西	0.032	28	0.014	28	0.050	24
贵州	0.031	29	0.012	29	0.050	24
青海	0.024	30	0.042	26	0.006	29
西藏	0.006	31	0.012	30	0.000	30

从表 9－5 商标效益指数及排名表可以看出，商标效益指数排名前 10 位的省份是上

海、北京、浙江、广东、江苏、福建、天津、山东、四川和辽宁，与 2014 年一致。排名后 10 位的省份是湖南、海南、内蒙古、新疆、甘肃、宁夏、广西、贵州、青海和西藏。唯一的变化是宁夏和广西互换了位次。

商标效益指数仍然维持经济发达地区占优的局面，在商标有效性和中华老字号上，各省份有一定的一致性。排名靠前的省份历史上大都积淀深厚，经济富饶，文化灿烂。

六、商标发展速度指数及排名

表 9-6　商标发展速度指数及排名

省份	商标发展速度		商标规模发展情况		商标效益发展情况	
	指数	排名	指数	排名	指数	排名
陕西	0.600	1	0.495	14	0.706	3
重庆	0.596	2	0.346	25	0.847	2
山西	0.545	3	1.000	1	0.090	25
安徽	0.531	4	0.707	3	0.355	8
贵州	0.522	5	0.045	30	1.000	1
西藏	0.477	6	0.907	2	0.046	26
河南	0.454	7	0.499	13	0.410	7
江西	0.443	8	0.580	9	0.307	9
云南	0.441	9	0.374	23	0.508	5
青海	0.409	10	0.385	20	0.433	6
湖北	0.393	11	0.590	7	0.196	16
宁夏	0.381	12	0.222	29	0.541	4
海南	0.364	13	0.546	10	0.181	17
山东	0.356	14	0.536	11	0.175	18
湖南	0.355	15	0.423	16	0.288	10
甘肃	0.346	16	0.594	6	0.099	24
广东	0.341	17	0.465	15	0.218	15
河北	0.334	18	0.625	4	0.043	27
上海	0.331	19	0.410	18	0.251	11
广西	0.324	20	0.414	17	0.234	12
吉林	0.315	21	0.614	5	0.015	30
福建	0.306	22	0.384	21	0.229	13
四川	0.293	23	0.367	24	0.220	14
黑龙江	0.292	24	0.585	8	0.000	31
新疆	0.284	25	0.398	19	0.170	19

续表 9-6

省 份	商标发展速度		商标规模发展		商标效益发展	
	指数	排名	指数	排名	指数	排名
内蒙古	0.277	26	0.514	12	0.040	28
北 京	0.249	27	0.375	22	0.122	22
江 苏	0.238	28	0.343	26	0.132	21
浙 江	0.214	29	0.317	27	0.111	23
辽 宁	0.173	30	0.308	28	0.039	29
天 津	0.067	31	0.000	31	0.135	20

从表9-6商标发展速度指数及排名表上，商标发展速度指数排名前10位的省份是：陕西、重庆、山西、安徽、贵州、西藏、河南、江西、云南、青海。排名后10位的省份是：福建、四川、黑龙江、新疆、内蒙古、北京、江苏、浙江、辽宁、天津。

商标发展速度指数与之前几个指数完全相反，排名靠前的大都是中西部省份，这些地区由于发展较晚，基数较小，相对速度较快。东部省份由于基数较大，因此增速相对较慢。但是值得注意的是，黑龙江、新疆、内蒙古等省份商标规模并不大，但是增速却较慢，表明当地经济活跃度堪忧。

七、商标保护指数及排名

表9-7 **商标保护指数及排名**

省 份	商标保护		查处商标违法案件总数		查处商标违法案件案值	
	指数	排名	指数	排名	指数	排名
浙 江	1.000	1	1.000	1	1.000	1
广 东	0.825	2	0.964	2	0.686	3
江 苏	0.581	3	0.423	8	0.739	2
湖 北	0.537	4	0.435	7	0.639	4
河 南	0.536	5	0.848	3	0.224	8
安 徽	0.481	6	0.832	4	0.130	13
福 建	0.451	7	0.671	5	0.231	7
上 海	0.397	8	0.452	6	0.342	5
山 东	0.317	9	0.415	9	0.219	10
四 川	0.225	10	0.167	15	0.282	6
湖 南	0.206	11	0.192	10	0.221	9
辽 宁	0.197	12	0.183	11	0.212	11
北 京	0.154	13	0.144	17	0.164	12

续表 9-7

省份	商标保护		查处商标违法案件总数		查处商标违法案件案值	
	指数	排名	指数	排名	指数	排名
云　南	0.141	14	0.172	13	0.111	14
山　西	0.116	15	0.175	12	0.057	20
新　疆	0.114	16	0.132	18	0.096	16
河　北	0.110	17	0.168	14	0.053	21
江　西	0.104	18	0.097	21	0.111	15
陕　西	0.103	19	0.164	16	0.043	22
广　西	0.081	20	0.122	19	0.040	24
甘　肃	0.073	21	0.105	20	0.040	23
吉　林	0.060	22	0.058	24	0.061	18
海　南	0.057	23	0.080	22	0.034	26
重　庆	0.055	24	0.036	27	0.074	17
天　津	0.052	25	0.044	25	0.060	19
贵　州	0.052	26	0.068	23	0.035	25
黑龙江	0.034	27	0.039	26	0.029	27
内蒙古	0.024	28	0.028	30	0.020	28
青　海	0.019	29	0.033	28	0.004	29
宁　夏	0.017	30	0.029	29	0.004	30
西　藏	0.000	31	0.000	31	0.000	31

从表 9-7 商标保护指数及排名表上，我们可以看出，商标保护指数排名前 10 位的省份是：浙江、广东、江苏、湖北、河南、安徽、福建、上海、山东和四川。排名后 10 位的省份是：吉林、海南、重庆、天津、贵州、黑龙江、内蒙古、青海、宁夏和西藏。商标保护指数的高低反映了当地执法机构的重视程度、能力和效果。从排名上来看，重庆、天津等商标指数排名靠前的省份在商标保护方面的表现很不理想，不利于当地营商环境的完善和发展。

附录一　各省份知识产权综合实力分项指标指数及排名

（附录）表1－1　　北京知识产权综合实力分项指标指数及排名表

知识产权综合实力指数　0.658			综合排名　1		
指标	指数	排名	指标	指数	排名
知识产权产出水平	0.753	1			
人均产出	0.891	1	外贸额与PCT专利比	1.000	1
专利总量	0.770	1	产出效率	0.598	7
商标总量	1.000	1	人才产出效率	0.837	4
版权总量	1.000	1	资本产出效率	0.360	10
集成电路布图设计总量	0.686	2	企业产出	0.504	4
农业植物新品种总量	1.000	1	企业产出规模	0.267	4
产出质量	0.842	1	企业产出质量	0.257	5
专利有效性	0.751	1	企业产出效率	0.987	1
商标有效性	1.000	1	高校和研发机构产出	0.930	1
专利金奖	1.000	1	高校和研发机构产出规模	1.000	1
“中华老字号”商标	0.650	2	高校和研发机构产出质量	1.000	1
集成电路布图设计登记发证	0.650	2	高校和研发机构产出效率	0.789	4
知识产权流动水平	0.653	1			
技术市场交易	0.853	1	专利代理	1.000	1
技术市场规模	1.000	1	律师事务所	0.861	2
技术市场开放度	0.459	5	评估机构	1.000	1
技术外溢度	0.952	1	企业技改、引进	0.209	8
技术国际竞争力	1.000	1	技术改造	0.088	23
知识产权服务机构	0.898	1	国内引进	0.075	17
商标代理机构	0.732	2	国外引进	0.465	5
知识产权综合绩效	0.702	2			
宏观经济绩效	0.832	1	社会进步绩效	0.839	2
经济发展水平	0.925	2	环境改善	0.515	21
经济增长方式转变	0.610	4	社会发展	0.993	2
经济结构优化	0.960	1	社会生活信息化	1.000	1

续表 1-1

知识产权综合实力指数　0.658			综合排名　1		
指标	指数	排名	指标	指数	排名
文化进步	0.848	3	产品升级	0.805	4
企业发展绩效	0.435	7	设备更新	0.064	25
知识产权创造潜力	0.525	2			
创造投入	0.637	1	科普	1.000	1
人才投入	0.405	6	知识产权试点示范	0.484	5
资本投入	0.272	10	知识产权试点示范城市	0.000	17
文化投入	0.140	20	知识产权试点示范园区	0.143	12
创造成果	0.561	1	知识产权试点单位	0.860	2
论文	0.849	1	文化产业示范	0.933	2
国家产业化项目	0.098	10	企业创造潜力	0.560	4
科技成果	1.000	1	企业科研基础	0.634	4
高新技术产业科技项目	0.298	4	企业人才投入	0.487	4
创造环境	0.729	1	企业资本投入	0.918	2
财政支持	1.000	1	企业新产品开发	0.202	7
金融环境	1.000	1	知识产权保护	0.176	12
开放程度	0.353	7	专利行政执法	0.036	20
教育环境	0.688	3	商标行政执法	0.154	13
文化环境	0.382	10	行政执法服务能力	0.420	3
高新技术开发区	0.683	1	司法保护能力	0.094	17

(附录)表 1-2　　江苏知识产权综合实力分项指标指数及排名表

知识产权综合实力指数　0.571			综合排名　2		
指标	指数	排名	指标	指数	排名
知识产权产出水平	0.619	2			
人均产出	0.252	4	商标有效性	0.230	6
专利总量	0.580	2	专利金奖	0.228	4
商标总量	0.188	8	“中华老字号”商标	0.533	3
版权总量	0.038	4	集成电路布图设计登记发证	0.245	3
集成电路布图设计总量	0.276	3	外贸额与 PCT 专利比	0.076	16
农业植物新品种总量	0.177	8	产出效率	0.825	2
产出质量	0.311	5	人才产出效率	0.993	2
专利有效性	0.556	4	资本产出效率	0.656	3

续表 1－2

知识产权综合实力指数 0.571			综合排名 2		
指标	指数	排名	指标	指数	排名
企业产出	0.821	1	高校和研发机构产出	0.884	2
企业产出规模	1.000	1	高校和研发机构产出规模	0.868	2
企业产出质量	1.000	1	高校和研发机构产出质量	0.784	2
企业产出效率	0.463	11	高校和研发机构产出效率	1.000	1
知识产权流动水平	0.518	3			
技术市场交易	0.342	4	专利代理	0.183	4
技术市场规模	0.258	3	律师事务所	0.619	4
技术市场开放度	0.566	3	评估机构	0.097	11
技术外溢度	0.482	8	企业技改、引进	0.926	1
技术国际竞争力	0.060	9	技术改造	1.000	1
知识产权服务机构	0.288	4	国内引进	1.000	1
商标代理机构	0.252	4	国外引进	0.779	2
知识产权综合绩效	0.527	6			
宏观经济绩效	0.577	5	社会发展	0.700	5
经济发展水平	0.666	5	社会生活信息化	0.419	8
经济增长方式转变	0.527	5	文化进步	1.000	1
经济结构优化	0.536	5	企业发展绩效	0.327	9
社会进步绩效	0.676	4	产品升级	0.599	8
环境改善	0.587	13	设备更新	0.056	27
知识产权创造潜力	0.621	1			
创造投入	0.545	3	开放程度	0.523	3
人才投入	0.398	7	教育环境	0.637	7
资本投入	0.253	12	文化环境	0.730	1
文化投入	0.599	2	高新技术开发区	0.576	2
创造成果	0.517	2	科普	0.463	3
论文	0.339	10	知识产权试点示范	0.662	1
国家产业化项目	0.979	1	知识产权试点示范城市	1.000	1
科技成果	0.149	13	知识产权试点示范园区	1.000	1
高新技术产业科技项目	0.602	2	知识产权试点单位	0.116	26
创造环境	0.513	3	文化产业示范	0.533	4
财政支持	0.396	4	企业创造潜力	0.790	1
金融环境	0.264	5	企业科研基础	0.882	1

续表 1-2

知识产权综合实力指数 0.571			综合排名 2		
指标	指数	排名	指标	指数	排名
企业人才投入	0.554	2	专利行政执法	0.514	3
企业资本投入	0.723	6	商标行政执法	0.581	3
企业新产品开发	1.000	1	行政执法服务能力	0.694	1
知识产权保护	0.697	1	司法保护能力	1.000	1

(附录)表 1-3 上海知识产权综合实力分项指标指数及排名表

知识产权综合实力指数 0.548			综合排名 3		
指标	指数	排名	指标	指数	排名
知识产权产出水平	0.516	3			
人均产出	0.499	2	外贸额与 PCT 专利比	0.092	12
专利总量	0.389	6	产出效率	0.527	8
商标总量	0.686	2	人才产出效率	0.750	6
版权总量	0.157	2	资本产出效率	0.304	17
集成电路布图设计总量	1.000	1	企业产出	0.386	6
农业植物新品种总量	0.265	4	企业产出规模	0.193	7
产出质量	0.602	2	企业产出质量	0.302	4
专利有效性	0.567	3	企业产出效率	0.662	6
商标有效性	0.669	3	高校和研发机构产出	0.568	4
专利金奖	0.281	3	高校和研发机构产出规模	0.493	3
“中华老字号”商标	1.000	1	高校和研发机构产出质量	0.489	3
集成电路布图设计登记发证	1.000	1	高校和研发机构产出效率	0.721	5
知识产权流动水平	0.573	2			
技术市场交易	0.694	2	专利代理	0.229	3
技术市场规模	0.278	2	律师事务所	0.587	5
技术市场开放度	0.940	1	评估机构	0.258	4
技术外溢度	0.570	5	企业技改、引进	0.700	2
技术国际竞争力	0.987	2	技术改造	0.191	13
知识产权服务机构	0.326	3	国内引进	0.910	2
商标代理机构	0.232	5	国外引进	1.000	1
知识产权综合绩效	0.704	1			
宏观经济绩效	0.775	2	经济增长方式转变	0.697	2
经济发展水平	0.964	1	经济结构优化	0.666	2

续表 1-3

知识产权综合实力指数 0.548			综合排名 3		
指标	指数	排名	指标	指数	排名
社会进步绩效	0.850	1	文化进步	0.767	4
环境改善	0.824	2	企业发展绩效	0.485	4
社会发展	1.000	1	产品升级	0.922	2
社会生活信息化	0.809	2	设备更新	0.048	28
知识产权创造潜力	0.397	6			
创造投入	0.432	4	科普	0.280	6
人才投入	0.545	3	知识产权试点示范	0.321	8
资本投入	0.398	7	知识产权试点示范城市	0.000	17
文化投入	0.104	24	知识产权试点示范园区	0.214	7
创造成果	0.263	5	知识产权试点单位	0.535	9
论文	0.476	4	文化产业示范	0.533	4
国家产业化项目	0.054	19	企业创造潜力	0.520	5
科技成果	0.348	2	企业科研基础	0.300	6
高新技术产业科技项目	0.174	8	企业人才投入	0.474	5
创造环境	0.643	2	企业资本投入	1.000	1
财政支持	0.980	2	企业新产品开发	0.306	5
金融环境	0.788	2	知识产权保护	0.206	9
开放程度	0.961	1	专利行政执法	0.039	19
教育环境	0.478	19	商标行政执法	0.397	8
文化环境	0.562	4	行政执法服务能力	0.348	5
高新技术开发区	0.449	8	司法保护能力	0.038	25

(附录)表 1-4　广东知识产权综合实力分项指标指数及排名表

知识产权综合实力指数 0.494			综合排名 4		
指标	指数	排名	指标	指数	排名
知识产权产出水平	0.377	5			
人均产出	0.223	5	产出质量	0.366	4
专利总量	0.419	4	专利有效性	0.391	5
商标总量	0.453	4	商标有效性	0.456	4
版权总量	0.006	16	专利金奖	0.491	2
集成电路布图设计总量	0.189	5	“中华老字号”商标	0.317	7
农业植物新品种总量	0.046	25	集成电路布图设计登记发证	0.156	6

续表 1-4

知识产权综合实力指数　0.494			综合排名　4		
指标	指数	排名	指标	指数	排名
外贸额与 PCT 专利比	0.383	2	企业产出质量	0.719	3
产出效率	0.325	18	企业产出效率	0.762	5
人才产出效率	0.363	18	高校和研发机构产出	0.332	6
资本产出效率	0.287	19	高校和研发机构产出规模	0.263	6
企业产出	0.641	2	高校和研发机构产出质量	0.263	6
企业产出规模	0.442	3	高校和研发机构产出效率	0.470	9
知识产权流动水平	0.486	4			
技术市场交易	0.372	3	专利代理	0.355	2
技术市场规模	0.190	5	律师事务所	1.000	1
技术市场开放度	0.681	2	评估机构	0.355	2
技术外溢度	0.471	11	企业技改、引进	0.407	4
技术国际竞争力	0.146	5	技术改造	0.398	5
知识产权服务机构	0.677	2	国内引进	0.156	8
商标代理机构	1.000	1	国外引进	0.668	3
知识产权综合绩效	0.599	3			
宏观经济绩效	0.644	4	社会发展	0.688	6
经济发展水平	0.620	6	社会生活信息化	0.782	3
经济增长方式转变	0.717	1	文化进步	0.568	8
经济结构优化	0.596	3	企业发展绩效	0.460	6
社会进步绩效	0.693	3	产品升级	0.690	7
环境改善	0.732	4	设备更新	0.229	6
知识产权创造潜力	0.514	3			
创造投入	0.409	5	财政支持	0.288	8
人才投入	0.146	23	金融环境	0.231	6
资本投入	0.085	28	开放程度	0.683	2
文化投入	0.308	7	教育环境	0.638	6
创造成果	0.356	3	文化环境	0.600	2
论文	0.147	26	高新技术开发区	0.423	9
国家产业化项目	0.222	5	科普	0.683	2
科技成果	0.057	28	知识产权试点示范	0.538	4
高新技术产业科技项目	1.000	1	知识产权试点示范城市	0.375	5
创造环境	0.506	4	知识产权试点示范园区	0.357	4

续表 1－4

知识产权综合实力指数 0.494			综合排名 4		
指标	指数	排名	指标	指数	排名
知识产权试点单位	0.419	18	企业新产品开发	0.827	2
文化产业示范	1.000	1	知识产权保护	0.600	2
企业创造潜力	0.676	2	专利行政执法	0.591	1
企业科研基础	0.227	12	商标行政执法	0.825	2
企业人才投入	0.732	1	行政执法服务能力	0.299	6
企业资本投入	0.917	3	司法保护能力	0.687	4

(附录)表 1－5　　浙江知识产权综合实力分项指标指数及排名表

知识产权综合实力指数 0.434			综合排名 5		
指标	指数	排名	指标	指数	排名
知识产权产出水平	0.426	4			
人均产出	0.282	3	外贸额与 PCT 专利比	0.067	18
专利总量	0.525	3	产出效率	0.348	15
商标总量	0.496	3	人才产出效率	0.388	15
版权总量	0.019	8	资本产出效率	0.308	16
集成电路布图设计总量	0.197	4	企业产出	0.529	3
农业植物新品种总量	0.175	9	企业产出规模	0.551	2
产出质量	0.373	3	企业产出质量	0.752	2
专利有效性	0.712	2	企业产出效率	0.285	16
商标有效性	0.699	2	高校和研发机构产出	0.597	3
专利金奖	0.088	10	高校和研发机构产出规模	0.462	4
“中华老字号”商标	0.506	4	高校和研发机构产出质量	0.452	4
集成电路布图设计登记发证	0.170	5	高校和研发机构产出效率	0.878	2
知识产权流动水平	0.278	6			
技术市场交易	0.227	9	专利代理	0.128	5
技术市场规模	0.079	11	律师事务所	0.513	6
技术市场开放度	0.461	4	评估机构	0.161	6
技术外溢度	0.338	17	企业技改、引进	0.329	5
技术国际竞争力	0.032	11	技术改造	0.401	4
知识产权服务机构	0.277	5	国内引进	0.413	5
商标代理机构	0.305	3	国外引进	0.174	10

续表 1－5

知识产权综合实力指数　0.434			综合排名　5		
指标	指数	排名	指标	指数	排名
知识产权综合绩效	0.540	5			
宏观经济绩效	0.480	6	社会发展	0.791	4
经济发展水平	0.730	4	社会生活信息化	0.672	4
经济增长方式转变	0.492	6	文化进步	0.398	15
经济结构优化	0.219	14	企业发展绩效	0.532	3
社会进步绩效	0.607	5	产品升级	1.000	1
环境改善	0.566	14	设备更新	0.065	24
知识产权创造潜力	0.494	4			
创造投入	0.398	7	科普	0.248	7
人才投入	0.253	12	知识产权试点示范	0.559	2
资本投入	0.280	9	知识产权试点示范城市	0.625	3
文化投入	0.371	5	知识产权试点示范园区	0.429	3
创造成果	0.350	4	知识产权试点单位	0.651	5
论文	0.187	21	文化产业示范	0.533	4
国家产业化项目	0.747	2	企业创造潜力	0.638	3
科技成果	0.112	18	企业科研基础	0.703	2
高新技术产业科技项目	0.356	3	企业人才投入	0.318	10
创造环境	0.442	5	企业资本投入	0.874	4
财政支持	0.304	6	企业新产品开发	0.655	3
金融环境	0.467	4	知识产权保护	0.578	3
开放程度	0.457	4	专利行政执法	0.230	5
教育环境	0.636	8	商标行政执法	1.000	1
文化环境	0.595	3	行政执法服务能力	0.120	21
高新技术开发区	0.387	11	司法保护能力	0.961	2

（附录）表 1－6　　天津知识产权综合实力分项指标指数及排名表

知识产权综合实力指数　0.338			综合排名　6		
指标	指数	排名	指标	指数	排名
知识产权产出水平	0.273	8			
人均产出	0.189	6	版权总量	0.026	5
专利总量	0.410	5	集成电路布图设计总量	0.139	6
商标总量	0.208	7	农业植物新品种总量	0.163	11

续表 1－6

知识产权综合实力指数 0.338			综合排名 6		
指标	指数	排名	指标	指数	排名
产出质量	0.205	6	资本产出效率	0.316	15
专利有效性	0.313	6	企业产出	0.223	11
商标有效性	0.204	7	企业产出规模	0.150	9
专利金奖	0.088	10	企业产出质量	0.107	12
“中华老字号”商标	0.367	5	企业产出效率	0.411	12
集成电路布图设计登记发证	0.206	4	高校和研发机构产出	0.239	14
外贸额与 PCT 专利比	0.052	22	高校和研发机构产出规模	0.170	11
产出效率	0.509	10	高校和研发机构产出质量	0.164	11
人才产出效率	0.702	7	高校和研发机构产出效率	0.382	15
知识产权流动水平	0.177	12			
技术市场交易	0.318	5	专利代理	0.046	13
技术市场规模	0.167	6	律师事务所	0.217	19
技术市场开放度	0.269	7	评估机构	0.129	8
技术外溢度	0.685	4	企业技改、引进	0.103	19
技术国际竞争力	0.150	4	技术改造	0.109	20
知识产权服务机构	0.109	14	国内引进	0.046	21
商标代理机构	0.044	18	国外引进	0.155	12
知识产权综合绩效	0.593	4			
宏观经济绩效	0.669	3	社会发展	0.887	3
经济发展水平	0.835	3	社会生活信息化	0.480	7
经济增长方式转变	0.636	3	文化进步	0.180	28
经济结构优化	0.536	6	企业发展绩效	0.563	1
社会进步绩效	0.547	9	产品升级	0.853	3
环境改善	0.640	7	设备更新	0.274	3
知识产权创造潜力	0.308	7			
创造投入	0.405	6	科技成果	0.273	5
人才投入	0.272	10	高新技术产业科技项目	0.110	10
资本投入	0.148	22	创造环境	0.439	6
文化投入	0.128	21	财政支持	0.787	3
创造成果	0.165	14	金融环境	0.580	3
论文	0.215	19	开放程度	0.357	6
国家产业化项目	0.063	16	教育环境	0.870	1

续表 1－6

知识产权综合实力指数 0.338			综合排名 6		
指标	指数	排名	指标	指数	排名
文化环境	0.158	24	企业科研基础	0.686	3
高新技术开发区	0.155	23	企业人才投入	0.227	15
科普	0.167	11	企业资本投入	0.872	5
知识产权试点示范	0.247	15	企业新产品开发	0.176	9
知识产权试点示范城市	0.000	17	知识产权保护	0.101	17
知识产权试点示范园区	0.071	17	专利行政执法	0.031	22
知识产权试点单位	0.651	5	商标行政执法	0.052	25
文化产业示范	0.267	12	行政执法服务能力	0.231	9
企业创造潜力	0.490	6	司法保护能力	0.088	19

(附录)表 1－7　山东知识产权综合实力分项指标指数及排名表

知识产权综合实力指数 0.332			综合排名 7		
指标	指数	排名	指标	指数	排名
知识产权产出水平	0.239	10			
人均产出	0.087	11	外贸额与 PCT 专利比	0.111	10
专利总量	0.150	8	产出效率	0.466	13
商标总量	0.117	10	人才产出效率	0.599	12
版权总量	0.012	11	资本产出效率	0.334	13
集成电路布图设计总量	0.030	12	企业产出	0.229	10
农业植物新品种总量	0.127	14	企业产出规模	0.256	5
产出质量	0.159	8	企业产出质量	0.243	6
专利有效性	0.135	9	企业产出效率	0.188	21
商标有效性	0.123	9	高校和研发机构产出	0.256	12
专利金奖	0.193	6	高校和研发机构产出规模	0.177	10
“中华老字号”商标	0.367	5	高校和研发机构产出质量	0.172	10
集成电路布图设计登记发证	0.024	12	高校和研发机构产出效率	0.419	14
知识产权流动水平	0.321	5			
技术市场交易	0.197	12	知识产权服务机构	0.268	6
技术市场规模	0.106	9	商标代理机构	0.187	6
技术市场开放度	0.250	8	专利代理	0.098	6
技术外溢度	0.418	15	律师事务所	0.660	3
技术国际竞争力	0.013	17	评估机构	0.129	8

续表 1 -7

知识产权综合实力指数 0.332			综合排名 7		
指标	指数	排名	指标	指数	排名
企业技改、引进	0.497	3	国内引进	0.482	3
技术改造	0.527	3	国外引进	0.483	4
知识产权综合绩效	0.340	14			
宏观经济绩效	0.354	10	社会发展	0.686	7
经济发展水平	0.492	9	社会生活信息化	0.263	17
经济增长方式转变	0.410	9	文化进步	0.230	24
经济结构优化	0.159	18	企业发展绩效	0.279	14
社会进步绩效	0.387	22	产品升级	0.431	11
环境改善	0.368	28	设备更新	0.127	14
知识产权创造潜力	0.429	5			
创造投入	0.575	2	科普	0.362	4
人才投入	0.252	13	知识产权试点示范	0.558	3
资本投入	0.249	14	知识产权试点示范城市	0.750	2
文化投入	1.000	1	知识产权试点示范园区	0.571	2
创造成果	0.259	6	知识产权试点单位	0.512	10
论文	0.171	24	文化产业示范	0.400	8
国家产业化项目	0.527	3	企业创造潜力	0.456	7
科技成果	0.086	20	企业科研基础	0.147	19
高新技术产业科技项目	0.252	6	企业人才投入	0.472	6
创造环境	0.340	7	企业资本投入	0.632	11
财政支持	0.156	15	企业新产品开发	0.572	4
金融环境	0.122	14	知识产权保护	0.389	5
开放程度	0.171	12	专利行政执法	0.408	4
教育环境	0.674	4	商标行政执法	0.317	9
文化环境	0.528	5	行政执法服务能力	0.157	15
高新技术开发区	0.365	12	司法保护能力	0.674	5

(附录)表 1 -8　　福建知识产权综合实力分项指标指数及排名表

知识产权综合实力指数 0.276			综合排名 8		
指标	指数	排名	指标	指数	排名
知识产权产出水平	0.185	17			
人均产出	0.147	7	专利总量	0.148	9

续表 1－8

知识产权综合实力指数　0.276			综合排名　8		
指标	指数	排名	指标	指数	排名
商标总量	0.380	5	产出效率	0.160	29
版权总量	0.016	9	人才产出效率	0.187	26
集成电路布图设计总量	0.045	10	资本产出效率	0.133	28
农业植物新品种总量	0.147	12	企业产出	0.160	16
产出质量	0.159	7	企业产出规模	0.093	12
专利有效性	0.189	7	企业产出质量	0.149	9
商标有效性	0.419	5	企业产出效率	0.237	20
专利金奖	0.035	20	高校和研发机构产出	0.301	9
“中华老字号”商标	0.189	9	高校和研发机构产出规模	0.107	15
集成电路布图设计登记发证	0.050	9	高校和研发机构产出质量	0.107	15
外贸额与 PCT 专利比	0.073	17	高校和研发机构产出效率	0.689	6
知识产权流动水平	0.199	8			
技术市场交易	0.126	17	专利代理	0.049	12
技术市场规模	0.040	17	律师事务所	0.263	17
技术市场开放度	0.128	13	评估机构	0.194	5
技术外溢度	0.308	18	企业技改、引进	0.312	6
技术国际竞争力	0.027	12	技术改造	0.199	12
知识产权服务机构	0.159	9	国内引进	0.455	4
商标代理机构	0.132	7	国外引进	0.282	7
知识产权综合绩效	0.437	7			
宏观经济绩效	0.421	7	社会发展	0.628	12
经济发展水平	0.529	7	社会生活信息化	0.636	5
经济增长方式转变	0.466	7	文化进步	0.388	18
经济结构优化	0.267	13	企业发展绩效	0.298	11
社会进步绩效	0.592	6	产品升级	0.413	12
环境改善	0.717	5	设备更新	0.182	10
知识产权创造潜力	0.283	8			
创造投入	0.280	9	论文	0.081	29
人才投入	0.157	21	国家产业化项目	0.082	13
资本投入	0.575	2	科技成果	0.083	21
文化投入	0.280	8	高新技术产业科技项目	0.105	11
创造成果	0.088	26	创造环境	0.288	10

续表 1－8

知识产权综合实力指数 0.276			综合排名 8		
指标	指数	排名	指标	指数	排名
财政支持	0.218	10	文化产业示范	0.200	17
金融环境	0.219	7	企业创造潜力	0.315	12
开放程度	0.390	5	企业科研基础	0.257	11
教育环境	0.614	10	企业人才投入	0.165	23
文化环境	0.276	16	企业资本投入	0.668	9
高新技术开发区	0.190	22	企业新产品开发	0.170	13
科普	0.108	18	知识产权保护	0.296	6
知识产权试点示范	0.429	6	专利行政执法	0.117	9
知识产权试点示范城市	0.375	5	商标行政执法	0.451	7
知识产权试点示范园区	0.143	12	行政执法服务能力	0.371	4
知识产权试点单位	1.000	1	司法保护能力	0.244	8

（附录）表 1－9 重庆知识产权综合实力分项指标指数及排名表

知识产权综合实力指数 0.267			综合排名 9		
指标	指数	排名	指标	指数	排名
知识产权产出水平	0.226	12			
人均产出	0.103	9	外贸额与 PCT 专利比	0.028	28
专利总量	0.154	7	产出效率	0.524	9
商标总量	0.214	6	人才产出效率	0.571	13
版权总量	0.043	3	资本产出效率	0.478	7
集成电路布图设计总量	0.032	11	企业产出	0.138	19
农业植物新品种总量	0.072	21	企业产出规模	0.087	13
产出质量	0.089	15	企业产出质量	0.087	15
专利有效性	0.145	8	企业产出效率	0.239	19
商标有效性	0.139	8	高校和研发机构产出	0.279	11
专利金奖	0.088	10	高校和研发机构产出规模	0.129	14
“中华老字号”商标	0.106	22	高校和研发机构产出质量	0.124	14
集成电路布图设计登记发证	0.027	11	高校和研发机构产出效率	0.585	7
知识产权流动水平	0.217	7			
技术市场交易	0.248	7	技术外溢度	0.535	6
技术市场规模	0.077	12	技术国际竞争力	0.013	15
技术市场开放度	0.365	6	知识产权服务机构	0.222	7

续表 1－9

知识产权综合实力指数　0.267			综合排名　9		
指标	指数	排名	指标	指数	排名
商标代理机构	0.079	11	企业技改、引进	0.183	10
专利代理	0.031	19	技术改造	0.158	15
律师事务所	0.454	7	国内引进	0.079	16
评估机构	0.323	3	国外引进	0.313	6
知识产权综合绩效	0.428	8			
宏观经济绩效	0.409	8	社会发展	0.623	13
经济发展水平	0.399	11	社会生活信息化	0.225	19
经济增长方式转变	0.316	19	文化进步	0.000	31
经济结构优化	0.511	7	企业发展绩效	0.463	5
社会进步绩效	0.412	18	产品升级	0.719	6
环境改善	0.801	3	设备更新	0.206	8
知识产权创造潜力	0.197	16			
创造投入	0.201	16	科普	0.089	20
人才投入	0.237	15	知识产权试点示范	0.192	20
资本投入	0.068	30	知识产权试点示范城市	0.000	17
文化投入	0.110	23	知识产权试点示范园区	0.357	4
创造成果	0.160	15	知识产权试点单位	0.279	19
论文	0.385	6	文化产业示范	0.133	21
国家产业化项目	0.038	22	企业创造潜力	0.299	13
科技成果	0.168	12	企业科研基础	0.210	15
高新技术产业科技项目	0.050	19	企业人才投入	0.163	24
创造环境	0.230	14	企业资本投入	0.720	7
财政支持	0.224	9	企业新产品开发	0.101	17
金融环境	0.179	9	知识产权保护	0.100	18
开放程度	0.268	8	专利行政执法	0.025	23
教育环境	0.472	20	商标行政执法	0.055	24
文化环境	0.251	19	行政执法服务能力	0.252	8
高新技术开发区	0.131	26	司法保护能力	0.070	22

(附录)表1－10　　安徽知识产权综合实力分项指标指数及排名表

知识产权综合实力指数 0.252			综合排名 10		
指标	指数	排名	指标	指数	排名
知识产权产出水平	0.313	7			
人均产出	0.134	8	外贸额与PCT专利比	0.147	7
专利总量	0.144	10	产出效率	0.783	3
商标总量	0.077	14	人才产出效率	0.841	3
版权总量	0.003	20	资本产出效率	0.725	2
集成电路布图设计总量	0.089	8	企业产出	0.408	5
农业植物新品种总量	0.354	2	企业产出规模	0.203	6
产出质量	0.101	12	企业产出质量	0.198	7
专利有效性	0.126	10	企业产出效率	0.823	2
商标有效性	0.053	21	高校和研发机构产出	0.141	19
专利金奖	0.088	10	高校和研发机构产出规模	0.096	16
"中华老字号"商标	0.139	17	高校和研发机构产出质量	0.080	16
集成电路布图设计登记发证	0.056	8	高校和研发机构产出效率	0.246	24
知识产权流动水平	0.151	14			
技术市场交易	0.162	13	专利代理	0.045	14
技术市场规模	0.068	14	律师事务所	0.268	15
技术市场开放度	0.062	15	评估机构	0.032	14
技术外溢度	0.513	7	企业技改、引进	0.185	9
技术国际竞争力	0.006	20	技术改造	0.244	8
知识产权服务机构	0.107	15	国内引进	0.144	10
商标代理机构	0.082	10	国外引进	0.168	11
知识产权综合绩效	0.313	18			
宏观经济绩效	0.251	20	社会发展	0.571	15
经济发展水平	0.261	20	社会生活信息化	0.057	29
经济增长方式转变	0.371	12	文化进步	0.312	21
经济结构优化	0.120	24	企业发展绩效	0.299	10
社会进步绩效	0.388	21	产品升级	0.522	9
环境改善	0.614	11	设备更新	0.077	21
知识产权创造潜力	0.229	14			
创造投入	0.253	12	文化投入	0.249	11
人才投入	0.280	9	创造成果	0.168	12
资本投入	0.157	21	论文	0.175	23

续表 1-10

知识产权综合实力指数 0.252			综合排名 10		
指标	指数	排名	指标	指数	排名
国家产业化项目	0.337	4	知识产权试点示范园区	0.143	12
科技成果	0.039	29	知识产权试点单位	0.209	22
高新技术产业科技项目	0.120	9	文化产业示范	0.267	12
创造环境	0.201	18	企业创造潜力	0.352	10
财政支持	0.073	22	企业科研基础	0.350	5
金融环境	0.035	25	企业人才投入	0.220	17
开放程度	0.097	16	企业资本投入	0.592	12
教育环境	0.494	17	企业新产品开发	0.246	6
文化环境	0.419	9	知识产权保护	0.185	10
高新技术开发区	0.153	24	专利行政执法	0.062	14
科普	0.133	15	商标行政执法	0.481	6
知识产权试点示范	0.217	17	行政执法服务能力	0.105	24
知识产权试点示范城市	0.250	7	司法保护能力	0.091	18

(附录)表 1-11　辽宁知识产权综合实力分项指标指数及排名表

知识产权综合实力指数 0.251			综合排名 11		
指标	指数	排名	指标	指数	排名
知识产权产出水平	0.211	13			
人均产出	0.061	15	外贸额与 PCT 专利比	0.053	20
专利总量	0.092	12	产出效率	0.475	12
商标总量	0.074	15	人才产出效率	0.633	10
版权总量	0.020	7	资本产出效率	0.318	14
集成电路布图设计总量	0.016	14	企业产出	0.135	20
农业植物新品种总量	0.104	18	企业产出规模	0.070	16
产出质量	0.103	11	企业产出质量	0.089	14
专利有效性	0.106	11	企业产出效率	0.248	18
商标有效性	0.101	11	高校和研发机构产出	0.280	10
专利金奖	0.158	7	高校和研发机构产出规模	0.206	9
“中华老字号”商标	0.189	9	高校和研发机构产出质量	0.204	9
集成电路布图设计登记发证	0.013	13	高校和研发机构产出效率	0.431	12
知识产权流动水平	0.179	11			
技术市场交易	0.201	11	技术市场规模	0.108	8

续表 1－11

知识产权综合实力指数 0.251			综合排名 11		
指标	指数	排名	指标	指数	排名
技术市场开放度	0.162	10	律师事务所	0.350	10
技术外溢度	0.473	9	评估机构	0.129	8
技术国际竞争力	0.060	10	企业技改、引进	0.178	11
知识产权服务机构	0.159	8	技术改造	0.245	7
商标代理机构	0.065	13	国内引进	0.165	7
专利代理	0.094	7	国外引进	0.125	13
知识产权综合绩效	0.359	10			
宏观经济绩效	0.337	11	社会发展	0.679	8
经济发展水平	0.482	10	社会生活信息化	0.491	6
经济增长方式转变	0.391	10	文化进步	0.441	13
经济结构优化	0.139	21	企业发展绩效	0.200	21
社会进步绩效	0.541	10	产品升级	0.310	17
环境改善	0.554	16	设备更新	0.090	20
知识产权创造潜力	0.253	12			
创造投入	0.344	8	科普	0.237	9
人才投入	0.141	24	知识产权试点示范	0.299	11
资本投入	0.171	19	知识产权试点示范城市	0.125	9
文化投入	0.388	4	知识产权试点示范园区	0.071	17
创造成果	0.192	10	知识产权试点单位	0.465	14
论文	0.360	7	文化产业示范	0.533	4
国家产业化项目	0.149	8	企业创造潜力	0.240	16
科技成果	0.201	8	企业科研基础	0.031	29
高新技术产业科技项目	0.055	18	企业人才投入	0.248	14
创造环境	0.310	9	企业资本投入	0.507	16
财政支持	0.352	5	企业新产品开发	0.174	11
金融环境	0.214	8	知识产权保护	0.132	13
开放程度	0.254	9	专利行政执法	0.087	12
教育环境	0.406	26	商标行政执法	0.197	12
文化环境	0.436	8	行政执法服务能力	0.129	19
高新技术开发区	0.272	14	司法保护能力	0.117	11

(附录)表1－12　湖南知识产权综合实力分项指标指数及排名表

知识产权综合实力指数　0.248			综合排名　12		
指标	指数	排名	指标	指数	排名
知识产权产出水平	0.164	19			
人均产出	0.048	20	外贸额与PCT专利比	0.189	3
专利总量	0.054	16	产出效率	0.225	21
商标总量	0.062	17	人才产出效率	0.285	21
版权总量	0.010	13	资本产出效率	0.166	27
集成电路布图设计总量	0.006	15	企业产出	0.214	13
农业植物新品种总量	0.110	16	企业产出规模	0.070	15
产出质量	0.092	14	企业产出质量	0.101	13
专利有效性	0.068	16	企业产出效率	0.471	10
商标有效性	0.055	20	高校和研发机构产出	0.240	13
专利金奖	0.123	8	高校和研发机构产出规模	0.148	13
“中华老字号”商标	0.111	20	高校和研发机构产出质量	0.147	13
集成电路布图设计登记发证	0.005	16	高校和研发机构产出效率	0.424	13
知识产权流动水平	0.181	10			
技术市场交易	0.146	16	专利代理	0.059	9
技术市场规模	0.051	15	律师事务所	0.271	14
技术市场开放度	0.054	16	评估机构	0.032	14
技术外溢度	0.472	10	企业技改、引进	0.289	7
技术国际竞争力	0.005	21	技术改造	0.616	2
知识产权服务机构	0.110	13	国内引进	0.155	9
商标代理机构	0.076	12	国外引进	0.095	16
知识产权综合绩效	0.369	9			
宏观经济绩效	0.263	18	社会发展	0.540	20
经济发展水平	0.283	18	社会生活信息化	0.075	26
经济增长方式转变	0.354	16	文化进步	0.529	10
经济结构优化	0.154	19	企业发展绩效	0.402	8
社会进步绩效	0.440	14	产品升级	0.734	5
环境改善	0.616	10	设备更新	0.071	22
知识产权创造潜力	0.280	9			
创造投入	0.197	17	文化投入	0.255	10
人才投入	0.409	5	创造成果	0.130	19
资本投入	0.146	23	论文	0.258	15

续表 1－12

知识产权综合实力指数 0.248			综合排名 12		
指标	指数	排名	指标	指数	排名
国家产业化项目	0.064	15	知识产权试点示范园区	0.286	6
科技成果	0.139	14	知识产权试点单位	0.256	20
高新技术产业科技项目	0.060	16	文化产业示范	0.267	12
创造环境	0.227	15	企业创造潜力	0.378	8
财政支持	0.046	28	企业科研基础	0.269	10
金融环境	0.013	30	企业人才投入	0.409	9
开放程度	0.040	28	企业资本投入	0.669	8
教育环境	0.489	18	企业新产品开发	0.166	14
文化环境	0.354	13	知识产权保护	0.482	4
高新技术开发区	0.499	5	专利行政执法	0.531	2
科普	0.148	14	商标行政执法	0.206	11
知识产权试点示范	0.265	14	行政执法服务能力	0.433	2
知识产权试点示范城市	0.250	7	司法保护能力	0.756	3

（附录）表 1－13　陕西知识产权综合实力分项指标指数及排名表

知识产权综合实力指数 0.246			综合排名 13		
指标	指数	排名	指标	指数	排名
知识产权产出水平	0.331	6			
人均产出	0.088	10	外贸额与 PCT 专利比	0.186	4
专利总量	0.142	11	产出效率	0.776	4
商标总量	0.136	9	人才产出效率	1.000	1
版权总量	0.023	6	资本产出效率	0.552	6
集成电路布图设计总量	0.100	7	企业产出	0.165	15
农业植物新品种总量	0.039	27	企业产出规模	0.127	10
产出质量	0.135	9	企业产出质量	0.063	17
专利有效性	0.092	13	企业产出效率	0.306	14
商标有效性	0.088	12	高校和研发机构产出	0.492	5
专利金奖	0.211	5	高校和研发机构产出规模	0.309	5
“中华老字号”商标	0.150	12	高校和研发机构产出质量	0.309	5
集成电路布图设计登记发证	0.085	7	高校和研发机构产出效率	0.859	3
知识产权流动水平	0.121	16			
技术市场交易	0.242	8	技术市场规模	0.241	4

续表 1－13

知识产权综合实力指数　0.246			综合排名　13		
指标	指数	排名	指标	指数	排名
技术市场开放度	0.014	23	律师事务所	0.023	30
技术外溢度	0.691	3	评估机构	0.161	6
技术国际竞争力	0.022	13	企业技改、引进	0.052	23
知识产权服务机构	0.069	21	技术改造	0.090	21
商标代理机构	0.047	16	国内引进	0.022	27
专利代理	0.043	15	国外引进	0.044	21
知识产权综合绩效	0.312	19			
宏观经济绩效	0.310	14	社会发展	0.538	21
经济发展水平	0.347	13	社会生活信息化	0.306	14
经济增长方式转变	0.307	20	文化进步	0.551	9
经济结构优化	0.276	10	企业发展绩效	0.160	24
社会进步绩效	0.466	12	产品升级	0.211	22
环境改善	0.471	26	设备更新	0.108	18
知识产权创造潜力	0.219	15			
创造投入	0.262	11	科普	0.215	10
人才投入	0.162	20	知识产权试点示范	0.208	19
资本投入	0.079	29	知识产权试点示范城市	0.125	9
文化投入	0.191	14	知识产权试点示范园区	0.214	7
创造成果	0.252	7	知识产权试点单位	0.093	27
论文	0.526	2	文化产业示范	0.400	8
国家产业化项目	0.084	11	企业创造潜力	0.157	24
科技成果	0.297	3	企业科研基础	0.220	13
高新技术产业科技项目	0.100	13	企业人才投入	0.298	11
创造环境	0.325	8	企业资本投入	0.000	27
财政支持	0.153	16	企业新产品开发	0.109	16
金融环境	0.096	15	知识产权保护	0.111	15
开放程度	0.057	24	专利行政执法	0.097	10
教育环境	0.832	2	商标行政执法	0.103	19
文化环境	0.369	11	行政执法服务能力	0.178	13
高新技术开发区	0.554	3	司法保护能力	0.067	23

（附录）表 1－14　　湖北知识产权综合实力分项指标指数及排名表

知识产权综合实力指数　0.242			综合排名　14		
指标	指数	排名	指标	指数	排名
知识产权产出水平	0.177	18			
人均产出	0.047	21	外贸额与 PCT 专利比	0.179	5
专利总量	0.082	14	产出效率	0.285	19
商标总量	0.065	16	人才产出效率	0.370	17
版权总量	0.006	15	资本产出效率	0.201	23
集成电路布图设计总量	0.024	13	企业产出	0.152	17
农业植物新品种总量	0.061	23	企业产出规模	0.079	14
产出质量	0.096	13	企业产出质量	0.111	11
专利有效性	0.087	15	企业产出效率	0.266	17
商标有效性	0.064	15	高校和研发机构产出	0.303	8
专利金奖	0.088	10	高校和研发机构产出规模	0.224	8
“中华老字号”商标	0.144	15	高校和研发机构产出质量	0.223	7
集成电路布图设计登记发证	0.012	14	高校和研发机构产出效率	0.463	10
知识产权流动水平	0.181	9			
技术市场交易	0.270	6	专利代理	0.054	10
技术市场规模	0.167	7	律师事务所	0.256	18
技术市场开放度	0.074	14	评估机构	0.032	14
技术外溢度	0.821	2	企业技改、引进	0.175	12
技术国际竞争力	0.018	14	技术改造	0.149	17
知识产权服务机构	0.099	17	国内引进	0.185	6
商标代理机构	0.053	15	国外引进	0.192	9
知识产权综合绩效	0.342	13			
宏观经济绩效	0.312	13	社会发展	0.554	18
经济发展水平	0.304	16	社会生活信息化	0.196	20
经济增长方式转变	0.355	15	文化进步	0.392	16
经济结构优化	0.278	9	企业发展绩效	0.292	13
社会进步绩效	0.420	16	产品升级	0.489	10
环境改善	0.540	18	设备更新	0.095	19
知识产权创造潜力	0.269	10			
创造投入	0.249	14	文化投入	0.236	12
人才投入	0.197	17	创造成果	0.194	9
资本投入	0.409	5	论文	0.339	9

续表 1－14

知识产权综合实力指数 0.242			综合排名 14		
指标	指数	排名	指标	指数	排名
国家产业化项目	0.154	7	知识产权试点示范园区	0.214	7
科技成果	0.180	11	知识产权试点单位	0.465	14
高新技术产业科技项目	0.101	12	文化产业示范	0.133	21
创造环境	0.287	11	企业创造潜力	0.356	9
财政支持	0.095	19	企业科研基础	0.181	18
金融环境	0.066	19	企业人才投入	0.417	8
开放程度	0.080	19	企业资本投入	0.634	10
教育环境	0.587	11	企业新产品开发	0.191	8
文化环境	0.348	14	知识产权保护	0.294	7
高新技术开发区	0.484	6	专利行政执法	0.161	7
科普	0.350	5	商标行政执法	0.537	4
知识产权试点示范	0.234	16	行政执法服务能力	0.228	11
知识产权试点示范城市	0.125	9	司法保护能力	0.248	7

(附录)表 1－15 四川知识产权综合实力分项指标指数及排名表

知识产权综合实力指数 0.235			综合排名 15		
指标	指数	排名	指标	指数	排名
知识产权产出水平	0.234	11			
人均产出	0.071	13	外贸额与 PCT 专利比	0.129	9
专利总量	0.090	13	产出效率	0.491	11
商标总量	0.089	12	人才产出效率	0.645	9
版权总量	0.003	22	资本产出效率	0.337	12
集成电路布图设计总量	0.047	9	企业产出	0.290	7
农业植物新品种总量	0.122	15	企业产出规模	0.162	8
产出质量	0.118	10	企业产出质量	0.165	8
专利有效性	0.094	12	企业产出效率	0.544	8
商标有效性	0.084	13	高校和研发机构产出	0.202	15
专利金奖	0.088	10	高校和研发机构产出规模	0.152	12
“中华老字号”商标	0.272	8	高校和研发机构产出质量	0.152	12
集成电路布图设计登记发证	0.040	10	高校和研发机构产出效率	0.303	19
知识产权流动水平	0.157	13			
技术市场交易	0.208	10	技术市场规模	0.103	10

续表 1－15

知识产权综合实力指数 0.235			综合排名 15		
指标	指数	排名	指标	指数	排名
技术市场开放度	0.128	12	律师事务所	0.284	12
技术外溢度	0.462	12	评估机构	0.032	14
技术国际竞争力	0.139	6	企业技改、引进	0.140	15
知识产权服务机构	0.125	11	技术改造	0.260	6
商标代理机构	0.104	8	国内引进	0.099	13
专利代理	0.077	8	国外引进	0.061	19
知识产权综合绩效	0.309	21			
宏观经济绩效	0.394	9	社会发展	0.544	19
经济发展水平	0.244	23	社会生活信息化	0.109	23
经济增长方式转变	0.390	11	文化进步	0.280	22
经济结构优化	0.547	4	企业发展绩效	0.153	25
社会进步绩效	0.380	23	产品升级	0.267	19
环境改善	0.587	12	设备更新	0.038	29
知识产权创造潜力	0.237	13			
创造投入	0.237	15	科普	0.238	8
人才投入	0.068	30	知识产权试点示范	0.310	10
资本投入	0.141	25	知识产权试点示范城市	0.125	9
文化投入	0.262	9	知识产权试点示范园区	0.214	7
创造成果	0.217	8	知识产权试点单位	0.233	21
论文	0.341	8	文化产业示范	0.667	3
国家产业化项目	0.135	9	企业创造潜力	0.211	19
科技成果	0.118	16	企业科研基础	0.067	26
高新技术产业科技项目	0.275	5	企业人才投入	0.223	16
创造环境	0.270	12	企业资本投入	0.381	21
财政支持	0.072	24	企业新产品开发	0.173	12
金融环境	0.059	20	知识产权保护	0.179	11
开放程度	0.116	15	专利行政执法	0.118	8
教育环境	0.446	22	商标行政执法	0.225	10
文化环境	0.485	6	行政执法服务能力	0.190	12
高新技术开发区	0.474	7	司法保护能力	0.185	10

(附录)表 1－16 **河南知识产权综合实力分项指标指数及排名表**

知识产权综合实力指数 0.207			综合排名 16		
指标	指数	排名	指标	指数	排名
知识产权产出水平	0.121	22			
人均产出	0.045	22	外贸额与 PCT 专利比	0.062	19
专利总量	0.051	17	产出效率	0.225	22
商标总量	0.061	18	人才产出效率	0.241	23
版权总量	0.003	21	资本产出效率	0.209	22
集成电路布图设计总量	0.002	19	企业产出	0.094	22
农业植物新品种总量	0.110	17	企业产出规模	0.100	11
产出质量	0.068	17	企业产出质量	0.118	10
专利有效性	0.050	17	企业产出效率	0.064	30
商标有效性	0.049	23	高校和研发机构产出	0.170	17
专利金奖	0.123	8	高校和研发机构产出规模	0.077	17
“中华老字号”商标	0.122	18	高校和研发机构产出质量	0.075	17
集成电路布图设计登记发证	0.002	18	高校和研发机构产出效率	0.359	17
知识产权流动水平	0.134	15			
技术市场交易	0.085	20	专利代理	0.052	11
技术市场规模	0.028	21	律师事务所	0.417	8
技术市场开放度	0.022	21	评估机构	0.065	12
技术外溢度	0.286	20	企业技改、引进	0.162	13
技术国际竞争力	0.002	28	技术改造	0.231	10
知识产权服务机构	0.155	10	国内引进	0.136	11
商标代理机构	0.088	9	国外引进	0.119	14
知识产权综合绩效	0.316	17			
宏观经济绩效	0.297	15	社会发展	0.530	22
经济发展水平	0.259	21	社会生活信息化	0.101	24
经济增长方式转变	0.273	23	文化进步	0.498	11
经济结构优化	0.359	8	企业发展绩效	0.245	16
社会进步绩效	0.405	19	产品升级	0.313	16
环境改善	0.492	22	设备更新	0.177	11
知识产权创造潜力	0.259	11			
创造投入	0.252	13	文化投入	0.361	6
人才投入	0.249	14	创造成果	0.119	21
资本投入	0.197	17	论文	0.170	25

续表 1－16

知识产权综合实力指数 0.207			综合排名 16		
指标	指数	排名	指标	指数	排名
国家产业化项目	0.164	6	知识产权试点示范园区	0.214	7
科技成果	0.068	26	知识产权试点单位	0.512	10
高新技术产业科技项目	0.073	14	文化产业示范	0.333	10
创造环境	0.266	13	企业创造潜力	0.234	17
财政支持	0.014	30	企业科研基础	0.112	21
金融环境	0.000	31	企业人才投入	0.265	13
开放程度	0.061	23	企业资本投入	0.386	20
教育环境	0.672	5	企业新产品开发	0.175	10
文化环境	0.454	7	知识产权保护	0.293	8
高新技术开发区	0.501	4	专利行政执法	0.204	6
科普	0.161	12	商标行政执法	0.536	5
知识产权试点示范	0.390	7	行政执法服务能力	0.111	22
知识产权试点示范城市	0.500	4	司法保护能力	0.322	6

(附录)表 1－17　广西知识产权综合实力分项指标指数及排名表

知识产权综合实力指数 0.204			综合排名 17		
指标	指数	排名	指标	指数	排名
知识产权产出水平	0.248	9			
人均产出	0.021	28	外贸额与 PCT 专利比	0.035	27
专利总量	0.039	21	产出效率	0.875	1
商标总量	0.018	30	人才产出效率	0.751	5
版权总量	0.007	14	资本产出效率	1.000	1
集成电路布图设计总量	0.004	18	企业产出	0.194	14
农业植物新品种总量	0.040	26	企业产出规模	0.034	19
产出质量	0.023	29	企业产出质量	0.025	22
专利有效性	0.021	27	企业产出效率	0.523	9
商标有效性	0.014	28	高校和研发机构产出	0.128	22
专利金奖	0.018	23	高校和研发机构产出规模	0.041	22
“中华老字号”商标	0.050	24	高校和研发机构产出质量	0.041	22
集成电路布图设计登记发证	0.000	19	高校和研发机构产出效率	0.303	20
知识产权流动水平	0.065	24			
技术市场交易	0.036	30	技术市场规模	0.006	28

续表 1－17

知识产权综合实力指数　0.204			综合排名　17		
指标	指数	排名	指标	指数	排名
技术市场开放度	0.024	19	律师事务所	0.214	20
技术外溢度	0.113	29	评估机构	0.065	12
技术国际竞争力	0.003	25	企业技改、引进	0.076	21
知识产权服务机构	0.081	18	技术改造	0.191	14
商标代理机构	0.025	24	国内引进	0.031	24
专利代理	0.023	22	国外引进	0.008	26
知识产权综合绩效	0.357	11			
宏观经济绩效	0.228	22	社会发展	0.574	14
经济发展水平	0.202	25	社会生活信息化	0.063	28
经济增长方式转变	0.281	22	文化进步	0.594	6
经济结构优化	0.202	15	企业发展绩效	0.296	12
社会进步绩效	0.547	8	产品升级	0.367	14
环境改善	0.956	1	设备更新	0.224	7
知识产权创造潜力	0.147	23			
创造投入	0.146	23	科普	0.111	17
人才投入	0.085	28	知识产权试点示范	0.214	18
资本投入	0.201	16	知识产权试点示范城市	0.000	17
文化投入	0.164	16	知识产权试点示范园区	0.143	12
创造成果	0.095	25	知识产权试点单位	0.581	8
论文	0.248	16	文化产业示范	0.133	21
国家产业化项目	0.036	23	企业创造潜力	0.164	23
科技成果	0.073	23	企业科研基础	0.115	20
高新技术产业科技项目	0.024	22	企业人才投入	0.111	29
创造环境	0.184	21	企业资本投入	0.377	22
财政支持	0.029	29	企业新产品开发	0.054	21
金融环境	0.026	26	知识产权保护	0.078	22
开放程度	0.088	17	专利行政执法	0.012	25
教育环境	0.516	15	商标行政执法	0.081	20
文化环境	0.277	15	行政执法服务能力	0.147	16
高新技术开发区	0.241	15	司法保护能力	0.072	21

(附录)表 1－18　　山西知识产权综合实力分项指标指数及排名表

知识产权综合实力指数	0.173		综合排名	18	
指标	指数	排名	指标	指数	排名
知识产权产出水平	0.100	24			
人均产出	0.026	26	外贸额与 PCT 专利比	0.146	8
专利总量	0.045	19	产出效率	0.211	23
商标总量	0.036	28	人才产出效率	0.230	24
版权总量	0.002	24	资本产出效率	0.191	24
集成电路布图设计总量	0.000	20	企业产出	0.068	24
农业植物新品种总量	0.049	24	企业产出规模	0.025	21
产出质量	0.059	19	企业产出质量	0.032	19
专利有效性	0.036	20	企业产出效率	0.146	26
商标有效性	0.025	27	高校和研发机构产出	0.138	20
专利金奖	0.000	27	高校和研发机构产出规模	0.051	19
“中华老字号”商标	0.150	12	高校和研发机构产出质量	0.051	19
集成电路布图设计登记发证	0.000	19	高校和研发机构产出效率	0.313	18
知识产权流动水平	0.086	20			
技术市场交易	0.054	25	专利代理	0.018	23
技术市场规模	0.020	24	律师事务所	0.268	16
技术市场开放度	0.019	22	评估机构	0.000	19
技术外溢度	0.168	25	企业技改、引进	0.127	16
技术国际竞争力	0.010	18	技术改造	0.214	11
知识产权服务机构	0.077	19	国内引进	0.081	14
商标代理机构	0.021	25	国外引进	0.084	17
知识产权综合绩效	0.354	12			
宏观经济绩效	0.254	19	社会发展	0.558	17
经济发展水平	0.354	12	社会生活信息化	0.308	13
经济增长方式转变	0.232	25	文化进步	0.929	2
经济结构优化	0.177	16	企业发展绩效	0.220	19
社会进步绩效	0.587	7	产品升级	0.211	23
环境改善	0.551	17	设备更新	0.230	5
知识产权创造潜力	0.152	22			
创造投入	0.148	22	文化投入	0.103	25
人才投入	0.188	18	创造成果	0.072	29
资本投入	0.344	8	论文	0.143	27

续表 1－18

知识产权综合实力指数　0.173			综合排名　18		
指标	指数	排名	指标	指数	排名
国家产业化项目	0.056	18	知识产权试点示范园区	0.000	26
科技成果	0.067	27	知识产权试点单位	0.465	14
高新技术产业科技项目	0.021	24	文化产业示范	0.200	17
创造环境	0.209	16	企业创造潜力	0.229	18
财政支持	0.156	14	企业科研基础	0.110	22
金融环境	0.083	17	企业人才投入	0.210	18
开放程度	0.067	21	企业资本投入	0.540	14
教育环境	0.562	12	企业新产品开发	0.055	20
文化环境	0.200	21	知识产权保护	0.090	20
高新技术开发区	0.349	13	专利行政执法	0.009	27
科普	0.043	25	商标行政执法	0.116	15
知识产权试点示范	0.166	23	行政执法服务能力	0.231	10
知识产权试点示范城市	0.000	17	司法保护能力	0.003	29

（附录）表 1－19　黑龙江知识产权综合实力分项指标指数及排名表

知识产权综合实力指数　0.172			综合排名　19		
指标	指数	排名	指标	指数	排名
知识产权产出水平	0.196	15			
人均产出	0.081	12	外贸额与 PCT 专利比	0.051	23
专利总量	0.074	15	产出效率	0.430	14
商标总量	0.042	27	人才产出效率	0.463	14
版权总量	0.005	17	资本产出效率	0.398	8
集成电路布图设计总量	0.000	20	企业产出	0.075	23
农业植物新品种总量	0.287	3	企业产出规模	0.034	20
产出质量	0.072	16	企业产出质量	0.031	20
专利有效性	0.091	14	企业产出效率	0.159	24
商标有效性	0.060	19	高校和研发机构产出	0.323	7
专利金奖	0.053	16	高校和研发机构产出规模	0.224	7
“中华老字号”商标	0.178	11	高校和研发机构产出质量	0.208	8
集成电路布图设计登记发证	0.000	19	高校和研发机构产出效率	0.537	8
知识产权流动水平	0.102	18			
技术市场交易	0.156	14	技术市场规模	0.045	16

续表 1－19

知识产权综合实力指数 0.172			综合排名 19		
指标	指数	排名	指标	指数	排名
技术市场开放度	0.008	26	律师事务所	0.354	9
技术外溢度	0.449	13	评估机构	0.000	19
技术国际竞争力	0.122	7	企业技改、引进	0.047	24
知识产权服务机构	0.105	16	技术改造	0.082	24
商标代理机构	0.029	21	国内引进	0.033	23
专利代理	0.035	17	国外引进	0.027	23
知识产权综合绩效	0.214	28			
宏观经济绩效	0.216	24	社会发展	0.646	11
经济发展水平	0.167	29	社会生活信息化	0.167	22
经济增长方式转变	0.368	13	文化进步	0.029	30
经济结构优化	0.113	25	企业发展绩效	0.087	30
社会进步绩效	0.340	26	产品升级	0.154	26
环境改善	0.517	20	设备更新	0.019	30
知识产权创造潜力	0.175	18			
创造投入	0.171	19	科普	0.114	16
人才投入	0.432	4	知识产权试点示范	0.279	12
资本投入	0.545	3	知识产权试点示范城市	0.125	9
文化投入	0.144	19	知识产权试点示范园区	0.000	26
创造成果	0.148	17	知识产权试点单位	0.791	4
论文	0.294	13	文化产业示范	0.200	17
国家产业化项目	0.057	17	企业创造潜力	0.241	15
科技成果	0.197	9	企业科研基础	0.086	23
高新技术产业科技项目	0.043	20	企业人才投入	0.271	12
创造环境	0.138	26	企业资本投入	0.553	13
财政支持	0.065	25	企业新产品开发	0.053	22
金融环境	0.025	27	知识产权保护	0.074	24
开放程度	0.064	22	专利行政执法	0.057	15
教育环境	0.428	24	商标行政执法	0.034	27
文化环境	0.186	22	行政执法服务能力	0.110	23
高新技术开发区	0.087	27	司法保护能力	0.096	16

(附录)表 1－20　海南知识产权综合实力分项指标指数及排名表

知识产权综合实力指数	0.168		综合排名	20	
指标	指数	排名	指标	指数	排名
知识产权产出水平	0.150	21			
人均产出	0.057	17	外贸额与 PCT 专利比	0.091	13
专利总量	0.022	27	产出效率	0.341	16
商标总量	0.097	11	人才产出效率	0.289	20
版权总量	0.000	30	资本产出效率	0.393	9
集成电路布图设计总量	0.000	20	企业产出	0.262	9
农业植物新品种总量	0.168	10	企业产出规模	0.003	29
产出质量	0.045	23	企业产出质量	0.003	29
专利有效性	0.020	28	企业产出效率	0.779	3
商标有效性	0.107	10	高校和研发机构产出	0.044	29
专利金奖	0.053	16	高校和研发机构产出规模	0.003	28
“中华老字号”商标	0.000	30	高校和研发机构产出质量	0.003	29
集成电路布图设计登记发证	0.000	19	高校和研发机构产出效率	0.125	29
知识产权流动水平	0.030	30			
技术市场交易	0.050	26	专利代理	0.004	30
技术市场规模	0.004	30	律师事务所	0.031	28
技术市场开放度	0.162	9	评估机构	0.000	19
技术外溢度	0.029	30	企业技改、引进	0.029	28
技术国际竞争力	0.004	23	技术改造	0.025	28
知识产权服务机构	0.010	30	国内引进	0.060	20
商标代理机构	0.006	28	国外引进	0.003	29
知识产权综合绩效	0.332	15			
宏观经济绩效	0.248	21	社会发展	0.673	9
经济发展水平	0.108	31	社会生活信息化	0.335	12
经济增长方式转变	0.365	14	文化进步	0.411	14
经济结构优化	0.271	12	企业发展绩效	0.258	15
社会进步绩效	0.490	11	产品升级	0.407	13
环境改善	0.540	19	设备更新	0.109	17
知识产权创造潜力	0.160	20			
创造投入	0.085	28	文化投入	0.065	27
人才投入	0.201	16	创造成果	0.188	11
资本投入	0.237	15	论文	0.436	5

续表 1－20

知识产权综合实力指数　0.168			综合排名　20		
指标	指数	排名	指标	指数	排名
国家产业化项目	0.016	30	知识产权试点示范园区	0.071	17
科技成果	0.278	4	知识产权试点单位	0.488	12
高新技术产业科技项目	0.023	23	文化产业示范	0.000	28
创造环境	0.180	22	企业创造潜力	0.332	11
财政支持	0.202	11	企业科研基础	0.292	7
金融环境	0.135	13	企业人才投入	0.504	3
开放程度	0.238	10	企业资本投入	0.523	15
教育环境	0.546	14	企业新产品开发	0.009	29
文化环境	0.058	28	知识产权保护	0.035	30
高新技术开发区	0.074	29	专利行政执法	0.011	26
科普	0.009	28	商标行政执法	0.057	23
知识产权试点示范	0.140	24	行政执法服务能力	0.061	29
知识产权试点示范城市	0.000	17	司法保护能力	0.009	27

（附录）表 1－21　　河北知识产权综合实力分项指标指数及排名表

知识产权综合实力指数　0.159			综合排名　21		
指标	指数	排名	指标	指数	排名
知识产权产出水平	0.084	26			
人均产出	0.032	24	外贸额与 PCT 专利比	0.091	14
专利总量	0.034	23	产出效率	0.132	30
商标总量	0.058	20	人才产出效率	0.184	27
版权总量	0.003	23	资本产出效率	0.079	30
集成电路布图设计总量	0.005	17	企业产出	0.068	25
农业植物新品种总量	0.061	22	企业产出规模	0.044	17
产出质量	0.067	18	企业产出质量	0.068	16
专利有效性	0.039	19	企业产出效率	0.090	28
商标有效性	0.063	18	高校和研发机构产出	0.123	23
专利金奖	0.053	16	高校和研发机构产出规模	0.051	20
“中华老字号”商标	0.150	12	高校和研发机构产出质量	0.042	21
集成电路布图设计登记发证	0.003	17	高校和研发机构产出效率	0.278	21
知识产权流动水平	0.106	17			
技术市场交易	0.083	21	技术市场规模	0.029	20

续表 1-21

知识产权综合实力指数　0.159			综合排名　21		
指标	指数	排名	指标	指数	排名
技术市场开放度	0.023	20	律师事务所	0.350	11
技术外溢度	0.279	22	评估机构	0.000	19
技术国际竞争力	0.003	26	企业技改、引进	0.122	17
知识产权服务机构	0.114	12	技术改造	0.235	9
商标代理机构	0.063	14	国内引进	0.066	19
专利代理	0.042	16	国外引进	0.065	18
知识产权综合绩效	0.251	25			
宏观经济绩效	0.221	23	社会发展	0.562	16
经济发展水平	0.285	17	社会生活信息化	0.265	16
经济增长方式转变	0.299	21	文化进步	0.262	23
经济结构优化	0.078	28	企业发展绩效	0.192	23
社会进步绩效	0.340	25	产品升级	0.240	20
环境改善	0.270	30	设备更新	0.144	12
知识产权创造潜力	0.196	17			
创造投入	0.272	10	科普	0.100	19
人才投入	0.148	22	知识产权试点示范	0.310	9
资本投入	0.188	18	知识产权试点示范城市	0.000	17
文化投入	0.480	3	知识产权试点示范园区	0.071	17
创造成果	0.102	23	知识产权试点单位	0.837	3
论文	0.225	18	文化产业示范	0.333	10
国家产业化项目	0.032	27	企业创造潜力	0.190	21
科技成果	0.080	22	企业科研基础	0.066	27
高新技术产业科技项目	0.070	15	企业人才投入	0.176	22
创造环境	0.200	19	企业资本投入	0.397	18
财政支持	0.052	26	企业新产品开发	0.122	15
金融环境	0.040	24	知识产权保护	0.101	16
开放程度	0.071	20	专利行政执法	0.050	17
教育环境	0.558	13	商标行政执法	0.110	17
文化环境	0.362	12	行政执法服务能力	0.143	17
高新技术开发区	0.215	19	司法保护能力	0.102	13

(附录)表 1-22　　江西知识产权综合实力分项指标指数及排名表

知识产权综合实力指数　0.156			综合排名　22		
指标	指数	排名	指标	指数	排名
知识产权产出水平	0.081	28			
人均产出	0.021	29	外贸额与 PCT 专利比	0.045	24
专利总量	0.032	25	产出效率	0.171	27
商标总量	0.058	21	人才产出效率	0.241	22
版权总量	0.015	10	资本产出效率	0.101	29
集成电路布图设计总量	0.000	20	企业产出	0.062	26
农业植物新品种总量	0.000	31	企业产出规模	0.024	22
产出质量	0.041	24	企业产出质量	0.026	21
专利有效性	0.028	23	企业产出效率	0.137	27
商标有效性	0.048	24	高校和研发机构产出	0.111	24
专利金奖	0.000	27	高校和研发机构产出规模	0.038	23
“中华老字号”商标	0.122	18	高校和研发机构产出质量	0.030	23
集成电路布图设计登记发证	0.000	19	高校和研发机构产出效率	0.264	22
知识产权流动水平	0.078	22			
技术市场交易	0.093	19	专利代理	0.024	21
技术市场规模	0.022	23	律师事务所	0.162	24
技术市场开放度	0.042	17	评估机构	0.000	19
技术外溢度	0.306	19	企业技改、引进	0.086	20
技术国际竞争力	0.004	24	技术改造	0.125	19
知识产权服务机构	0.054	25	国内引进	0.080	15
商标代理机构	0.030	20	国外引进	0.054	20
知识产权综合绩效	0.312	20			
宏观经济绩效	0.317	12	社会发展	0.509	24
经济发展水平	0.258	22	社会生活信息化	0.000	31
经济增长方式转变	0.418	8	文化进步	0.370	20
经济结构优化	0.274	11	企业发展绩效	0.245	17
社会进步绩效	0.374	24	产品升级	0.238	21
环境改善	0.619	9	设备更新	0.252	4
知识产权创造潜力	0.153	21			
创造投入	0.157	21	文化投入	0.187	15
人才投入	0.575	2	创造成果	0.112	22
资本投入	0.252	13	论文	0.185	22

续表 1－22

知识产权综合实力指数　0.156			综合排名　22		
指标	指数	排名	指标	指数	排名
国家产业化项目	0.084	12	知识产权试点示范园区	0.071	17
科技成果	0.122	15	知识产权试点单位	0.465	14
高新技术产业科技项目	0.057	17	文化产业示范	0.133	21
创造环境	0.206	17	企业创造潜力	0.187	22
财政支持	0.082	20	企业科研基础	0.204	16
金融环境	0.022	28	企业人才投入	0.140	26
开放程度	0.168	13	企业资本投入	0.339	25
教育环境	0.627	9	企业新产品开发	0.067	19
文化环境	0.268	17	知识产权保护	0.090	21
高新技术开发区	0.211	20	专利行政执法	0.053	16
科普	0.065	22	商标行政执法	0.104	18
知识产权试点示范	0.167	22	行政执法服务能力	0.102	25
知识产权试点示范城市	0.000	17	司法保护能力	0.100	15

（附录）表 1－23　　吉林知识产权综合实力分项指标指数及排名表

知识产权综合实力指数　0.153			综合排名　23		
指标	指数	排名	指标	指数	排名
知识产权产出水平	0.096	25			
人均产出	0.059	16	外贸额与 PCT 专利比	0.097	11
专利总量	0.032	24	产出效率	0.191	24
商标总量	0.050	24	人才产出效率	0.207	25
版权总量	0.011	12	资本产出效率	0.175	26
集成电路布图设计总量	0.000	20	企业产出	0.039	30
农业植物新品种总量	0.204	7	企业产出规模	0.011	26
产出质量	0.059	20	企业产出质量	0.021	24
专利有效性	0.045	18	企业产出效率	0.086	29
商标有效性	0.064	16	高校和研发机构产出	0.131	21
专利金奖	0.035	20	高校和研发机构产出规模	0.071	18
“中华老字号”商标	0.111	20	高校和研发机构产出质量	0.071	18
集成电路布图设计登记发证	0.000	19	高校和研发机构产出效率	0.250	23
知识产权流动水平	0.085	21			
技术市场交易	0.155	15	技术市场规模	0.027	22

续表 1 – 23

知识产权综合实力指数 0.153			综合排名 23		
指标	指数	排名	指标	指数	排名
技术市场开放度	0.159	11	律师事务所	0.187	22
技术外溢度	0.429	14	评估机构	0.000	19
技术国际竞争力	0.005	22	企业技改、引进	0.037	26
知识产权服务机构	0.063	23	技术改造	0.077	25
商标代理机构	0.033	19	国内引进	0.015	29
专利代理	0.031	18	国外引进	0.018	25
知识产权综合绩效	0.264	24			
宏观经济绩效	0.266	17	社会发展	0.662	10
经济发展水平	0.329	15	社会生活信息化	0.238	18
经济增长方式转变	0.336	17	文化进步	0.382	19
经济结构优化	0.133	22	企业发展绩效	0.084	31
社会进步绩效	0.442	13	产品升级	0.109	28
环境改善	0.488	23	设备更新	0.059	26
知识产权创造潜力	0.168	19			
创造投入	0.141	24	科普	0.149	13
人才投入	0.171	19	知识产权试点示范	0.279	13
资本投入	0.432	4	知识产权试点示范城市	0.125	9
文化投入	0.112	22	知识产权试点示范园区	0.071	17
创造成果	0.160	16	知识产权试点单位	0.651	5
论文	0.265	14	文化产业示范	0.267	12
国家产业化项目	0.048	21	企业创造潜力	0.146	26
科技成果	0.116	17	企业科研基础	0.001	31
高新技术产业科技项目	0.210	7	企业人才投入	0.208	19
创造环境	0.194	20	企业资本投入	0.298	26
财政支持	0.124	17	企业新产品开发	0.078	18
金融环境	0.073	18	知识产权保护	0.090	19
开放程度	0.055	25	专利行政执法	0.003	29
教育环境	0.513	16	商标行政执法	0.060	22
文化环境	0.215	20	行政执法服务能力	0.268	7
高新技术开发区	0.231	17	司法保护能力	0.029	26

(附录)表 1－24　　贵州知识产权综合实力分项指标指数及排名表

知识产权综合实力指数　0.145			综合排名　24		
指标	指数	排名	指标	指数	排名
知识产权产出水平	0.205	14			
人均产出	0.023	27	外贸额与 PCT 专利比	0.052	21
专利总量	0.042	20	产出效率	0.611	6
商标总量	0.053	22	人才产出效率	0.619	11
版权总量	0.001	26	资本产出效率	0.603	5
集成电路布图设计总量	0.005	16	企业产出	0.282	8
农业植物新品种总量	0.011	30	企业产出规模	0.037	18
产出质量	0.032	26	企业产出质量	0.033	18
专利有效性	0.032	21	企业产出效率	0.778	4
商标有效性	0.012	29	高校和研发机构产出	0.077	25
专利金奖	0.035	20	高校和研发机构产出规模	0.017	25
“中华老字号”商标	0.050	24	高校和研发机构产出质量	0.015	25
集成电路布图设计登记发证	0.008	15	高校和研发机构产出效率	0.200	25
知识产权流动水平	0.038	27			
技术市场交易	0.046	28	专利代理	0.016	24
技术市场规模	0.011	26	律师事务所	0.000	31
技术市场开放度	0.002	28	评估机构	0.000	19
技术外溢度	0.172	24	企业技改、引进	0.059	22
技术国际竞争力	0.000	31	技术改造	0.151	16
知识产权服务机构	0.010	31	国内引进	0.018	28
商标代理机构	0.025	23	国外引进	0.007	27
知识产权综合绩效	0.225	27			
宏观经济绩效	0.161	28	社会发展	0.242	28
经济发展水平	0.182	26	社会生活信息化	0.075	27
经济增长方式转变	0.150	28	文化进步	0.704	5
经济结构优化	0.152	20	企业发展绩效	0.094	29
社会进步绩效	0.419	17	产品升级	0.188	24
环境改善	0.654	6	设备更新	0.000	31
知识产权创造潜力	0.110	27			
创造投入	0.068	30	文化投入	0.086	26
人才投入	0.141	25	创造成果	0.096	24
资本投入	0.037	31	论文	0.301	12

续表 1－24

知识产权综合实力指数 0.145			综合排名 24		
指标	指数	排名	指标	指数	排名
国家产业化项目	0.035	24	知识产权试点示范园区	0.071	17
科技成果	0.012	31	知识产权试点单位	0.209	22
高新技术产业科技项目	0.036	21	文化产业示范	0.067	27
创造环境	0.137	27	企业创造潜力	0.124	27
财政支持	0.073	21	企业科研基础	0.009	30
金融环境	0.021	29	企业人才投入	0.090	30
开放程度	0.048	27	企业资本投入	0.369	24
教育环境	0.439	23	企业新产品开发	0.028	25
文化环境	0.128	27	知识产权保护	0.117	14
高新技术开发区	0.190	21	专利行政执法	0.076	13
科普	0.060	23	商标行政执法	0.052	26
知识产权试点示范	0.118	26	行政执法服务能力	0.131	18
知识产权试点示范城市	0.125	9	司法保护能力	0.207	9

(附录)表 1－25　宁夏知识产权综合实力分项指标指数及排名表

知识产权综合实力指数 0.144			综合排名 25		
指标	指数	排名	指标	指数	排名
知识产权产出水平	0.195	16			
人均产出	0.038	23	外贸额与 PCT 专利比	0.174	6
专利总量	0.045	18	产出效率	0.628	5
商标总量	0.053	23	人才产出效率	0.648	8
版权总量	0.003	19	资本产出效率	0.608	4
集成电路布图设计总量	0.000	20	企业产出	0.215	12
农业植物新品种总量	0.089	19	企业产出规模	0.008	27
产出质量	0.046	22	企业产出质量	0.004	28
专利有效性	0.023	24	企业产出效率	0.632	7
商标有效性	0.053	22	高校和研发机构产出	0.050	28
专利金奖	0.018	23	高校和研发机构产出规模	0.003	28
“中华老字号”商标	0.011	28	高校和研发机构产出质量	0.003	28
集成电路布图设计登记发证	0.000	19	高校和研发机构产出效率	0.143	28
知识产权流动水平	0.034	29			
技术市场交易	0.070	24	技术市场规模	0.005	29

续表 1 - 25

知识产权综合实力指数　0.144			综合排名　25		
指标	指数	排名	指标	指数	排名
技术市场开放度	0.029	18	律师事务所	0.029	29
技术外溢度	0.160	26	评估机构	0.000	19
技术国际竞争力	0.087	8	企业技改、引进	0.022	29
知识产权服务机构	0.010	29	技术改造	0.036	27
商标代理机构	0.006	29	国内引进	0.025	25
专利代理	0.007	28	国外引进	0.006	28
知识产权综合绩效	0.270	23			
宏观经济绩效	0.180	25	社会发展	0.430	25
经济发展水平	0.330	14	社会生活信息化	0.304	15
经济增长方式转变	0.129	30	文化进步	0.390	17
经济结构优化	0.081	27	企业发展绩效	0.228	18
社会进步绩效	0.402	20	产品升级	0.318	15
环境改善	0.482	24	设备更新	0.138	13
知识产权创造潜力	0.077	30			
创造投入	0.093	27	科普	0.008	29
人才投入	0.106	26	知识产权试点示范	0.006	31
资本投入	0.000	0	知识产权试点示范城市	0.000	17
文化投入	0.000	31	知识产权试点示范园区	0.000	26
创造成果	0.127	20	知识产权试点单位	0.023	30
论文	0.212	20	文化产业示范	0.000	28
国家产业化项目	0.023	29	企业创造潜力	0.086	29
科技成果	0.264	6	企业科研基础	0.270	9
高新技术产业科技项目	0.010	27	企业人才投入	0.063	31
创造环境	0.108	29	企业资本投入	0.000	27
财政支持	0.158	13	企业新产品开发	0.013	28
金融环境	0.177	10	知识产权保护	0.042	29
开放程度	0.052	26	专利行政执法	0.003	28
教育环境	0.253	29	商标行政执法	0.017	30
文化环境	0.055	29	行政执法服务能力	0.059	30
高新技术开发区	0.052	30	司法保护能力	0.087	20

(附录)表 1-26 云南知识产权综合实力分项指标指数及排名表

知识产权综合实力指数	0.138		综合排名	26	
指标	指数	排名	指标	指数	排名
知识产权产出水平	0.156	20			
人均产出	0.068	14	外贸额与 PCT 专利比	0.036	25
专利总量	0.019	29	产出效率	0.335	17
商标总量	0.058	19	人才产出效率	0.377	16
版权总量	0.004	18	资本产出效率	0.294	18
集成电路布图设计总量	0.000	20	企业产出	0.150	18
农业植物新品种总量	0.257	5	企业产出规模	0.019	23
产出质量	0.050	21	企业产出质量	0.023	23
专利有效性	0.021	26	企业产出效率	0.409	13
商标有效性	0.045	25	高校和研发机构产出	0.174	16
专利金奖	0.053	16	高校和研发机构产出规模	0.045	21
“中华老字号”商标	0.144	15	高校和研发机构产出质量	0.046	20
集成电路布图设计登记发证	0.000	19	高校和研发机构产出效率	0.432	11
知识产权流动水平	0.063	25			
技术市场交易	0.083	22	专利代理	0.025	20
技术市场规模	0.030	19	律师事务所	0.202	21
技术市场开放度	0.013	25	评估机构	0.000	19
技术外溢度	0.280	21	企业技改、引进	0.037	25
技术国际竞争力	0.009	19	技术改造	0.063	26
知识产权服务机构	0.068	22	国内引进	0.023	26
商标代理机构	0.047	16	国外引进	0.026	24
知识产权综合绩效	0.191	30			
宏观经济绩效	0.169	26	社会发展	0.113	30
经济发展水平	0.179	27	社会生活信息化	0.056	30
经济增长方式转变	0.198	27	文化进步	0.590	7
经济结构优化	0.131	23	企业发展绩效	0.114	28
社会进步绩效	0.291	28	产品升级	0.162	25
环境改善	0.407	27	设备更新	0.065	23
知识产权创造潜力	0.142	24			
创造投入	0.141	25	文化投入	0.193	13
人才投入	0.037	31	创造成果	0.144	18
资本投入	0.262	11	论文	0.325	11

续表 1－26

知识产权综合实力指数 0.138			综合排名 26		
指标	指数	排名	指标	指数	排名
国家产业化项目	0.053	20	知识产权试点示范园区	0.071	17
科技成果	0.187	10	知识产权试点单位	0.186	24
高新技术产业科技项目	0.013	25	文化产业示范	0.267	12
创造环境	0.178	23	企业创造潜力	0.191	20
财政支持	0.073	23	企业科研基础	0.200	17
金融环境	0.045	23	企业人才投入	0.157	25
开放程度	0.086	18	企业资本投入	0.377	23
教育环境	0.369	27	企业新产品开发	0.031	24
文化环境	0.257	18	知识产权保护	0.065	27
高新技术开发区	0.389	10	专利行政执法	0.016	24
科普	0.027	27	商标行政执法	0.141	14
知识产权试点示范	0.131	25	行政执法服务能力	0.061	28
知识产权试点示范城市	0.000	17	司法保护能力	0.041	24

(附录)表 1－27　内蒙古知识产权综合实力分项指标指数及排名表

知识产权综合实力指数 0.134			综合排名 27		
指标	指数	排名	指标	指数	排名
知识产权产出水平	0.038	31			
人均产出	0.031	25	外贸额与 PCT 专利比	0.036	26
专利总量	0.019	28	产出效率	0.054	31
商标总量	0.047	25	人才产出效率	0.107	30
版权总量	0.000	27	资本产出效率	0.000	31
集成电路布图设计总量	0.000	20	企业产出	0.016	31
农业植物新品种总量	0.087	20	企业产出规模	0.008	28
产出质量	0.026	27	企业产出质量	0.011	27
专利有效性	0.020	29	企业产出效率	0.031	31
商标有效性	0.064	17	高校和研发机构产出	0.061	27
专利金奖	0.000	27	高校和研发机构产出规模	0.010	26
“中华老字号”商标	0.039	26	高校和研发机构产出质量	0.010	26
集成电路布图设计登记发证	0.000	19	高校和研发机构产出效率	0.163	27
知识产权流动水平	0.077	23			
技术市场交易	0.034	31	技术市场规模	0.013	25

续表 1－27

知识产权综合实力指数 0.134			综合排名 27		
指标	指数	排名	指标	指数	排名
技术市场开放度	0.004	27	律师事务所	0.149	25
技术外溢度	0.116	27	评估机构	0.000	19
技术国际竞争力	0.002	29	企业技改、引进	0.155	14
知识产权服务机构	0.043	26	技术改造	0.089	22
商标代理机构	0.017	26	国内引进	0.123	12
专利代理	0.008	27	国外引进	0.252	8
知识产权综合绩效	0.287	22			
宏观经济绩效	0.280	16	社会发展	0.518	23
经济发展水平	0.493	8	社会生活信息化	0.367	9
经济增长方式转变	0.332	18	文化进步	0.200	26
经济结构优化	0.016	31	企业发展绩效	0.151	26
社会进步绩效	0.431	15	产品升级	0.106	29
环境改善	0.638	8	设备更新	0.196	9
知识产权创造潜力	0.135	25			
创造投入	0.188	18	科普	0.051	24
人才投入	0.344	8	知识产权试点示范	0.173	21
资本投入	0.141	24	知识产权试点示范城市	0.000	17
文化投入	0.164	17	知识产权试点示范园区	0.071	17
创造成果	0.056	30	知识产权试点单位	0.488	12
论文	0.074	30	文化产业示范	0.133	21
国家产业化项目	0.034	26	企业创造潜力	0.157	25
科技成果	0.111	19	企业科研基础	0.032	28
高新技术产业科技项目	0.004	28	企业人才投入	0.176	21
创造环境	0.161	25	企业资本投入	0.388	19
财政支持	0.303	7	企业新产品开发	0.032	23
金融环境	0.135	12	知识产权保护	0.073	25
开放程度	0.014	31	专利行政执法	0.045	18
教育环境	0.260	28	商标行政执法	0.024	28
文化环境	0.129	26	行政执法服务能力	0.120	20
高新技术开发区	0.233	16	司法保护能力	0.102	14

(附录)表1-28　西藏知识产权综合实力分项指标指数及排名表

知识产权综合实力指数　0.122			综合排名　28		
指标	指数	排名	指标	指数	排名
知识产权产出水平	0.057	29			
人均产出	0.055	18	外贸额与PCT专利比	0.000	31
专利总量	0.000	31	产出效率	0.174	26
商标总量	0.029	29	人才产出效率	0.138	29
版权总量	0.000	30	资本产出效率	0.210	21
集成电路布图设计总量	0.000	20	企业产出	0.055	29
农业植物新品种总量	0.244	6	企业产出规模	0.000	31
产出质量	0.002	31	企业产出质量	0.000	31
专利有效性	0.000	31	企业产出效率	0.165	23
商标有效性	0.012	30	高校和研发机构产出	0.000	31
专利金奖	0.000	27	高校和研发机构产出规模	0.000	31
"中华老字号"商标	0.000	30	高校和研发机构产出质量	0.000	31
集成电路布图设计登记发证	0.000	19	高校和研发机构产出效率	0.000	31
知识产权流动水平	0.026	31			
技术市场交易	0.046	27	专利代理	0.000	31
技术市场规模	0.000	31	律师事务所	0.124	27
技术市场开放度	0.000	31	评估机构	0.000	19
技术外溢度	0.000	31	企业技改、引进	0.000	31
技术国际竞争力	0.185	3	技术改造	0.000	31
知识产权服务机构	0.031	28	国内引进	0.000	31
商标代理机构	0.000	31	国外引进	0.000	31
知识产权综合绩效	0.321	16			
宏观经济绩效	0.145	30	社会发展	0.000	31
经济发展水平	0.217	24	社会生活信息化	0.175	21
经济增长方式转变	0.053	31	文化进步	0.465	12
经济结构优化	0.166	17	企业发展绩效	0.538	2
社会进步绩效	0.280	29	产品升级	0.076	30
环境改善	0.481	25	设备更新	1.000	1
知识产权创造潜力	0.083	29			
创造投入	0.037	31	文化投入	0.008	30
人才投入	0.262	11	创造成果	0.041	31
资本投入	0.162	20	论文	0.128	28

续表 1－28

知识产权综合实力指数 0.122			综合排名 28		
指标	指数	排名	指标	指数	排名
国家产业化项目	0.000	31	知识产权试点示范园区	0.000	26
科技成果	0.034	30	知识产权试点单位	0.186	24
高新技术产业科技项目	0.000	31	文化产业示范	0.000	28
创造环境	0.057	31	企业创造潜力	0.273	14
财政支持	0.046	27	企业科研基础	0.213	14
金融环境	0.049	21	企业人才投入	0.436	7
开放程度	0.211	11	企业资本投入	0.440	17
教育环境	0.071	30	企业新产品开发	0.000	31
文化环境	0.020	31	知识产权保护	0.048	28
高新技术开发区	0.000	31	专利行政执法	0.000	30
科普	0.000	31	商标行政执法	0.000	31
知识产权试点示范	0.047	30	行政执法服务能力	0.079	27
知识产权试点示范城市	0.000	17	司法保护能力	0.112	12

（附录）表 1－29　　甘肃知识产权综合实力分项指标指数及排名表

知识产权综合实力指数 0.120			综合排名 29		
指标	指数	排名	指标	指数	排名
知识产权产出水平	0.084	27			
人均产出	0.014	31	外贸额与 PCT 专利比	0.077	15
专利总量	0.035	22	产出效率	0.171	28
商标总量	0.000	31	人才产出效率	0.000	31
版权总量	0.000	29	资本产出效率	0.342	11
集成电路布图设计总量	0.000	20	企业产出	0.059	28
农业植物新品种总量	0.036	28	企业产出规模	0.011	25
产出质量	0.032	25	企业产出质量	0.012	26
专利有效性	0.022	25	企业产出效率	0.152	25
商标有效性	0.000	31	高校和研发机构产出	0.145	18
专利金奖	0.018	23	高校和研发机构产出规模	0.030	24
“中华老字号”商标	0.078	23	高校和研发机构产出质量	0.030	24
集成电路布图设计登记发证	0.000	19	高校和研发机构产出效率	0.374	16
知识产权流动水平	0.098	19			
技术市场交易	0.117	18	技术市场规模	0.068	13

续表 1－29

知识产权综合实力指数 0.120			综合排名 29		
指标	指数	排名	指标	指数	排名
技术市场开放度	0.002	29	律师事务所	0.272	13
技术外溢度	0.396	16	评估机构	0.000	19
技术国际竞争力	0.003	26	企业技改、引进	0.103	18
知识产权服务机构	0.073	20	技术改造	0.133	18
商标代理机构	0.010	27	国内引进	0.071	18
专利代理	0.008	26	国外引进	0.106	15
知识产权综合绩效	0.201	29			
宏观经济绩效	0.162	27	社会发展	0.335	27
经济发展水平	0.149	30	社会生活信息化	0.099	25
经济增长方式转变	0.244	24	文化进步	0.211	25
经济结构优化	0.093	26	企业发展绩效	0.196	22
社会进步绩效	0.244	31	产品升级	0.279	18
环境改善	0.330	29	设备更新	0.113	15
知识产权创造潜力	0.099	28			
创造投入	0.162	20	科普	0.073	21
人才投入	0.079	29	知识产权试点示范	0.051	29
资本投入	0.093	27	知识产权试点示范城市	0.000	17
文化投入	0.154	18	知识产权试点示范园区	0.000	26
创造成果	0.075	28	知识产权试点单位	0.070	28
论文	0.038	31	文化产业示范	0.133	21
国家产业化项目	0.034	25	企业创造潜力	0.107	28
科技成果	0.216	7	企业科研基础	0.289	8
高新技术产业科技项目	0.012	26	企业人才投入	0.112	27
创造环境	0.132	28	企业资本投入	0.000	27
财政支持	0.000	31	企业新产品开发	0.026	26
金融环境	0.048	22	知识产权保护	0.067	26
开放程度	0.032	29	专利行政执法	0.034	21
教育环境	0.461	21	商标行政执法	0.073	21
文化环境	0.160	23	行政执法服务能力	0.160	14
高新技术开发区	0.148	25	司法保护能力	0.002	30

(附录)表 1－30　　新疆知识产权综合实力分项指标指数及排名表

知识产权综合实力指数　0.107			综合排名　30		
指标	指数	排名	指标	指数	排名
知识产权产出水平	0.104	23			
人均产出	0.050	19	外贸额与 PCT 专利比	0.022	30
专利总量	0.031	26	产出效率	0.273	20
商标总量	0.079	13	人才产出效率	0.292	19
版权总量	0.002	25	资本产出效率	0.254	20
集成电路布图设计总量	0.000	20	企业产出	0.105	21
农业植物新品种总量	0.138	13	企业产出规模	0.013	24
产出质量	0.024	28	企业产出质量	0.015	25
专利有效性	0.029	22	企业产出效率	0.288	15
商标有效性	0.075	14	高校和研发机构产出	0.067	26
专利金奖	0.000	27	高校和研发机构产出规模	0.010	27
“中华老字号”商标	0.017	27	高校和研发机构产出质量	0.010	27
集成电路布图设计登记发证	0.000	19	高校和研发机构产出效率	0.182	26
知识产权流动水平	0.042	26			
技术市场交易	0.037	29	专利代理	0.010	25
技术市场规模	0.006	27	律师事务所	0.168	23
技术市场开放度	0.014	24	评估机构	0.032	14
技术外溢度	0.113	28	企业技改、引进	0.030	27
技术国际竞争力	0.013	15	技术改造	0.014	29
知识产权服务机构	0.059	24	国内引进	0.039	22
商标代理机构	0.026	22	国外引进	0.037	22
知识产权综合绩效	0.172	31			
宏观经济绩效	0.137	31	社会发展	0.345	26
经济发展水平	0.167	28	社会生活信息化	0.358	10
经济增长方式转变	0.222	26	文化进步	0.129	29
经济结构优化	0.022	30	企业发展绩效	0.129	27
社会进步绩效	0.250	30	产品升级	0.146	27
环境改善	0.169	31	设备更新	0.112	16
知识产权创造潜力	0.110	26			
创造投入	0.106	26	文化投入	0.064	28
人才投入	0.000	0	创造成果	0.165	13
资本投入	0.000	0	论文	0.509	3

续表 1－30

知识产权综合实力指数 0.107			综合排名 30		
指标	指数	排名	指标	指数	排名
国家产业化项目	0.081	14	知识产权试点示范园区	0.143	12
科技成果	0.070	25	知识产权试点单位	0.000	31
高新技术产业科技项目	0.002	29	文化产业示范	0.000	28
创造环境	0.170	24	企业创造潜力	0.077	30
财政支持	0.176	12	企业科研基础	0.080	25
金融环境	0.094	16	企业人才投入	0.208	20
开放程度	0.121	14	企业资本投入	0.000	27
教育环境	0.409	25	企业新产品开发	0.021	27
文化环境	0.141	25	知识产权保护	0.076	23
高新技术开发区	0.221	18	专利行政执法	0.093	11
科普	0.027	26	商标行政执法	0.114	16
知识产权试点示范	0.067	28	行政执法服务能力	0.096	26
知识产权试点示范城市	0.125	9	司法保护能力	0.000	31

（附录）表 1－31　青海知识产权综合实力分项指标指数及排名表

知识产权综合实力指数 0.094			综合排名 31		
指标	指数	排名	指标	指数	排名
知识产权产出水平	0.055	30			
人均产出	0.015	30	外贸额与 PCT 专利比	0.025	29
专利总量	0.012	30	产出效率	0.175	25
商标总量	0.044	26	人才产出效率	0.169	28
版权总量	0.000	28	资本产出效率	0.181	25
集成电路布图设计总量	0.000	20	企业产出	0.061	27
农业植物新品种总量	0.020	29	企业产出规模	0.001	30
产出质量	0.016	30	企业产出质量	0.001	30
专利有效性	0.007	30	企业产出效率	0.182	22
商标有效性	0.042	26	高校和研发机构产出	0.008	30
专利金奖	0.018	23	高校和研发机构产出规模	0.000	30
“中华老字号”商标	0.006	29	高校和研发机构产出质量	0.000	30
集成电路布图设计登记发证	0.000	19	高校和研发机构产出效率	0.023	30
知识产权流动水平	0.036	28			
技术市场交易	0.071	23	技术市场规模	0.036	18

续表 1－31

知识产权综合实力指数 0.094			综合排名 31		
指标	指数	排名	指标	指数	排名
技术市场开放度	0.001	30	律师事务所	0.138	26
技术外溢度	0.244	23	评估机构	0.000	19
技术国际竞争力	0.002	29	企业技改、引进	0.001	30
知识产权服务机构	0.036	27	技术改造	0.002	30
商标代理机构	0.001	30	国内引进	0.001	30
专利代理	0.005	29	国外引进	0.001	30
知识产权综合绩效	0.227	26			
宏观经济绩效	0.157	29	社会发展	0.148	29
经济发展水平	0.269	19	社会生活信息化	0.342	11
经济增长方式转变	0.140	29	文化进步	0.185	27
经济结构优化	0.064	29	企业发展绩效	0.216	20
社会进步绩效	0.309	27	产品升级	0.000	31
环境改善	0.562	15	设备更新	0.432	2
知识产权创造潜力	0.059	31			
创造投入	0.079	29	科普	0.003	30
人才投入	0.093	27	知识产权试点示范	0.068	27
资本投入	0.106	26	知识产权试点示范城市	0.000	17
文化投入	0.029	29	知识产权试点示范园区	0.000	26
创造成果	0.081	27	知识产权试点单位	0.070	28
论文	0.225	17	文化产业示范	0.200	17
国家产业化项目	0.026	28	企业创造潜力	0.049	31
科技成果	0.071	24	企业科研基础	0.082	24
高新技术产业科技项目	0.001	30	企业人才投入	0.111	28
创造环境	0.059	30	企业资本投入	0.000	27
财政支持	0.102	18	企业新产品开发	0.003	30
金融环境	0.170	11	知识产权保护	0.016	31
开放程度	0.024	30	专利行政执法	0.000	30
教育环境	0.000	31	商标行政执法	0.019	29
文化环境	0.038	30	行政执法服务能力	0.036	31
高新技术开发区	0.075	28	司法保护能力	0.008	28

附录二　指标体系的构建

一、指标体系建立原则

1. 从少从简，有的放矢

指标选取并非多多益善，关键在于评价的目的性与指标的重要性，即指标对于指数的影响程度大小。在选取知识产权指标时，我们尽量选择那些影响大，较为重要的指标，遵循少而精的原则。

2. 具代表性，存差异性

毋庸置疑，指标应具有代表性，能很好地反映研究对象某方面的特性。同时，指标也应该有明显的差异性，同质的指标没有意义，会对指数最终的赋权产生一定的影响。

3. 数据可得，资料客观

知识产权综合实力指数 2015 在构建时，遵循之前的惯例，全部选取客观指标，从《中国统计年鉴》、《中国科技统计年鉴》、《专利年报》、《专利统计年鉴》等资料中获得客观数据。

二、指标体系的构成

中国区域知识产权指数报告 2015 指标体系由四个二级指标构成，即：知识产权产出水平、知识产权流动水平、知识产权综合绩效与知识产权创造潜力（见附录图 2－1）。二级指标又由若干个三级指标解释，详见附录四。

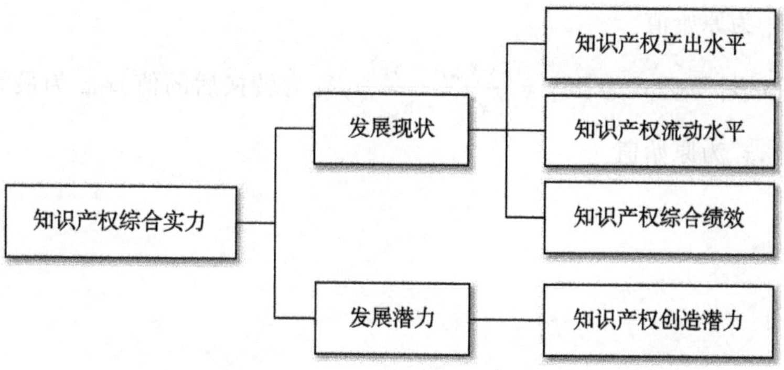

附录图 2－1　指标设计思路图

附录三　数据处理

1. 样本选取

本书选取的样本是中国内地 31 个省、直辖市、自治区，以省为单位进行区域知识产权综合实力的比较，是因为中国的省级行政区实在政治、经济、人文、地理等多种因素作用下，经过长期历史演变而形成的具有特色的地区单元，省级政府既是国家宏观经济政策的承受着优势发展省级经济的责任者，并且目前中国的知识产权管理机构设置在省一级较为完备。由于历史原因，中国台湾、中国香港、中国澳门等地区的统计数据与中国内地各省份的数据具有不用程度的差异，因此不在本报告研究范围之内。

2. 数据搜集

为保障数据的科学、准确，本报告采用的基础数据全部来源于公开出版的年鉴或者相关部门公布的权威指标数据，具体如下：《2014 中国统计年鉴》、《2013 中国知识产权统计年报》、《2013 专利统计年报》、《2014 中国科技统计年鉴》、2013 年各省市统计公报、中华老字号评选委员会（第二届）、中国科技统计资料汇编（2014）、中国商标网、国家知识产权局网站。

3. 数据标准化

数据标准化主要是指数据无量纲化处理。

由于各项指标数据的量纲不同，因此，要对这些指标进行综合集成，所有指标数据都必须进行无量纲化处理。对于客观指标原始数据无量纲处理，本书主要采取阈值法对数据进行无量纲化处理。

阈值法的计算公式为：$X_i = \frac{(x_i - x_{\min})}{(x_{\max} - x_{\min})}$，$X_i$ 为转换后的值，$x_{\max}$ 为最大样本值，$x_{\min}$ 为最小样本值，x_i 为原始值。

逆向指标的计算公式为：$X_i = \frac{(x_{\max} - x_i)}{(x_{\max} - x_{\min})}$，$X_i$ 为转换后的值，$x_{\max}$ 为最大样本值，$x_{\min}$ 为最小样本值，x_i 为原始值。

附录四　综合评价指数的计算

本报告结合国内外通用规则以及报告的具体目标，拟采用综合评价指数法对中国区域知识产权综合实力进行评价。综合指数法分为线性加权模型、乘法评价模型、加乘混合评价模型等几种形式。本报告的指标体系各指标的重要程度较大，指标值的差异不大，而且各个指标间基本相互独立，各指标只影响综合评价值而指标之间不相互影响，因此采用线性加权模型进行计算。

各指标度量了区域知识产权综合实力的不同层面，其重要程度难以精确区分，因此在确定权重时各类指标按照不同层级取相等权重。各指标的具体权重见附录表 4－1。

附录表 4－1　　知识产权综合实力指标权重

知识产权产出水平	人均产出	专利总量	百万人口年度国内发明专利申请量	1/400
			百万人口年度国内实用新型专利申请量	1/400
			百万人口年度国内外观设计专利申请量	1/400
			百万人口年度 PCT 专利申请量	1/400
		商标总量	百万人口年度商标申请量	1/100
		版权总量	百万人口年度版权合同登记量	1/200
			百万人口年度作品自愿登记量	1/200
		集成电路布图设计总量	百万人口年度集成电路布图设计登记申请量	1/100
		农业植物新品种总量	百万人口年度农业植物新品种申请量	1/100
	产出质量	专利有效性	百万人口国内发明专利有效量	1/360
			百万人口国内实用新型专利有效量	1/360
			百万人口国内外观设计专利有效量	1/360
		商标有效性	百万人口有效商标量	1/120
		专利金奖	专利金奖拥有量	1/120
		“中华老字号”商标	“中华老字号”商标拥有量（三批，共 1000 多家）	1/120
		集成电路布图设计登记发证	百万人口年度集成电路布图设计登记发证量	1/120
		外贸额与 PCT 专利比	每 10 亿美元对外贸易出口额 PCT 专利申请量（件/十亿美元）	1/120
	产出效率	人才产出效率	万名 R&D 活动人员年度职务发明专利申请量	1/40
		资本产出效率	亿元 R&D 经费内部支出年度发明专利申请量	1/40

续附录表4-1

知识产权产出水平	企业产出	企业产出规模	年度企业职务发明专利受理量	1/180
			年度企业职务实用新型专利受理量	1/180
			年度企业职务外观设计专利受理量	1/180
		企业产出质量	企业职务发明专利有效量	1/180
			企业职务实用新型专利有效量	1/180
			企业职务外观设计专利有效量	1/180
		企业产出效率	规模以上工业企业万名R&D人员年度发明专利申请量	1/120
			规模以上工业企业亿元R&D经费内部支出年度发明专利申请量	1/120
	高校和研发机构产出	高校和研发机构产出规模	各地区高校和研发机构专利年度申请量	1/60
		高校和研发机构产出质量	各地区高校和研发机构有效发明专利量	1/60
		高校和研发机构产出效率	高校和研发机构万名R&D人员专利年度申请量	1/120
			高校和研发机构亿元R&D经费内部支出专利年度申请量	1/120
知识产权流动水平	技术市场交易	技术市场规模	技术市场成交合同数	1/144
			技术市场成交合同金额	1/144
			技术市场成交合同金额与GDP比例	1/144
		技术市场开放度	国外引进合同数	1/96
			国外引进合同金额	1/96
		技术外溢度	技术市场成交合同数与技术流向地域合同数比值	1/96
			技术市场成交合同金额与技术流向地域合同金额比值	1/96
		技术国际竞争力	万元生产总值技术国际收入	1/48
	知识产权服务机构	商标代理机构	商标代理机构数	1/48
		专利代理	专利代理机构数量	1/96
			专利代理人员数量	1/96
		律师事务所	律师事务所数量	1/48
		评估机构	百强资产评估机构数量	1/48
	企业技改、引进	技术改造	规模以上工业企业技术改造经费支出	1/36
		国内引进	规模以上工业企业购买国内技术经费支出	1/36
		国外引进	规模以上工业企业技术引进、消化吸收经费	1/36

续附录表 4-1

知识产权综合绩效	宏观经济绩效	经济发展水平	非农经济比重	1/108
			人均 GDP	1/108
			城镇居民人均可支配收入	1/108
		经济增长方式转变	劳动生产率	1/108
			资本生产率	1/108
			综合能耗产出率	1/108
		经济结构优化	高技术产业增加值占工业增加值比重	1/108
			高技术产品出口额占商品出口额比重	1/108
			知识密集型服务业增加值占生产总值比重	1/108
	社会进步绩效	环境改善	环境质量指数	1/96
			环境污染治理指数	1/96
		社会发展	人口平均预期寿命	1/48
		社会生活信息化	互联网普及率	1/96
			移动电话普及率	1/96
		文化进步	各地区城镇居民家庭每人全年消费支出中文化领域占比	1/48
	企业发展绩效	产品升级	规模以上工业企业新产品销售收入占主营业务收入比重	1/24
		设备更新	规模以上工业企业 R&D 仪器和设备更新情况	1/24
知识产权创造潜力	创造投入	人才投入	R&D 人员全时当量总计	1/216
			万人口 R&D 活动人员数	1/216
			万人口大专以上学历人数	1/216
		资本投入	R&D 经费支出占 GDP 比重	1/288
			地方财政科技拨款占地方财政支出比重	1/288
			人均 R&D 经费内部支出	1/288
			每名 R&D 活动人员新增仪器设备费	1/288
		文化投入	文化产业固定资产投入	1/72
	创造成果	论文	万名 R&D 活动人员科技论文数	1/192
			国外主要检索工具收录中国科技论文数	1/192
		国家产业化项目	国家产业化计划项目数	1/192
			国家产业化计划项目落实资金	1/192
		科技成果	万人吸纳技术成果金额	1/192
			获国家级科技成果奖系数	1/192
		高新技术产业科技项目	高新技术产业新产品开发项目数	1/96

续附录表 4－1

知识产权创造潜力	创造环境	财政支持	人均地方政府财政收入	1/168
		金融环境	人均年末金融机构贷款余额	1/168
		开放程度	外商投资总额占 GDP 比重	1/336
			出口占 GDP 比重	1/336
		教育环境	地方政府财政支出中教育支出比重	1/336
			每 10 万人口高等学校在校生数	1/336
		文化环境	文化产业法人单位数	1/1008
			文化产业从业人员数	1/1008
			图书出版量	1/1008
			录像、录音、电子出版物出版量	1/1008
			出版发行机构数量	1/1008
			有线广播电视入户率	1/1008
		高新技术开发区	高新技术开发区从业人员数	1/336
			高新技术开发区技术性收入	1/336
		科普	科普专职人员数量	1/336
			科普年度筹集经费	1/336
	知识产权试点示范	知识产权试点示范城市	国家知识产权试点示范城市数	1/96
		知识产权试点示范园区	国家知识产权试点园区、示范园区数	1/96
		知识产权试点单位	企事业知识产权试点单位数	1/96
		文化产业示范	国家文化产业示范基地数	1/96
	企业创造潜力	企业科研基础	规模以上工业企业中有科技机构的企业占全部企业比重	1/192
			规模以上工业企业中有 R&D 活动的企业占全部企业比重	1/192
		企业人才投入	规模以上工业企业 R&D 人员数量	1/192
			规模以上工业企业研发机构硕士以上学历人员比重	1/192
		企业资本投入	规模以上工业企业 R&D 经费占主营业务收入比重	1/96
		企业新产品开发	规模以上工业企业开发新产品经费	1/192
			规模以上工业企业新产品开发项目数	1/192

续附录表 4－1

知识产权创造潜力	知识产权保护	专利行政执法	专利侵权和其他纠纷结案量	1/192
			查处专利假冒案件结案量	1/192
		商标行政执法	查处商标违法案件总数	1/192
			查处商标违法案件案值	1/192
		行政执法服务能力	执法人员素质	1/384
			执法人员数量	1/384
			执法经费支持	1/384
			接听咨询投诉电话量	1/384
		司法保护能力	知识产权一审结案量	1/96

侵犯商标权判决书分析报告（上海）

一、案件类型（案由）

研究采集 2012 年、2013 年、2014 年共计 280 份判决书，其中，一审判决书 200 份，二审判决书 80 份。为便于比较分析，本报告仅分析一审判决中的主要信息，对二审判决仅分析判决结果。

侵害商标权案件的案由主要有两类，即侵害商标权纠纷和侵害商标专用权及不正当竞争纠纷，研究采集的一审判决书中，侵害商标权纠纷案件为 173 件，占比 86%，侵害商标专利权及不正当竞争纠纷案件为 27 件，占比 14%。

单位：件

	侵害商标权纠纷	侵害商标专用权及不正当竞争纠纷
数量	173	27
占比	86%	14%

二、当事人涉外案件的情况

研究选取的 200 份一审判决书中，原告涉外的案件共有 40 件，无被告涉外案件。

单位：件

	原告	被告
涉外	40	0
非涉外	160	200

这一统计结论表明，当事人涉外的侵害商标权案件中，中国当事人一般充当被告，说明中国市场主体对知识产权品牌意识尚不重视，避免侵害他人商标专用权和使用权尚未成为市场共识。侵害外国企业商标权是中国目前的市场问题，探究原因，大致有以下几点：高额利润诱惑；现行政策法规尚不完善，执法力度有待加强；消费者看重品牌价值，忽略产品质量本身。

三、原告聘请律师的情况

研究选取的 200 份一审判决书中，原告聘请律师参与诉讼的案件共有 175 件，聘请代理人参与诉讼的案件共有 23 件，占比分别为 88% 和 12%。

单位:件

	聘请律师	聘请代理人	未聘请
数量	175	23	13

四、涉及驰名商标的情况

研究选取的200份一审判决书中，涉及驰名商标的共有45件，占比约为22%。

单位:件

	涉及驰名商标	未涉及驰名商标
数量	45	155

涉及驰名商标的45件案件中，足有42件案件法院均判定被告实施了侵权行为，应承担原告的经济损失。

商标是否驰名对被告是否实施侵权行为有一定影响。择取典型判决书中的一段：(2014) 浦民三（知）初字第196号判决书

“认定商标近似的原则是以相关公众的一般注意力为标准，既要进行商标的整体比对，又要进行商标主要部分的比对，比对应当在对比对对象隔离的状态下进行，并且要考虑请求保护的注册商标的显著性和知名度。”

在确定赔偿数额中也会考虑其商标的驰名度，

“关于赔偿金额，鉴于被告因侵权所得利益及原告因被侵权所受损失均难以确定，本院将综合考虑原告商标在滴眼液产品上的较高知名度、假冒滴眼液对人身健康可能会产生一定的危害、原告主张的赔偿范围、原告对被告销售的产品已获得了部分赔偿、侵权产品的价格、被告的注册资本等因素酌定赔偿数额。”

五、原告的诉讼请求与法院判决的情况

侵犯商标权案件中，原告的诉讼请求主要有三种——停止侵权、消除影响及赔偿损失。就此三种诉讼请求分析如下：

（一）停止侵权

侵权诉讼中，原告请求法院停止侵权是最主要的诉讼请求。法院确定被告实施了侵权行为后，一般都会支持停止侵权的诉讼请求。

研究选取的200份一审判决书中，法院判决停止侵权的案件有128件，占比约为79%。

单位:件

	法院支持	法院未支持
数量	128	35

法院确认被告有侵权行为的，有时却不会判决停止侵权，或因原告在诉讼中撤回停止侵权的诉讼请求，或因侵权事实已不存在，或因诉讼主体资格已终止。择取判决书中的典型论述分析：

1. （2014）闵民三（知）初字第 140 号判决书："审理中，原告以被告已经停止侵权为由，申请撤回了第一项诉讼请求。"

2. （2014）杨民三（知）初字第 381 号判决书："关于原告要求两被告停止侵权的诉讼请求，两被告已停止（2012）杨刑初字第 41 号刑事判决书认定的侵权行为，原告对于两被告仍有其他侵权行为无法提供证据予以证明，故对原告要求两被告停止侵权的诉讼请求，本院不予支持。"

3. （2011）普民三（知）初字第 99 号判决书认为："某某公司应当承担停止侵权、消除影响、赔偿损失的民事责任。但某某公司已经注销，其权利能力和行为能力均已丧失，且相关侵权商品变已由工商部门没收并销毁，故原告再行要求股东乐某某承担某某公司上述停止侵权的诉请，与法无据，本院难予支持。"

（二）消除影响

研究选取的 200 份一审判决书中，请求消除影响的案件有 84 件，法院判决消除影响的案件有 41 件，占比约为 49%。

单位：件

	法院支持	法院未支持
数量	41	43

单位：件

支持消除影响	41
请求消除影响	84
占比	49%

当被告对原告注册商标的商誉带来负面影响时，法院会支持消除影响的诉讼请求。择取判决书中的典型论述分析：

（2013）浦民三（知）初字第 545 号判决书："由于原告的"" 商标在篮球运动界具有一定的知名度，涉案侵权产品在质量、价格等方面明显低于经原告授权的产品，被告销售侵权产品必然对原告的声誉造成影响，故被告应公开消除影响。"

另外，被告如果自愿承担消除影响的民事责任，法院也会准许。

（2014）杨民三（知）初字第 397 号判决书："被告自愿赔偿原告为本案支出的合理费用，并在《东方早报》上刊载声明，消除影响，并无不当，本院予以准许。"

（三）赔偿损失

研究选取的 200 份一审判决书中，原告索赔总额为 89531690.3 元，法院判赔总额为 12694046 元，判赔比为 14%。

单位:元

法院判赔总额	12694046
原告索赔总额	89531690.3
判赔比	14%

按照2014年5月1日起实施的新《商标法》第63条规定，侵害商标专用权的赔偿数额的确定方式有四种，即按照权利人因被侵权所受到的实际损失、侵权人因侵权所获得的利益、商标许可使用费的倍数及法定赔偿（300万元以下）。

其中，法定赔偿的范围由原来的50万增加到了300万元，并且新增了参照商标许可使用费的倍数确定的方式，但是似乎还未在判决中体现出来。研究选取的200份一审判决书中，适用新《商标法》判决案件的共有29件，其中，原告索赔超过50万元的案件仅有一件，但是没有判决赔偿数额超过50万元的案件。新增的确定方式，法院的判决书中也未涉及。

关于合理费用的判决，根据《最高人民法院关于审理商标民事纠纷案件适用法律若干问题的解释》第十七条的规定，合理费用涉及对侵权行为进行调查、取证的合理费用及律师费等费用。

除上述三类主要的诉讼请求外，也有部分原告会提出赔礼道歉的诉讼请求，但法院基本不会支持这一诉讼请求。

赔礼道歉的民事责任主要适用侵犯人身权的场合，而商标权是一种财产性质的权利，不应适用赔礼道歉的民事责任。

权利人提出此种诉讼请求是为了恢复因侵权行为造成相关公众对其商标的不当影响，应当提出消除影响的诉讼请求而不是赔礼道歉。因此在商标侵权案件中，即使侵权成立也不应判令被控侵权人承担赔礼道歉的民事责任。

择取判决书中的典型论述分析：

（2013）徐民三（知）初字第579号判决书：“赔礼道歉系我国法律规定侵权行为承担的民事责任方式之一，主要适用于自然人名誉社会评价受损降低的情况，其功能是使自然人的精神得到安抚，而原告系企业法人，故原告要求被告赔礼道歉，缺乏法律依据，本院不予支持。”

（四）驳回诉讼请求的情况

研究选取的200份一审判决书中，共有34份判决书驳回了原告的诉讼请求，占比约为17%。

统计的案件中涉及驳回请求理由类型主要为以下两种：

1. 商标不相同或近似、不能引起混淆：

（2014）闵民三（知）初字第21号；

（2013）沪一中民五（知）初字第125号。

2. 证据不足：

（2014）杨民三（知）初字第83号；

（2014）徐民三（知）初字第252号。

六、二审判决结果

研究选取的80份二审判决书中，二审法院维持一审判决的为71件，占89%，改判的为9件，占11%。

单位：件

	维持	改判
数量	71	9
占比	89%	11%

附判决书案号：

一审：

（2014）杨民三（知）初字第381号
（2014）浦民三（知）初字第560号
（2014）闵民三（知）初字第140号
（2014）闵民三（知）初字第106号
（2014）浦民三（知）初字第773号
（2014）杨民三（知）初字第169号
（2014）闵民三（知）初字第901号
（2014）闵民三（知）初字第878号
（2014）闵民三（知）初字第1094号
（2014）杨民三（知）初字第397号
（2014）普民三（知）初字第2号
（2014）普民三（知）初字第28号
（2014）普民三（知）初字第15号
（2014）杨民三（知）初字第426号
（2014）杨民三（知）初字第83号
（2014）徐民三（知）初字第252号
（2014）杨民三（知）初字第330号
（2014）闵民三（知）初字第923号
（2014）闵民三（知）初字第494号
（2014）闵民三（知）初字第21号
（2014）闵民三（知）初字第17号
（2014）闵民三（知）初字第1018号
（2014）杨民三（知）初字第372号

（2014）杨民三（知）初字第422号
（2014）杨民三（知）初字第296号
（2014）杨民三（知）初字第165号
（2014）徐民三（知）初字第549号
（2014）杨民三（知）初字第250号
（2014）浦民三（知）初字第68号
（2014）浦民三（知）初字第795号
（2014）浦民三（知）初字第459号
（2014）浦民三（知）初字第92号
（2014）闵民三（知）初字第57号
（2014）闵民三（知）初字第168号
（2014）闵民三（知）初字第652号
（2014）普民三（知）初字第87号
（2014）杨民三（知）初字第193号
（2014）沪一中民五（知）初字第33号
（2014）浦民三（知）初字第711号
（2014）杨民三（知）初字第60号
（2014）杨民三（知）初字第177号
（2014）浦民三（知）初字第196号
（2014）闵民三（知）初字第543号
（2014）杨民三（知）初字第10号
（2014）闵民三（知）初字第562号
（2014）浦民三（知）初字第373号
（2014）浦民三（知）初字第62号
（2014）徐民三（知）初字第385号
（2014）徐民三（知）初字第211号
（2014）杨民三（知）初字第103号
（2014）闵民三（知）初字第36号
（2013）闵民三（知）初字第643号
（2013）闵民三（知）初字第642号
（2013）浦民三（知）初字第1055号
（2013）浦民三（知）初字第545号
（2013）徐民三（知）初字第1056号
（2013）浦民三（知）初字第647号
（2013）徐民三（知）初字第227号
（2013）普民三（知）初字第100号
（2013）沪二中民五（知）初字第236号

(2013) 沪一中民五（知）初字第 125 号
(2013) 浦民三（知）初字第 930 号
(2013) 杨民三（知）初字第 537 号
(2013) 杨民三（知）初字第 341 号
(2013) 普民三（知）初字第 234 号
(2013) 浦民三（知）初字第 483 号
(2013) 徐民三（知）初字第 579 号
(2013) 浦民三（知）初字第 748 号
(2013) 普民三（知）初字第 73 号
(2013) 杨民三（知）初字第 565
(2013) 徐民三（知）初字第 276 号
(2013) 闵民三（知）初字第 218 号
(2013) 普民三（知）初字第 329 号
(2013) 徐民三（知）初字第 215 号
(2013) 浦民三（知）初字第 775 号
(2013) 浦民三（知）初字第 1019 号
(2013) 浦民三（知）初字第 1058 号
(2013) 浦民三（知）初字第 394 号
(2013) 杨民三（知）初字第 561 号
(2013) 普民三（知）初字第 511 号
(2013) 徐民三（知）初字第 1142 号
(2013) 沪二中民五（知）初字第 69 号
(2013) 沪一中民五（知）初字第 215 号
(2013) 浦民三（知）初字第 723 号
(2013) 浦民三（知）初字第 677 号
(2013) 普民三（知）初字第 423 号
(2013) 浦民三（知）初字第 539 号
(2013) 普民三（知）初字第 347 号
(2013) 徐民三（知）初字第 966 号
(2013) 杨民三（知）初字第 52 号
(2013) 普民三（知）初字第 351 号
(2013) 浦民三（知）初字第 162 号
(2013) 普民三（知）初字第 400 号
(2013) 徐民三（知）初字第 885 号
(2013) 普民三（知）初字第 282 号
(2013) 普民三（知）初字第 166 号
(2013) 浦民三（知）初字第 92 号

（2013）徐民三（知）初字第314号
（2013）闵民三（知）初字第222号
（2013）闵民三（知）初字第182号
（2013）闵民三（知）初字第37号
（2013）杨民三（知）初字第331号
（2013）普民三（知）初字第119号
（2013）徐民三（知）初字第270号
（2013）浦民三（知）初字第95号
（2013）杨民三（知）初字第179号
（2013）杨民三（知）初字第73号
（2013）杨民三（知）初字第47号
（2013）浦民三（知）初字第110号
（2013）浦民三（知）初字第174号
（2013）浦民三（知）初字第279号
（2013）浦民三（知）初字第1号
（2013）徐民三（知）初字第62号
（2013）杨民三（知）初字第193号
（2013）杨民三（知）初字第4号
（2013）浦民三（知）初字第311号
（2013）浦民三（知）初字第67号
（2013）杨民三（知）初字第35号
（2012）浦民三（知）初字第793号
（2012）闵民三（知）初字第487号
（2012）徐民三（知）初字第539号
（2012）闵民三（知）初字第469号
（2012）闵民三（知）初字第424号
（2012）普民三（知）初字第175号
（2012）闵民三（知）初字第95号
（2012）徐民三（知）初字第310号
（2012）浦民三（知）初字第217号
（2012）浦民三（知）初字第731号
（2012）浦民三（知）初字第794号
（2012）浦民三（知）初字第534号
（2012）徐民三（知）初字第269号
（2012）沪一中民五（知）初字第181号
（2012）杨民三（知）初字第115号
（2012）浦民三（知）初字第605号

（2012）徐民三（知）初字第 341 号
（2012）浦民三（知）初字第 548 号
（2012）浦民三（知）初字第 330 号
（2012）徐民三（知）初字第 340 号
（2012）徐民三（知）初字第 77 号
（2012）浦民三（知）初字第 563 号
（2012）浦民三（知）初字第 348 号
（2012）徐民三（知）初字第 322 号
（2012）黄浦民三（知）初字第 113 号
（2012）闵民三（知）初字第 97 号
（2012）闵民三（知）初字第 425 号
（2012）浦民三（知）初字第 20 号
（2012）浦民三（知）初字第 21 号
（2012）浦民三（知）初字第 46 号
（2012）浦民三（知）初字第 59 号
（2012）浦民三（知）初字第 123 号
（2012）浦民三（知）初字第 214 号
（2012）浦民三（知）初字第 218 号
（2012）浦民三（知）初字第 240 号
（2012）浦民三（知）初字第 280 号
（2012）浦民三（知）初字第 298 号
（2012）浦民三（知）初字第 384 号
（2012）浦民三（知）初字第 439 号
（2012）浦民三（知）初字第 455 号
（2012）浦民三（知）初字第 716 号
（2012）普民三（知）初字第 137 号
（2012）徐民三（知）初字第 18 号
（2012）徐民三（知）初字第 131 号
（2012）徐民三（知）初字第 142 号
（2012）徐民三（知）初字第 169 号
（2012）徐民三（知）初字第 175 号
（2012）徐民三（知）初字第 193 号
（2012）徐民三（知）初字第 296 号
（2012）徐民三（知）初字第 321 号
（2012）杨民三（知）初字第 14 号
（2012）杨民三（知）初字第 93 号
（2012）杨民三（知）初字第 215 号

（2012）杨民三（知）初字第 240 号
（2012）杨民三（知）初字第 266 号
（2012）杨民三（知）初字第 270 号
（2011）沪一中民五（知）初字第 124 号
（2011）闵民三（知）初字第 44 号
（2011）闵民三（知）初字第 81 号
（2011）闵民三（知）初字第 118 号
（2011）闵民三（知）初字第 123 号
（2011）浦民三（知）初字第 53 号
（2011）浦民三（知）初字第 415 号
（2011）浦民三（知）初字第 510 号
（2011）浦民三（知）初字第 512 号
（2011）浦民三（知）初字第 522 号
（2011）浦民三（知）初字第 601 号
（2011）浦民三（知）初字第 616 号
（2011）浦民三（知）初字第 634 号
（2011）浦民三（知）初字第 677 号
（2011）浦民三（知）初字第 682 号
（2011）浦民三（知）初字第 693 号
（2011）普民三（知）初字第 88 号
（2011）普民三（知）初字第 99 号
（2011）黄浦民三（知）初字第 26 号
（2011）普民三（知）初字第 126 号
（2011）普民三（知）初字第 127 号
（2011）徐民三（知）初字第 17 号
（2011）徐民三（知）初字第 138 号
（2011）徐民三（知）初字第 142 号
（2011）徐民三（知）初字第 203 号
（2011）杨民三（知）初字第 2 号

二审：

（2014）沪一中民五（知）终字第 150 号
（2014）沪一中民五（知）终字第 138 号
（2014）沪一中民五（知）终字第 80 号
（2014）沪一中民五（知）终字第 77 号
（2014）沪一中民五（知）终字第 1 号
（2014）沪一中民五（知）终字第 186 号

（2014）沪一中民五（知）终字第 92 号
（2014）沪一中民五（知）终字第 111 号
（2014）沪一中民五（知）终字第 110 号
（2014）沪一中民五（知）终字第 135 号
（2014）沪一中民五（知）终字第 130 号
（2014）沪一中民五（知）终字第 104 号
（2014）沪二中民五（知）终字第 52 号
（2014）沪二中民五（知）终字第 51 号
（2014）沪一中民五（知）终字第 82 号
（2014）沪一中民五（知）终字第 76 号
（2014）沪一中民五（知）终字第 89 号
（2014）沪二中民五（知）终字第 41 号
（2014）沪一中民五（知）终字第 60 号
（2014）沪二中民五（知）终字第 26 号
（2014）沪高民三（知）终字第 38 号
（2014）沪二中民五（知）终字第 6 号
（2014）沪一中民五（知）终字第 58 号
（2014）沪二中民五（知）终字第 28 号
（2014）沪一中民五（知）终字第 31 号
（2014）沪一中民五（知）终字第 187 号
（2014）沪一中民五（知）终字第 36 号
（2014）沪二中民五（知）终字第 59 号
（2013）沪高民三（知）终字第 111 号
（2013）沪一中民五（知）终字第 247 号
（2013）沪一中民五（知）终字第 207 号
（2013）沪高民三（知）终字第 46 号
（2013）沪二中民五（知）终字第 117 号
（2013）沪一中民五（知）终字第 175 号
（2013）沪一中民五（知）终字第 134 号
（2013）沪一中民五（知）终字第 208 号
（2013）沪一中民五（知）终字第 56 号
（2013）沪高民三（知）终字第 102 号
（2013）沪高民三（知）终字第 91 号
（2013）沪一中民五（知）终字第 159 号
（2013）沪高民三（知）终字第 98 号
（2013）沪一中民五（知）终字第 121 号
（2013）沪一中民五（知）终字第 31 号

（2013）沪一中民五（知）终字第115号
（2013）沪一中民五（知）终字第130号
（2013）沪一中民五（知）终字第136号
（2013）沪一中民五（知）终字第93号
（2013）沪一中民五（知）终字第64号
（2013）沪一中民五（知）终字第73号
（2013）沪一中民五（知）终字第74号
（2013）沪高民三（知）终字第59号
（2013）沪一中民五（知）终字第54号
（2013）沪一中民五（知）终字第57号
（2013）沪一中民五（知）终字第63号
（2013）沪高民三（知）终字第7号
（2013）沪一中民五（知）终字第34号
（2013）沪一中民五（知）终字第21号
（2013）沪一中民五（知）终字第22号
（2013）沪一中民五（知）终字第30号
（2013）沪高民三（知）终字第38号
（2012）沪一中民五（知）终字第218号
（2012）沪高民三（知）终字第119号
（2012）沪一中民五（知）终字第64号
（2012）沪一中民五（知）终字第110号
（2012）沪一中民五（知）终字第165号
（2012）沪一中民五（知）终字第171号
（2012）沪一中民五（知）终字第174号
（2012）沪一中民五（知）终字第200号
（2012）沪一中民五（知）终字第248号
（2012）沪一中民五（知）终字第282号
（2012）沪一中民五（知）终字第313号
（2012）沪一中民五（知）终字第59号
（2012）沪一中民五（知）终字第60号
（2012）沪一中民五（知）终字第64号
（2012）沪一中民五（知）终字第69号
（2011）沪一中民五（知）终字第249号
（2011）沪一中民五（知）终字第251号
（2011）沪一中民五（知）终字第271号
（2011）沪高民三（知）终字第70号
（2011）沪高民三（知）终字第76号

侵犯著作权判决书分析报告（上海）

一、审理法院分布

审理法院分布如下：

单位：件

合计	浦东	徐汇	杨浦	闵行	黄浦	一中	二中	普陀
300	104	73	36	54	15	3	3	12
占比	35%	24%	12%	18%	5%	1%	1%	4%

分析：

1. 目前可以审理著作权案件的上海法院有：

	管辖法院	管辖区域
上海市第一中级人民法院	浦东新区人民法院	浦东新区
	徐汇区人民法院	徐汇区、松江区、金山区
	闵行区人民法院	闵行区、长宁区、奉贤区
上海市第二中级人民法院	黄浦区人民法院	黄浦区
	杨浦区人民法院	杨浦区、虹口区、闸北区、宝山区、崇明县
	普陀区人民法院	普陀区、静安区、嘉定区、青浦区

来源：上海法院网 www. hshfy. sh. cn.

2. 管辖范围：诉讼标的在500万元以下以及诉讼标的在500万元以上1000万元以下且当事人住所地均在上海的著作权案件在前述基层法院管辖。（来源：上海法院网 www. hshfy. sh. cn）

3. 浦东新区是文化创意产业和高新产业聚集区，文化创意产业和高新产业最发达，因此浦东新区法院受理的一审著作权案件数量占比最高，达到35%。

二、受理案件类型（案由）

受理案件类型（案由）有：

单位：件

	信息网络传播权	复制权	计算机软件	录音录像制作者权	发行权	放映权	署名权	表演权	其他
合计 355	187	41	37	6	31	12	27	5	9
占比（按基数 300 计算）	62%	14%	12%	2%	10%	4%	9%	2%	3%

分析：

1. 根据官方公布数据，近两年一审知识产权民事案件收结案数量持续增加（同比分别增长 27% 到 34% 之间）；其中以著作权案件占比最高（上海市高级人民法院《2013 年度上海法院知识产权审判白皮书》公布的数据显示，上海法院 2013 年度受理一审知识产权民事案件 4739 件，其中著作权案件为 2740 件，占比高达 58%）。而在著作权案件中，信息网络传播权所占比例最多。研究采集的 300 件案例，涉及信息网络传播权的案例多达 187 件，占比高达 62%。而 2014 年度受理一审侵害作品信息网络传播权纠纷案件更达到 3100 件，同比增长 68.75%。

在网络信息产业繁荣发展的同时，对著作权的创造者、传播者和使用者而言，建议重视信息网络的作用，在利用网络传播著作权时应善意谨慎，诚信经营，避免侵权。

2. 侵害计算机软件著作权案件所占比重也较大，达到 12%。计算机软件，特别是开源软件的知识产权保护，已逐渐受到广泛重视。

研究选取的判决书中，未涉及下列案例：广播权、出租权、摄制权等著作财产权以及表演者权、广播组织权等邻接权均没有案件涉及。

三、原告所属地域统计

原告所属地域统计如下表：

单位：件

地域	北京	上海	广东	江浙	涉外
数量	92	60	15	4	16
占比	31%	20%	5%	1%	5%

分析：

注：因上海法院网发布的部分案例未明确写明原告名称或所属地域，而仅以“原告某某公司，原告某某”标明，故部分案例的原告所属地域无法统计，研究所得的数据和比例可能与实际情况有微弱差异。

研究选取的判决书中列明所属地域的，所属北京的原告为 92 件案例，表明北京地区的文化创意产业相对发达，著作权人最多；其次所属上海 60 件；广东地区为 15 件；浙江地区为 4 件；涉外原告（含港澳台）有 16 件。

值得注意的是，虽然广东及江浙地区的经济很发达，但著作权人或相关权利人数量并未与经济实力完全匹配。研究样本中，广东及江浙地区原告数量仅分别有 15 个、4 个。

四、原被告双方聘请律师的情况

原被告双方聘请律师的情况见下表：

单位：件

	原告聘请律师案件数量	被告聘请律师案件数量
数量	260	110
占比	87%	37%

分析：

研究样本中，原告聘请律师的案件有 260 件，被告聘请律师的案件有 110 件，双方聘请律师案件数量均有增长。被告聘请律师比例较低的部分原因，结合实践判断是其基于对侵害著作权案例法院判赔额度的估量，从节省诉讼成本的角度考虑，并没有聘请律师而是指派公司员工出庭应诉。

但加权平均分析，著作权案件聘请律师的比重较大，说明著作权侵权案例具有细分领域和难度分级的特点，需要专业法律服务的支持。

五、诉争标的物种类

诉争标的物种类见下表：

单位：件

标的物种类	电影作品和以类似摄制电影的方法创作的作品	歌曲	摄影图片	计算机软件	文学作品	美术作品	图形作品	汇编作品（网页）
数量	112	27	42	46	36	29	6	2
占比	37%	9%	14%	15%	12%	10%	2%	1%

电影作品和以类似摄制电影的方法创作的作品（包括电影、电视剧、动画片、二人转、戏剧、纪录片、微电影）共计 112 件，歌曲（包括音像制品、KTV 侵权）共计 27 件、摄影图片共计 42 件，计算机软件（包括游戏软件、研发过程管理软件）共计 46 件，文学作品（包括图书、说明书）共计 36 件，美术作品（包括油画、书法绘画、卡通动画形象）共计 29 件，图形作品（包括工程设计图、产品设计图、地图、示意图等）共计 6 件，汇编作品（网页）共计 2 件。

六、原告胜诉比例统计及原告败诉原因分析

原告胜诉比例统计及原告败诉原因分析见下表：

单位：件

	原告胜诉	原告败诉
数量	267	33
占案件总数比	89%	11%

（一）原告胜诉比例统计

300 件案例中，原告胜诉的有 267 件，占比 89%。

法院判决驳回原告诉讼请求的有 33 件，占比 11%。

（二）原告败诉主要原因分析

1. 在侵害作品信息网络传播权案件中，原告败诉的主要原因是被告符合《信息网络传播权保护条例》规定的免责条件，即被告受到了所谓“避风港”原则的保护。

权利人、网络服务提供者和社会公众要关注新技术的发展，而司法系统应当判断新的信息传播模式和商业模式是“真正的善意”还是“真正的恶意”。对善意的传播模式和商业模式要予以维护和扶持，实现各方共赢；对恶意的要彻底否定并取缔，并严加惩罚。

2. 在侵害作品复制权案件中，原告败诉的原因有多种，择取典型案例分析如下。

案例分析：原告上海奥展展览有限公司诉被告上海爱迪贝文化传播有限公司侵害作品复制权纠纷（案号为（2014）浦民三（知）初字第 374 号）。

受著作权法保护的建筑作品应当是指以建筑物或者构筑物形式表现的有审美意义的作品。本案中原告要想主张被告侵权，须举证证明被告将其平面设计图纸复制至立体的年会场地布置，同时该场地布置亦构成著作权法意义上的建筑作品。本案中原告提交的书面证词及自行拍摄的照片法院对其未予采信；且即使采信，原告所主张的年会布置现场结构相对简单、表现形式尚未达到构成作品所需的独创性程度，因而并不能体现建筑作品所需要的美感，不构成建筑作品，因此原告败诉。

七、原告要求停止侵权的诉讼请求以及法院支持的情况

无图例。这一部分事实比较容易判决，因此不再做详细的数据统计。

著作权案件一般会先取证后诉讼，而庭审时大部分的被告都会停止侵权，法官一般也会请原告确认是否撤回停止侵权的诉讼请求。如原告确认被告确实已经停止侵权，即撤回此项请求；而被告不停止侵权，法院通常会判决被告停止侵权。

八、原告要求赔礼道歉和消除影响的诉讼请求所占比例，及法院判决支持该项请求的比例统计及相关分析

法院判决支持等情况统计见下表：

单位：件

	法院判决支持	未支持或未涉及
消除影响	4	296
赔礼道歉	12	288

单位：件

	原告要求	原告未要求
消除影响	26	274
赔礼道歉	61	239

单位：件

要求赔礼道歉和消除影响的	67
支持赔礼道歉和消除影响的	14
占比	21%

分析：

1. 原告要求赔礼道歉的案件有 61 件，要求消除影响的案子有 26 件，合计 67 件（其中，既要求赔礼道歉又要求消除影响的案件有 20 件）。法院判决支持赔礼道歉诉讼请求的有 12 件，判决支持消除影响诉讼请求的有 4 件，合计 14 件（其中，既支持赔礼道歉又支持消除影响的案件有 2 件）。综合计算，判决赔礼道歉和消除影响的比例为 21%。

2. 法院在审理著作权案件的过程中，如果判断被告侵犯了原告的著作人身权（发表权、署名权、修改权和保护作品完整权），可能会支持原告赔礼道歉或消除影响的诉讼请求；对只侵犯著作财产权的，法院一般不支持原告该项请求。

法院判决书就此的标准论述是："因被告没有侵害原告的著作人身权且没有损害原告商誉，因此关于原告要求被告赔礼道歉和消除影响的诉讼请求，本院不予支持。"

司法实务中确实有对只侵害著作财产权却判决被告赔礼道歉或消除影响的判例，但关于只侵害著作财产权是否可以判决被告赔礼道歉或消除影响的问题，在法学界仍存争议。

争议的主要原因是民法通则和著作权法对这方面的规定较为模糊，所以在可判可不判的情况下，法院一般不判。不判赔礼道歉或消除影响：一方面是因为法院认为判决赔礼道歉或消除影响会对被告的商誉造成影响，在原告没有证据证明自己的人身、精神或商誉因为被告的侵权造成损害的情况下（一般很难举证），判决被告赔礼道歉或消除影响有失"公平"。另一方面，从实际执行角度考虑，判决被告赔礼道歉或消除影响，而被告拒不履行，法院执行困难，影响结案效率；如被告下落不明缺席判决，执行难度加倍，赔礼道歉需要支付的媒体刊载费也无人承担。

九、原告索赔金额和法院判决被告赔偿金额统计分析

（一）按2012～2014年300件案件统计

单位：元

原告索赔总额	72607828.14
法院判赔总额	10355001.03
判赔比	14%

（二）按2012年100件案件统计

单位：元

原告索赔总额	9387985.7
法院判赔总额	1877120.6
判赔比	20%

（三）按2013年100件案件统计

单位:元

原告索赔总额	40397294
法院判赔总额	4214676.13
判赔比	10%

（四）按2014年100件案件统计

单位:元

原告索赔总额	22822548.44
法院判赔总额	4263204.3
判赔比	19%

分析：

1. 以2012～2014年三年300件案例统计，那么原告要求被告赔偿的总金额为72607828.14元，300件案例法院判赔的总金额为10355001.03元，平均每件案例索赔240559.43元，平均每件案例判赔34516.67元。判赔比为14%。

2. 以2012年、2013年、2014年三年逐年统计分析，则判赔比依次为20%、10%、19%。

3. 著作权侵权案件中，如原告的损失或被告的获益均无法查明，法官会在50万元

以下的自由裁量范围内作出判决。上述统计数据表明，原告胜诉率虽然很高，但著作权单件案件判赔平均仅有 34516.67 元，这说明法院的判赔额仍然较低。

这一统计结论和社会大众的普遍反映一致。根据最高人民法院对地方法院著作权审判的方向指引，如 2011 年 12 月 16 日最高人民法院印发《关于充分发挥知识产权审判职能作用推动社会主义文化大发展大繁荣和促进经济自主协调发展若干问题的意见》的通知指出："要强化利益平衡观念，把利益平衡作为知识产权司法保护的重要基点，统筹兼顾智力创造者、商业利用者和社会公众的利益，协调好激励创造、促进产业发展和保障基本文化权益之间的关系，使利益各方共同受益、均衡发展。"

各级法院在知识产权案件审判中，定性上倾向于保护权利人，而判赔上则适当减轻侵权者的压力，以达到"均衡发展"，同时照顾到了社会公众。但判赔力度较小，造成侵权成本太低，造成著作权侵权案件数量呈现井喷态势。低判赔导致著作权的创作和传播举步维艰。

加大判赔比，充分发挥法律的规制效应，引导著作权创作方和传播方在良性秩序下保护和运用著作权，是各界衷愿。

附判决书案号：

(2014) 浦民三（知）初字第 1023 号
(2014) 浦民三（知）初字第 67 号
(2014) 徐民三（知）初字第 563 号
(2014) 闵民三（知）初字第 880 号
(2014) 浦民三（知）初字第 563 号
(2014) 浦民三（知）初字第 562 号
(2014) 闵民三（知）初字第 677 号
(2014) 闵民三（知）初字第 18 号
(2014) 闵民三（知）初字第 675 号
(2014) 闵民三（知）初字第 204 号
(2014) 浦民三（知）初字第 668 号
(2014) 浦民三（知）初字第 385 号
(2014) 闵民三（知）初字第 422 号
(2014) 浦民三（知）初字第 878 号
(2014) 沪二中民五（知）初字第 83 号
(2014) 浦民三（知）初字第 813 号
(2014) 浦民三（知）初字第 380 号
(2014) 浦民三（知）初字第 378 号
(2014) 徐民三（知）初字第 592 号
(2014) 徐民三（知）初字第 403 号
(2014) 闵民三（知）初字第 757 号

（2014）闵民三（知）初字第676号
（2014）闵民三（知）初字第674号
（2014）闵民三（知）初字第19号
（2014）闵民三（知）初字第1313号
（2014）浦民三（知）初字第769号
（2014）黄浦民三（知）初字第161号
（2014）黄浦民三（知）初字第220号
（2014）黄浦民三（知）初字第219号
（2014）徐民三（知）初字第389号
（2014）徐民三（知）初字第359号
（2014）闵民三（知）初字第693号
（2014）徐民三（知）初字第404号
（2014）徐民三（知）初字第257号
（2014）浦民三（知）初字第1087号
（2014）浦民三（知）初字第616号
（2014）浦民三（知）初字第615号
（2014）浦民三（知）初字第614号
（2014）浦民三（知）初字第613号
（2014）浦民三（知）初字第991号
（2014）浦民三（知）初字第1009号
（2014）浦民三（知）初字第857号
（2014）浦民三（知）初字第856号
（2014）浦民三（知）初字第855号
（2014）浦民三（知）初字第854号
（2014）浦民三（知）初字第850号
（2014）黄浦民三（知）初字第86号
（2014）闵民三（知）初字第76号
（2014）闵民三（知）初字第643号
（2014）闵民三（知）初字第414号
（2014）闵民三（知）初字第1006号
（2014）闵民三（知）初字第1005号
（2014）闵民三（知）初字第1004号
（2014）闵民三（知）初字第1003号
（2014）徐民三（知）初字第391号
（2014）杨民三（知）初字第22号
（2014）杨民三（知）初字第21号
（2014）徐民三（知）初字第379号

（2014）浦民三（知）初字第 66 号
（2014）浦民三（知）初字第 223 号
（2014）浦民三（知）初字第 997 号
（2014）浦民三（知）初字第 995 号
（2014）浦民三（知）初字第 994 号
（2014）浦民三（知）初字第 993 号
（2014）浦民三（知）初字第 549 号
（2014）沪一中民五（知）初字第 23 号
（2014）浦民三（知）初字第 745 号
（2014）浦民三（知）初字第 361 号
（2014）浦民三（知）初字第 361 号
（2014）闵民三（知）初字第 143 号
（2014）杨民三（知）初字第 118 号
（2014）浦民三（知）初字第 472 号
（2014）闵民三（知）初字第 784 号
（2014）闵民三（知）初字第 391 号
（2014）闵民三（知）初字第 145 号
（2014）浦民三（知）初字第 537 号
（2014）黄浦民三（知）初字第 61 号
（2014）杨民三（知）初字第 295 号
（2014）杨民三（知）初字第 293 号
（2014）浦民三（知）初字第 665 号
（2014）杨民三（知）初字第 201 号
（2014）浦民三（知）初字第 419 号
（2014）浦民三（知）初字第 374 号
（2014）浦民三（知）初字第 74 号
（2014）浦民三（知）初字第 598 号
（2013）杨民三（知）初字第 554 号
（2013）浦民三（知）初字第 537 号
（2013）徐民三（知）初字第 1141 号
（2013）徐民三（知）初字第 1076 号
（2013）徐民三（知）初字第 1067 号
（2013）杨民三（知）初字第 136 号
（2013）普民三（知）初字第 458 号
（2013）徐民三（知）初字第 876 号
（2013）徐民三（知）初字第 874 号
（2013）徐民三（知）初字第 861 号

（2013）徐民三（知）初字第831号
（2013）徐民三（知）初字第830号
（2013）徐民三（知）初字第829号
（2013）徐民三（知）初字第1139号
（2013）浦民三（知）初字第1017号
（2013）杨民三（知）初字第283号
（2013）杨民三（知）初字第125号
（2013）浦民三（知）初字第528号
（2013）浦民三（知）初字第533号
（2013）徐民三（知）初字第674号
（2013）闵民三（知）初字第285号
（2013）闵民三（知）初字第451号
（2013）闵民三（知）初字第478号
（2013）浦民三（知）初字第700号
（2013）浦民三（知）初字第559号
（2013）浦民三（知）初字第628号
（2013）徐民三（知）初字第986号
（2013）徐民三（知）初字第987号
（2013）杨民三（知）初字第251号
（2013）普民三（知）初字第178号
（2013）普民三（知）初字第310号
（2013）沪一中民五（知）初字第50号
（2013）浦民三（知）初字第630号
（2013）浦民三（知）初字第251号
（2013）徐民三（知）初字第405号
（2013）徐民三（知）初字第659号
（2013）闵民三（知）初字第276号
（2013）徐民三（知）初字第221号
（2013）杨民三（知）初字第69号
（2013）闵民三（知）初字第50号
（2013）闵民三（知）初字第143号
（2013）闵民三（知）初字第23号
（2013）闵民三（知）初字第286号
（2013）闵民三（知）初字第9号
（2013）浦民三（知）初字第187号
（2013）杨民三（知）初字第188号
（2013）浦民三（知）初字第273号

（2013）闵民三（知）初字第 136 号
（2013）闵民三（知）初字第 241 号
（2013）闵民三（知）初字第 243 号
（2013）杨民三（知）初字第 253 号
（2013）闵民三（知）初字第 137 号
（2013）浦民三（知）初字第 244 号
（2013）浦民三（知）初字第 320 号
（2013）黄浦民三（知）初字第 57 号
（2013）浦民三（知）初字第 304 号
（2013）浦民三（知）初字第 403 号
（2013）浦民三（知）初字第 365 号
（2013）浦民三（知）初字第 405 号
（2013）浦民三（知）初字第 264 号
（2013）徐民三（知）初字第 45 号
（2013）徐民三（知）初字第 8 号
（2013）浦民三（知）初字第 317 号
（2013）浦民三（知）初字第 182 号
（2013）杨民三（知）初字第 30 号
（2013）浦民三（知）初字第 21 号
（2013）普民三（知）初字第 70 号
（2013）浦民三（知）初字第 68 号
（2013）徐民三（知）初字第 59 号
（2013）浦民三（知）初字第 74 号
（2013）徐民三（知）初字第 11 号
（2012）普民三（知）初字第 174 号
（2012）徐民三（知）初字第 469 号
（2012）徐民三（知）初字第 535 号
（2012）闵民三（知）初字第 483 号
（2012）闵民三（知）初字第 481 号
（2012）闵民三（知）初字第 525 号
（2012）闵民三（知）初字第 213 号
（2012）浦民三（知）初字第 791 号
（2012）徐民三（知）初字第 550 号
（2012）浦民三（知）初字第 594 号
（2012）沪一中民五（知）初字第 132 号
（2012）普民三（知）初字第 123 号
（2012）杨民三（知）初字第 310 号

(2012) 徐民三（知）初字第 527 号
(2012) 黄浦民三（知）初字第 176 号
(2012) 浦民三（知）初字第 832 号
(2012) 浦民三（知）初字第 826 号
(2012) 浦民三（知）初字第 351 号
(2012) 浦民三（知）初字第 573 号
(2012) 浦民三（知）初字第 458 号
(2012) 徐民三（知）初字第 123 号
(2012) 徐民三（知）初字第 156 号
(2012) 徐民三（知）初字第 315 号
(2012) 黄浦民三（知）初字第 189 号
(2012) 浦民三（知）初字第 543 号
(2012) 浦民三（知）初字第 635 号
(2012) 浦民三（知）初字第 553 号
(2012) 浦民三（知）初字第 460 号
(2012) 浦民三（知）初字第 558 号
(2012) 黄浦民三（知）初字第 81 号
(2012) 徐民三（知）初字第 599 号
(2012) 徐民三（知）初字第 320 号
(2012) 浦民三（知）初字第 695 号
(2012) 浦民三（知）初字第 360 号
(2012) 浦民三（知）初字第 359 号
(2012) 浦民三（知）初字第 810 号
(2012) 黄浦民三（知）初字第 252 号
(2012) 杨民三（知）初字第 390 号
(2012) 浦民三（知）初字第 580 号
(2012) 徐民三（知）初字第 286 号
(2012) 黄浦民三（知）初字第 292 号
(2012) 黄浦民三（知）初字第 256 号
(2012) 黄浦民三（知）初字第 126 号
(2012) 徐民三（知）初字第 306 号
(2012) 徐民三（知）初字第 312 号
(2012) 徐民三（知）初字第 183 号
(2012) 徐民三（知）初字第 305 号
(2012) 徐民三（知）初字第 302 号
(2012) 徐民三（知）初字第 284 号
(2012) 徐民三（知）初字第 76 号

(2012）徐民三（知）初字第 72 号
(2012）徐民三（知）初字第 69 号
(2012）徐民三（知）初字第 65 号
(2012）徐民三（知）初字第 64 号
(2012）徐民三（知）初字第 62 号
(2012）沪二中民五（知）初字第 42 号
(2012）沪二中民五（知）初字第 122 号
(2012）浦民三（知）初字第 2 号
(2012）徐民三（知）初字第 150 号
(2012）徐民三（知）初字第 149 号
(2012）徐民三（知）初字第 116 号
(2012）徐民三（知）初字第 115 号
(2012）徐民三（知）初字第 114 号
(2012）杨民三（知）初字第 54 号
(2012）杨民三（知）初字第 162 号
(2012）杨民三（知）初字第 41 号
(2012）杨民三（知）初字第 40 号
(2012）杨民三（知）初字第 39 号
(2012）杨民三（知）初字第 33 号
(2012）杨民三（知）初字第 25 号
(2012）杨民三（知）初字第 24 号
(2012）杨民三（知）初字第 23 号
(2012）杨民三（知）初字第 22 号
(2012）杨民三（知）初字第 21 号
(2012）杨民三（知）初字第 19 号
(2012）徐民三（知）初字第 3 号
(2012）徐民三（知）初字第 1 号
(2012）浦民三（知）初字第 810 号
(2012）闵民三（知）初字第 240 号
(2012）闵民三（知）初字第 243 号
(2012）浦民三（知）初字第 351 号
(2012）浦民三（知）初字第 352 号
(2012）浦民三（知）初字第 354 号
(2012）浦民三（知）初字第 355 号
(2012）浦民三（知）初字第 359 号
(2012）浦民三（知）初字第 360 号
(2012）浦民三（知）初字第 695 号

（2012）浦民三（知）初字第722号
（2012）浦民三（知）初字第573号
（2012）徐民三（知）初字第320号
（2012）徐民三（知）初字第599号
（2012）徐民三（知）初字第15号
（2012）黄浦民三（知）初字第81号
（2012）浦民三（知）初字第458号
（2012）浦民三（知）初字第558号
（2012）杨民三（知）初字第299号
（2012）杨民三（知）初字第300号
（2012）杨民三（知）初字第301号
（2012）杨民三（知）初字第302号
（2012）浦民三（知）初字第460号
（2012）浦民三（知）初字第550号
（2012）浦民三（知）初字第553号
（2012）浦民三（知）初字第634号
（2012）浦民三（知）初字第635号
（2012）浦民三（知）初字第575号
（2012）浦民三（知）初字第576号
（2012）闵民三（知）初字第247号
（2012）闵民三（知）初字第248号
（2012）闵民三（知）初字第249号
（2012）闵民三（知）初字第428号
（2012）闵民三（知）初字第429号
（2012）闵民三（知）初字第431号
（2012）闵民三（知）初字第505号
（2012）闵民三（知）初字第507号
（2012）闵民三（知）初字第508号
（2012）闵民三（知）初字第170号
（2012）徐民三（知）初字第123号
（2012）徐民三（知）初字第125号
（2012）徐民三（知）初字第156号
（2012）徐民三（知）初字第17号
（2012）徐民三（知）初字第315号
（2012）徐民三（知）初字第316号
（2012）徐民三（知）初字第542号
（2012）闵民三（知）初字第168号

（2012）闵民三（知）初字第 173 号
（2012）杨民三（知）初字第 359 号
（2012）杨民三（知）初字第 360 号
（2012）杨民三（知）初字第 361 号
（2012）浦民三（知）初字第 271 号
（2012）浦民三（知）初字第 261 号
（2012）徐民三（知）初字第 302 号
（2012）浦民三（知）初字第 543 号
（2012）普民三（知）初字第 248 号
（2012）普民三（知）初字第 249 号
（2012）普民三（知）初字第 250 号
（2012）普民三（知）初字第 252 号
（2012）普民三（知）初字第 254 号
（2012）普民三（知）初字第 255 号
（2012）徐民三（知）初字第 277 号
（2012）徐民三（知）初字第 279 号
（2012）徐民三（知）初字第 280 号
（2012）徐民三（知）初字第 281 号
（2012）浦民三（知）初字第 365 号
（2011）黄浦民三（知）初字第 24 号

侵害专利权判决书分析报告（上海）

一、一审判决书中的基本信息分析

（一）侵害发明、实用新型、外观设计专利权纠纷案件的比例

研究共选取180份判决书，其中120份一审判决书，60份二审判决书。一审判决书中，侵害发明专利权纠纷的案件有39件，侵害实用新型专利权纠纷的案件有25件，侵害外观设计专利权纠纷的案件有56件。

单位:件

发明	实用新型	外观设计	合计
39	25	56	120
32%	21%	47%	100%

法院受理侵害专利权纠纷的主要案由为侵害外观设计专利权纠纷，占比47%。

（二）原告涉外的比例

研究选取的116份一审判决书中，原告涉外的案件共有10件，占比为9%。

单位:件

	原告涉外	原告非涉外
数量	15	105
占比	12%	88%

研究分析原告涉外比例较小，中国的企业、个人提起侵害专利权诉讼比例较大。

（三）原告聘请律师、专利代理人的比例

研究选取的120份一审判决书中，原告聘请律师参与诉讼的案件共有99件，聘请专利代理人参与诉讼的案件共有9件，占比分别为83%和8%。（注：研究选取的判决书，可能涉及律师和专利代理人重合的问题，这种情况下数据会被统计两次）。

单位:件

	聘请律师	聘请专利代理人	未聘请
数量	99	9	17
占比	83%	8%	14%

侵害专利权诉讼涉及的法律、技术问题多种多样，聘请律师、专利代理人参与诉讼是大多数当事人的选择。

二、一审判决书中原告的诉讼请求是否获得法院支持的分析

（一）停止侵权

中国《专利法》第十一条规定：“发明和实用新型专利权被授予后，除本法另有规定的以外，任何单位或者个人未经专利权人许可，都不得实施其专利，即不得为生产经营目的制造、使用、许诺销售、销售、进口其专利产品，或者使用其专利方法以及使用、许诺销售、销售、进口依照该专利方法直接获得的产品。外观设计专利权被授予后，任何单位或者个人未经专利权人许可，都不得实施其专利，即不得为生产经营目的制造、许诺销售、销售、进口其外观设计专利产品。”

针对发明和实用新型专利权的侵权行为主要为：制造、使用、许诺销售、销售、进口等行为；

针对外观设计专利权的侵权行为主要为：制造、许诺销售、销售、进口等行为。

当专利权人以侵害专利权为由提起诉讼时，要求被告停止侵权行为是首要的诉讼请求。研究选取的120份一审判决书中，法院判决侵权人停止侵权行为的有75件，占比为63%。

单位：件

	判决停止侵权	未判决停止侵权
数量	75	45
占比	63%	37%

单位：件

	发明	实用新型	外观设计
一审判决侵权人停止侵权的数量	23	11	41
案件总数量	39	25	56
占比	59%	44%	73%

研究样本中，侵害发明专利案件总数量为39件，一审判决停止侵权的为23件，占比59%；侵害实用新型专利案件总数量为25件，一审判决停止侵权的为11件，占比44%；侵害外观设计专利案件总数量为56件，一审判决停止侵权的为41件，占比73%。

研究样本中近三分之一的原告会收到驳回全部诉讼请求的判决书，实用新型专利权利人的败诉率甚至达到56%（侵害实用新型专利案件一审判决停止侵权占比44%，此部分在专利诉讼中，一般认为判决停止侵权即为胜诉），因此在权利人提起诉讼之前，应对诉讼风险进行充分的专业评估。

在原告涉外的15件一审判决中，法院判决侵权人停止侵权行为的高达13件，权利人的胜诉率高达87%。这应归于权利人在提起跨国诉讼之前的充分准备和专业操作。

（二）赔偿数额（含合理费用）

研究选取的120份判决书中，法院判决侵权人承担赔偿损失的案件共有74件。

《专利法》第六十五条确定侵害专利权的赔偿数额有四种方式，分别是：

1. 按照权利人因被侵权所受到的实际损失确定：

在法院判决侵权人承担赔偿损失的74件一审判决书中，没有按照此方法确定赔偿数额的判决。

2. 按照侵权人侵犯专利权获得的利益确定：

在法院判决侵权人承担赔偿损失的74件一审判决书中，没有按照此方法确定赔偿数额的判决。

3. 参照该专利许可使用费的倍数（1至3倍）合理确定：

在法院判决侵权人承担赔偿损失的74件一审判决书中，仅有一件是参照此方法确定赔偿数额的判决，即（2014）沪二中民五（知）初字第162号判决书。

4. 法定赔偿（1万元以上100万元以下）：

适用法定赔偿来确定赔偿数额是法院采取的主要方式。在法院判决侵权人承担赔偿损失的74件一审判决中，有73件适用了法定赔偿的方式确定赔偿数额。

法院在确定赔偿数额时，主要参考原、被告提交的证据材料和原告专利的权利价值，如专利技术的创造性、专利技术研发成本及实施情况、专利使用许可的种类、时间、范围、市场上同类产品的平均利润、合理转让价格、合理许可费用以及被告侵权行为方式、侵权产品生产与销售规模、侵权持续时间、侵权损害后果、侵权获利等因素，酌情确定赔偿数额。

法院也将根据原告提交的律师费、公证费、查档费、购买侵权产品费发票等支付凭证，并在参考司法行政部门规定的律师收费标准、实际判赔额与请求赔偿额、案件的复杂程度等因素后酌情确定合理费用的数额。（2013沪二中民五（知）初字第53号）

（1）侵犯发明专利权案件的赔偿数额统计：

单位：件

	1万元以下	1万元～10万元	10万元～20万元	20万元～30万元	30万元以上
案件数量	2	7	7	5	3
占比	8%	29%	29%	21%	13%

（2）侵犯实用新型专利案件的赔偿数额统计：

单位：件

	1万元～10万元	10万元～20万元	20万元以上
案件数量	4	5	1
占比	40%	50%	10%

(3) 侵犯外观设计专利案件的赔偿数额统计：

单位：件

	1万元以下	1万元~5万元	5万元~10万元	10万元以上
案件数量	6	21	10	3
占比	15%	52%	25%	8%

分析数据显示，有37%的侵害发明专利权纠纷案件、40%的侵害实用新型专利权纠纷案件和92%的侵害外观设计专利纠纷案件的赔偿额在10万元以下。在侵害专利权纠纷案件中，分别只有3起侵害发明专利权纠纷案件的赔偿额超过30万元、1起侵害实用新型专利权纠纷案件的赔偿额超过20万元、3起侵害外观设计专利权纠纷案件的赔偿额超过10万元。

中国第三次修改《专利法》的主要内容之一就是提高法定赔偿数额，其中最高数额由50万元增加到100万元。虽然修改后的《专利法》已于2009年10月1日起施行，但在上海市第一、二中级人民法院的上述判决书中似乎未体现出相应的变化，仅有一件赔偿额超过了50万元，即（2013）沪一中民五（知）初字第120号。

（三）判赔比

法院判决的赔偿数额与原告索赔数额的比值即判赔比。

单位：元

	发明	实用新型	外观设计
法院判决的赔偿数额总数	3407160	1102668	1534180
原告索赔总数	42719541.80	13645220	13195020.20
判赔比	8%	8%	12%

法院判决的赔偿数额与原告索赔数额的比值即判赔比。

研究选取的侵害发明专利权案件，原告索赔总数为42719541.80元，法院判决的赔偿数额总数为3407160元，判赔比为8%；

研究选取的侵害实用新型专利权案件，原告索赔总数为13645220元，法院判决的赔偿数额总数为1102668元，判赔比为8%；

研究选取的侵害外观设计专利权案件，原告索赔总数为13195020.20元，法院判决的赔偿数额总数为1534180元，判赔比为12%。

研究样本中，法院判决赔偿数额与权利人的期望存在较大差距。一方面是由于权利人动辄数十万、上百万的索赔请求缺少证据支持，另一方面是因为法院酌定的赔偿数额普遍较低。

研究选取的案件分析表明，法院一般不予支持权利人的以下诉讼请求：

（1）销毁专用设备、模具；

（2）销毁库存侵权产品；

（3）销毁已售出的侵权产品；

（4）赔礼道歉；

（5）消除影响。

（四）专利无效抗辩

在侵害专利权诉讼中，请求宣告专利权无效是最常见的抗辩事由之一。

专利授权程序中，对于发明专利，有些不符合专利法相关规定的发明创造获得发明专利权，原因可能是审查人员工作经验的局限或技术文献检索的遗漏。

对于实用新型和外观设计专利，我国专利法规定对实用新型和外观设计专利申请实行初步审查制，因此，有大量不符合专利法相关规定的实用新型和外观设计申请也获得了专利权。

而在侵害专利权诉讼中，经国家专利行政部门授予的专利权，非经法定程序宣告无效的，均被推定为有效。因此，侵害专利权诉讼中的被告如果认为原告所持有的专利不符合专利法的授权条件，只能通过法定程序请求宣告专利权无效，从而达到不承担侵权责任的目的。

研究样本分析，39 份侵害发明专利权案件中，被告进行抗辩的案件数量为 5 件，占比 13%；25 份侵害实用新型专利权案件中，被告进行抗辩的案件数量为 7 件，占比 28%；56 份侵害外观设计专利权案件中，被告进行抗辩的案件数量为 5 件，占比 9%。总体而言，被告提起专利无效抗辩的案件比例较低。

三、二审判决书的判决结果分析

在 60 份二审判决书中，维持一审判决的高达 55 份，占比约为 92%。

单位：份

	维持一审	二审改判
案件数量	54	6
占比	90%	10%

研究选取的 60 份二审判决书中，维持一审判决的高达 54 份，占比约为 90%。

研究样本显示二审改判率非常低。建议当事人应高度重视一审。

在一审期间，充分举证、积极应对、力争有利的一审结果。

附判决书案号：

一审：

（2014）沪二中民五（知）初字第 180 号

（2014）沪二中民五（知）初字第 162 号

（2014）沪二中民五（知）初字第 85 号

(2014) 沪一中民五 (知) 初字第 73 号
(2014) 沪一中民五 (知) 初字第 36 号
(2014) 沪二中民五 (知) 初字第 91 号
(2014) 沪一中民五 (知) 初字第 1 号
(2014) 沪二中民五 (知) 初字第 56 号
(2014) 沪一中民五 (知) 初字第 38 号
(2014) 沪一中民五 (知) 初字第 15 号
(2014) 沪一中民五 (知) 初字第 32 号
(2014) 沪二中民五 (知) 初字第 71 号
(2013) 沪一中民五 (知) 初字第 93 号
(2013) 沪一中民五 (知) 初字第 202 号
(2013) 沪二中民五 (知) 初字第 53 号
(2013) 沪二中民五 (知) 初字第 233 号
(2013) 沪二中民五 (知) 初字第 116 号
(2013) 沪一中民五 (知) 初字第 167 号
(2013) 沪一中民五 (知) 初字第 120 号
(2013) 沪一中民五 (知) 初字第 211 号
(2013) 沪一中民五 (知) 初字第 130 号
(2013) 沪一中民五 (知) 初字第 30 号
(2013) 沪一中民五 (知) 初字第 186 号
(2013) 沪一中民五 (知) 初字第 191 号
(2013) 沪一中民五 (知) 初字第 136 号
(2013) 沪二中民五 (知) 初字第 195 号
(2013) 沪一中民五 (知) 初字第 145 号
(2013) 沪二中民五 (知) 初字第 196 号
(2013) 沪一中民五 (知) 初字第 114 号
(2013) 沪一中民五 (知) 初字第 192 号
(2013) 沪一中民五 (知) 初字第 121 号
(2013) 沪一中民五 (知) 初字第 34 号
(2013) 沪二中民五 (知) 初字第 164 号
(2013) 沪一中民五 (知) 初字第 152 号
(2013) 沪一中民五 (知) 初字第 123 号
(2013) 沪一中民五 (知) 初字第 76 号
(2013) 沪一中民五 (知) 初字第 10 号
(2013) 沪一中民五 (知) 初字第 110 号
(2013) 沪一中民五 (知) 初字第 111 号
(2013) 沪一中民五 (知) 初字第 96 号

（2013）沪一中民五（知）初字第97号
（2013）沪一中民五（知）初字第108号
（2013）沪一中民五（知）初字第42号
（2013）沪一中民五（知）初字第73号
（2013）沪一中民五（知）初字第45号
（2013）沪一中民五（知）初字第28号
（2013）沪一中民五（知）初字第24号
（2012）沪一中民五（知）初字第146号
（2012）沪一中民五（知）初字第198号
（2012）沪一中民五（知）初字第148号
（2012）沪一中民五（知）初字第215号
（2012）沪一中民五（知）初字第253号
（2012）沪一中民五（知）初字第140号
（2012）沪一中民五（知）初字第191号
（2012）沪一中民五（知）初字第252号
（2012）沪一中民五（知）初字第187号
（2012）沪一中民五（知）初字第204号
（2012）沪一中民五（知）初字第205号
（2012）沪一中民五（知）初字第233号
（2012）沪一中民五（知）初字第211号
（2012）沪一中民五（知）初字第212号
（2012）沪一中民五（知）初字第214号
（2012）沪一中民五（知）初字第222号
（2012）沪一中民五（知）初字第245号
（2012）沪一中民五（知）初字第119号
（2012）沪一中民五（知）初字第133号
（2012）沪一中民五（知）初字第180号
（2012）沪一中民五（知）初字第120号
（2012）沪一中民五（知）初字第151号
（2012）沪一中民五（知）初字第161号
（2012）沪一中民五（知）初字第171号
（2012）沪二中民五（知）初字第169号
（2012）沪二中民五（知）初字第85号
（2012）沪二中民五（知）初字第135号
（2012）沪二中民五（知）初字第31号
（2012）沪二中民五（知）初字第63号
（2012）沪一中民五（知）初字第27号

（2012）沪一中民五（知）初字第 35 号
（2012）沪一中民五（知）初字第 49 号
（2012）沪一中民五（知）初字第 80 号
（2012）沪一中民五（知）初字第 93 号
（2012）沪一中民五（知）初字第 96 号
（2012）沪一中民五（知）初字第 113 号
（2012）沪一中民五（知）初字第 115 号
（2012）沪一中民五（知）初字第 121 号
（2012）沪一中民五（知）初字第 122 号
（2012）沪一中民五（知）初字第 136 号
（2012）沪一中民五（知）初字第 144 号
（2012）沪一中民五（知）初字第 149 号
（2012）沪一中民五（知）初字第 159 号
（2012）沪一中民五（知）初字第 163 号
（2012）沪一中民五（知）初字第 189 号
（2011）沪二中民五（知）初字第 111 号
（2011）沪一中民五（知）初字第 157 号
（2011）沪二中民五（知）初字第 169 号
（2011）沪一中民五（知）初字第 82 号
（2011）沪一中民五（知）初字第 89 号
（2011）沪一中民五（知）初字第 95 号
（2011）沪一中民五（知）初字第 103 号
（2011）沪一中民五（知）初字第 105 号
（2011）沪一中民五（知）初字第 118 号
（2011）沪一中民五（知）初字第 121 号
（2011）沪一中民五（知）初字第 128 号
（2011）沪一中民五（知）初字第 132 号
（2011）沪一中民五（知）初字第 148 号
（2011）沪一中民五（知）初字第 150 号
（2011）沪一中民五（知）初字第 154 号
（2011）沪一中民五（知）初字第 158 号
（2011）沪一中民五（知）初字第 163 号
（2011）沪一中民五（知）初字第 180 号
（2011）沪一中民五（知）初字第 182 号
（2011）沪一中民五（知）初字第 183 号
（2011）沪一中民五（知）初字第 188 号
（2011）沪一中民五（知）初字第 194 号

（2011）沪一中民五（知）初字第197号
（2011）沪一中民五（知）初字第202号
（2011）沪一中民五（知）初字第211号
（2010）沪二中民五（知）初字第172号
（2010）沪一中民五（知）初字第195号
（2007）沪一中民五（知）初字第364号

二审：
（2014）沪一中民五（知）初字第1号
（2014）沪二中民五（知）初字第56号
（2014）沪二中民五（知）初字第53号
（2014）沪一中民五（知）初字第20号
（2013）沪一中民五（知）初字第130号
（2013）沪一中民五（知）初字第129号
（2013）沪二中民五（知）初字第67号
（2013）沪一中民五（知）初字第201号
（2013）沪一中民五（知）初字第167号
（2013）沪一中民五（知）初字第2号
（2013）沪一中民五（知）初字第191号
（2013）沪一中民五（知）初字第123号
（2013）沪二中民五（知）初字第164号
（2013）沪二中民五（知）初字第163号
（2013）沪二中民五（知）初字第162号
（2013）沪二中民五（知）初字第161号
（2013）沪二中民五（知）初字第160号
（2013）沪一中民五（知）初字第152号
（2013）沪一中民五（知）初字第92号
（2013）沪二中民五（知）初字第100号
（2013）沪二中民五（知）初字第109号
（2013）沪二中民五（知）初字第18号
（2012）沪一中民五（知）初字第79号
（2012）沪一中民五（知）初字第215号
（2012）沪一中民五（知）初字第141号
（2012）沪一中民五（知）初字第253号
（2012）沪一中民五（知）初字第197号
（2012）沪二中民五（知）初字第85号
（2012）沪二中民五（知）初字第44号

（2012）沪一中民五（知）初字第 121 号
（2012）沪一中民五（知）初字第 144 号
（2012）沪二中民五（知）初字第 108 号
（2012）沪二中民五（知）初字第 10 号
（2012）沪一中民五（知）初字第 113 号
（2012）沪一中民五（知）初字第 96 号
（2012）沪二中民五（知）初字第 31 号
（2012）沪二中民五（知）初字第 66 号
（2012）沪一中民五（知）初字第 115 号
（2011）沪二中民五（知）初字第 124 号
（2011）沪二中民五（知）初字第 125 号
（2011）沪一中民五（知）初字第 202 号
（2011）沪一中民五（知）初字第 47 号
（2011）沪二中民五（知）初字第 106 号
（2011）沪一中民五（知）初字第 146 号
（2011）沪一中民五（知）初字第 150 号
（2010）沪一中民五（知）初字第 195 号
（2011）沪一中民五（知）初字第 148 号
（2011）沪一中民五（知）初字第 139 号
（2011）沪一中民五（知）初字第 182 号
（2011）沪一中民五（知）初字第 89 号
（2011）沪一中民五（知）初字第 95 号
（2011）沪一中民五（知）初字第 118 号
（2011）沪一中民五（知）初字第 188 号
（2010）沪一中民五（知）初字第 15 号
（2010）沪一中民五（知）初字第 195 号
（2010）沪二中民五（知）初字第 172 号
（2009）沪一中民五（知）初字第 219 号
（2009）沪一中民五（知）初字第 201 号
（2008）沪二中民五（知）初字第 262 号
（2007）沪一中民五（知）初字第 115 号
（2007）沪一中民五（知）初字第 114 号

中国医药行业上市公司知识产权报告2014
知识产权与企业转型发展

前　言

医药行业关系国计民生，对于一个拥有超过13亿人口的大国来说尤其如此。从全球来看，医药行业都是资本密集型和知识密集型的典型行业，医药行业企业的研发投入比例普遍高于其他行业。知识产权作为技术商品化和获取经济利益的重要途径，对于中国医药行业及行业内企业发展、尤其是转型的重要性不言而喻。因此，研究医药行业知识产权的情况以及与企业综合实力的作用，对于企业制定知识产权发展计划、乃至地区或国家设计知识产权发展战略具有重要的指导意义。

在世界其他市场，知识产权对于公司业绩的促进作用早已被实证研究和数理研究所证实，而在国内，特别是医药行业，这样的研究还处于真空阶段。本报告科学系统地选取指标，构建评估体系，通过主成分分析法和SPSS统计工具进行数据分析，以期解释医药行业上市公司知识产权的情况及与公司业绩的相关作用。

本报告选取医药行业的上市公司作为研究对象，原因在于，上市公司需要承担较强的信息披露义务，其经营状况更加透明，我们可以更加充分获取公司信息，这有助于我们提高报告的准确性；此外，上市医药公司是医药行业的翘楚，具有典型性和代表性，对于整个医药市场有巨大的引领和推动作用。研究上市医药公司对于其他企业具有更好的借鉴意义。囿于水平所限，谬误难免，诚盼社会各界批评指正，并诚邀志同之士加入，共同完善今后研究工作。

目 录

一、背景与意义：企业转型的力量源泉

（一）提出背景：为什么要研究医药行业知识产权情况

医药行业是典型的知识密集型行业。创新是企业发展的核心竞争力。从辉瑞、默克以及通用等大型医药企业的发展史中，不难发现知识产权所扮演的重要角色。

从研发投入上来看，医药行业远高于其他行业。根据中国科学技术发展战略研究院的调研数据显示，生物、生化医药制造中的研发经费占产业总产值的比例，美国、日本分别为22%和15%。世界500强中，医药企业每年投入的科研开发费用占销售额的比例一般在15%～20%，远远超过其他行业。

在某种程度上，知识产权往往又是医药企业发展的先行指标，或者叫前瞻性指标。知识产权给企业带来的营业收入和利润经常会在此后的几年、十几年甚至几十年的时间中显现。因此，评估医药企业的知识产权情况对于判断企业价值和未来的发展具有重要的参考价值。

具体到中国的情况，现实意义更为重要和紧迫。根据我们的研究，中国上市公司100强的平均研发投入占营业收入比重只有1.6%左右，与前面提到的国际15%～20%的水平相差甚远。这也与中国目前主要以生产仿制药为主的现状吻合。中国医药上市公司要可持续发展亟需提高研发能力。

（二）报告意义：这份报告能给行业带来什么？

《中国医药行业上市公司知识产权报告》是国内第一份专题研究医药行业知识产权的报告。万事开头难，这份报告承载了很多企业、很多人的期望。通过2014年和2015年的研究，我们已经发现了一些值得关注的现象，有些甚至令人震惊。我们选择的样本企业是中国医药企业上市公司100强，可以说是中国医药企业中最为优秀的群体。但是即使是这些企业，很多都完全没有知识产权意识。如果继续这样下去，所谓转型发展、产业升级就是一句空话，最终肯定会被市场和社会摒弃。

通过这份报告，我们首先希望给中国的医药企业提个醒，敲敲警钟，不论是榜单中的上市100强，还是没有在我们此次研究范围内的，希望大家能够关注知识产权。

其次，我们希望给中国的医药企业找找差距，看到自己在行业内知识产权的位置和情况，有哪些可以改进的地方。通过“解剖麻雀”，展示优秀企业的做法，为大家提供一个标杆。

其三，这份报告会成为中国医药行业知识产权状况的见证，通过持续多年的研究，我们能够发现整个行业、单个企业的具体发展轨迹，从而能够为政策制定者和研究者提供参考。

其四，这份报告对于医药行业的投资者来说，尤其是价值投资者，也具有较好的指导意义。

二、方法与指标：知识产权模型构建

（一）指标体系构建

根据研究的具体情况，本研究将医药行业上市公司知识产权综合能力主要分为三大部分：即知识产权投入潜力、专利产出情况及商标产出情况（见图 2-1）。其中，知识产权投入潜力侧重于衡量医药行业上市公司具体的财务情况、经营情况、研发投入等等，以评估其具备的长期投入的潜力；专利产出情况则侧重于衡量医药行业上市公司在专利方面的成果状况；商标产出情况则侧重于衡量医药行业上市公司在商标方面的成果状况。这三方面有机结合，相互作用，良好的财务状况和经营情况，既反映了从专利和商标成果中获取的受益，又体现了进一步的投入能力，专利和商标则受益于研发费用的提高，同时会给企业带来巨大的经济收益。这三方面共同构成中国医药行业上市公司知识产权综合能力。即：

中国医药行业上市公司知识产权综合能力 = F（知识产权投入潜力 + 专利产出能力 + 商标产出能力）

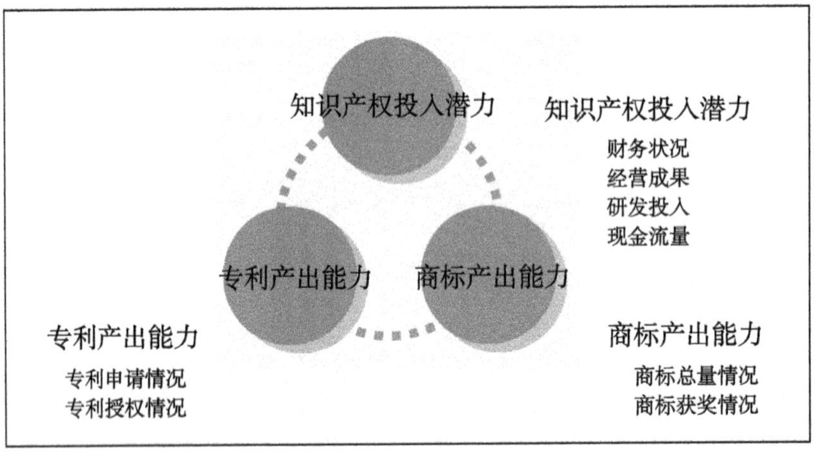

图 2-1　医药行业上市公司知识产权指标体系

（二）中国医药行业上市公司知识产权综合能力评估指标体系

在借鉴国内外研究者相关研究成果的基础上，本研究确定了指标选取原则，构建一个较为全面、合理的指标体系，以便利用现有研究条件，尽可能客观全面的评估中国医药行业上市公司知识产权综合能力。

上市公司投入潜力下设四个次级指标，分别是财务状况、经营成果、研发投入以及现金流量。财务状况由两个具体指标反映：流动比率和资产负债率；经营成果由主营业务收入、主营业务收入增长率、存货周转率以及销售毛利率来反映。研发投入由研发费用、研发费用占主营业务收入比重以及近 2 年平均研发费用反映。现金流量由净现金流入指标来进行反映（见图 2－2）。

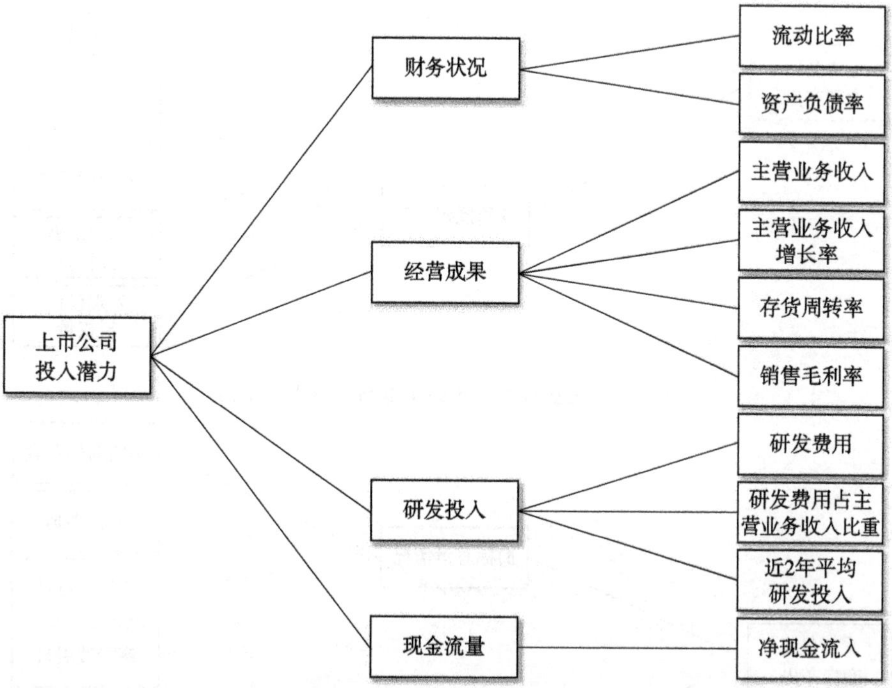

图 2－2　医药行业上市公司投入潜力指标体系

上市公司专利产出由两个次级指标进行反映：专利申请情况和专利授权情况。其中，专利申请情况又由专利申请总量、发明申请量、实用新型申请量和外观设计申请量等 4 个具体指标进行衡量；专利授权情况又由专利授权总量、发明授权量、实用新型授权量以及外观设计授权量等 4 个指标进行衡量（见图 2－3）。

上市公司商标产出由两个次级指标进行反映：商标总量情况和商标获奖情况。其中，商标总量情况又由国内商标总量、商标类别、商标许可量和商标续展量等 4 个具体指标进行衡量；商标获奖情况又由驰名商标和著名商标 2 个指标进行衡量（见图 2－4）。

（三）样本企业选择

综合专家的意见，选取全国 100 家医药行业上市公司进行量化研究。专家推荐企业时，主要遵循以下准则：第一，代表性，参考了工信部发布的医药工业企业百强榜。第二，数据可得性与准确性，这也是我们选择上市公司的主要原因之一。

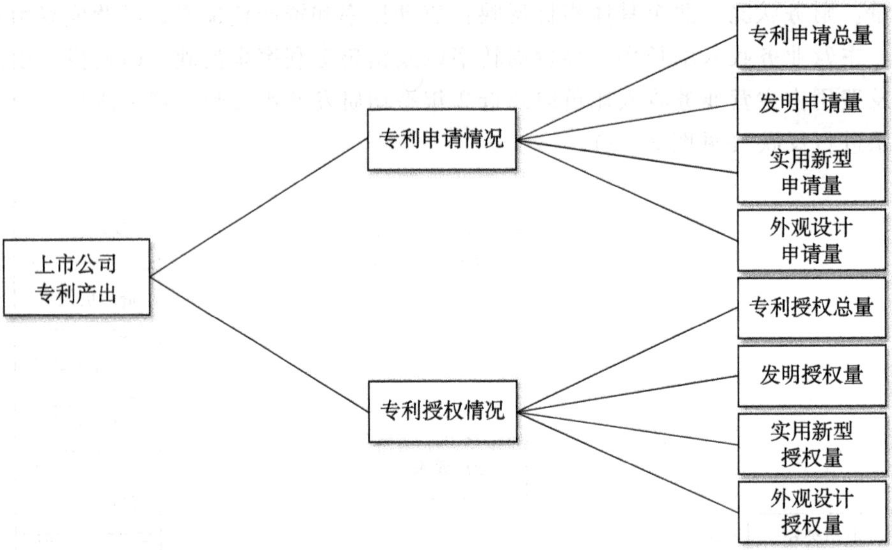

图 2-3　医药行业上市公司专利产出指标体系

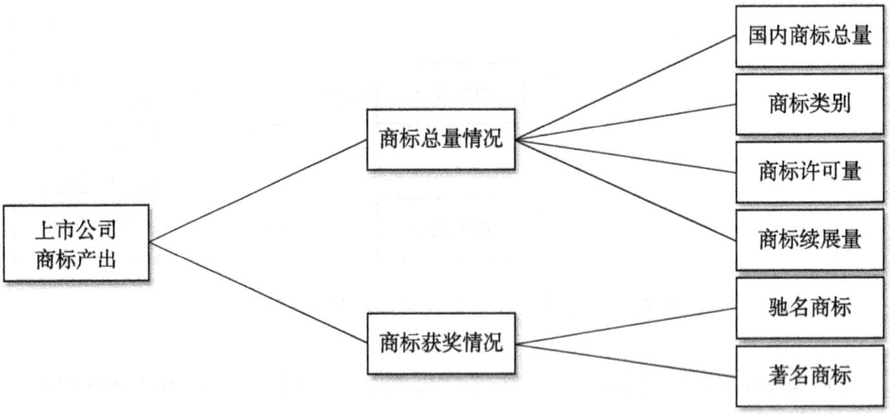

图 2-4　医药行业上市公司商标产出指标体系

（四）数据来源

本报告所有数据都来自于医药行业上市公司公开披露的 2013 年度年报和国家知识产权局。

（五）量化分析过程

1. 主成分分析法

为全面、准确、客观地进行评估，在具体数据分析方法上，我们舍弃了主观性较大的人为设定权重的方法，采用较为客观的主成分分析法。

主成分分析的基本思路即：在设计指标体系时尽可能多的选择指标，然后用一种方法将这些指标的特点综合而成少数几个新的指标。这几个新指标既能尽可能多地反映原来指标的信息，同时彼此间又显著差异。如果从数学上对主成分分析进行解释，即为：设有 p 个原始指标：X_1，X_2，X_3，…，X_p，用来对 n 个单位进行评价，则共有 np 个数据。主成分分析的目的是要将这些原始指标组合成新的相互独立的综合指标：F_1，F_2，F_3，…，F_p，这些综合指标表现为原始指标的线性函数：

$$F_1 = l_{11}X_1 + l_{12}X_2 + \cdots + l_{1p}X_p,$$
$$F_2 = l_{21}X_1 + l_{22}X_2 + \cdots + l_{2p}X_p$$
$$\cdots$$
$$F_p = l_{p1}X_1 + l_{p2}X_2 \cdots l_{pp}X_p$$

通过数学计算可将 p 个原始指标的总方差分解为 p 个不相关的综合指标的方差之和 $\lambda_1 + \lambda_2 + \cdots + \lambda_p$，并使第一个综合指标 F_1 方差达到最大（贡献率最大），第二个综合指标 F_2 的方差次大，以此类推，一般前面几个综合指标 F_1、F_2、F_r（$r < p$）即可包含总方差中绝大部分，也就是说，主成分分析可以使原始指标的大部分方差“集中”于少数几个主成分上，通过对这几个主成分的分析来实现对总体的综合评价。

2. 指标正向化和标准化处理

由于我们选取的指标除了正向指标之外，还有适度指标（资产负债率、流动比率），因此，需要首先进行正向化处理，其中，资产负债率我们将理想化值 E 定为：0.5，流动比率定为 2，这也是经济统计分析中经常采用的理想化值。转化公式为：

$$ZX_j = \frac{1}{|x_j - E| + 1}$$

然后利用 SPSS 标准化工具，将数据进行标准化。

3. KMO 和 Bartlett 的检验

进行主成分分析前，必须进行 KMO 和 Bartlett 的检验，以评估数据是否适合进行主成分分析。从本研究的结果来看，KMO 的值为 0.608（>0.5），Bartlett 显著性水平为 0，适合进行主成分分析（见表 2-1）。

表 2-1　KMO 和 Bartlett 的检验

取样足够度的 Kaiser - Meyer - Olkin 度量。		.608
Bartlett 的球形度检验	近似卡方	3608.974
	df	276
	Sig.	.000

4. 分析结果

我们利用 SPSS 软件对数据进行主成分分析，一共提取出主成分 26 个，其中特征值大于 1 的有 7 个，累计方差为 72.511%（见表 2-2），而且从图 2-5（碎石图）中，我们很容易发现前 7 个主成分对于总体的解释可以达到较好的程度。

表 2－2　**提取主成分表**

解释的总方差			
成分	提取平方和载入		
	合计	方差的%	累积%
1	6.703	27.930	27.930
2	2.775	11.563	39.494
3	2.299	9.578	49.072
4	1.803	7.514	56.586
5	1.563	6.512	63.099
6	1.158	4.826	67.925
7	1.101	4.586	72.511

提取方法：主成分分析。

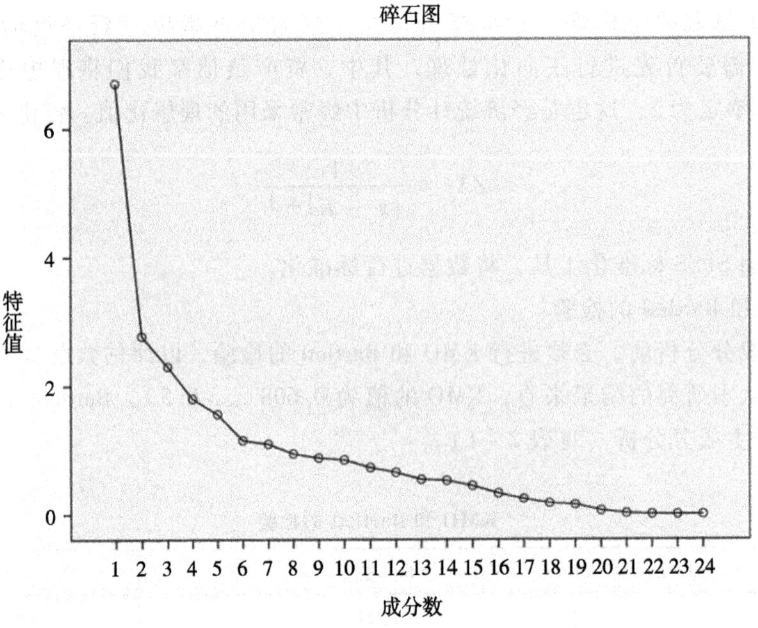

图 2－5　碎石图

通过对主成分权重（见表 2－3）分析，我们不难发现，专利申请总量、专利授权总量、各分类专利申请量、各分类专利授权量、商标类指标都是权重较大的指标，这一客观的结果也正与报告的主旨相吻合。

表 2-3 **主成分权重表**

成分矩阵							
	成分						
	1	2	3	4	5	6	7
流动比率	.004	-.015	-.015	-.303	-.173	.559	-.080
资产负债率	.523	-.253	.364	.008	.111	.339	-.068
主营业务收入	.110	.132	.745	.003	.045	.148	.158
主营业务收入增长率	.067	.052	-.223	.275	.293	.299	.553
净现金流入	.199	.298	.000	-.099	-.062	.063	.608
专利申请总量	.940	-.305	-.053	.074	-.019	-.014	.001
发明申请量	.688	.061	-.082	.431	-.496	.054	-.004
实用新型申请量	.701	-.574	.021	.000	.362	.004	.025
外观设计申请量	.833	.071	-.118	-.337	-.151	-.118	.056
专利授权总量	.911	-.371	-.033	.034	.104	-.029	-.038
发明授权量	.613	.101	-.069	.459	-.526	-.010	-.099
实用新型授权量	.707	-.566	.018	-.003	.364	-.001	-.032
外观设计授权量	.854	.031	-.100	-.318	-.053	-.090	.042
国内商标总量	.482	.661	.013	-.181	.217	.113	-.116
商标类别	.400	.539	-.119	-.119	-.005	.366	-.237
商标许可量	.550	.476	-.047	-.189	.341	-.265	-.086
商标续展量	.271	.655	.041	-.121	.257	-.128	-.233
驰名商标	.599	.160	-.140	-.010	-.416	-.048	-.007
著名商标	.330	.200	-.070	-.278	-.047	-.243	.453
存货周转率	-.068	.004	.653	-.023	-.168	-.397	.011
销售毛利率	-.019	.231	-.689	.363	.189	.071	.057
研发投入占营业收入比例	.066	.196	-.162	.650	.334	-.230	-.112
研发投入	.351	.294	.573	.458	.078	-.050	.134
近两年研发投入	.174	.273	.473	.262	.141	.277	-.044

a. 已提取了 7 个成分。

由此，我们可以获得样本企业的 7 个主成分分值，结合它们的权重，最终综合计算出医药行业上市公司知识产权的具体排名。

三、评价与发现：医药行业上市公司知识产权评价

（一）分级背景

为便于分析，我们按照组距分组法对数据进行分组。采用组距分组需要经过以下几个步骤：

第一步：确定组数。一组数据分多少组合适呢？一般与数据本身的特点及数据的多少有关。由于分组的目的之一是为了观察数据分布的特征，因此组数的多少应适中。如组数太少，数据的分布就会过于集中，组数太多，数据的分布就会过于分散，这都不便于观察数据分布的特征和规律。组数的确定应以能够显示数据的分布特征和规律为目的。在实际分组时，可以按 Sturges 提出的经验公式来确定组数 K：

$$K = 1 + \frac{\log n}{\log 2}$$

其中 n 为数据的个数，对结果用四舍五入的办法取整数即为组数。例如，对前例的数据有：$K = 1 + \frac{\log 100}{\log 2} \approx 8$，即理论上可以分为 8 组。

第二步：确定各组的组距。组距是一个组的上限与下限的差，可根据全部数据的最大值和最小值及所分的组数来确定，即组距 = （最大值 - 最小值） ÷ 组数。例如，对于前例的数据，最大值为 3.200，最小值为 -0.898，则：

$$\text{组距} = [3.200 - (-0.898)] \div 8 = 0.512$$

第三步：根据分组整理成频数分布表。比如对上面的数据进行分组。参考国际经验，我们将这八组按照知识产权实力依次命名为：AAA、AA、A、BBB、BB、B、C、D。具体分组原则和频数如表 3 - 1 所示。

表 3 - 1　　分级原则及频数

评级	得分区间	包含企业数量
AAA	2.688 ~ 3.200	2
AA	2.176 ~ 2.687	0
A	1.663 ~ 2.175	3
BBB	1.151 ~ 1.662	3
BB	0.639 ~ 1.150	7

续表 3－1

评级	得分区间	包含企业数量
B	0.126～0.638	13
CCC	－0.386～0.125	31
CC	－0.898～－0.387	41

（二）医药行业上市公司知识产权等级和排名

AAA：科伦药业、新华医疗

科伦药业（002422.SZ）和新华医疗（600587.SH）是医药行业唯一的两家知识产权AAA级上市公司。其中，科伦药业综合得分为3.200，排在所有企业的第1位。三个分项指数：投入潜力得分为0.407，专利产出得分为2.156，商标产出得分为0.637。新华医疗综合得分为2.819，排在所有企业的第2位。三个分项指数：投入潜力得分为0.444，专利产出得分为2.447，商标产出得分为负0.071（见表3－2、表3－3）。

表3－2 知识产权AAA级上市公司

	企业名称	综合得分	排名	投入潜力得分	专利产出得分	商标产出得分
AAA	科伦药业	3.200	1	0.407	2.156	0.637
	新华医疗	2.819	2	0.444	2.447	(0.071)

备注：所有数据均为标准化后数据，括号中红色表示负数。

AA：空缺

表3－3 知识产权AA级上市公司

	企业名称	综合得分	投入潜力得分	专利产出得分	商标产出得分
AA					

A：中新药业、丽珠集团、白云山

中新药业（600329.SH）、丽珠医药（000513.SZ）、白云山（600332.SH）是医药行业知识产权A级上市公司，排在第3～5位。其中，中新药业综合得分为2.033，三个分项指数：投入潜力得分0.247，专利产出得分1.347，商标产出得分0.440。丽珠集团综合得分为1.912，三个分项指数：投入潜力得分为0.192，专利产出得分为0.585，商标产出得分为1.135。白云山综合得分为1.724，三个分项指数：投入潜力得分为0.758，专利产出得分为负0.234，商标产出得分为1.199（见表3－4）。

表 3-4 知识产权 A 级上市公司

	企业名称	综合得分	排名	投入潜力得分	专利产出得分	商标产出得分
A	中新药业	2.033	3	0.247	1.347	0.440
	丽珠集团	1.912	4	0.192	0.585	1.135
	白云山	1.724	5	0.758	(0.234)	1.199

备注：所有数据均为标准化后数据，括号中红色表示负数。

BBB：东阿阿胶、云南白药、人福医药

东阿阿胶（000423.SZ）、云南白药（000538.SZ）、人福医药（600079.SH）是医药行业知识产权 BBB 级上市公司，排在第 6~8 位。。其中，东阿阿胶综合得分为 1.589，三个分项指数：投入潜力得分为 0.484，专利产出得分为 0.500，商标产出得分为 0.605。云南白药综合得分为 1.569，三个分项指数：投入潜力得分为 0.105，专利产出得分为 0.755，商标产出得分为 0.709。人福医药综合得分为 1.317，三个分项指数：投入潜力得分为 1.156，专利产出得分为负 0.109，商标产出得分为 0.270（见表 3-5）。

表 3-5 知识产权 BBB 级上市公司

	企业名称	综合得分	排名	投入潜力得分	专利产出得分	商标产出得分
BBB	东阿阿胶	1.589	6	0.484	0.500	0.605
	云南白药	1.569	7	0.105	0.755	0.709
	人福医药	1.317	8	1.156	(0.109)	0.270

备注：所有数据均为标准化后数据，括号中红色表示负数。

BB：复星医药、恒瑞医药、海正药业、益佰制药、康缘药业、上海医药、健康元

复星医药（600196.SH）、恒瑞医药（600276.SH）、海正药业（600267.SH）、益佰制药（600594.SH）、康缘药业（600557.SH）、上海医药（601067.SH）、健康元（600380.SH）是医药行业知识产权 BB 级上市公司，排在第 9~15 位。

其中，复星医药综合得分为 0.995，三个分项指数：投入潜力得分为 0.792，专利产出得分为 0.325，商标产出得分为负 0.122。恒瑞医药综合得分为 0.982，三个分项指数：投入潜力得分为 0.696，专利产出得分为 0.197，商标产出得分为负 0.089。海正药业综合得分为 0.969，三个分项指数：投入潜力得分为 0.663，专利产出得分为 0.273，商标产出得分为负 0.034。益佰制药综合得分为 0.950，三个分项指数：投入潜力得分为负 0.084，专利产出得分为 0.661，商标产出得分为负 0.374。康缘药业综合得分为 0.907，三个分项指数：投入潜力得分为 0.306，专利产出得分为 0.529，商标产出得分为负 0.072。上海医药综合得分为 0.877，三个分项指数：投入潜力得分为 1.244，专利产出得分为负 0.191，商标产出得分为负 0.176。健康元综合得分为 0.847，三个分项指数：投入潜力得分为 0.269，专利产出得分为负 0.228，商标产出得分为负 0.806（见表 3-6）。

表3-6 知识产权BB级上市公司

	企业名称	综合得分	排名	投入潜力得分	专利产出得分	商标产出得分
BB	上海复星医药(集团)股份有限公司	0.995	9	0.792	0.325	(0.122)
	江苏恒瑞医药股份有限公司	0.982	10	0.696	0.197	0.089
	浙江海正药业股份有限公司	0.969	11	0.663	0.273	0.034
	贵州益佰制药股份有限公司	0.950	12	(0.084)	0.661	0.374
	江苏康缘药业股份有限公司	0.907	13	0.306	0.529	0.072
	上海医药集团股份有限公司	0.877	14	1.244	(0.191)	(0.176)
	健康元药业集团股份有限公司	0.847	15	0.269	(0.228)	0.806

备注：所有数据均为标准化后数据，括号中红色表示负数。

B：亚宝药业、莱美药业、江中药业、康美药业、浙江医药、南京医药、华润三九、昆明制药、华海药业、天士力、新和成、以岭药业、新华制药

亚宝药业（600351. SH）、莱美药业（300006. SZ）、江中药业（600750. SH）、康美药业（600518. SH）、浙江医药（600216. SH）、南京医药（600713. SH）、华润三九（000999. SZ）、昆明制药（600422. SH）、华海药业（600521. SH）、天士力（600535. SH）、新和成（002001. SZ）、以岭药业（002603. SZ）、新华制药（000756. SZ）是医药行业知识产权B级上市公司，排在第16~28位。具体得分详见表3-7。

表3-7 知识产权B级上市公司

	企业名称	综合得分	排名	投入潜力得分	专利产出得分	商标产出得分
B	亚宝药业集团股份有限公司	0.599	16	0.042	0.317	0.240
	重庆莱美药业股份有限公司	0.557	17	0.263	0.364	(0.070)
	江中药业股份有限公司	0.522	18	(0.267)	0.561	0.229
	康美药业股份有限公司	0.520	19	0.181	0.099	0.240
	浙江医药股份有限公司	0.518	20	(0.067)	0.497	0.088
	南京医药股份有限公司	0.462	21	0.866	(0.234)	(0.170)
	华润三九医药股份有限公司	0.453	22	0.456	(0.192)	0.189
	昆明制药集团股份有限公司	0.401	23	(0.221)	0.507	0.116
	浙江华海药业股份有限公司	0.375	24	0.052	0.208	0.115
	天士力制药集团股份有限公司	0.276	25	0.344	0.063	(0.131)
	浙江新和成股份有限公司	0.245	26	0.075	0.183	(0.012)
	石家庄以岭药业股份有限公司	0.210	27	0.039	(0.103)	0.273
	山东新华制药股份有限公司	0.198	28	0.008	0.103	0.087

备注：所有数据均为标准化后数据，括号中红色表示负数。

CCC：康恩贝、达安基因、桂林三金、漳州片仔癀、汤臣倍健、红日药业、东北制药、翰宇药业、恩华药业、海王生物等31家

医药行业知识产权CCC级上市公司名单有：康恩贝（600572. SH）、达安基因（002030. SZ）、桂林三金（002275. SZ）、漳州片仔癀（600436. SH）、汤臣倍健（300146. SZ）、红日药业（300026. SZ）、东北制药（000597. SZ）、翰宇药业（300199. SZ）、恩华药业（002262. SZ）、海王生物（000078. SZ）、仙琚制药（002332. SZ）、中恒集团（600252. SH）、华润双鹤（600062. SH）、羚锐制药（600285. SH）、鑫富药业（002019. SZ）、贵州百灵（002424. SZ）、哈药股份（600664. SH）、信立泰（002294. SZ）、莱茵生物（002166. SZ）、华东医药（000963. SZ）、吉林敖东（000623. SZ）、信邦制药（002390. SZ）、鲁抗医药（600789. SH）、中牧股份（600195. SH）、华北制药（600812. SH）、华兰生物（002007. SZ）、双鹭药业（002038. SZ）、现代制药（600420. SH）、北大医药股份有限公司（000788. SZ）、太极集团（600129. SH）、同仁堂（600085. SH）。具体得分和排名详见表3－8。

表3－8　知识产权CCC级上市公司

	企业名称	综合得分	排名	投入潜力得分	专利产出得分	商标产出得分
CCC	浙江康恩贝制药股份有限公司	0.125	29	(0.156)	(0.028)	0.308
	中山大学达安基因股份有限公司	0.118	30	0.023	0.124	(0.029)
	桂林三金药业股份有限公司	0.056	31	(0.220)	(0.008)	0.285
	漳州片仔癀药业股份有限公司	0.055	32	(0.163)	0.036	0.183
	汤臣倍健股份有限公司	0.045	33	(0.079)	(0.161)	0.285
	天津红日药业股份有限公司	0.015	34	0.006	0.016	(0.008)
	东北制药集团股份有限公司	(0.025)	35	(0.000)	(0.138)	0.113
	深圳翰宇药业股份有限公司	(0.066)	36	(0.035)	0.120	(0.151)
	江苏恩华药业股份有限公司	(0.070)	37	(0.054)	(0.122)	0.105
	深圳市海王生物工程股份有限公司	(0.084)	38	(0.094)	(0.214)	0.223
	浙江仙琚制药股份有限公司	(0.101)	39	(0.075)	(0.132)	0.105
	广西梧州中恒集团股份有限公司	(0.107)	40	0.379	(0.234)	(0.252)
	华润双鹤药业股份有限公司	(0.119)	41	(0.106)	(0.220)	0.208
	河南羚锐制药股份有限公司	(0.131)	42	(0.125)	(0.113)	0.107
	浙江杭州鑫富药业股份有限公司	(0.134)	43	(0.052)	(0.165)	0.083
	贵州百灵企业集团制药股份有限公司	(0.134)	44	(0.319)	0.090	0.096
	哈药集团股份有限公司	(0.138)	45	0.294	(0.230)	(0.201)
	深圳信立泰药业股份有限公司	(0.160)	46	0.014	(0.058)	(0.116)

续表 3-8

	企业名称	综合得分	排名	投入潜力得分	专利产出得分	商标产出得分
CCC	桂林莱茵生物科技股份有限公司	(0.172)	47	(0.171)	(0.073)	0.072
	华东医药股份有限公司	(0.176)	48	0.236	(0.220)	(0.192)
	吉林敖东药业集团股份有限公司	(0.178)	49	(0.123)	(0.218)	0.164
	贵州信邦制药股份有限公司	(0.222)	50	(0.245)	(0.034)	0.056
	山东鲁抗医药股份有限公司	(0.240)	51	(0.065)	(0.052)	(0.123)
	中牧实业股份有限公司	(0.241)	52	(0.091)	(0.093)	(0.056)
	华北制药股份有限公司	(0.253)	53	(0.025)	(0.134)	(0.094)
	华兰生物工程股份有限公司	(0.265)	54	(0.121)	(0.207)	0.063
	北京双鹭药业股份有限公司	(0.281)	55	0.036	(0.138)	(0.179)
	上海现代制药股份有限公司	(0.342)	56	(0.112)	(0.106)	(0.123)
	北大医药股份有限公司	(0.359)	57	(0.149)	(0.167)	(0.043)
	重庆太极实业(集团)股份有限公司	(0.367)	58	(0.283)	(0.185)	0.102
	北京同仁堂股份有限公司	(0.368)	59	(0.049)	(0.059)	(0.260)

备注：所有数据均为标准化后数据，括号中红色表示负数。

CC：广济药业、海思科、奇正藏药、众生药业、恒康医疗、太安堂、东宝生物、爱尔眼科、国药一致、海药股份等41家

医药行业知识产权CC级上市公司名单有：广济药业（000952. SZ）、海思科（002653. SZ）、奇正藏药（002287. SZ）、众生药业（002317. SZ）、恒康医疗（002219. SZ）、太安堂（002433. SZ）、东宝生物（300239. SZ）、爱尔眼科（300015. SZ）、国药一致（000028. SZ）、海药股份（000566. SZ）、金花股份（600080. SH）、振东制药（300158. SZ）、益盛药业（002566. SZ）、福瑞股份（300049. SZ）、丰原药业（000153. SZ）、普洛药业（000739. SZ）、沃华医药（002107. SZ）、长春高新（000661. SZ）、安科生物（300009. SZ）、天坛生物（600161. SH）、佐力药业（300181. SZ）、力生制药（002393. SZ）、国药股份（600511. SH）、上海凯宝（300039. SZ）、通化金马（000766. SZ）、尔康制药（300267. SZ）、千红制药（002550. SZ）、海普瑞（002399. SZ）、常山药业（300255. SZ）、福安药业（300194. SZ）、北陆药业（300016. SZ）、智飞生物（300122. SZ）、中珠控股（600568. SH）、永安药业（002365. SZ）、仁和药业（000650. SZ）、精华制药（002349. SZ）、天药股份（600488. SH）、广誉远（600771. SH）、四环生物（000518. SZ）、金河生物（002688. SZ）、美罗药业（600297. SH）。具体得分和排名详见表3-9。

表 3－9 **知识产权 CC 级上市公司**

	企业名称	综合得分	排名	投入潜力得分	专利产出得分	商标产出得分
CCC	湖北广济药业股份有限公司	(0.419)	60	(0.043)	(0.212)	(0.163)
	西藏海思科药业集团股份有限公司	(0.420)	61	0.039	(0.199)	(0.260)
	西藏奇正藏药股份有限公司	(0.425)	62	(0.219)	(0.056)	(0.149)
	广东众生药业股份有限公司	(0.447)	63	(0.169)	(0.128)	(0.150)
	恒康医疗集团股份有限公司	(0.453)	64	(0.183)	(0.221)	(0.050)
	广东太安堂药业股份有限公司	(0.457)	65	(0.190)	(0.118)	(0.149)
	包头东宝生物技术股份有限公司	(0.460)	66	(0.132)	(0.214)	(0.114)
	爱尔眼科医院集团股份有限公司	(0.460)	67	(0.249)	(0.234)	0.022
	国药集团一致药业股份有限公司	(0.461)	68	0.033	(0.234)	(0.260)
	海南海药股份有限公司	(0.462)	69	0.030	(0.232)	(0.260)
	金花企业(集团)股份有限公司	(0.462)	70	(0.291)	(0.223)	0.053
	山西振东制药股份有限公司	(0.464)	71	(0.166)	(0.064)	(0.234)
	吉林省集安益盛药业股份有限公司	(0.471)	72	(0.253)	(0.137)	(0.081)
	内蒙古福瑞医疗科技股份有限公司	(0.497)	73	(0.053)	(0.228)	(0.215)
	安徽丰原药业股份有限公司	(0.515)	74	(0.085)	(0.216)	(0.214)
	普洛药业股份有限公司	(0.526)	75	(0.049)	(0.234)	(0.243)
	山东沃华医药科技股份有限公司	(0.526)	76	(0.140)	(0.180)	(0.206)
	长春高新技术产业(集团)股份有限公司	(0.528)	77	(0.034)	(0.234)	(0.260)
	安徽安科生物工程(集团)股份有限公司	(0.542)	78	(0.147)	(0.153)	(0.242)
	北京天坛生物制品股份有限公司	(0.545)	79	(0.081)	(0.215)	(0.248)
	浙江佐力药业股份有限公司	(0.551)	80	(0.185)	(0.201)	(0.165)
	天津力生制药股份有限公司	(0.552)	81	(0.246)	(0.206)	(0.100)
	国药集团药业股份有限公司	(0.554)	82	(0.105)	(0.234)	(0.215)
	上海凯宝药业股份有限公司	(0.569)	83	(0.157)	(0.203)	(0.209)
	通化金马药业集团股份有限公司	(0.586)	84	(0.147)	(0.209)	(0.230)
	湖南尔康制药股份有限公司	(0.602)	85	(0.198)	(0.155)	(0.250)
	常州千红生化制药股份有限公司	(0.603)	86	(0.222)	(0.207)	(0.173)
	深圳市海普瑞药业股份有限公司	(0.606)	87	(0.334)	(0.190)	(0.082)
	河北常山生化药业股份有限公司	(0.625)	88	(0.161)	(0.219)	(0.245)
	福安药业(集团)股份有限公司	(0.659)	89	(0.234)	(0.187)	(0.237)

续表 3－9

	企业名称	综合得分	排名	投入潜力得分	专利产出得分	商标产出得分
CCC	北京北陆药业股份有限公司	(0.659)	90	(0.224)	(0.225)	(0.211)
	重庆智飞生物制品股份有限公司	(0.660)	91	(0.221)	(0.234)	(0.204)
	中珠控股股份有限公司	(0.675)	92	(0.181)	(0.234)	(0.260)
	潜江永安药业股份有限公司	(0.683)	93	(0.198)	(0.234)	(0.251)
	仁和药业股份有限公司	(0.694)	94	(0.308)	(0.234)	(0.152)
	精华制药集团股份有限公司	(0.771)	95	(0.301)	(0.231)	(0.239)
	天津天药药业股份有限公司	(0.774)	96	(0.286)	(0.234)	(0.255)
	广誉远中药股份有限公司	(0.811)	97	(0.317)	(0.234)	(0.260)
	江苏四环生物股份有限公司	(0.816)	98	(0.339)	(0.218)	(0.260)
	金河生物科技股份有限公司	(0.821)	99	(0.346)	(0.234)	(0.241)
	美罗药业股份有限公司	(0.898)	100	(0.428)	(0.210)	(0.260)

备注：所有数据均为标准化后数据，括号中红色表示负数。

（三）研究发现

1. 主营业务收入与知识产权表现关联度不高，研发投入对于知识产权影响很大

综合来看，主营业务收入较高的一些上市公司知识产权表现并不如预期。我们对主营业务收入与知识产权总体得分进行了相关性分析，相关系数只有0.299，相关度不高。这在一定程度上反映了目前国内医药上市公司销售仍然以仿制药为主的局面。

研发投入与知识产权总体得分的相关性为0.631，两者相关程度很高，表明在中国医药行业中，研发投入对于知识产权的形成有重要影响。

2. 国内资本市场对于医药企业知识产权认识不够

我们统计计算了100家医药上市公司的2013年市盈率P/E，发现市盈率与知识产权的表现并不匹配，说明不仅是医药制造企业，即便是国内资本市场对于医药企业的知识产权也没有足够的认识和重视。这也从另外一个角度验证了之前的结论，中国目前医药行业仍然偏重仿制药。

3. 中药企业创新令人欣喜

仔细研读本报告，我们发现知识产权排名前10的上市公司中，以中药或者中成药为主要产品的上市公司表现突出。中新药业、白云山、东阿阿胶、云南白药等4家位列前10位。

四、案例解析：中国医药行业知识产权实力榜单 TOP 10

01 科伦药业

企业简介：

四川科伦实业集团创立于1996年，目前已经发展成为共有32家子（分）公司的现代化药业集团。2010年6月3日，四川科伦实业集团在深圳证券交易所上市。2012年四川科伦实业集团营业收入超过58亿元、利税超过19亿元人民币。

四川科伦实业集团生产和销售包括输液、粉针、冻干粉针、小水针、片剂、胶囊剂、颗粒剂、口服液、透析液，以及原料药、医药包材、医疗器械等共计551个品种912种规格的产品。其中，拥有109个品种共256种规格的大容量注射剂产品，373个品种共582种规格的非大容量注射剂产品，还拥有45个品种共47种规格的原料药，3个品种共6个规格的医疗器械产品，21个品种的医药包材，是中国输液行业中品种最为齐全和包装形式最为完备的医药制造企业之一。以具体产品计，公司有119个品种纳入《国家基本药物目录》，是目前国内产业链最为完善的大型医药集团。

报告点评：

四川科伦药业2013年度主营业务收入为68.13亿元，排名第17位。在专利申请总量、实用新型申请量、专利授权总量、实用新型授权量、商标许可量和研发投入等方面都有非常好的表现（见图4－1）。

四川科伦药业的专利申请总量为843项，排名第2位，其中实用新型申请量为521件，排名第2位；外观设计申请量为190件，排名第1位。专利授权总量为764项，排名第2位，其中使用新型授权量为68项，排名第8位。商标许可量为22件，排名第3位。近两年平均研发投入排名第7位（见表4－1）。

表4－1 科伦药业优势指标

单位：项

指标	数值	排名
专利申请总量	843	2
实用新型申请量	521	2
外观设计申请量	190	1

续表 4-1

指标	数值	排名
专利授权总量	764	2
实用新型授权量	507	2
商标许可量	22	3
2013 年研发投入	4 亿元	5
近两年平均研发投入	3 亿元	7

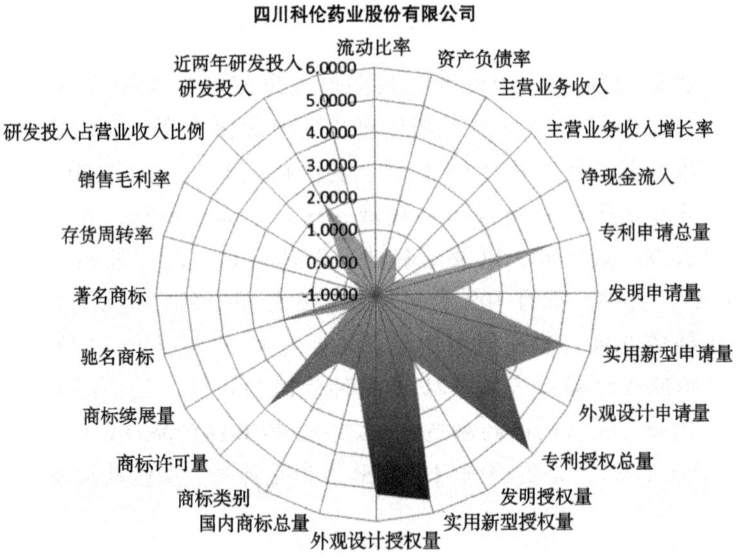

图 4-1 科伦药业指标表现雷达图

案例研究：

四川科伦药业重视知识产权的创造和保护，1998 年创建了四川科伦药物研究院。现拥有药物研究人员 340 余人，形成了从选题立项与合作、仿制与创新药物开发、药理和临床研究到项目注册与综合管理的 18 个专业技术部门，构建了从原料合成到项目申报的完整研发体系，建立以中央研究院（成都）为核心、以南方研究院（苏州）/北方研究院（天津）、海外研究院为分支机构，同时构建各生产企业研发团队的组织体系，致力于创新和高技术内涵药物研究的国内一流研发团队。

同时，四川科伦药物研究院还建立了多个国家和省市级创新平台，包括国家级企业技术中心、国家地方联合工程实验室、国家大容量注射剂工程技术研究中心、国家博士后工作站、科伦创新药物孵化基地等。这些平台的建设，为企业奠定了良好的创新基础，使公司拥有了位列国内前茅的药物创新能力。

2009 年 10 月 30 日，科学技术部批准四川科伦公司组建“国家大容量注射剂工程技术研究中心”，并被列入 2009 年国家工程技术研究中心首批组建项目计划；2009 年

11月6日，公司经国家发改委、科学技术部、财政部、海关总署、国家税务总局联合审定为“国家认定企业技术中心”；2011年4月，公司被国家科技部、国务院国资委、中华全国总工会联合审定为“国家第三批创新型企业”；2011年6月，公司被工业和信息化部、财政部联合认定为首批“国家技术创新示范企业”，成为四川省内唯一获此殊荣的医药企业；2011年11月，国家发改委批准公司组建“国家地方联合工程实验室”；2013年，公司被国家工信部评定为首批“工业品牌培育示范企业”。

02 新华医疗

企业简介：

山东新华医疗器械股份有限公司坐落于山东淄博高新区，创建于1942年，2002年，公司在上海证券交易所上市。山东新华医疗器械股份有限公司是国家医疗器械行业协会会长单位，消毒供应室设备专业委员会理事长、秘书长单位，被国家定名为消毒灭菌设备研制中心。新华医疗是集产品设计、研发、生产、销售于一体的大型综合性企业，拥有十几家生产工厂和子公司；员工2300多人，其中工程技术人员600多人。新华医疗的产品主要分为十大类：感染控制产品、灭菌检测产品、放射治疗产品、X射线诊断产品、制药装备、手术器械、一次性医用耗材、空气净化产品、口腔科设备、医用环保设备。

报告点评：

山东新华医疗器械公司2013年主营业务收入为41.58亿元，排名第27位；专利申请总量为1127项，排名第1位，其中发明专利申请量179项，排名第6位，实用新型申请量808项，排名第1位。专利授权总量为589项，同样排名第1位（见表4－2、图4－2）。

表4－2 新华医疗优势指标

单位：项

指标	数值	排名
专利申请总量	1127	1
发明专利申请量	179	6
实用新型申请量	808	1

续表 4-2

指标	数值	排名
外观设计申请量	140	6
专利授权总量	864	1
实用新型授权量	710	1

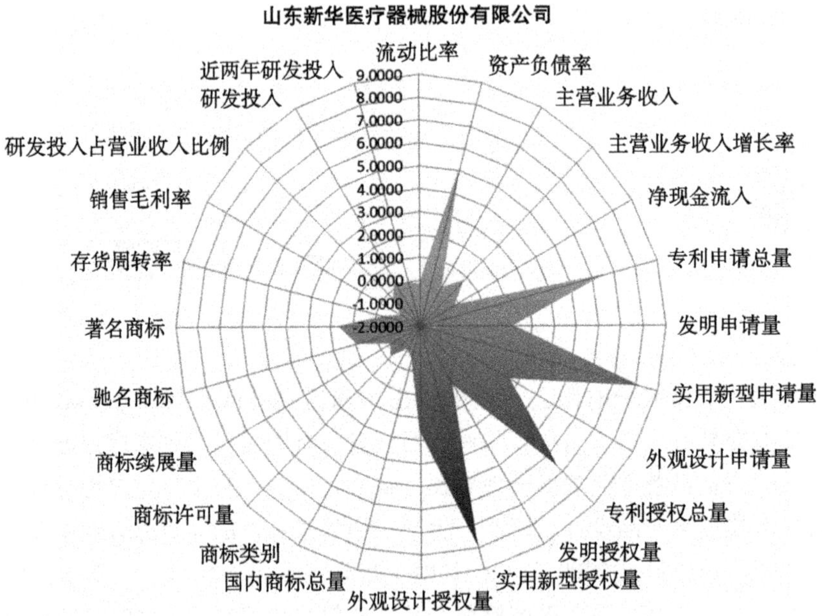

图 4-2 新华医疗指标表现雷达图

案例研究：

山东新华医疗器械股份有限公司是中国第一家在医疗器械行业中拥有国家级企业技术中心和唯一的“AAAA”级标准化良好行为的企业。近几年公司承担了 7 项国家火炬计划，拥有 14 项国家重点新产品，700 多项国家专利证书，获得多项省市级科技进步奖，并通过了 ISO9001、ISO13485 质量管理体系认证和 ISO14001 环境管理体系认证。同时，我公司脉动真空灭菌器、医用电子直线加速器、放射治疗模拟机等产品通过了欧盟 CE 认证。

“新华牌”消毒灭菌设备被评为行业内唯一的“中国名牌”；XHA600 型医用电子直线加速器获得“国家自主创新产品证书”。

03 中新药业

企业简介：

天津中新药业是历史悠久的，以中药创新为特色的大型医药集团，分别于1997年在新加坡，于2001年在上海两地上市（沪市股票代码：600329）。天津中新药业集团拥有40余家分公司及参、控股公司，业务涵盖中成药、中药材、化学原料及制剂、生物医药、营养保健品研发制造及医药商业等众多领域，旗下包括：天津隆顺榕、乐仁堂、达仁堂等数家中华老字号企业以及中药六厂等现代中药标志性企业，并与葛兰素史克、以色列泰沃、美国百特、韩国新丰等全球知名药企牵手联营（见图4－3）。

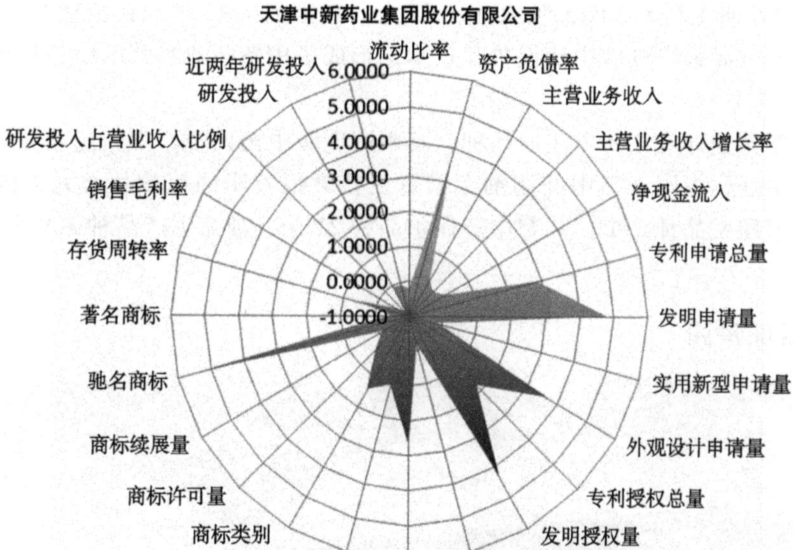

图4－3　中新药业指标表现雷达图

知识产权点评：

2013年天津中新药业主营业务收入59.9亿元，排名第22位；在专利申请总量和专利授权总量上面，天津中新表现较好，均位居第3位。其中，发明专利申请量341项，排名第1位，外观设计申请量188项，排名第2位。发明授权量164项，排名第3位。国内商标总量和商标许可量均排名第12位，分别是322件和4件（见表4－3）。

表 4-3 中新药业优势指标

单位:项

指标	数值	排名
专利申请总量	531	3
发明专利申请量	341	1
外观设计申请量	188	2
专利授权总量	271	3
发明授权量	164	1
国内商标总量	322	12
商标许可量	4	12

案例研究:

天津中新药业拥有一个国家级企业技术中心、六个市级企业技术中心、一个市级中药现代化技术工程中心以及国家人事部批准的企业博士后科研工作站。拥有专利申请495件，其中发明专利313件，独家处方67个，独家剂型42种。在长期的实践探索中，集成并优化了世界最先进的中药设备和技术，形成了中新药业独特的中药现代化集成发展平台。

天津中新药业拥有718个注册品种，其中国宝级中药四个，中新药业高级顾问、技术中心名誉主任，中国著名中药制剂专家章臣桂教授发明的速效救心丸为国家机密品种，另有国家秘密品种3个。共有中药保护品种21个，独家生产品种109个。

04 丽珠集团

企业简介:

丽珠医药集团是一家集医药产品科研、开发、生产、销售于一体的综合性、高新技术型制药企业集团，在处方药的生产与销售领域具有突出优势，全国共设有82个办事机构，于1993年在深圳证券交易所上市。

丽珠集团目前在产品种300余个，类别涉及化学药品、生化药品、中成药等，药物制剂的主要品牌有丽珠得乐系列、抗病毒颗粒、参芪扶正注射液、脑力隆、丽珠威，以及丽珠肠乐、前列安栓、丽珠赛乐、利脉胶囊等重点品种；另外还拥有抗生素、他汀类及氨基糖苷类原料药。目前，公司及其子公司共有38条生产线通过GMP认证，公司本身及4家控股子公司通过了GSP认证。2011年入选首批“国家技术创新示范企业”。

报告点评：

丽珠集团2013年主营业务收入为45.69亿元，排名第25位，专利申请总量为250项，排名第7位；专利授权总量为154项，排名第7位；国内商标总量为487项，排名第6位。商标许可量34项，排名第1位。2013年研发投入为2.3亿元，排名第11位（见图4－4、表4－4）。

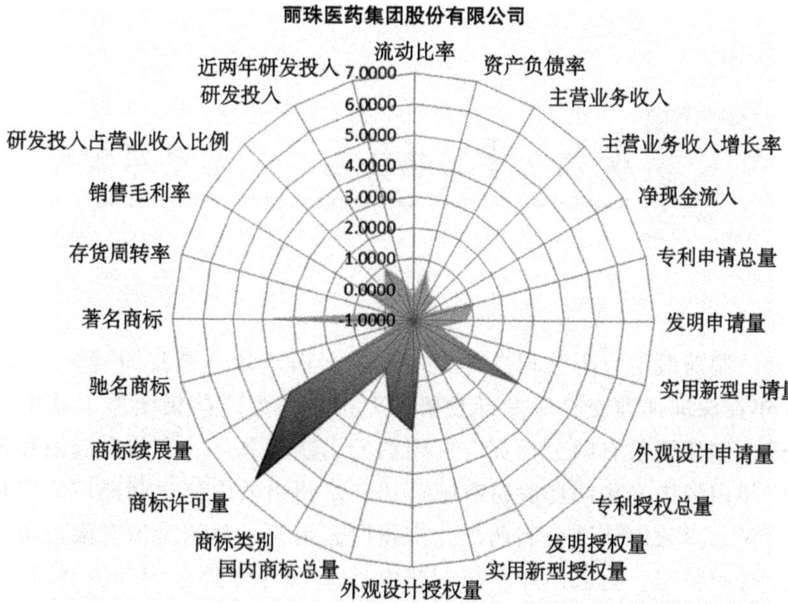

图4－4　丽珠集团指标表现雷达图

表4－4　丽珠集团优势指标

单位：项

指标	数值	排名
专利申请总量	250	7
外观设计申请量	161	5
专利授权总量	154	7
发明授权量	53	14
国内商标总量	487	6
商标许可量	35	1
2013年研发投入	2.3亿元	11

案例研究：

截至目前，丽珠集团共开发了 54 个国家级新产品，8 个国家级及省级“火炬”计划项目，2 个国家“863”攻关项目，4 个获得在国内有巨大影响的珠海推动科技进步特等奖，35 条生产线通过国家 GMP 认证，两家企业通过 GSP 认证。

其中，“原创新药艾普拉唑的研发与产业化”和“抗病毒颗粒抗新发传染性疾病的技术发明及其应用”分获 2013 年度广东省科学技术一等奖和三等奖。

I 类新药注射用重组人源化抗肿瘤坏死因子 α 单克隆抗体研发取得里程碑式进展，预计 2018 年上市，将打破进口药垄断、解决民众用药可及性。国内首家研制成功的注射用亮丙瑞林缓释微球，打破了西方发达国家的技术垄断。

05　白云山

廣州白雲山医药集团股份有限公司
GUANGZHOU BAIYUNSHAN PHARMACEUTICAL HOLDINGS CO.,LTD.

企业简介：

广州白云山制药股份有限公司总部坐落在白云山东麓，是我国著名的园林式企业。公司于 1993 年在深圳证券交易所发行股票并上市。作为广药集团属下其中一个上市公司，广州白云山制药股份有限公司拥有广州白云山制药总厂、广州白云山和记黄埔中药有限公司、广州白云山光华制药股份有限公司、广州白云山化学制药厂、广州白云山明兴制药有限公司、白云山何济公制药厂、广州白云山天心制药股份有限公司、广州百特侨光医疗用品有限公司、白云山化学药创新中心等 13 个下属公司和分公司。

广州白云山制药股份有限公司专注于制药业，业务包括生产和经营多种剂型的中西成药、化学原料药、外用药、儿童药、保健药等系列药品。经过多年的发展，目前白云山属下共有 12 家成员企业，已全部通过了国家 GMP、GSP 认证，其中，广州白云山化学药创新中心是广东省工程技术中心（见图 4－5）。

报告点评：

广东白云山 2013 年主营业务收入为 174.63 亿元，排名第 5 位。从知识产权综合能力指数各项指标表现来看，白云山药业在研发费用占营业收入比重、商标总量、商标许可量等方面都有突出的表现，尤其是商标总量表现更为突出，排名第 1 位，共有国内商标 1028 项（见表 4－5）。

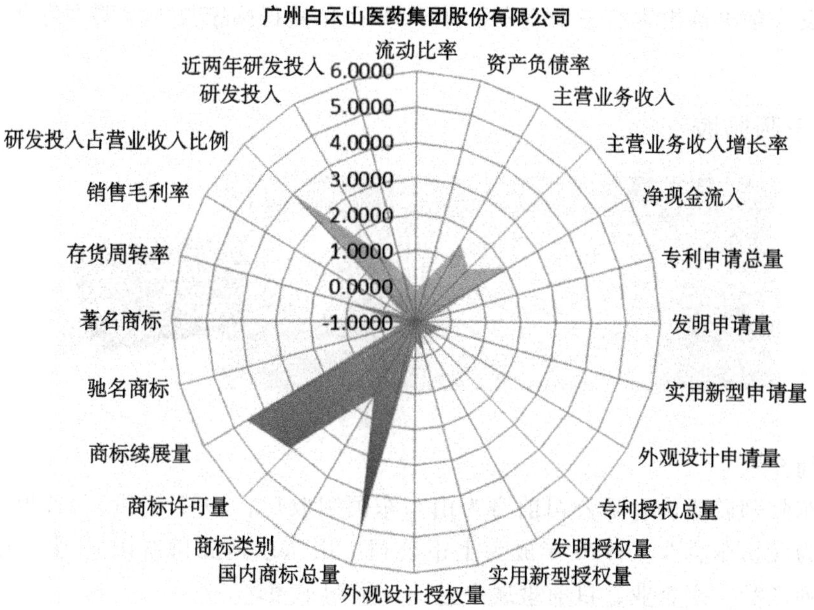

图 4-5　白云山指标表现雷达图

表 4-5　　**白云山优势指标**

单位:项

指标	数值	排名
国内商标总量	1028	1
商标许可量	23	2
2013 年研发投入	2.8 亿元	8
近两年平均研发投入	2.5 亿元	9

案例研究:

广州白云山制药股份有限公司是最早在国内树立药品制剂品牌的公司之一。2006 年“白云山”商标被认定为中国驰名商标，2007 年被确定为“重点培养和发展的广东省出口名牌”称号，2008 年品牌价值被评估为 105.2 亿元。

在科技创新方面，广州白云山制药股份有限公司实行“科技白云山”战略，与一流的科研院校、国内知名研究机构、国际抗生素巨头合作，研制具有世界先进水平的药物。公司成立了由刘昌孝院士领衔的华南首家现代中药研究院，该院被国家批准为博士后工作站；成立了由钟南山等五院士领衔的“中医药防治病毒性传染病产学研联盟”，这是目前我国中医药界产生的首个跨领域产学研联合体，形成了国家、省、市三级科技研发体系。

目前拥有药品批文 1700 多个，有几十个品种的生产销售规模在全国制药行业中处于领先地位，其中，仙力素（头孢硫脒）粉针剂的开发和投产上市，填补了我国自行研制、开发头孢类抗生素的一个空白，并于 2007 年获得国家技术发明二等奖。

06 东阿阿胶

企业简介：

山东东阿阿胶股份有限公司前身为山东东阿阿胶厂，1952 年建厂，1993 年由国有企业改组为股份制企业。1996 年成为上市公司。山东东阿股份有限公司是国内最大的阿胶及系列产品生产企业，目前隶属央企——华润集团。

山东东阿阿胶股份有限公司生产经营中成药、保健品、生物药等产业门类的产品百余种（见图 4－6）。

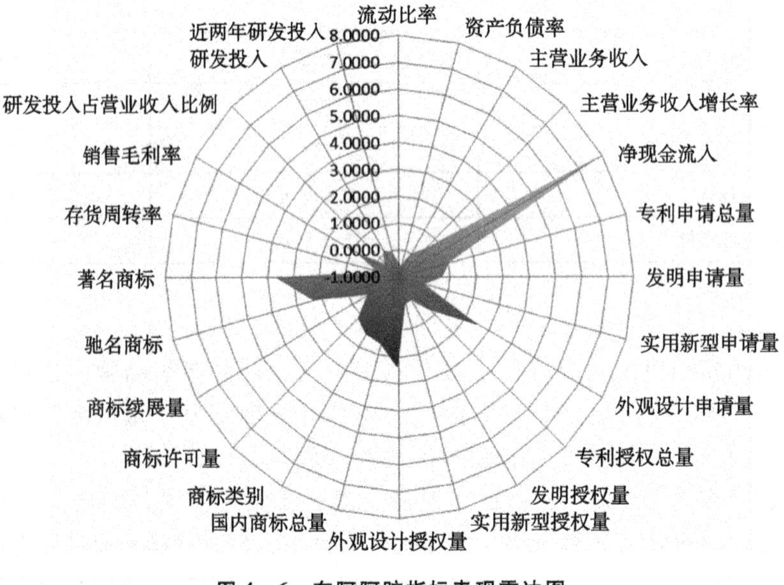

图 4－6 东阿阿胶指标表现雷达图

报告点评：

山东东阿阿胶 2013 年主营业务收入 40. 11 亿元，排在第 28 位。东阿阿胶专利申请总量为 249 项，排名第 8 位，其中实用新型申请量为 22 项，排名第 5 位，外观设计申请量为 139 项，排名第 7 位。专利授权总量 136 项，排名第 11 位，其中实用新型授权量 19 项，排名第 6 位。在商标方面，东阿阿胶国内商标总量为 409 项，排名第 9 位。商标许可量为 8 项，排名第 9 位。商标类别为 45 类，全部注册（见表 4－6）。

表 4－6 东阿阿胶优势指标

单位：项

指标	数值	排名
专利申请总量	249	8
实用新型申请量	22	5
外观设计申请量	139	7
专利授权总量	136	11
实用新型授权量	19	6
国内商标总量	409	9
商标许可量	8	9
商标类别	45	1

案例研究：

东阿阿胶传统制作技艺有近百余道，历经千年历炼传承，独特精湛，被列为国家级保密工艺，同时列入国家首批非物质文化遗产，秦玉峰先生被国家认定为该项遗产全国唯一的代表性传承人。山东东阿阿胶股份有限公司制定了全国首部《阿胶生产工艺规程》和《阿胶生产岗位操作法》，首创蒸球化皮、微波干燥晾胶、重点工序自动控制、远红外烘干及紫外线杀菌、微波干燥技术、DNA 指纹图谱鉴别阿胶真伪等多项专有技术工艺，以 20 余项专利技术领跑时代。

该公司整合国内 30 余家知名科研院校科技资源，公司先后开展了 22 个质量攻关项目，制定了多项优于国家药典标准的企业内控标准，参与了阿胶等 5 个产品的国家药典修订起草。使产品质量稳居国际领先水平，成为名符其实的阿胶行业的标准制定者。

山东东阿阿胶股份有限公司是国家级创新型企业，国家高新技术企业，同时是行业内唯一国家级中心——国家胶类中药工程技术研究中心，院士工作站、国家级企业技术中心、博士后科研工作站、国家综合性新药研发技术大平台产业化示范企业、东阿阿胶国家级非物质文化遗产、炼制技艺唯一传承人企业、国家胶类中药标准制定者等，近三年承担国家科技重大专项 16 项，建立中药行业内领先的近红外在线质控系统和行业领先的清洁化前处理工艺。连续三次荣获山东省科技进步一等奖，一次二等奖，以及获得中国商业联合会科技进步一等奖。

07 云南白药

企业简介：

云南白药集团股份有限公司前身为成立于1971年6月的云南白药厂。目前已经发展成为多元化企业集团，经营范围涵盖：化学原料药、化学药制剂、中成药、中药材、生物制品、保健食品、化妆品及饮料的研制、生产及销售；糖、茶，建筑材料，装饰材料的批发、零售、代购代销；科技及经济技术咨询服务，医疗器械（二类、医用敷料类、一次性使用医疗卫生用品），日化用品等领域。云南白药集团的产品以云南白药系列和田七系列为主，共十种剂型七十余个产品（见图4－7）。

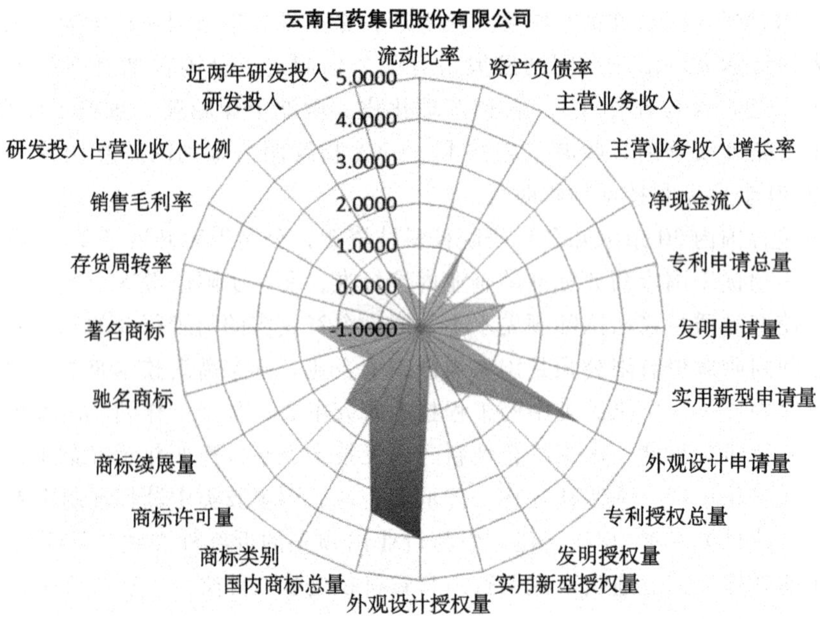

图4－7 云南白药指标表现雷达图

报告点评：

云南白药集团2013年主营业务收入157.80亿元，排名第7位；专利申请总量为277项，排名第4位，其中实用新型申请量15件，排名第8位，外观设计申请量183

项，排名第3位。专利授权总量为213项，排名第4位，其中外观设计授权量151项，排名第2位。

在商标方面，国内商标总量为767项，排名第2位，商标许可量为10项，排名第6位；商标类别为45类，全部注册。在研发投入方面，近两年平均研发投入为1.4亿元，排名第16位（见表4-7）。

表4-7　　云南白药优势指标

单位:项

指标	数值	排名
专利申请总量	277	4
实用新型申请量	15	8
外观设计申请量	183	3
专利授权总量	213	4
实用新型授权量	14	9
外观设计授权量	151	2
国内商标总量	767	2
商标许可量	10	6
商标类别	45	1
近两年平均研发投入	1.4亿元	16

案例研究：

1995年公司被国家授予“中华老字号”称号。2000年，公司的胶囊剂、片剂、酊剂、膏剂、颗粒剂、气雾剂6个剂型一次通过国家的GMP认证。“云南白药”商标于2002年2月被国家工商行政管理总局商标局评为中国驰名商标。

同时，云南白药集团也非常重视知识产权的保护工作，早在2004年就制定了《云南白药集团知识产权发展战略》。此后，该公司逐渐形成以专利权、商业技术秘密为核心，以商标权（品牌）、版权等为外围的全方位立体的知识产权保护体系。多层次的立体知识产权保护体系的形成。

云南白药集团在商标方面已形成以“云南白药”、“云丰”、“云南白药+宝相花（图）”、“图（绿色徽标）”为主的联合商标和防御商标体系。另外，公司根据各种知识产权保护侧重点的不同，积极申请登记版权及申请获得其他专有权，并且公司的云南白药系列产品获得云南省首批原产地标记证书。

08 人福医药

企业简介：

人福医药集团股份公司（以下简称“人福医药”）成立于 1993 年，于 1997 年 6 月 6 日在上海证券交易所上市（股票代码：600079. SH）。人福医药是湖北省第一家上市的民营高科技企业，也是武汉东湖新技术开发区第一家上市公司。

经过近 20 年的发展，人福医药已成为综合性的医药产业集团，下辖 10 多家医药生产企业和多家医药商业企业，是湖北省医药工业的龙头企业、中国医药工业 30 强企业、国家级企业技术中心（见图 4－8）。

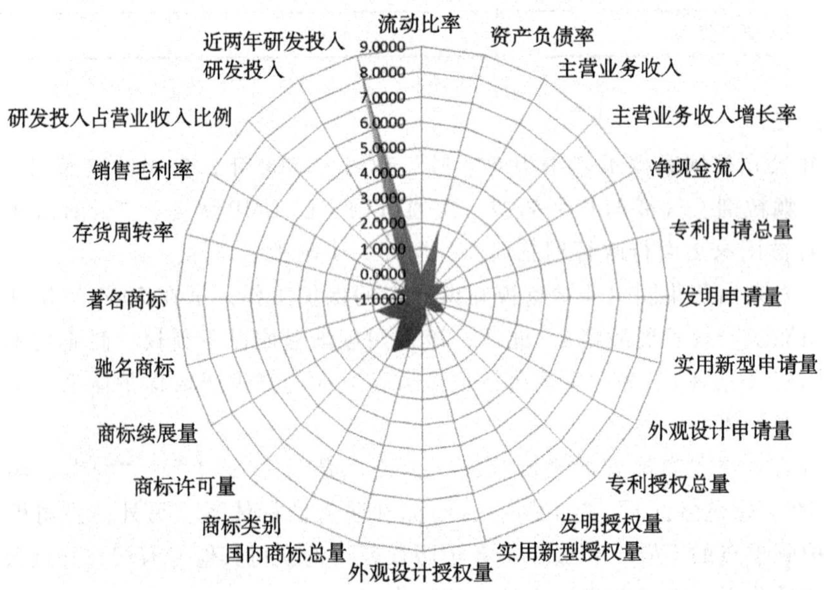

图 4－8　人福医药指标表现雷达图

报告点评：

人福医药 2013 年主营业务收入为 59. 90 亿元，排名第 23 位。在商标类别和研发投入方面有明显优势。其中商标类别 45 类，全部注册。2013 年研发投入 2. 3 亿元，排名第12位，近两年平均研发投入27.7亿元，排名第1位。在国内商标总量、商标许可量以及商标续展量方面也都有不错的表现（见表4-8）。

表4-8　　人福医药优势指标

单位:项

指标	数值	排名
国内商标总量	307	14
商标许可量	3	12
商标续展量	28	15
商标类别	45	1
2013年研发投入	2.3亿元	12
近两年平均研发投入	27.7亿元	1
驰名商标	1	10

案例研究：

人福医药是国家级企业技术中心、国家重大新药创制专项的承担单位，与国内外著名研发机构建立了紧密联系和合作平台，并与中国军事医学科学院合作成立了“军科光谷创新药物研发中心”。

人福医药旗下新疆维吾尔药业有限责任公司“抗风湿等5种优势病种特色维药研究及产业化项目”荣获“新疆维吾尔自治区2012年度科学技术进步一等奖”

2012年，人福医药集团商标荣膺“中国驰名商标”。

09　复星医药

企业简介：

上海复星医药（集团）股份有限公司（简称“复星医药”）成立于1994年，1998年8月和2012年10月分别在上海证券交易所和香港联合交易所主板挂牌上市（股票代码：600196-SH，02196-HK）。复星医药专注现代生物医药健康产业（见图4-9）。

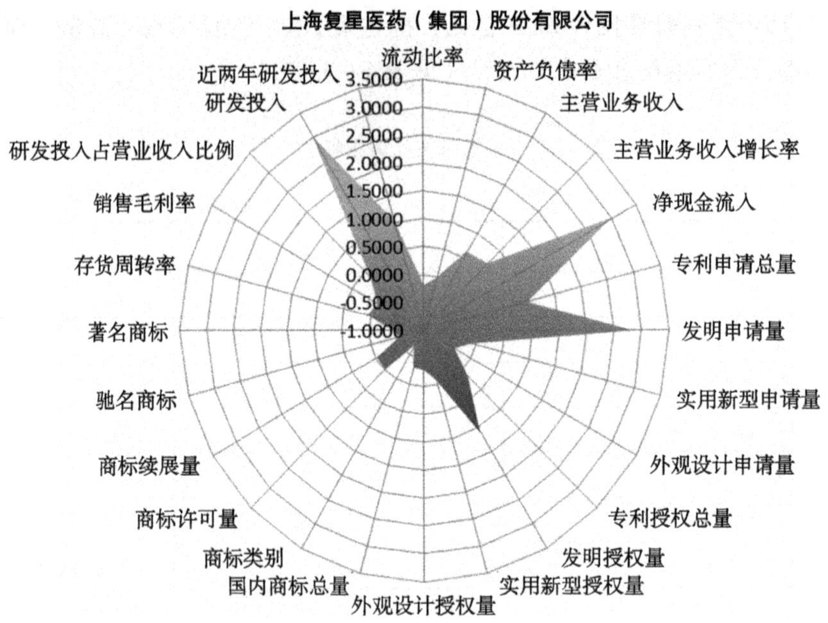

图 4-9　复星医药指标表现雷达图

报告点评：

复星医药 2013 年主营业务收入为 98.98 亿元，排名第 12 位。专利申请总量为 236 项，排名第 10 位，其中发明专利申请量 222 项，排名第 3 位。在专利授权方面，复星医药发明专利授权量 59 项，排在第 12 位。在研发投入方面，2013 年研发投入 5 亿元，排名第 2 位，近两年平均研发投入 4.3 亿元，排名第 4 位（见表 4-9）。

表 4-9　　复星医药优势指标

单位：项

指标	数值	排名
专利申请总量	236	10
发明申请量	222	3
实用新型申请量	10	12
发明授权量	59	12
实用新型授权量	9	12
2013 年研发投入	5.0 亿元	1
近两年平均研发投入	4.3 亿元	4

案例研究：

复星医药注重创新研发，拥有国家级企业技术中心，并在上海、重庆、美国建立了高效的国际化研发团队。公司研发专注于心血管、抗肿瘤、中枢神经系统、血液系统、新陈代谢及消化道及抗感染等治疗领域，且主要产品均在各自细分市场占据领先地位。在中国，复星医药已取得肝病、糖尿病、结核病、临床诊断产品等细分市场的竞争优势；在全球市场，复星医药也已成为抗疟药物的领先者。

1999年，复星医药被列为国家级高新技术企业，重组链激酶项目获卫生部科技进步一等奖。2000年，复星医药被国家人事部批准为企业博士后工作站。2001年，复星医药被国家科技部批准为国家863计划成果产业化基地，复星医药企业技术中心被认定为上海市企业技术中心。2003年，青蒿琥酯获国家科技进步二等奖。2005年，复星医药企业技术中心被国家发改委批准为国家认定企业技术中心。2006年，复星医药被国家知识产权局评为第二批全国企事业专利试点工作先进单位。2011年，由9家企事业单位成立的“复星医药技术创新战略联盟”获国家新药创制科技重大专项批复，成为“十二五”首批获支持的“产学研联盟”之一。2013年，复星医药被确定为第一批国家级知识产权优势企业。

10 恒瑞医药

企业简介：

江苏恒瑞医药股份有限公司始建于1970年，2000年在上海证券交易所上市，股票代码600276，是国内最大的抗肿瘤药和手术用药的研究和生产基地，国内最具创新能力的大型制药企业之一（见图4-10）。

报告点评：

恒瑞制药2013年主营业务收入为61.88亿元，排名第20位。专利申请总量153项，排名第16位，其中发明专利申请量153项，排名第8位。专利授权方面，发明专利授权量70项，排名第7位。在研发投入方面，2013年研发投入5.6亿元，排名第1位。近两年平均研发投入5.5亿元，排名第2位（见表4-10）。

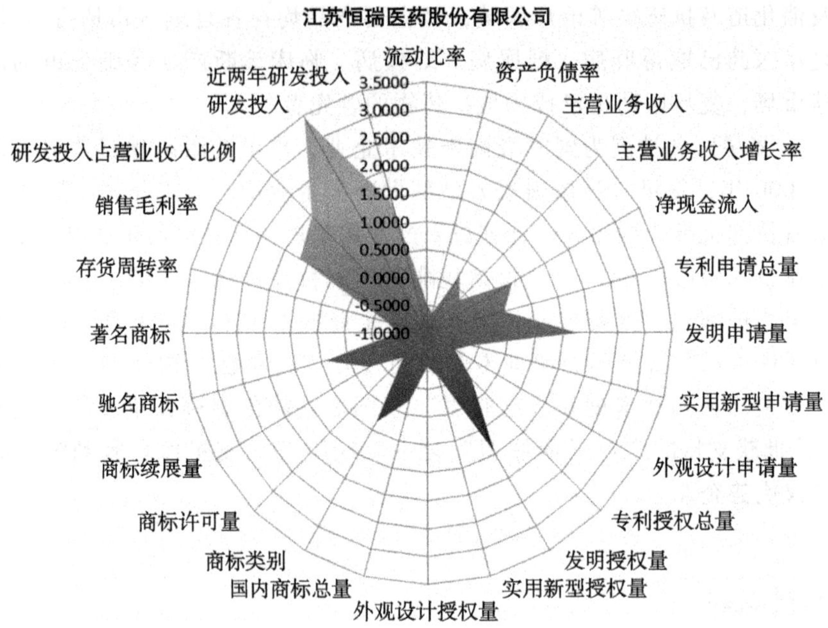

图 4－10　恒瑞医药指标表现雷达图

表 4－10　　**恒瑞医药优势指标**

单位：项

指标	数值	排名
专利申请总量	153	16
发明专利申请量	153	8
发明授权量	70	7
2013 年研发投入	5.6 亿元	1
近两年平均研发投入	5.5 亿元	2

案例研究：

江苏恒瑞医药股份有限公司先后被评为“全国医药系统先进集体”、“国家重点高新技术企业”，国家火炬计划新医药研究开发及产业化基地的骨干企业之一，“国家 863 计划成果产业化基地”；公司是国家“重大新药创制”专项创新药孵化器基地，是“中国抗肿瘤药物技术创新产学研联盟”的牵头单位；2011 年，公司组建的国家靶向药物工程技术研究中心成为江苏省医药企业建立的第一家国家级工程技术中心。

公司在美国、上海、成都和连云港建有四大研究中心和一个临床医学部，拥有各类高层次专业技术人员 1200 余名，其中有 500 多名博士、硕士及海归人士，有 4 人被列入国家“千人计划”，7 人被列入“江苏省高层次创新创业人才引进计划”。公司建立了国家级企业技术中心和博士后科研工作站。2011 年 9 月，公司糖尿病科研团队在江苏省科技创新团队评选中名列第一。

近年来，公司先后承担了4项国家863计划重大科技专项项目、23个项目列入国家“重大新药创制”专项，12项国家火炬计划项目，7项国家星火计划项目，23项国家级重点新产品项目及数十项省级科技攻关项目。公司共申请了近200项发明专利，其中97项PCT专利，有1个创新药艾瑞昔布已获批上市，2个创新药已申报生产，另有9个创新药处于不同的临床阶段。

五、维度分析：分项指数与核心指标研究

（一）三个分项指数排名

表 5－1　　投入潜力指数前 20 强

企业名称	分项得分	分项排名
上海医药集团股份有限公司	1.244	1
人福医药集团股份公司	1.156	2
南京医药股份有限公司	0.866	3
上海复星医药（集团）股份有限公司	0.792	4
广州白云山医药集团股份有限公司	0.758	5
江苏恒瑞医药股份有限公司	0.696	6
浙江海正药业股份有限公司	0.663	7
山东东阿阿胶股份有限公司	0.484	8
华润三九医药股份有限公司	0.456	9
山东新华医疗器械股份有限公司	0.444	10
四川科伦药业股份有限公司	0.407	11
广西梧州中恒集团股份有限公司	0.379	12
天士力制药集团股份有限公司	0.344	13
江苏康缘药业股份有限公司	0.306	14
哈药集团股份有限公司	0.294	15
健康元药业集团股份有限公司	0.269	16
重庆莱美药业股份有限公司	0.263	17
天津中新药业集团股份有限公司	0.247	18
华东医药股份有限公司	0.236	19
丽珠医药集团股份有限公司	0.192	20

表 5－2　　专利产出指数前 20 强

企业名称	分项得分	分项排名
山东新华医疗器械股份有限公司	2.447	1
四川科伦药业股份有限公司	2.156	2

续表 5-2

企业名称	分项得分	分项排名
天津中新药业集团股份有限公司	1.347	3
云南白药集团股份有限公司	0.755	4
贵州益佰制药股份有限公司	0.661	5
丽珠医药集团股份有限公司	0.585	6
江中药业股份有限公司	0.561	7
江苏康缘药业股份有限公司	0.529	8
昆明制药集团股份有限公司	0.507	9
山东东阿阿胶股份有限公司	0.500	10
浙江医药股份有限公司	0.497	11
重庆莱美药业股份有限公司	0.364	12
上海复星医药(集团)股份有限公司	0.325	13
亚宝药业集团股份有限公司	0.317	14
浙江海正药业股份有限公司	0.273	15
浙江华海药业股份有限公司	0.208	16
江苏恒瑞医药股份有限公司	0.197	17
浙江新和成股份有限公司	0.183	18
中山大学达安基因股份有限公司	0.124	19
深圳翰宇药业股份有限公司	0.120	20

表 5-3　　商标产出指数前 20 强

企业名称	分项得分	分项排名
广州白云山医药集团股份有限公司	1.199	1
丽珠医药集团股份有限公司	1.135	2
健康元药业集团股份有限公司	0.806	3
云南白药集团股份有限公司	0.709	4
四川科伦药业股份有限公司	0.637	5
山东东阿阿胶股份有限公司	0.605	6
天津中新药业集团股份有限公司	0.440	7
贵州益佰制药股份有限公司	0.374	8
浙江康恩贝制药股份有限公司	0.308	9
汤臣倍健股份有限公司	0.285	10
桂林三金药业股份有限公司	0.285	11
石家庄以岭药业股份有限公司	0.273	12

续表 5-3

企业名称	分项得分	分项排名
人福医药集团股份公司	0.270	13
康美药业股份有限公司	0.240	14
亚宝药业集团股份有限公司	0.240	15
江中药业股份有限公司	0.229	16
深圳市海王生物工程股份有限公司	0.223	17
华润双鹤药业股份有限公司	0.208	18
华润三九医药股份有限公司	0.189	19
漳州片仔癀药业股份有限公司	0.183	20

（二）核心指标研究

1. 专利申请总量

专利申请总量排名前 20 位的上市公司是：新华医疗、科伦药业、中新药业、云南白药、益佰制药、江中药业、丽珠集团、东阿阿胶、昆明制药、复星医药、浙江医药、康缘药业、莱美药业、华海药业、亚宝药业、恒瑞医药、海正药业、新和成、翰宇药业、新华制药。其中，新华医疗、科伦药业和中新药业远远领先于其他上市公司（见图 5-1）。

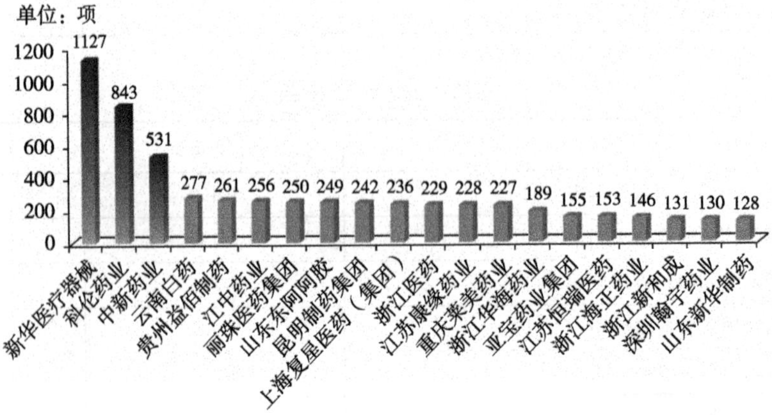

图 5-1 医药行业上市公司专利申请总量前 20 位

2. 专利授权总量

专利授权总量排名前 20 位的上市公司是：新华医疗、科伦药业、中新药业、云南白药、莱美药业、益佰制药、丽珠集团、康缘药业、江中药业、浙江医药、东阿阿胶、昆明制药、亚宝药业、海正药业、贵州百灵、新和成、达安基因、复星医药、恒瑞医药、天士力。其中新华医疗和科伦药业分别列第 1 位和第 2 位，远超其他企业（见图5-2）。

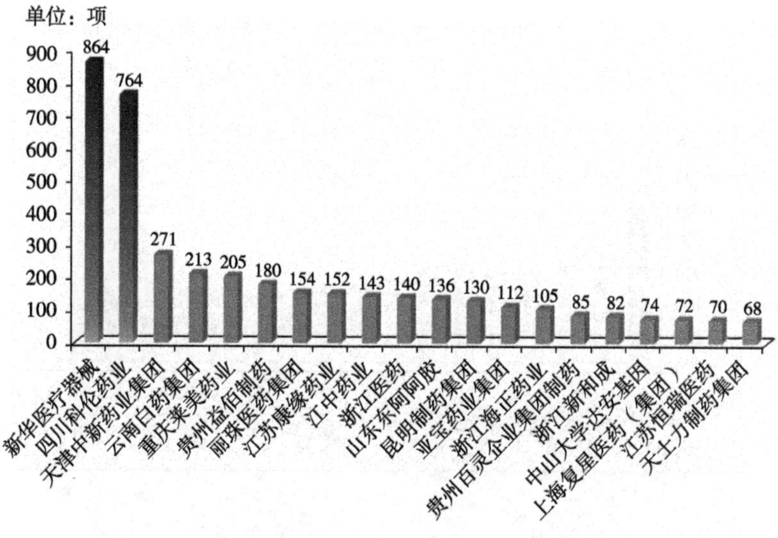

图 5－2 医药行业上市公司专利授权总量前 20 位

3. 发明专利授权量

发明专利授权量排名前 20 位的上市公司是：中新药业、康缘药业、浙江医药、益佰制药、海正药业、新和成、恒瑞医药、科伦药业、昆明制药、天士力、达安基因、复星医药、翰宇药业、丽珠集团、新华医疗、莱美药业、华海药业、云南白药、新华制药、红日药业。其中，中新药业排名第 1 位，共有 164 项（见图 5－3）。

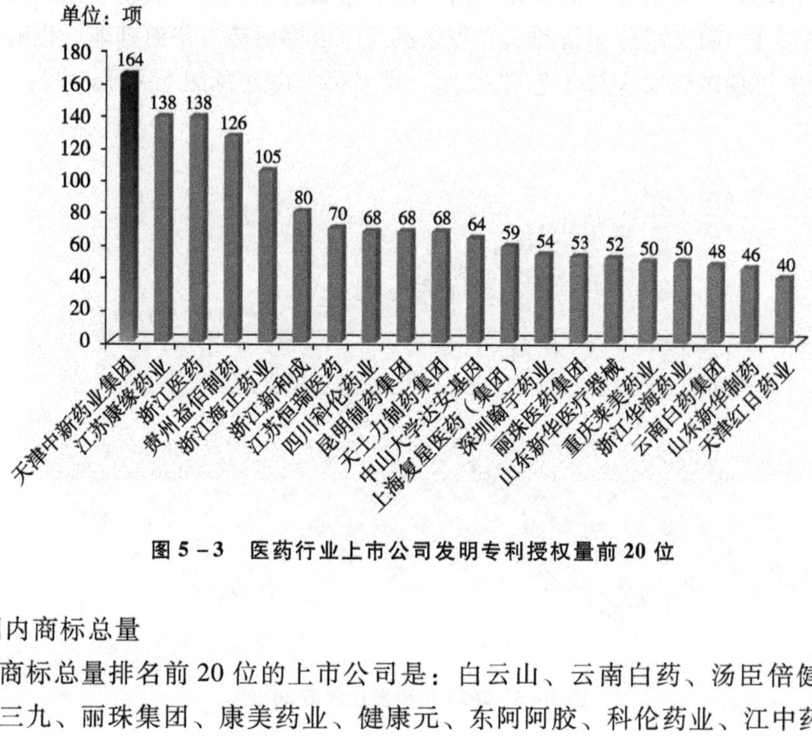

图 5－3 医药行业上市公司发明专利授权量前 20 位

4. 国内商标总量

国内商标总量排名前 20 位的上市公司是：白云山、云南白药、汤臣倍健、海王生物、华润三九、丽珠集团、康美药业、健康元、东阿阿胶、科伦药业、江中药业、中新药业、益佰制药、人福医药、以岭药业、亚宝药业、莱茵生物、贵州百灵、康恩贝、鑫富药业。其中，白云山排名第1位，共有1028项（见图5－4）。

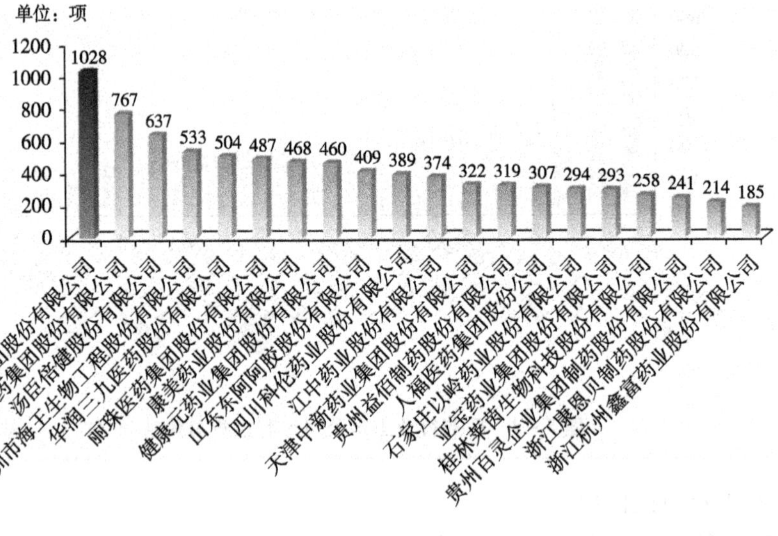

图5－4 国内商标总量前20位

5. 2013年研发投入前20位

2013年研发投入排名前20位的上市公司是：恒瑞医药、复星医药、海正药业、上海医药、科伦药业、天士力、健康元、白云山、康缘药业、哈药股份、丽珠集团、人福医药、华润三九、浙江医药、新和成、华东医药、云南白药、华海药业、以岭药业、华北制药。其中恒瑞医药投入共计5.63亿元，排名第1位（见图5－5）。

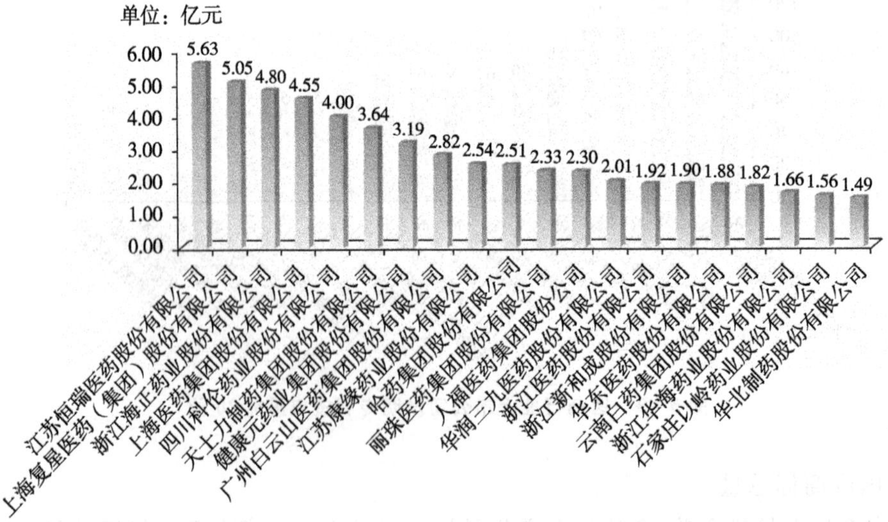

图5－5 2013年研发投入前20位

参考文献

一、专著

[1] 陈昌柏．知识产权经济学［M］．北京：北京大学出版社，2003.
[2] 袁建文．经济计量学实验［M］．北京：科学出版社，2002.
[3] 李明德．美国知识产权法［M］．北京：法律出版社，2003.
[4] 祁西元，曲三强．马来西亚经济贸易法律指南［M］．北京：中国法制出版社，2006.
[5] 何家弘．当代美国法律［M］．北京：社会科学文献出版社，2001.
[6] 苏敬勤，冯欲杰．世界知识产权保护与国际技术贸易［M］．大连：大连理工大学出版社，1998.
[7] 张晓都．专利实质条件［M］．北京：法律出版社，2002.

二、期刊中析出文献

[1] 高清．对我国驰名商标保护问题的思考［J］．山西煤炭管理干部学院学报，2000（1）：8～9.
[2] 蒋殿春，张宇．行业特征与外商直接投资的技术溢出效应：基于高新技术产业的经验分析［J］．世界经济，2006（10）：142～147.
[3] 董玮，严芷清．美国知识产权——对科技创新及经济增长的作用研究［J］．法制与社会，2009（1）：127～128.
[4] 梁玺，朱恒源，吴贵生．中国创新活动和经济增长的关系———一个基于协整理论的初步研究［J］．清华大学学报：哲学社会科学版，2006（6）：32～39.
[5] Daron Acemoglu, Fabrizio Zilibotti. Information Accumulation in Development［J］. Journal of Economic Growth, 1999（4）：5～38.
[6] 周建，李子奈．Granger 因果关系检验的适用性［J］．清华大学学报：自然科学版，2004（3）：358～361.
[7] 周素娥．中国知识产权保护对经济增长的乘数效应研究［J］．管理纵横，2009（5）：5～7.
[8] 张继红，吴玉鸣，何建坤．专利创新与区域经济增长关联机制的空间计量经济分析［J］．科学学与科学技术管理，创新管理，2007（1）：83～88.
[9] 刘华．知识产权保护制度与经济增长［J］．科技管理研究，2002（2）：26～30.
[10] 张熠．美国农业研究局专利保护及对中国的启示［J］．世界农业，2007（7）：13～15.
[11] 罗妮佳．从国外案例论我国有关专利政策的构建［J］．时代经贸，2009（6）：49～50.
[12] 刘亚军，曹军婧．虚拟角色商品化权法律保护刍议———美国实践的启示［J］．当代法学，2009（4）：53～58.
[13] 依丽莎白·钱—黑尔．美国知识产权的域外保护［J］．毕小青译．外国法译评，1999（3）：36～49.
[14] 林雅娜，宋静．美国保护虚拟的法律模式及其借鉴［J］．广西政法管理干部学院学报，2005（9）：53.

[15] 刘立平. 本可授权的发明专利授权为什么最终未能授权 [J]. 上海知识产权杂志，2010.
[16] Michael T H. When MickeyMouse Is as Strong as Superman: The Convergence of Intellectual Property Law to Protect Fictional Literary and Pictorial Characters in Stanford [J]. Law Review February, 1992: 13.
[17] Stacey H Wang. Great Olympics, New China: Intellectual Property Enforcement Steps Up to the Mark [J]. Loyola of Los Angeles International&Comparative Law Review, 2005, 27: 291 ~ 305.
[18] 吕炳斌，胡峰. 美国奥林匹克标志司法保护典型案例评析及其借鉴意义 [J]. 天津体育学院学报，2007 (2): 109 ~ 111.
[19] 高留志. 美国知识产权保险制度对我国的启示 [J]. 特区经济，2006 (2): 297.
[20] ThomasJ. Stueber. Insurance Coverage For Patent Infringement [J]. William Mitchell Law Review, 1991 (17): 1080 ~ 1082..
[21] Prentice Hall Law and Business. Aig OffersNew Patent-Infringement Liability Insurance [J]. Journal of Proprietary Rights, 1994 (6): 27.
[22] Jason A R. Patents and Insurance: Who Will Pay for Infringement? [J]. Boston University Journal of Science and Technology Law, 1995 (3): 21.
[23] Steven E T, BriggsBedigian. Intellectual Property and Technological Insurance Coverage [J]. Maryland Bar Journal, 2001 (34): 38.
[24] 孙宏涛. 美国知识产权保险制度管窥 [J]. 世界知识产权，2006 (4): 84 ~ 87.
[25] Jason A R. Patents and Insurance: Who Will Pay for Infringement? [J]. Boston University Journal of Science and Technology Law, 1995 (3): 37 ~ 38.
[26] Patti Verbanas. Lawsuits Increase as Intellectual Property Definitions Change [J]. Corp. Cashflow Mag, 1995 (1): 9.
[27] 包海波. 日本企业的知识产权战略管理 [J]. 科技与经济，2004，17 (2): 41 ~ 45.
[28] 郭豫榕. 从日本专利战实践看我国企业的专利战略 [J]. 现代情报，2000 (1): 46 ~ 47.
[29] 陈美章. 中国高校知识产权教育和人才培养的思考 [J]. 知识产权，2006 (1): 3 ~ 10.
[30] 秦彩萍，苏春辉，王娟，等. 美日知识产权教育的经验及对中国的启示 [J]. 吉林工程技术师范学院学报：社会科学版，2006 (10): 31 ~ 33.
[31] 曾培芳，叶美霞，刘红祥. 中美知识产权人才培养模式比较研究 [J]. 科技进步与对策，2009 (12): 227 ~ 228.
[32] 刘友华. 论我国实践型知识产权人才的培养 [J]. 湘潭师范学院学报：社会科学版，2010 (1): 66 ~ 67.
[33] 储敏. 我国高校知识产权人才培养的问题与建议 [J]. 黑龙江省政法管理干部学院学报，2009 (1): 134 ~ 136.
[34] 祝晓莲. 美日两国知识产权战略：比较与启示 [J]. 国际技术经济研究，2002 (4): 33 ~ 41.
[35] 霍京华. 英国爱丁堡大学的技术转移及知识产权管理 [J]. 电子知识产权，2005 (9): 23 ~ 55.
[36] 刘海洋. 新加坡保护知识产权政策措施 [J]. 全球科技经济瞭望，2006 (11): 42 ~ 44.
[37] 杨静. 东盟国家知识产权立法与管理的新发展 [J]. 东南亚纵横，2009 (2): 64 ~ 69.
[38] Y Kurt Chang. Special 301 and Taiwan: A Case Study of Protecting United States Intellectual Property in Foreign Countries [J]. 15 J. Int' l L. Bus, 1994, 212 (206): 38.

[39] 王志华．论俄罗斯知识产权法的民法典化［J］．环球法律评论，2010（6）：43～55.
[40] World Health Organization. Globalization，TRIPs and Access to pharmaceaticals［J］．WHO Policy Perspective on Medicines，2001（3）：96.
[41] 刘筝．知识产权国际造法新趋势［J］．法学研究，2006（3）：143～160.
[42] Laurence R H. Regime Shifting：The TRIPs Agreement and New Dynamics of International Intellectual Property Lawmaking［J］．Yale Journal of International Law，2004（29）：4～60.
[43] Reichman J H. Enforcing the Enforcement Procedures of the TRIPs Agreement virginis［J］．Journal of International Law，1997（37）：335～354.
[44] Graham Dutfield. TRIPs-Related Aspects of Traditional Knowledge［J］．Case Western Reserve Journal of International Law，2001（33）：261.

三、报纸中析出文献

[1] 赵建聪．要让“垃圾专利”消肿减磅，知识产权如何保质［N］．人民日报，2010－04－29.
[2] 袁定波．知识产权专业人才培养面临挑战［N］．法制日报，2007－10－28.

四、科技报告

[1] 科学技术部发展计划司，中国技术市场管理促进中心．全国技术市场统计年度报告：2010［R］．北京：中国技术市场管理促进中心，2010.
[2] 国家知识产权局．专利统计年报：2009［R］．北京：国家知识产权局，2009.

五、学位论文

[1] 姜稚鸣．虚构角色法律保护问题研究［D］．重庆：西南政法大学，2006.
[2] 胡维华．美国知识产权法律制度及其对世界经济的影响——以对中国经济的影响及应对措施为角度［D］．南京：南京理工大学，2007.
[3] 金为民．中国技术市场现状分析及发展原因探析［D］．合肥：中国科学技术大学，2010.
[4] 胡丽君．试论美德两国知识产权保险制度及其对我国的借鉴［D］．武汉：华中科技大学，2004.

六、电子文献

[1] 关于提高专利质量的工作意见［EB/OL］．［2010－06－17］．http：//www. 022net. com/2010/6－17/494757272742076. html
[2] 和韵．论驰名商标的国际保护［EB/OL］．［2004－04－08］．http：//www. chinalawedu. com/news/2004_ 5/12/1448256313. htm.
[3] 徐晓兰．关于加快构建以企业为主体的技术创新体系的提案［EB/OL］．［2009－04－25］. http：//cppcc. people. com. cn/GB/34961/121130/121133/7167366. html.
[4] 强化激励自主创新的法制和政策环境［EB/OL］．［2006－07－06］．http：//cppcc. people. com. cn/GB/34961/67367/67370/4565184. html.
[5] 为自主创新鼓实劲：抑制重复引进．鼓励消化吸收［EB/OL］．［2005－12－10］．http：//www. gov. cn/ztzl/2005－12/10/content_ 123119. htm.
[6] Commercial generalliability Policy（CGL）［EB/OL］．［2006－09－12］．http：//www. nils. com/

rupps/commercial-general-liability-Policy. htm.

[7] 张宗浩，朱新文．对中国知识产权高等教育的战略思考［EB/OL］．［2009 - 05 - 05］．http：//www. hie. edu. cn/gjll/news. asp？new = 325.

[8] 赵晓力．30 年来美国知识产权法的扩张［EB/OL］．［2006 - 09 - 10］．http：//www. yadian. cc/paper/22016/.

[9] 程天宇．ESA 向美提交报告称马、俄、中盗版率最高［EB/OL］．［2010 - 05 - 20］．http：//www. chinabyte. com/20050216/.

[10] 中国国家知识产权局．马来西亚知识产权发展新动向［EB/OL］．［2007 - 07 - 31］http：//www. sipo. gov. cn/2007 - 07 - 31.

[11] 中国国家知识产权局．泰国知识产权厅情况介绍［EB/OL］．［2004 - 12 - 23］．http：//www. sipo. gov. cn/2004 - 12 - 23.

[12] 中国国家知识产权局．越南国家知识产权局开始受理电子申请［EB/OL］．［2007 - 12 - 01］．http：//www. sipo. gov. cn/sipo/xwdt/gwzsc-qxx/default_ 3. htm

[13] Carlos M C. Traditional Knowledgy and Intellectual Property, the Quaker United Nations Office (QUNO)［EB/OL］．［2001 - 06 - 11］．http：//www. geneva. qumo. info/pdf/tkmonol.

[14] 熊焰．中国技术市场的主要问题——技术交易思考之二［EB/OL］．（2010 - 08 - 31）［2010 - 05 - 10］．http：//blog. sina. com. cn/s/blog_ 504183620100f2hl. html.

[15] 国务院发展研究中心．我国技术市场发展定位与主要任务［EB/OL］．（2010 - 12 - 24）［2010 - 05 - 10］．http：//www. drcnet. com. cn/DRCnet. common. web/DocViewSummary. aspx? version = Integrated&docid = 2106169&leafid = 3079&chnid = 1034&gourl = /DRCnet. common. web/docview. aspx.

[16] 国家知识产权局．2009 中国有效专利年度报告（二）［R/OL］．（2010 - 09 - 02）［2010 - 05 - 10］．http：//www. sipo. gov. cn/sipo2009/mtjj/2010/201008/t20100828_ 473941. html.

[17] 国家知识产权局．统计信息［DB/OL］．（2010 - 07 - 09）［2010 - 06 - 27］．http：//www. sipo. gov. cn/sipo2009/tjxx.

[18] 教育部科技发展中心．中国高校知识产权报告（2009）：100 所高校有效专利量及 2009 年专利授权量［R/OL］．（2010 - 06 - 22）［2010 - 05 - 10］．http：//www. cutech. edu. cn/cn/dxph/cgzl/2010/06/1238460787824720. htm.

[19] 教育部科技发展中心．1985 ~ 2009 年全国高校专利授权数［EB/OL］．（2010 - 06 - 22）［2010 - 05 - 10］．http：//www. cutech. edu. cn/cn/dxph/cgzl/2010/06/1238460787783318. htm.

[20] 裴宏，陈晓华．中国创新能力依然旺盛——透视 2010 中国发明专利［EB/OL］．（2010 - 03 - 24）［2010 - 05 - 10］．http：//www. cipf. cn/news/2010/03 - 24/10052691697. html.

[21] 熊建．近年来企业申请专利数量迅速提升，仍有 98% 的工业企业没有申请专利［N/OL］．（2010 - 11 - 09）［2010 - 05 - 10］．http：//scitech. people. com. cn/GB/10338979. html.

[22] 互动百科：经济理论：微笑曲线［DB/OL］。［2010 - 06 - 27］．http：//www. hudong. com/wiki/% E5% BE% AE% E7% AC% 91% E6% 9B% B2% E7% BA% BF.

[23] WIPO. 新闻与信息资源：2010 年国际专利申请量在全球经济衰退中锐减，附件 2、3［EB/OL］．（2010 - 02 - 08）［2010 - 05 - 10］．http：//www. wipo. int/pressroom/zh/articles/2010/article_ 0003. html.

后　记

《中国知识产权指数报告》已经连续出版了7年，自2009年6月首次发布以来，一直得到社会各界专家学者的关注与支持。课题组长期以来坚持独立研究、客观分析的态度，在广泛调研、收集援引权威数据的基础上，进一步修订、完善，使《中国知识产权指数报告》拥有了一套较为完善、科学的研究体系。

与《中国知识产权指数报告2014》相比，《中国知识产权指数报告2015》主要做了如下完善工作：

1. 修订部分三级指标

为了能够更全面地反映各地区专利发展情况，将专利指数二级指标“技术国际竞争力”项下的三级指标“万名R&D人员向国外转让专利使用费和特许费”变更为“万元生产总值技术国际收入”。

对商标指数三级指标也进行了调整。将商标指数二级指标“商标执法”项下的三级指标“查处商标违法案件总数”变更为“查处商标一般违法案件量”，将“查处商标违法案件案值”变更为“查处商标侵权假冒案件量”。

2. 变更一项四级指标

为让衡量标准更加准确，对一项四级指标进行了变更。将知识产权服务机构指数三级指标“评估机构”项下的四级指标“资产评估机构数量”变更为“百强资产评估机构数量”。

《中国知识产权指数报告2015》是课题组全体成员孜孜不倦、努力钻研的结果。报告的顺利出版，得益于各方的支持和鼓励，非常感谢国家知识产权局、国家统计局、商务部、国家工商总局、国家版权局和国务院发展研究中心等机构及专家的支持和鼓励。

本课题组将继续研究、发布系列知识产权指数研究报告，并将拓展报告的研究领域和适用范围。我们恳请社会各界的专家继续支持我们的研究，并诚邀志同之士与我们一起参与、完善指数研究项目。尽管《中国知识产权指数报告2015》在上一年度报告的基础上做了改进，受研究水平的限制，谬误在所难免，诚盼批评指正。敬请广大读者登录http：//www. focus-p-index. com获取《中国知识产权指数报告》的最新动态。